U0854386

中国轻工业“十三五”规划教材

高等教育新商科系列教材

应用型教材
入眼 · 入脑 · 入手 · 易教 · 乐学

仓储配送管理

主 编◎包红霞 邓春姊
参 编◎高 音 卢改红 卢 园

CANGCHU
PEISONG GUANLI

北京师范大学出版集团
BEIJING NORMAL UNIVERSITY PUBLISHING GROUP
北京师范大学出版社

图书在版编目(CIP)数据

仓储配送管理/包红霞，邓春姊主编. —北京：北京师范大学出版社，2023.6

ISBN 978-7-303-26512-1

Ⅰ. ①仓… Ⅱ. ①包… ②邓… Ⅲ. ①仓库管理－高等学校－教材 ②物流管理－物资配送－高等学校－教材 Ⅳ. ①F253 ②F252.14

中国版本图书馆 CIP 数据核字(2020)第 225774 号

图书意见反馈：gaozhifk@bnupg.com 010-58805079
营销中心电话：010-58806880 58801876

出版发行：北京师范大学出版社 www.bnupg.com
北京市西城区新街口外大街 12-3 号
邮政编码：100088
印　　刷：天津盛辉印刷有限公司
经　　销：全国新华书店
开　　本：787 mm×1092 mm 1/16
印　　张：24.5
字　　数：563 千字
版　　次：2023 年 6 月第 1 版
印　　次：2023 年 6 月第 1 次印刷
定　　价：52.00 元

策划编辑：余娟平　　责任编辑：余娟平
美术编辑：陈　涛　焦　丽　　装帧设计：陈　涛　焦　丽
责任校对：陈　民　　责任印制：陈　涛

版权所有　侵权必究

反盗版、侵权举报电话：010-58800697
北京读者服务部电话：010-58808104
外埠邮购电话：010-58808083
本书如有印装质量问题，请与印制管理部联系调换。
印制管理部电话：010-58808284

前　言

近年来，现代物流业作为我国国民经济的重要产业部门，已经逐渐成为新的经济增长点。各国的实践证明，现代物流对地区经济的发展具有极大的促进作用。加快发展现代物流业，对提高我国经济运行质量和效益、优化资源配置、改善投资环境、增强企业核心竞争力、增强国力都具有非常重要的意义。

党的二十大确定了全面建成社会主义现代化强国，以中国式现代化全面推进中华民族伟大复兴的战略目标。国务院《"十四五"现代物流发展规划》描绘出中国式现代物流体系建设的宏伟蓝图。我国现代物流业立足新发展阶段，贯彻新发展理念，构建新发展格局，全力推进高质量发展，在构建现代流通体系、促进形成强大国内市场、推动高质量发展、建设现代化经济体系中发挥着先导性、基础性、战略性作用。党的二十大报告也明确提出"构建优质高效的服务业新体系，推动现代服务业同先进制造业、现代农业深度融合。加快发展物联网，建设高效顺畅的流通体系，降低物流成本"。随着我国现代物流发展进入快车道，提升物流企业产业链、供应链各环节的质量和效率已经成为现代物流管理的首要任务。

仓储与配送是现代物流的两大功能要素，随着互联网技术的快速发展，自动化立体仓库、现代化配送中心也如雨后春笋般拔地而起。对于物流企业而言，如何提高仓储工作效率、降低仓储配送成本，从根本上提高物流管理水平，是每个企业都必须面对和解决的问题。

本书以党的二十大精神为指引，围绕国务院《"十四五"现代物流发展规划》总体要求，紧密结合国内外现代仓储和配送管理的理论和实践，根据现代仓储和配送的最新发展，对现代仓储和配送管理进行了详细的论述。学生通过学习本课程，系统掌握仓储与配送管理的基本理论和方法，树立现代物流"提质、增效、降本"的意识，提升现代物流职业素养。本书具有结构完整、体系清晰、操作性强、适用性广的特点。本书注重理论与实践相结合，定性分析与定量分析相结合，力求理论简单适用、实践操作细致明了，并采用具体案例加以说明。为了便于教学，帮助学生抓住重点、巩固知识，每章章后附有教学案例和同步练习题。

本书由包红霞、邓春姊主编。全书共分 11 章，具体编写分工如下：高音（第一、第五、第十一章）、邓春姊（第二、第三章）、卢园（第四、第九章）、包红霞（第六、第七章）、卢改红（第八、第十章）。包红霞负责全书各章节的结构、内容的设计和统稿工作，邓春姊参加了相关文献的整理、校对工作。本书在编写过程中，参考并借鉴了国内外一些学者的著作或研究成果论文，在此谨向书中引用、参考过的所有文献的作者致以衷心的感谢！

现代物流是一个快速发展的行业，作为现代物流主要环节的仓储和配送领域的新思想、新理论和新技术也在不断地更新，书中有些理论和实际操作还有待进一步探讨。

此外，由于编者水平有限，书中难免有不足之处，衷心地希望读者批评指正。

编者

2023 年 5 月

目 录

第一章

仓储概述

●●●● 学习目标

本章主要介绍了仓储和仓储管理的相关概念，包括仓储的含义、功能、分类和作用；仓储管理的含义、任务和分类；仓储管理的内容和任务。要求通过本章的学习，掌握仓储的含义和功能，了解仓储的分类，理解仓储的作用；掌握仓储管理的含义，理解仓储管理的内容和任务。

【案例导入】

仓储业发展新趋势

为适应国家“一带一路”倡议与优进优出战略，促进贸易强国建设、满足消费升级的需要，仓储领域将围绕支撑国家物流枢纽设施网络、全国城乡高效配送体系，融入供应链体系、仓储智能化与生态体系，提高标准化、柔性化、绿色化等，进行转型升级和创新发展。

2019 年 7 月，在上海浦东召开的第十四届中国仓储配送大会上，与会嘉宾深入分析了当前我国仓储与配送行业的现状与趋势，提出仓储业发展将从五大方面展开。

1. 构建高效的物流枢纽设施网络。物流枢纽中心具备不同程度的仓储配送功能，广大仓储配送企业是物流枢纽基础设施建设的参与者与运营者，参与物流枢纽建设，实现仓、干、配的有机衔接与一体化运营。

2. 创新城乡高效配送体系建设。商务部等五部门联手推动建设的城乡高效配送体系，与国家物流枢纽体系有机衔接与深度融合，构成全国现代物流体系。各类仓储配送企业是城乡高效配送体系建设的主体，以仓带配，以配促仓，仓配一体化运营，是仓储业转型升级的方向之一。

3. 仓储融入供应链体系建设。在着力打造建设标准化、智能化、协同化、绿色化的现代供应链体系的趋势下，广大仓配企业应抓住机遇，充分发挥专业优势和连接上下游企业的角色优势，推动供应链各主体、各环节设施设备衔接、数据互联互通、资源协同共享。

4. 全领域智慧化升级。大数据、云计算、人工智能、物联网等技术与电商快递仓储的深度融合发展，逐渐实现了“从货到人”的高效作业，在末端配送领域实现了动态动力配送和路径优化。

5. 仓储标准化、柔性化、绿色化建设。新技术的应用只是条件，现场的组织与精益管理才是关键，而围绕提高仓储运营的“平效”“人效”与服务质量，以及实现设施、货位、流程的标准化、柔性化、绿色化，是仓储企业创新发展的基本方向。

2022 年 12 月 7 日，由中国仓储与配送协会主办，以“高质量建设中国式仓配现代化”为主题的第十七届中国仓储配送大会以线上直播方式成功召开。

会议指出，仓储配送是现代物流的重要组成部分，是现代经济体系与流通体系中不可或缺的基础性要素，仓储配送现代化是中国式现代化的重要内容。随着时代的发展，当今世界呈现出易变、不确定、复杂性和模糊性交错的特征。中国仓储与配送现代化建设要顺应这一新时代的新变化，把握重点，顺势施策，实现高质量发展。

思考：仓储业在国民经济中的地位不断升级发展的原因是什么？

第一节　仓储的含义与类型

一、仓储的含义

仓储是商品流通的重要环节之一，也是物流活动的重要支柱。在社会分工和专业化生产条件下，为保证社会在生产过程中的顺利进行，必须储存一定量的物资，以满足一定时期内社会生产和消费的需要。

“仓”即仓库，是存放、保管、储存物品的建筑物和场地的总称，可以是房屋建筑、洞穴、大型容器或特定的场地等，具有存放和保护物品的功能。“储”即储存、储备，表示收存以备使用，具有收存、保管、交付使用的意思。“仓储”就是指通过仓库存放、储存物品的行为，是为有形物品提供存放场所，对所存放的物品进行存取保管、控制的过程，是物品离开生产过程尚未进入消费过程的间隔时间内的物流停滞。

仓储伴随着物资储存的产生而产生，并伴随着生产力的发展而发展，是商品流通的重要环节之一，是集中反映工厂物资活动状况的综合场所，是连接生产、供应、销售的中转站，对促进生产提高效率起着重要的辅助作用。仓储是物资产品的生产过程的持续，是物流的一种运动状态，是商品流转中的一种作业方式。仓储环节可以对物品进行检验、保管、加工、集散、转换运输方式等多种作业，是物流的主要职能，又是商品流通不可缺少的环节。

【小知识】

仓储的产生

人类社会自从有剩余产品以来，就产生了储存。“积谷防饥”，意思是将丰年剩余的粮食储存起来以防歉年之虞。原始社会末期，当某个人、部落获得的食物自给有余时，就会把多余的食品储藏起来。

我国发现最早的仓库雏形是“窖穴”。在陕西省西安市半坡村的仰韶遗址发现的许多储存食物和用具的窖穴，多密集分布在居住区内，和房屋交错在一起。在古籍中常看到“仓廪”“窦窖”“邸阁”这样的词语。“仓廪”，“仓”是专门藏谷的场所，“廪”是专门藏米的场所；“窦窖”是指储藏物品的地下室，椭圆形的叫“窦”，方形的叫“窖”；“邸阁”，是用来存放粮食的地方。

古代把存放兵器的地方叫作“库”，后来人们把“仓”和“库”结合使用，把储存和保管物品的建筑物或场所统称为“仓库”。

现代“仓储”不是传统意义上的“仓库”“仓库管理”，而是在经济全球化与供应链一体化背景下的仓储，是现代物流系统中的仓储，它表示一项活动或一个过程，是以满足供应链上下游的需求为目的，在特定的有形或无形的场所，运用现代技术对物品的进出、库存、分拣、包装、配送及其信息进行有效的计划、执行和控制的物流活动。从这个概念可以看出，仓储有以下五个基本内涵。

1. 仓储首先是一项物流活动，或者说物流活动是仓储的本质属性

仓储不是生产，不是交易，而是为生产与交易服务的物流活动中的一项。这表明仓储只是物流活动之一，物流还有其他活动，仓储应该融入整个物流系统之中，应该与其他物流活动相联系、相配合。这一点与过去的“仓库管理”是有重大区别的。

2. 仓储活动，或者说仓储的基本功能包括了物品的进出、库存、分拣、包装、配送及其信息处理六个方面

其中，物品的出入库与在库管理可以说是仓储的最基本的活动，也是传统仓储的基本功能，只不过管理手段与管理水平得到了提升；物品的分拣与包装，过去也是有的，只不过现在更普遍、更深入、更精细，甚至已经与物品的出入库及在库管理相结合、共同构成现代仓储的基本功能；之所以将“配送”作为仓储活动的基本功能之一，是因为配送不是一般意义上的运输，而是仓储的自然延伸，是仓库发展为配送中心的内在要求，如果没有配送，仓储也就仍然是孤立的仓库；至于信息处理，已经是现代经济活动的普遍现象，当然也应是仓储活动的内容之一，离开了信息处理，也就不是现代仓储了。

3. 仓储的目的是为了满足供应链上下游的需求

这与过去仅仅满足“客户”的需求在深度与广度方面都有重大区别。谁委托、谁提出需求，谁就是客户；客户可能是上游的生产者、可能是下游的零售业者，也可能是企业内部，但仓储不能仅仅满足直接“客户”的需求，也应满足“间接”客户即客户的客户需求；仓储应该融入供应链上下游之中，根据供应链的整体需求确立仓储的角色定位与服务功能。

4. 仓储的条件是特定的有形或无形的场所与现代技术

说“特定”，是因为各个企业的供应链是特定的，仓储的场所当然也是特定的；有形的场所当然就是指仓库、货场或储罐等。在现代经济的背景下，仓储也可以在虚拟的空间进行，但需要许多现代技术的支撑，离开了现代仓储设施设备及信息化技术，也就没有现代仓储。

5. 仓储的方法与水平体现在有效的计划、执行和控制等方面

计划、执行和控制是现代管理的基本内涵，科学、合理、精细的仓储当然离不开有效的计划、执行和控制。

【小知识】

区分库存、储备和储存

库存是指仓库处于暂时停滞状态的物资。物资的停滞状态可能由任何原因引起，这些原因大体有：能动的各种状态的储备、被动的各种状态的超储、完全的积压。

储备常指物资的储备，它是一种有目的的储存物资的行动，也是这种有目的的行动和其对象总体的称谓。物资储备的目的是保证社会再生产连续不断地、有效地进行，所以它是一种能动的储存形式。

储存是包含库存和储备在内的一种广泛的经济现象，是一切社会形态都存在的经济现象。在任何社会形态中，对于不论什么原因形成的停滞的物资，也不论是什么种类的物资，在没有进入生产加工、消费、运输等活动之前或在这些活动结束之后，总是要存放起来，这就是储存。

资料来源：王之泰．新编现代物流学[M]．3 版．北京：首都经济贸易大学出版社，2012.

二、仓储的功能

仓储处于生产和消费两大活动之间，主要是对流通中的商品进行检验、保管、加工、集散、转换运输方式，并解决供需之间和不同运输方式之间的矛盾，提供场所价值和时间效益，使商品的所有权和使用价值得到保护，加速商品流转，提高物流效率和质量，促进社会效益的提高，因此其主要起着“蓄水池”和“调节阀”的作用。具体来说，其功能可以分为经济功能和服务功能两方面。

(一)经济功能

1. 堆存与保管

现代社会生产的一个重要特征就是专业化和规模化生产，劳动生产率极高，产量巨大，绝大多数产品都不能被及时消费，需要经过仓储手段进行储存。这样才能避免生产过程堵塞，保证生产过程能够继续进行；另外，对于生产过程来说，适当的原材料、半成品的储存，可以防止因缺货造成的生产停顿。而对于销售过程来说，堆存，尤其是季节性储存可以为企业的市场营销创造良机。

在仓储过程中还可以通过对产品进行保护、管理，防止因产品损坏而丧失价值。如水泥受潮易结块，使其使用价值降低，因此在保管过程中就要选择合适的储存场所，采取合适的养护措施。

2. 合并与拼装

合并与拼装的经济利益，来源于可以利用仓库能力提高运输经济批量，从而降低运费。

通过合并，仓库可以将来自多个制造业的产品或原材料整合成一个单元，进行一票装运。其好处是，有可能实现最低的运输成本，提高配送的时效性和可控性，也可以减少由多个供应商向同一客户供货带来的拥挤和不便，减少挤压、拥塞的可能性。同时，对于向目的地流出的货物也是如此。

拼装，指的是把多票小批量装运的物流流程结合起来运送到某一特定的市场地区。拼装仓库可以由单独一家厂商使用，也可以由几家厂商联合起来共同使用，以出租方式完成拼装服务。拼装使每一个单独的制造商或托运人都可以享受到物流总成本低于其各自分别直接转运的成本的好处。

可见，合并与拼装都是利用仓库能力来提高运输效率的方法。二者的过程见图 1-1。

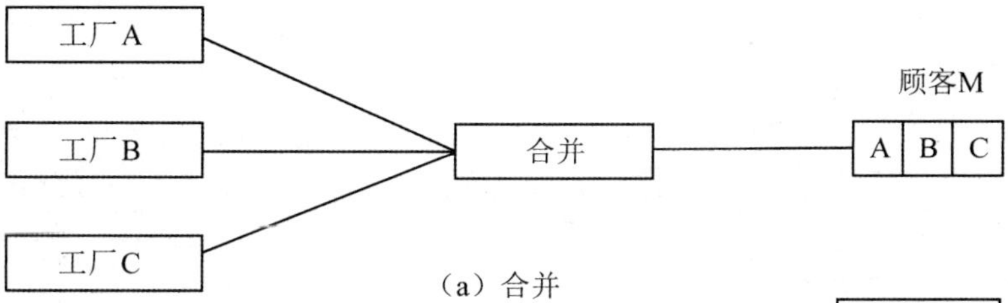

（a）合并

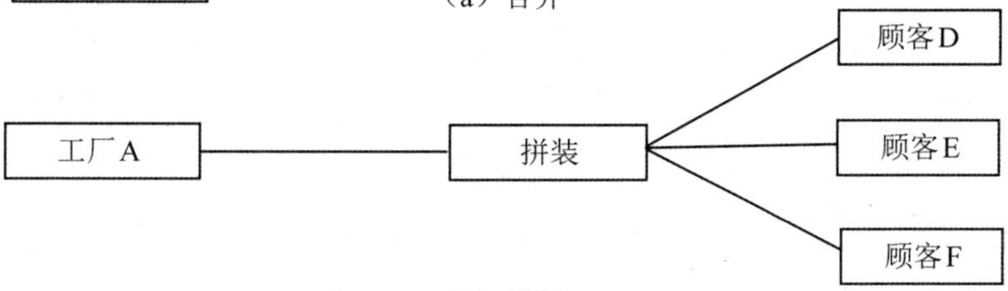

（b）拼装

图 1-1 合并与拼装

3. 分类

分类，就是将来自制造商的组合订货分类或分割成个别订货，然后安排适当的运力运送到制造商指定的个别客户。仓库从多个制造商处运来整车的货物，在收到货物后，如果货物有标签，就按客户要求进行分类；如果没有标签，就按地点分类，然后货物不在仓库停留直接装到运输车辆上，装满后运往指定的零售店。同时，由于货物不需要在仓库内进行储存，因而，降低了仓库的搬运费用，最大限度地发挥了仓库装卸设施的功能。在物流系统中，交叉站台、混合和装配三种形式的分类作业得到了广泛的应用。

交叉站台的目的是将来自多个供应商的库存组合成发往某个特定顾客的一个批次。零售连锁店的库存流转很快，交叉站台作业便于其进行补货。这种作业需要制造商准时、准确的供货，零售商也要确定发往每个店铺的准确品种和数量，这样才能真正利用交叉站台的优势，并且防止交叉站台仓库的货物积压。交叉站台先从多个制造商处运来整车的货物，收到产品后，有标签的就按顾客进行分类；没有标签的则按地点进行分配。然后，产品交叉穿过站台，装上指定的拖车；一旦该拖车装满了来自多个制造商的组合产品，就启程去零售店处。于是交叉站台的经济利益包括从制造商到仓库拖车满载运输，以及从仓库到顾客的满载运输。由于充分装载，因而更有效地利用了站台设施，使站台装载率最大化。

除涉及多个制造商外，混合这种作业的最终结果类似于交叉站台，但是混合通常是在货物供应点和需求点中间的某地进行。在典型的混合作业中，从供应点来的整车货物运入混合仓库，会提前做好运输批量计划，以使运入成本最小。到达混合仓库后，对货物进行卸货作业，随机进行分类，编入每位顾客的货物组合中。在混合过程中，运入的货物还可以和仓库中储存的货物进行组合。仓库可以通过这种作业满足顾客特定的分类需求，使运输成本最小化，并且降低库存。

装配的目的是支持生产。领导级供应商或者一级供应商在临近制造工厂的地方设置仓库，将来自不同的二级供应商的产品和零部件进行装配。制造商原来总是自己进行装配，但是现在通常都愿意利用领导级供应商或一级供应商来进行零部件的分类、安排顺序，并在工厂需要时进行配送。这种增值服务已经成趋势。与交叉站台和混合作业相似，装配作业用来在精准的时间和地点向顾客提供所需的货物组合。如图 1-2 所示为以上三种分类方式的实现过程。

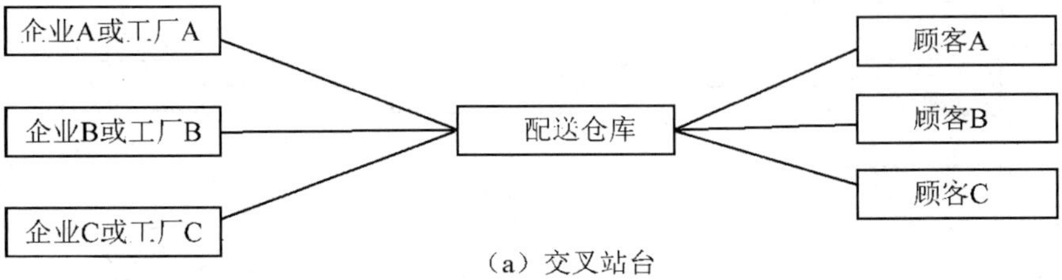

（a）交叉站台

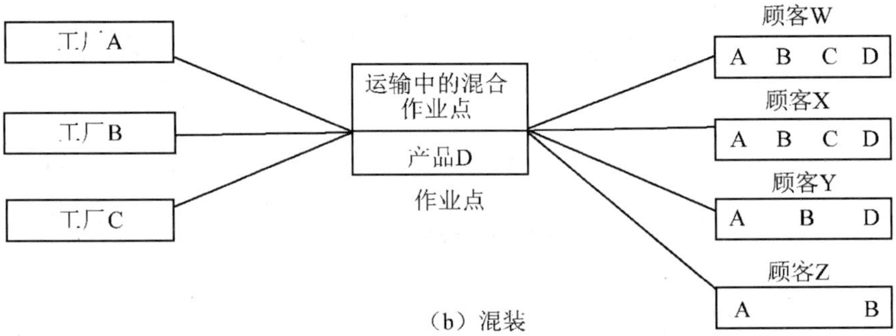

（b）混装

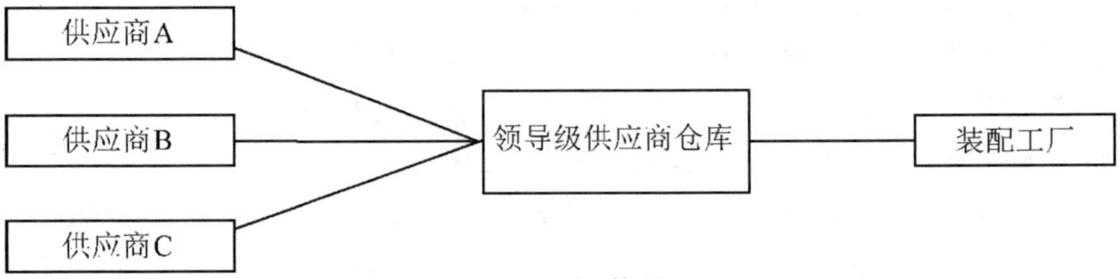

（c）装配

图 1-2　分类作业

4. 加工和延期

保管物在保管期间，保管人根据存货人或客户的要求对保管物的外观、形状、成分构成、尺度等进行加工，使仓储物发生他人所期望的变化。

加工/延期提供了两个基本经济利益：第一，风险最小化，因为最后的包装要等到敲定具体的订购标签和收到包装材料时才完成；第二，通过对基本产品(如光瓶罐头)使用各种标签和包装配置，可以降低存货水平。于是，降低风险与降低存货水平相结合，往往能够降低物流系统的总成本，即使在仓库包装的成本要比在制造商的工厂处包装更贵。

5. 逆向物流

在逆向物流的运作过程中，仓储扮演着关键角色。与产品召回、回收、呆废物资清理相关的大部分实际工作都在仓库中完成，而这些工作极大地影响着企业的现金流。逆向物流与受限产品和常规产品都有关系。

受限产品是指对顾客健康或环境保护有潜在危险的召回产品，其回收作业须在严格的审查下完成，以防产生危险。在我国，这方面的制度和相关规定尚在完善中。

近几年对于常规产品的逆向物流的关注越来越多。由于涉及面太广，对其回收也有很多困难。无论哪种产品，在逆向物流过程中，往往都是包装不完整或者有各种货损的，这就给仓库作业带来了很大困难。而是否能够用尽可能低的成本对这些产品进行装卸搬运、包装、发运等，是关系到企业经济利益的重要问题。

(二)服务功能

在物流系统中通过仓储获得的服务利益应该从整个物流系统来分析。例如，在一个物流系统中，安排一个仓库来服务于某个特定的市场可能会增加成本，但也有可能增加市场份额、收入和毛利。其具体表现如下。

1. 现场储备

存货人要转让已在仓库存放的商品时，购买人可以到仓库查验商品取样化验，双方可以在仓库进行转让交割。在国内，众多的批发交易市场，就既是有商品存储功能的交易场所，又是有商品交易功能的仓储场所。

2. 提供信用的保证

在大批量货物的实物交易中，购买方必须检验货物，确定货物的存在和货物的品质后，方可成交。购买方可以到仓库查验货物，由仓库保管人出具的货物仓单是实物交易的凭证，可以作为对购买方提供的保证。仓单本身就可以作为融资工具，可以直接使用仓单进行质押。

3. 市场信息的传感器

任何产品的生产都必须满足社会的需要，生产者都需要把握市场需求动向。社会仓储产品的变化是了解市场需求极为重要的途径。仓储量减少，周转量加大，表明社会需求旺盛；反之，则为需求不足。厂家存货增加，表明其产品需求减少或者竞争力降低，或者生产规模不合适。仓储环节所获得的市场信息虽然比销售信息滞后，但更为准确和集中，而且信息成本较低。现代企业生产特别重视仓储环节的信息反馈，往往会将仓储量的变化作为决定生产的依据之一。

4. 市场形象

尽管市场形象的功能所带来的利益不像前面几个功能带来的利益那样明显，但对于一个企业的营销主管来说，仓储活动依然能被其重视起来。因为从满足需求的角度看，从一个距离较近的仓库供货远比从生产厂商处供货方便得多，同时，仓库也能提供更为快捷的递送服务，这样会在供货的方便性、快捷性以及对市场需求的快速反应性方面，为企业树立一个良好的市场形象。

三、仓储的类型

(一)按仓储的经营主体分类

1. 自营仓储

自营仓储主要包括生产企业仓储和流通企业仓储。生产企业为保障原材料的供应、半成品及成品的保管需要而进行的仓储保管，其储存对象较为单一，以满足生产为原则。流通企业自营仓储则为流通企业经营的商品进行仓储保管，其目的是支持销售。自营仓储不具有经营独立性，仅仅是为企业的产品生产或商品经营活动服务。相对来说自营仓储规模小，数量众多，专用性强，仓储专业化程度低，设施简单。自营仓储优缺点见表 1-1。

表 1-1 自营仓储优缺点

优缺点	自营仓储
优点	可以根据企业特点加强仓储管理
	可以依照企业的需要选择地址和修建特需的设施
	长期仓储时成本低
	可以为企业树立良好形象
缺点	存在位置和结构的局限性；企业的部分资金被长期占用

2. 营业仓储

营业仓储是仓储经营者以其拥有的仓储设施，向社会提供有偿的仓储服务。仓储经营者与存货人通过订立仓储合同的方式建立仓储关系，并且根据合同约定提供仓储服务并收取仓储费。营业仓储面向社会，以经营为手段，追求利益最大化。与自营仓储相比，营业仓储的使用效率较高。营业仓储优缺点见表 1-2。

表 1-2 营业仓储优缺点

优缺点	营业仓储(第三方仓储)
优点	有利于企业有效利用资源
	有利于企业有效扩大市场
	有利于企业进行新市场测试
	有利于企业降低运输成本
缺点	对物流活动失去直接控制

3. 公共仓储

公共仓储是公用事业的配套服务设施，为车站、码头等提供仓储配套服务，其运作的主要目的是为了保证车站、码头等的货物作业和运输，具有内部服务的性质，处于从属地位。但对于存货人而言，公共仓储适用营业仓储的关系，只是不独立订立仓储合同，而是将仓储关系列在作业合同、运输合同之中。公共仓储优缺点见表 1-3。

表 1-3 公共仓储优缺点

优缺点	公共仓储
优点	需要保管时，保证有场所；不需要保管时，不用承担仓库场地空闲的无形损失
	有专家进行保管和进出货物的工作，管理安全
	不需仓库建设资金
	可以根据市场需求变化选择仓库的租用面积与地点

续表

优缺点	公共仓储
缺点	当货物流通量大时，仓库保管费与自家仓库相比较高
	所保管的货物需遵守营业仓库的各种限制规则

4. 战略储备仓储

战略储备仓储是国家根据国防安全、社会稳定的需要，对战略物资进行储备。战略物资仓储特别重视储备品的安全性，且储备时间较长。储备的物资主要有粮食、油料、有色金属等。

(二)按照仓储功能分类

1. 生产仓储

生产仓储为生产领域服务，主要是用来保管生产企业生产加工的原材料、燃料、在制品和待销售的产成品。包括原材料仓储、在制品仓储和成品仓储。

2. 流通仓储

流通仓储为流通领域服务，专门储存和保管流通企业待销售的商品，包括批发仓库、零售仓库。

3. 中转仓储

中转仓储是衔接不同运输方式的仓储，主要设置在生产地和消费地之间的交通枢纽地，如港口、车站等。中转仓储具有货物大进大出的特点，储存期限短，注重货物的周转效率。

4. 保税仓储

保税仓储是指使用海关核准的保税仓库存放保税货物的仓储行为。保税仓储储存的对象是暂时进境并且还需要复运出境的货物，或者是海关批准暂缓纳税的进口货物。保税仓储受到海关的直接监控，虽然储存的货物由存货人委托保管，但保管人要对海关负责，入库或出库单据均需要由海关签署。

5. 加工型仓储

加工型仓储是商品保管和加工相结合的仓储活动。其主要职责是根据市场需要，对商品进行选择、分类、整理、更换等流通加工活动。

(三)按照仓储的保管条件分类

1. 普通物品仓储

普通物品仓储是指不需要特殊条件的物品仓储。其设备和库房建造都比较简单，使用范围较广。这类仓储有一般性的保管场所和设施，常温保管，自然通风，无特殊功能。

2. 专用仓储

专用仓储是专门用来储存某一类(种)物品的仓储。一般由于物品本身的特殊性质，如对温湿度的特殊要求或易于对与之共同储存的物品产生不良影响，因此要专库储存。例如，机电产品、食糖、烟草仓库等。

3. 特殊物品仓储

特殊物品仓储是在保管中有特殊要求和需要满足特殊条件的物品，如危险品、石油、冷藏物品等的仓储。这类仓储必须配备有防火、防爆、防虫等专门设备，其建筑构造、安全设施都与一般仓库不同，例如，冷冻仓库、石油库、化学危险品仓库等。

【案例 1-3】

济南：智能化的医药物流仓储中心

药品是一种特殊的商品，直接关系到老百姓的生命健康问题，合适的湿度、温度环境都是药品存储的重要条件。济南的漱玉平民现代物流仓储中心占地 6.7 万平方米，建有一流的物流仓储中心、自动分拣设备中心、质量检测中心和中药饮片交工车间，形成了完善的物流体系。

漱玉平民现代物流仓储中心，是一座智能化医药仓储中心，一进入仓储中心就会发现每一个区域都会有一个实时温度和湿度的监测点。据工作人员介绍，像这样的温度和湿度的监测点在整个仓储中心一共有 115 处。温度需要保持在 10 ℃到 20 ℃之间，湿度在 35%到 75%之间，药监局都能实时联网监控。特别是位于五楼的中药药材，作为来自自然界的产物，大多数的中药材对于存储的湿度和温度都有着严格的要求。

大家都知道天然的东西温度高了就容易生虫，生霉，变质，特别是在夏天。这个仓库是阴冷库，夏天基本上保持在 20 ℃以下，这是按国家商品供应规范(GSP)规定执行的。

除此之外，该仓储中心还有智能分拣系统，从五楼到一楼，这里有 11 条分拨线路，经过人工分拣复核，贴码后的药品将会被一套系统化的设备配送到一楼。医药用品按照不同的区域、不同的门店存放在不同的位置，极大地提高了分拣效率和配送效率，保证药品能够及时、保质、保量地送到用户手中。

(四)按照仓储的经营方式分类

1. 保管式仓储

保管式仓储也称为纯仓储，是以保管物原样保持不变的方式所进行的仓储。存货人将特定的物品交由保管人进行保管，到期保管人将原物交还存货人。保管物除了发生自然损耗和自然减量外，数量、质量不发生变化。保管式仓储又分为仓储物独立保管仓储和将同类仓储物混合在一起的混藏式仓储。

2. 消费式仓储

保管人在接收保管物时，同时接收保管物的所有权，保管人在仓储期间有权对仓储物行使所有权。仓储期满后，保管人将相同种类和数量的替代物交还给委托人。消费式仓储特别适合于保管期较短的和市场价格变化较大的商品的长期存放。

四、企业的仓储决策

传统企业主要通过自营仓储满足企业的需要，现代企业则会综合考虑企业、社会、客户等多方面的关系，权衡利弊，选择有利于企业发展的仓储形式。

1. 自营仓储

自营仓储具有适应性强和便于控制等优点。企业可以按照自身的要求和产品的特点对仓库进行设计和布局，来满足企业自身的需要；在服务内容和服务方式上，企业也拥有完全的控制权，不受外界条件的限制和影响。

同时，自营仓储又有较为明显的缺点。不管企业对仓储空间的需求如何，仓库的容量是固定的，不能随着需求的增加或减少而扩大或缩小；同时，企业使用自有仓库，则会由于数量限制而失去战略性优化选址的灵活性；市场的大小、市场的位置和客户的偏好经常发生变化，如果企业在仓库结构和服务上不能适应这种变化，就会失去许多商业机会。

2. 委托仓储

企业可以将自己的仓储业务委托给其他经营性企业来完成。

委托仓储规避了企业高额投资带来的风险。在市场发生变化时，能够根据市场的变化随时调整自己的经营方向和策略，能够享受仓储企业的专业化服务。

如果企业没有特殊的仓储需求，仓储规模不足，特别是储存具有季节性、阶段性的特点，企业经营随市场变化比较突出时，最好将仓储业务委托给其他企业来做。

3. 供应商管理库存

供应商管理库存(Vendor Managed Inventory，VMI)，是一种以用户和供应商双方都支付最低成本为目的，在一个共同的协议下由供应商管理库存，并不断监督协议执行情况和修正协议内容，使库存管理得到持续改进的合作性策略。

VMI 管理模式是从快速响应(Quick Response，QR)和有效客户响应(Efficient Customer Response，ECR)基础上发展而来，其核心思想是供应商共享用户企业的当前库存和实际耗用数据。它打破了传统的“各自为政”的库存管理模式，体现了供应链集成化的管理思想，适应市场变化的要求，是一种新的、有代表性的库存管理思想。VMI 在分销链中的作用十分重要，因此被越来越多的人重视。

4. 联合库存管理

联合库存管理(Jointly Managed Inventory，JMI)，是一种在 VMI 的基础上发展起来的上游企业和下游企业权利责任平衡和风险共担的库存管理模式。联合库存管理强调供应链中各个节点同时参加，共同制订库存计划，使供应链库存中的每个库存管理者都从相互之间的协调性考虑，保持供应链各个节点之间的库存管理者对需求的预期保持一致，从而消除了需求变异放大的现象。

在供应链环境中，企业只有选择适合自身发展的仓储模式，才能以最低的成本满足储存需要，保证生产与经营的顺利进行。

第二节　仓储的作用

仓储的基本功能包括保管与堆存、合并与拼装、分类、加工与延期等，而这些基本功能则很大程度上决定了仓储在现代物流中具有的作用，这些作用既包括积极作用，也包括消极作用。

一、仓储在现代物流中的积极作用

1. 仓储是物流的主要功能元素之一，承担着改变物品时间状态的重任

时间效用是指同种“物”由于时间状态不同，其价值发挥不同。通过仓储，使“物”在效用最高的时候发挥作用，就能充分发挥其潜力，实现时间的优化配置。总而言之，仓储可以改变物品的时间状态，创造时间价值。在现代物流中，这一点在仓储调节供需功能、投机性购买、规避风险的购买等作用中得以体现。

2. 仓储是整个物流业活动的必要环节之一

(1)仓储在生产物流中具有重要作用。

生产的过程是一道接一道工序的过程，且生产过程必然有停顿。例如，生产原材料的准备，半成品总要达到一定批量之后才能经济合理地送到下一道工序，而下一道工序为了保持持续增长也总是要有一些储备。于是仓储也就成了使物流正常化的必要条件。

(2)衔接生产与消费的时间上的背离。

生产与消费之间有着一定的时间间隔。在绝大多数情况下今天生产的商品，不可能马上就被卖掉。而有的商品生产与消费的时间跨度更大，如空调的生产是在春秋冬季的淡季，而销售则在夏季的旺季，仓储此时便发挥了储存成品，调节生产与消费时间背离的作用。

(3)克服生产与消费地理上的差异。

与“生产和消费的时间背离”相似，生产和消费之间也存在着地理上的差异。多数商品的生产为了达到资源的最佳配置分散在各地，而消费也不一定都在产地，所以仓储也就发挥了克服生产与消费地理差异的作用。

二、仓储在现代物流中的消极作用

仓储在现代物流中也具有双面性，不但发挥着正向作用，同时也有负向作用。仓储存在风险，意味着资金的占用与停滞。

1. 固定费用和可变费用的支出

仓储要求企业在仓库建设、管理、仓库工作人员工资及福利等方面支出大量费用。从而大大增加物流成本，这样的物流成本支出就如同大海中的冰山一般，显露出来的只是冰山一角，很容易被忽视。

2. 机会损失

储存的物资并非流动物资，所以涉及资金的占用。如果这些资金及利息被用于其他方面或许有更大的收益。

3. 仓储作业费

主要是指进货、验货、保管、发货、搬运等工作花费的费用等。

4. 仓储与物流运输环节的矛盾

众所周知，物流是由运输、储存、装卸搬运、包装、流通加工、配送、信息处理等基本功能组成的。各环节相互联系、相互影响。仓储环节与运输环节的效率曲线不是同向趋势。要想保证仓储的高效，库存货物的数量就要足够多，要想使运输保持高效就要保证每次运送的货运量要足够大，两者之间就必然存在矛盾，如果仓储货物数量多、效率高的话，相应的运输量就必然减少，效率也会下降。反之亦然。

由此可见，仓储在现代物流活动中既有积极的一面也有消极的一面。只有考虑其两面性，才能有利于物流活动高效地展开。对仓储的消极作用进行分析，合理、准确地降低这种作用，也能很大程度上降低物流总体成本。

三、仓储在物流成本管理中的作用

物流成本是指商品在物流活动过程中所耗费的人力、财力和物力的总和。具体可分为仓储成本、运输成本和配送成本等。物流成本管理是以成本为手段的物流管理。

仓储是物流系统中的重要环节，在仓储活动中，储存商品会增加仓库建设、仓库管理、仓库工作人员工资与福利等项费用的开支，同时，储存的商品占用一定资金，又使企业产生一定的机会损失；近年来，为分摊风险，为储存商品投保而缴纳保险费的比例逐渐增加；此外，商品在储存过程中，由于受各种因素的影响，会使其质量发生变化，甚至失去使用价值。这样，无疑会使商品产生跌价损失。上述种种仓储费用的支出，都会使仓储成本增加。

人们常常把仓储称作“第三利润”的重要源泉之一，仓储费用的增加必然会冲减利润，从而导致企业经济效益的降低。因此，采取各种有效的方法，合理地安排仓储，减少装卸搬运环节，提高作业效率，最大限度地发挥仓储设施的效用，确保商品质量完好和数量不变，是加强仓储管理，有效地降低仓储成本的有效途径，也是物流成本管理的重要方面。

从某种意义上讲，仓储管理在物流管理中占据着核心的地位。从物流的发展史可以看出，物流的研究最初是从解决“牛鞭效应”(Bullwhip Effect)开始的，即在多环节的流通过程中，由于每个环节对于需求的预测存在误差，因此随着流通环节增加，误差被放大，库存也就越来越偏离实际的最终需求，从而带来保管成本和市场风险的提高。解决这个问题的思路，是从研究合理的安全库存开始，到改变流程，建立集中的配送中心，以至于到改变生产方式，实行订单生产，将静态的库存管理转变为动态的及时生产系统(JIT，又称无库存生产方式)，实现降低库存数量和周期的目的。在这个过程中，尽管仓库越来越集中，每个仓库覆盖的服务范围越来越大，仓库吞吐的物品越来越多，操作越来越复杂，但是仓储的周期越来越短，成本不断递减的趋势一直没有改变。从发达国家的统计数据来看，现代物流的发展历史就是库存成本在总物流成本中所占比重逐步降低的历史。

第三节　仓储管理内容与任务

一、仓储管理的含义与作用

(一)仓储管理的含义

仓储管理就是对仓库及仓库内的物资所进行的管理，是仓储机构为了充分利用所具有的仓储资源提供高效的仓储服务所进行的计划、组织、控制和协调过程。具体来说，仓储管理包括仓储资源的获得、仓储商务管理、仓储流程管理、仓储作业管理、保管管理、安全管理多种管理工作及相关的操作。

仓储管理是一门经济管理科学，同时也涉及应用技术科学，故属于边缘性学科。仓储管理的内涵随着其在社会经济领域中的作用不断扩大而变化。仓储管理，即库管，是指对仓库及其库存物品的管理。仓储系统是企业物流系统中不可缺少的子系统，物流系统的整体目标是以最低成本提供令客户满意的服务，而仓储系统在其中发挥着重要作用。仓储活动能够促进企业提高客户服务水平，增强企业的竞争能力。现代仓储管理已从静态管理向动态管理发生了根本性的变化，对仓储管理的基础工作也提出了更高的要求。

(二)仓储管理的作用

仓储管理的基本作用就是满足客户需求，科学合理地做好物品的入库、保管保养和出库等工作，为客户创造价值，为企业创造利润。具体来说，仓储管理包括仓储资源的获得、营运决策、商务管理、作业管理、仓储保管、安全管理、人事劳动管理、经济管理等一系列管理工作。

1. 利用市场经济的手段获得最大的仓储资源配置

市场经济最主要的功能是通过市场的价格和供求关系调节经济资源的配置。市场配置资源是以实现资源最大效益为原则，这也是企业经营的目的。配置仓储资源也应以所配置的资源能获得最大效益为原则。仓储管理需要营造本仓储机构的局部效益空间，吸引资源的进入。

具体任务包括：根据市场供求关系确定仓储的建设，依据竞争优势选择仓储地址，以生产差别产品决定仓储专业化分工和确定仓储功能，以所确定的功能决定仓储布局，根据设备利用率决定设备配置等。

2. 以高效率为原则组织管理机构

管理机构是开展有效仓储管理的基本条件，是一切管理活动的依托。生产要素，特别是人的要素只有在良好组织的基础上才能发挥其作用，实现整体的力量。仓储管理组织机构的确定须围绕仓储经营的目标，以实现仓储经营的最终目标为原则，依据管理幅度和因事设岗、责权对等的原则，建立结构简单、分工明确、互相合作和促进的管理机构和管理队伍。因仓储的属性不同，仓储管理机构分为独立仓储的管理机构、附属仓储的管理机构，一般都设有内部行政管理、商务、库场管理、机械设备管理、安全保卫、财务以及其他必要的部门。

仓储内部大都实行直线职能管理制度或者事业部制的管理组织结构。随着计算机网络的应用普及，管理机构趋向于向少层次的扁平化结构发展。

3. 以高效率、低成本为原则组织仓储

生产仓储包括货物入仓、堆存、出仓等作业，仓储物验收、理货交接以及在仓储期间的保管照料、质量维护、安全防护等。仓储生产的组织遵循高效、低耗的原则，充分利用机械设备、先进的保管技术、有效的管理手段，实现仓储快进、快出，提高仓储利用率，降低成本，不发生差、损、错事故，保持连续、稳定的生产。生产管理的核心在于充分使用先进的生产技术和手段，建立科学的生产作业制度和操作规程，实行严格的监督管理，采取有效的员工激励机制。

特别是非独立经营的仓储部门，仓储管理的中心工作就是开展高效率、低成本的仓储生产管理，充分配合企业的生产和经营。

(三)仓储管理的特点

随着社会的发展，科学的进步，仓储管理具有经济性、技术性和综合性的特点。

1. 经济性

仓储活动是社会化大生产的重要组成部分，并且仓储活动也是生产性的。仓储活动和其他物质生产活动一样，具有生产力三要素，即劳动力、生产工具和劳动对象。仓储活动和其他物质生产活动一样，创造商品价值，并且随着仓储活动内容的增加，实现商品价值的范围也在逐渐扩大，例如：延迟生产、再包装等作业过程是在仓储过程中完成的。

2. 技术性

随着科学技术的进步，现代仓储管理中应用了大量的电子信息技术，仓储作业的机械化程度也不断提高，这对仓储管理提出了更高的要求，这些充分体现了仓储管理技术性的特点。

3. 综合性

物流作为跨行业的、跨产业的服务功能，与各行各业的运作特点紧密相连。仓储管理是社会经济中不可缺少的部分，是各生产企业能保持生产的重要环节，是调节社会需求的重要手段。在整个仓储管理过程中，要综合利用各学科理论进行商品管理和库存控制，保证商品的正常生产和流通，降低成本。现代仓储管理包括新技术、新设备、新的管理理念和方法，涉及行业广泛，具有综合性的特点。

(四)仓储管理的基本原则

1. 效率原则

效率是指在一定劳动要素投入时的产品产出量。高效率就是指以较小的劳动要素投入产出较多的产品。高效率是现代生产的基本要求。仓储的效率表现在货物周转率、仓容利用率、进出库时间、装卸车时间等指标上。高效率仓储体现出“快进、快出、多存储、保管好”的特点。

仓储生产管理的核心就是效率管理，实现以最少的劳动量投入，获得最大的产品产出。劳动量的投入包括生产工具、劳动力的数量以及他们的作业时间和使用时间。效率是仓储管理的基础，没有生产的效率，就不会有经营的效益，就无法开展优质的服务。

高效率的实现是需要通过准确的核算，科学的组织，场所和空间的妥善安排，机械设备与人员的合理配合，部门与部门、人员与人员、设备与设备、人员与设备之间的默契配合，使生产作业过程有条不紊地进行；同时还需要有效管理过程的保证，包括现场的组织、督促，标准化、制度化的操作管理，严格的质量责任制的约束。现场作业混乱、操作随意、作业质量差甚至出现作业事故显然不可能有效率。

2. 服务原则

仓储活动本身就是向社会提供服务产品。服务是贯穿在仓储中的一条主线，仓储的定位、仓储具体操作、对储存货物的控制等都围绕着服务进行。仓储管理就是需要围绕服务定位、如何提供服务、改善服务、提高服务质量开展的管理，包括直接的服务管理和以服务为原则的生产管理。

仓储的服务水平与仓储经营成本有着密切的相关性，两者互相对立。服务好，则成本高，仓储服务管理就是在降低成本和提高(保持)服务水平之间保持平衡。

3. 经济效益原则

仓储企业生产经营的目的是为了追求利润最大化，这是经济学的基本假设条件，也是社会现实的反映。利润是经济效益的表现，计算公式为：

利润=经营收入-经营成本。

实现利润最大化则需要做到经营收入最大化和经营成本最小化。

4. 质量原则

仓储管理中的一切活动，都必须以保证在库物品的质量为中心。没有质量的数量是无效的，甚至是有害的，因为这些物品依然占用资金、产生管理费用、占用仓库空间。因此，为了完成仓储管理的基本任务，仓储活动中的各项作业都必须有质量标准，并严格按照标准进行作业。

经济全球化和区域经济一体化使包括仓储企业在内的物流企业面对着开放的市场，用户需求日益多样化、个性化，物流企业在质量水平、营业水平上面临激烈的竞争。

ISO 9002 标准的制定和发布，使全世界的质量管理和质量保证开始走向规范和统一，使世界上不同国家、不同企业之间的经济交流、贸易往来和技术合作在质量方面有了共同的语言、统一的认识和共同遵守的规范。按照 ISO 9002 标准进行质量体系认证，已成为当今国际服务贸易领域的发展趋势。物流企业属于服务贸易的范畴，要把企业融入世界经济贸易一体化市场就必须实施 ISO 9002 标准的认证。

【小知识】

物流企业与 ISO 9002 认证

国际标准化组织(International Organization for Standardization，简称 ISO)，由非政府机构发起，其宗旨是在世界上促进标准化及其相关活动的发展，便于商品和服务的国际交换，在知识、科学、技术和经济领域开展合作。ISO 制定的标准很多，其中 ISO 9000 系列标准已成为世界认可的重要国际标准。ISO 9000 系列是 1987 年国际标准组织制定颁布的国际通用的“质量管理和质量保证”系列标准，它由五个标准组成，即 ISO 9000 至 ISO 9004，已被认证使用的有三个标准，即 ISO 9001、ISO 9002、ISO 9003。

ISO 9000 是用于选择和使用 ISO 9001、ISO 9002、ISO 9003 各项标准的指南。ISO 9001 是从设计、开发、生产、安装到用户服务的质量保证模式；ISO 9002 是生产、安装和服务的质量保证模式；ISO 9003 是最终检验和试验的质量保证模式。以上三个质量保证标准，可作为质量认证中审核评定企业质量体系的依据。ISO 9004 是有关质量管理和质量体系要素的指南，为非合同环境下企业内部质量管理模式。

我国于 1992 年发布了 ISO 9000 系列国际标准，现采用的是等同于国际标准化组织 1994 年修订的 ISO 9000 系列标准，其中三个质量保证标准为 GB/TI 9001～ISO 9001、GB/TI 9002～ISO 9002、GB/TI 9003～ISO 9003。对于物流及其相关的流通企业，更适合在充分考虑需要、风险、费用、利益和适用范围的基础上取得除去设计开发阶段的 ISO 9002 认证。

ISO 9002 是企业能够达到质量管理和质量保证的能力。因为它不仅规范了产品质量检验的认定方法，而且涵盖了整个生产经营过程、今后服务等质量保证模式的内容；它不仅是产品质量认证，而且能帮助企业建立健全有效的质量体系。其次，当上游企业多数已取得 ISO 9002 后，必然要求担当包装、保管、运输、配送等物流活动也达到相应的质量标准和要求，作为供应链中重要环节的物流企业，也应取得 ISO 标准质量体系的认证。最后，物流企业的宗旨是为用户提供优质服务，满足用户要求。而 ISO 9002 系列标准具有系统性、实用性和规范性，能指导用户选购满意的商品，给用户带来信誉和更大的利润，是供方取得需方信任的手段。当前有些需方企业已经将是否取得认证作为接受供货的必要条件。

5. 安全原则

仓储活动中不安全因素很多。有的来自库存物，如有些物品具有毒性、腐蚀性、辐射性、易燃易爆性等；有的来自装卸搬运作业过程，如每种机械的使用都有其操作规程，违反规程就要出事故；还有的来自人为破坏。因此，对仓储生产过程进行计划、控制和评价是仓储管理的主要内容。

二、仓储管理的内容

仓储业作为经济活动中的一个行业，既具有一般企业管理的共性，也体现出其本身的管理特点。从理论和实务的角度来看，仓储管理的内容由仓储系统决定。一个完整的仓储系统由硬件系统和软件系统两个方面构成，包括仓储管理的对象和仓储管理的主体。仓储管理的对象是仓储设施设备及库存物资，而仓储管理工作需要人来完成，并由信息系统辅助进行。综合来看，仓储管理具体包括如下几方面的内容。

(一)仓储设施设备管理

仓储设施主要是指各种仓库、料棚、堆场等各类储存空间，是仓储工作的场所。在进行仓储活动之前，需要先进行设施规划，包括设施选址、规模确定、内部布局、设备的选址和配置等问题。

(二)仓储规划管理

在物品入库储存之前需要先进行合理的储存规划，即规划好物品储存的具体地点、货位，对于储存空间进行有效布置。物品在储存空间存放的考虑因素主要包括储存单位、货位策略、物品的需求相关性、物品特性、补货的方便性和物品平均在库时间等。对于不使用货架进行直接堆垛的物品需要进行相应的堆垛设计。

物品摆放好后，就要做好有效的在库管理，随时掌握库存状况，了解其品项、数量、位置、入出库状况等资料。

(三)仓储作业管理

仓储作业管理是指对从商品入库到商品发送出库的整个仓储作业进行管理的全过程。仓储作业管理主要可归纳为订单处理作业管理、采购作业管理、入库作业管理、盘点作业管理、拣货作业管理、出货作业管理和配送作业管理七个部分。

1. 订单处理作业管理

仓库的业务归根结底来源于客户的订单，它始于客户的询价、业务部门的报价，然后接收客户订单，业务部门了解库存状况、装卸能力、流通加工能力、包装能力和配送能力等，以满足客户需求。对于具有销售功能的仓库，其管理内容就是核对客户的信用状况，未付款信息也是重要的内容之一；对于服务于连锁企业的物流中心，其业务部门也叫作客户服务部，其管理内容就是每日处理订单和与客户经常沟通，为客户提供满意的服务。

2. 采购作业管理

采购作业环节一是将仓库的存货控制在一个可接受的水平，二是寻求订货批量、时间和价格的合理关系。采购信息来源于客户订单、历史销售数据和仓库存货量，所以仓库的采购活动不是独立的商品买卖活动。采购作业包括统计商品需求数量、查询供货厂商交易条件，然后根据所需数量及供货商提供的经济订购批量提出采购单。服务于连锁企业的物流中心，此项工作由存货控制部来完成。

3. 入库作业管理

仓库发出采购订单后，库房管理员即可根据采购单上预定入库日期进行作业安排，在商品入库当日，进行入库商品资料查核、商品检验，当质量或数量与订单不符时，应进行准确的记录，及时向采购部门反馈信息。库房管理员按库房规定的方式安排卸货、托盘码放和货品入位。对于同一张订单分次到货，或不能同时到达的商品要进行认真的记录，并将部分收货记录资料保存到规定的到货期限。

4. 盘点作业管理

仓储盘点是仓库定期对仓库在库货品实际数量与账面数量进行核查。通过盘点，掌握仓库真实的货品数量，为财务核算、存货控制提供依据。

5. 拣货作业管理

根据客户订单的品种及数量进行商品的拣选，拣选可以按路线拣选也可以按单一订单拣选。拣货工作管理包括拣取作业、补充作业的货品移动安排和对人员调度的管理。

6. 出货作业管理

出货作业是完成商品拣选及流通加工作业之后，送货之前的准备工作。出货作业管理包括准备送货文件、为客户打印出货单据、准备发票、制订出货调度计划、决定货品在车上的摆放方式、打印装车单等工作的管理。

7. 配送作业管理

配送作业管理包括送货路线规划、车辆调度、司机安排、与客户及时联系、商品在途的信息跟踪、意外情况处理及文件处理等工作的管理。

（四）库存管理

库存管理是对物品数量的管理，对于非物流企业而言具有关键作用。因为库存首先是指原材料、在制品、产成品等，这是保证企业顺利运转必不可少的要素。另外，库存很明显还是金钱、资产，因其占压流动资金，企业一般都会想要保持尽可能小的库存量。为了达到控制库存量的目的，可以控制订货进货过程，也可控制销售出库过程。但是很明显，控制销售出库过程，意味着限制了用户的需求，影响了社会需求。所以一般通过控制订货过程来控制库存量。库存管理系统基本上就是通过控制订货策略来控制在库库存量，即对订货点、订货量、订货方法进行管理和控制。

（五）仓储信息管理

信息对于管理工作的意义至关重要，针对仓储管理工作的专门信息系统也在这些年得到了广泛应用。库存管理系统作为一套应用型的操作软件，其所包含的方法和技术为仓储管理的高效进行提供了强大的支持和保证。这套系统主要针对入库、出库业务以及库存管理，还包括仓储数据的管理。

（六）仓储管理的技术和发展

现代化的仓储管理趋势呈现出了很多特点，对于相关管理技术的要求也越来越高。总体而言，包括客户化管理、交叉站台、仓单质押、仓储保税等具体业务的管理技术、信息技术，仓储管理相关的数据分析技术、模拟技术等。

三、仓储管理的任务

仓储管理的基本任务是提供物流的储存功能、创造时间价值、提高资源效益，是现代物流最为重要的、必不可少的环节之一。仓储管理的任务包括宏观和微观两方面。

（一）宏观方面

1. 设置高效率的组织管理机构

管理机构是仓储开展有效管理的基本条件，是一切管理活动的保证和依托。仓储组织机构需围绕仓储经营的目标，以实现仓储经营的最终目标为原则，依据管理幅度、因事设岗、责权对等的原则，建立结构简单、分工明确、互相合作和促进的管理机构和管理队伍。

2. 以市场化手段配置仓储资源

市场经济最主要的功能是通过市场的价格和供求关系调节经济资源的配置。市场配置资源是以实现资源最大效益为原则进行的，这也是企业经营的目的。配置仓储资源应依据所配置的资源能获得的最大效益为原则。仓储管理需要营造仓储机构的局部效益空间，吸引资源的投入。具体任务包括：根据市场供求关系确定仓储设施的建设；依据竞争优势选择仓储地址；以生产差别产品决定仓储专业化分工和确定仓储功能；以所确定的功能决定仓储布局；根据设备利用率决定设备配置等。

3. 积极开展商务活动

商务活动是指仓储对外的经济联系，包括市场定位（调查、分析）、市场营销（与消费者、媒体、政府）、交易和合同关系（与消费者、存货人）、客户关系管理（与存货人，如信息反馈与提供查询）、争议处理等。

仓储商务是事关仓储生存和发展的关键工作，是经营收入和仓储资源充分利用的保证。从功能上看，商务管理是为了实现收益最大化，仓储管理必须遵循不断满足社会生产和人民生活需要的生产原则，最大限度地提供仓储产品，满足市场需要。满足市场需要包括数量上的满足和质量上的满足两个方面。仓储管理者还须根据市场的变化发展，不断开拓创新，提供适合经济社会发展的仓储产品。

4. 合理组织仓储生产

仓储生产包括货物入仓、储存、出仓等作业期间的质量保管、质量维护、安全防护等。

仓储生产的组织遵循高效、低耗的原则，充分利用机械设备、先进的保管技术、有效的管理手段，实现仓储快进、快出，提高仓储利用率，降低成本，不发生差、损、错事故，保持连续、稳定的生产。仓储生产管理的核心在于充分使用先进的生产技术和手段，建立科学的生产作业制度和操作规程，实行严格的监督管理，采取有效的员工激励机制。

5. 树立良好企业形象

企业形象是指企业展现在社会公众面前的各种感性印象和总体评价的整合，包括企业及产品的知名度、社会的认可程度、美誉度、企业的忠诚度等方面。

企业形象是企业的无形财富，良好的企业形象不仅促进产品的销售，也为企业的发展提供良好的社会环境。作为产业服务的仓储业，其所面向的主要是生产、流通经营者，其企业形象的建立主要通过服务质量、产品质量、诚信和友好合作获得，并通过一定的宣传手段在潜在客户中推广。在现代物流管理中，对服务质量的高度要求、对合作伙伴的充分信任，使作为物流环节的仓储建立企业形象变得极为必要，只有具有良好形象的仓储经营人才能在物流体系中占一席之地，适应现代物流的发展。

6. 努力提高仓储管理水平

任何企业的管理都不可能一成不变，需要随着企业内外环境的改变而不断变化，以适应形势的需要，仓储管理也不例外，也要根据仓储企业经营目的的改变、社会需求的变化而改变。仓储管理不可能一步到位，也要经历一个从简单管理到复杂管理、从直观管理到系统管理的过程，在管理实践中不断补充、修正、完善，不断提高，实行动态的仓储管理。

仓储管理的动态化和变革，既可能促进管理水平的提高，提高仓储效益，也可能因为脱离实际，使管理的变革失败，甚至趋于倒退，不利于仓储的发展。因而仓储管理需要有制度性的变革。通过科学的论证，广泛吸取先进管理经验，针对本企业的客观实际进行管理。

7. 着力提升员工素质

没有高素质的员工队伍，就没有优秀的企业。员工的精神面貌体现了企业的形象和企业文化。仓储管理的一项重要工作就是不断提高员工的素质，根据企业形象建设的需要，加强对员工的约束和激励。

员工的素质包括员工的技术素质和精神素质。仓储企业要通过不断的、系统的培训，严格的考核，保证每个员工熟练掌握从事其劳动岗位所应知、应会的操作，熟练掌握仓储管理技术和理论知识，并力求精益求精，跟上技术和知识发展的步伐。明确岗位工作制度、操作规程；明确岗位所承担的责任。

良好的精神面貌来自企业内部和谐的氛围、有效的激励，对劳动成果的肯定以及有针对性开展的精神文明教育。在仓储管理中重视员工的地位，而不能将员工仅仅看作生产工具、一种等价交换的生产要素。在信赖中约束、在激励中规范，使员工产生人尽其才、劳有所得、人格被尊重的感受，形成热爱企业、自觉奉献，积极向上的精神面貌。

(二)微观方面

仓储管理在微观方面的任务是提高仓储企业的效率，降低储运成本，减少仓储损耗，具体表现在以下几个方面。

(1)合理组织收发，保证收发作业准确、迅速、及时，使供货单位及用户满意。

(2)采取科学的保管保养方法，创造适宜的保管环境，提供良好的保管条件，确保在库物品数量准确、质量完好。

(3)合理规划并有效利用各种仓储设施，做好革新改造，不断扩大储存能力，提高作业效率。

(4)积极采取有效措施，保证仓储设施、库存物品和仓库职工的安全。

(5)搞好成本管理，开源节流，提高仓储企业的经济效益。

四、仓储管理的类型

不同类型的企业，其仓储管理的对象、内容与要求也是不同的。一般而言，可以分为以下三种类型。

(一)制造企业

制造企业仓储管理的对象是企业制造与销售所需的原材料、半成品和产成品的储存，包括检验入库、在库养护、出库与发运以及一些包装、流通加工等一般性业务工作。制造企业的仓储管理比较复杂，其要求是多方面的，一是要确保在物流过程中仓储物资的价值和使用价值不受损失，为企业内部与外部用户提供良好的仓储服务，简单来说，对物资的收、管、发、运要做到及时、准确、安全、节约；二是对库存数量的管理，主要是对原材料库存数量进行科学管理，在保证供应的基础上尽可能降低仓储成本和库存成本，这项工作往往是由采购、生产、销售、物流等各方面共同完成的，仓储部门在提供库存资料、计算仓储成本等方面起重要的作用。

(二)流通企业

流通企业(不包括物流企业)的主要功能是购、销、存，不包括生产制造，因此其首要的目的是根据市场需求来确定商品的品种、数量、规格等，通过加强对市场需求的调查，了解上游企业的生产能力，积极组织货源以满足市场的需求。流通企业仓储管理的对象均是暂时存放在企业的、为了对外销售的货物，因此与制造企业区别很大。其工作重点依然是一般性业务管理与库存数量管制两个方面，其中，库存数量的目的与制造企业基本相同，而物资保管与养护工作、确保物资质量的重要性变得更为突出。

(三)物流企业

对于专业的物流企业(包括仓储企业)而言，仓储管理是其生产经营活动的一个组成部分，是提供给客户的服务，其管理内容基本包括了前述的各项工作，但其要求与制造企业和流通企业大不相同，保证储存货物的安全、制定并遵守作业规范，提高作业绩效、为客户提供各种基础服务与增值性服务是其重点。库存数量管理显然不是物流企业考虑的问题，物资保管与养护、不断开拓新的服务项目才是物流企业仓储管理的重点。

本章小结

本章重点阐述了仓储的含义，仓储是通过仓库对物品进行储存和保管。仓储在克服生产与消费地域分离、衔接生产与消费、调节生产与消费方面起着重要的作用，同时仓储也是实现商品使用价值和价值增值、加快资金周转的手段。随着物流的发展，仓储业也会进入快速发展期。

仓储的功能也是本章的重要内容，它包括经济功能和服务功能两大类，其中经济功能包括堆存与保管、合并与拼装、分类、加工延期和逆向物流。仓储的作用包括积极作用与消极作用两个方面。

仓储管理是指对仓库及仓库内的物资所进行的管理，是仓储机构为了充分利用所具有的仓储资源、提供高效的仓储服务所进行的计划、组织、控制和协调过程。仓储管理的内容包括仓储的设施设备、仓储规划、仓储作业、库存管理、仓储信息和仓储管理的技术。同时，也对仓储管理的内容和任务作了阐述。

【案例分析】

海尔仓储管理模式

海尔是世界白色家电第一品牌，1984 年创立于我国青岛。目前，海尔在全球建立了 21 个工业园，24 个制造工厂，10 个综合研发中心，19 个海外贸易公司，全球员工超过 7 万人，是一家特大企业。

国际化的竞争，提高了物流成本，也增加了物流的复杂性，使得海尔必须站在供应链管理的角度上去管理由大量的不同国家的供应商及经销商所组成的复杂供应链。在这复杂供应链中，如何以最低物流成本向客户提供优质的服务是海尔面临的难题。通过对世界同行业以及世界 500 强企业的学习与比较，海尔认识到这些企业都拥有世界一流的物流管理能力，通过向客户提供优质服务获得竞争优势。海尔于是决定建立自己的物流系统，而仓储管理是其中的重要环节。

海尔将“人单合一”的理念融入企业管理中，在这样的商业模式下，海尔根据市场动态变化来推进企业内部研发、制造和服务等环节，使仓库里的每一个产品都有市场需求，这样最大限度地实现了零库存下的即需即供，从而降低了仓储量，降低了仓储成本。

海尔建造了现代化物流中心库，使用先进的计算机管理系统进行仓储管理，使仓储管理与采购订单管理、生产计划调度、资金流管理相连接，推动了企业资源管理系统的实施。

仓储作业流程：

1. 订单处理：海尔实行先订单后采购。业务部门接到客户订单后，对客户、订货数量等内容进行审核后交由采购部门进行处理。

2. 采购作业：采购部门接受订单，确定订购数量后，向供应商或制造厂商发出采购单，订购商品。采购单发出后则开始进货入库跟踪运作。

3. 进货入库：采购单开出后，入库管理员根据采购单上的预定入库时间做作业排程。而后商品入库当日，对入库商品进行检查，核对入库商品是否与采购单内容一致，确定无误后登记入库。

4. 库存管理：主要是指货物的在库保管养护、盘点作业，定期或应顾客的要求，对仓库在库货品实际数量与账面数量进行核查。通过盘点，掌握仓库真实的货品数量，为存货控制提供依据。对需要库位移动的货物进行库位移动并做记录。

5. 出库管理：

(1)订单的审核。仓储业务部门接到订单或者出库单时，首先核对单据的内容，商品的名称、型号、数量等有无错误。审核无误后，进行库存信息处理和拣货作业。

(2)出库信息处理。在订单审核无误后，对出库信息进行处理。从库存系统中核查该货物的库存量并找出所在的位置。

(3)拣货作业。由于仓库所存放的货物主要是零配件，每张订单商品的品种和数量比较多，一般采取的拣货作业方式是按订单拣货，根据出库指令从相应的货位上取出所要出库的商品，放入托盘，拖至出库区，对需要包装的货物进行包装，称重。

(4)发货检查。对即将装车发货的商品进行再次核查。核查订单号货品的数量、品种、规格是否与订货信息相符。若相符，由仓库主管签字盖章并留存一联作为发货凭证。

(5)装车。按照送货路线的时间安排，将分拣的货物搬运到车上，对货物进行稳固处理，确保货物的安全。

(6)发货信息处理。在得到客户确认的出库单送货单后，将完成的出库信息输入系统中，更新库存数据。

6. 会计作业：商品出库后销售部门依据出库资料制作应收账，并将账单作为收费凭据。

存在的问题：海尔物流没有社会化，还在延续传统的生存模式和经营观念，使货运呈现货源封闭状态，增加了营运成本；没有做好仓库建设和规划的充分调查分析工作，为了自动化而自动化，在建设完成后才发现自动化的要求低，利用率小；人员的素质跟不上，使现有设备没有发挥应有的作用。

可见，现代工业生产的发展对仓储提出了更高的要求，仓储管理在日后海尔的企业发展中必将发挥越来越重要的作用。

资料来源：海尔仓储管理模式. MBA 智库[EB/OL]. https://doc.mbalib.com/downloadtransition/a666a5fd9675a11c0e15897909102ab4.html，2018-02-26/2019-12-26.

思考：

1. 结合本案例，阐述仓储管理的含义及作用。

2. 海尔是如何对自己的仓储进行管理的？

练习与思考

一、单项选择题

1. 仓储管理整体目标是以(　　)提供令客户满意的服务。

A. 最低成本　　B. 先进先出　　C. 高效率　　D. 满足生产

2. 仓储管理的任务是以(　　)为原则组织管理机构。

A. 低成本　　B. 合理库存　　C. 高效率　　D. 保证质量

3. 罐头生产厂可以将罐头生产的最后一道工序——贴标签延迟或推迟到产品出库之前进行，这属于仓储的(　　)功能。

A. 拼装 B. 保管 C. 加工/延期 D. 分类

4. 在仓储过程中对产品进行保护、管理，防止因损坏而丧失价值，体现了仓储的( )功能。

A. 保管 B. 整合 C. 加工 D. 储存

5.( )是指企业将仓储管理等物流活动转包给外部公司，由外部公司为企业提供综合物流服务。

A. 租赁仓库仓储 B. 供应商管理库存

C. 第三方仓储 D. 寄售

6. 仓储管理活动可以表述为：仓储管理人员和作业人员借助仓储设施和设备，对( )进行收发保管。

A. 库存物 B. 仓库 C. 仓库管理系统 D. 重要物资

7. 仓储管理的核心是( )。

A. 服务原则 B. 效率原则 C. 质量原则 D. 经济效益原则

8.( )是仓储的常用功能，主要通过仓库接收来自一系列制造工厂的产品或原材料，将它们拼成单一的一票装运的货物，以此来满足客户的需要。

A. 拼装 B. 保管 C. 加工/延期 D. 分类

9. 当某些库存承担起国家的安全使命时，这些库存通常被称为( )。

A. 战略库存 B. 保险库存 C. 国家储备 D. 制造库存

二、多项选择题

1. 仓储管理的基本原则包括( )及追求经济效益。

A. 保证质量 B. 注重效率 C. 确保安全 D. 快速反应

2. 仓储的经济功能包括( )。

A. 合并功能 B. 保管功能 C. 分类功能 D. 加工功能

3. 仓储按照经营的主体不同可以分为( )。

A. 自营仓储 B. 营业仓储 C. 公共仓储 D. 战略储备仓储

4. 仓储管理在物流活动中是为( )服务的。

A. 生产 B. 消费者 C. 供应商 D. 销售

5. 仓储管理的特点是( )。

A. 经济性 B. 技术性 C. 社会性 D. 综合性

三、判断题

1. 实行仓储管理可以降低运输成本、提高运输效率。( )

2. 仓储既有积极的一面也有消极的一面。只有考虑到仓储作用的两面性，尽量使仓储合理化才能有利于物流业务活动的顺利开展。( )

3. 仓储活动的质量通过在库物品的数量和质量的完好程度、保证供应的及时程度来体现。( )

4. 仓储管理活动与一般的物质生产活动相比，其产品虽然没有实物形态，却有实际内容，即仓储服务。( )

5. 拼装的特点是有可能实现最低的运输成本，并减少由多个供应商向一个客户供货而带来的拥挤和不便。( )

四、简答题

1. 简述仓储管理在现代物流中的作用。
2. 仓储管理的内容是什么？
3. 简述仓储的功能并举例说明。
4. 简述仓储管理的含义。

课后实践

查阅文献，了解我国仓储发展的各个阶段及发展现状，并与世界发达国家仓储发展现状进行对比，从中找到优势和不足，明确仓储今后的发展方向。

第二章
仓库设施及设备

学习目标

本章主要介绍了仓库的基本概念、分类以及库内常用的各种设备。要求通过本章的学习了解仓库的基本分类与具体功能，了解库内设备的类型，重点掌握叉车、货架、托盘等典型仓库设备的种类、特点及功能。

【案例导入】

正泰集团采用自动化立体仓库，提高物流速度

正泰集团公司是中国目前低压电器行业最大销售企业。主要设计制造各种低压工业电器、部分中高压电器、电气成套设备、汽车电器、通信电器、仪器仪表等，其产品达150多个系列、5 000多个品种、20 000多种规格。该集团已经建立了原材料、零部件供应网络体系，协作厂家达1 200多家。考虑到业务量大，该集团建立了立体仓库。正泰立体库占地面积达1 600平方米(入库小车通道不占用库房面积)，高度近18米，3个巷道(6排货架)。作业方式为整盘入库，库外拣选。其基本工作流程如下。

1. 入库流程

仓库二、三、四层两端六个入库区各设一台入库终端，每个巷道口各设两个成品入库台。需入库的成品经入库终端操作员键入产品名称、规格型号和数量。控制系统通过人机界面接收入库数据，按照均匀分配、先下后上、下重上轻、就近入库、ABC分类和原则，管理计算机自动分配一个货位，并提示入库巷道。搬运工可依据提示，将装在标准托盘上的货物用小电瓶车送至该巷道的入库台上。监控机发出指令将货盘存放于指定货位。

库存数据入库处理需要操作员在产品入库之前之后，将已入库托盘上的产品名称(或代码)、型号、规格、数量、入库日期、生产单位等信息在入库客户机通过人机界面输入。

2. 出库流程

底层两端为成品出库区，中央控制室和终端各设一台出库终端，在每一个巷道口设有LED显示屏，提示本盘货物要送至装配平台的出门号。需出库的成品，经操作人员输入产品名称、规格、型号和数量后，控制系统按照先进先出、就近出库、出库优先等原则，查出满足出库条件且数量相当或略多的货盘，修改相应账目数据，自动地将需出库的各类成品货盘送至各个巷道口的出库台上，经电瓶车将之取出并送至汽车上。同时，出库系统在完成出库作业后，在客户机上形成出库单。

3. 回库空盘处理流程

底层出库后的部分空托盘经人工叠盘后，操作员输入空托盘回库作业命令，搬运工依据提示用电瓶车送至底层某个巷道口，堆垛机自动将空托盘送回立体库二、三、四层的原入口处，再由各车间将空托盘拉走，形成一定的周转量。

思考：

1. 正泰集团为什么要采用立体库？立体库的先进之处体现在哪里？
2. 立体库为正泰集团带来哪些收益？

第一节　仓库设施

党的二十大报告指出："优化基础设施布局、结构、功能和系统集成，构建现代化基础设施体系"。中央财经委员会第十一次会议中明确了现代化基础设施建设的五大方向，其中就包括物流等产业升级基础设施建设。铁路、公路、机场、港口、码头、管道、货运场站、物流园区、中转分拨中心、快件处理中心、邮政网点等硬件是基础设施，信息系统、大型数据库、互联网平台等软件也是基础设施，物流基础设施建设升级和结构优化是持续性的，具有长期意义。

一、仓库的概念

仓库(warehouse)是存储、保管物品的建筑物和场所的总称。仓库的概念可以理解为用来存放货物(生活资料、生产资料、工具或其他财产)，并对其数量和状态进行保管的场所或建筑物等设施，还应包括设置在仓库内，为仓储作业服务的设备和设施，如地坪、货架、衬垫、固定式提升设备、通风照明设备等。

仓库作为连接生产者和消费者的纽带，是物流系统的一个中心环节，是物流网络的节点。现代的仓库已由过去单纯的作为"存储、保管商品的场所"，逐步向"商品配送服务中心"发展，不仅存储、保管商品，更重要的是还具有商品的分类、检验、计量、入库、保管、包装、分拣、出库及配送等多种功能。所以，现代仓库更多地考虑经营上的收益而不仅为了储存。这是同旧式仓库的区别所在。

二、仓库的功能与类型

(一)仓库的功能

仓库作为物流服务的据点，在物流作业中发挥着重要的作用。它不仅具有储存、保管等传统功能，而且还具有拣选、配货、检验、分类、信息传递等功能，并具有多品种小批量、多批次小批量等配送功能以及附加标签、重新包装等流通加工功能。一般来讲，仓库具有以下功能。

1. 储存保管功能

储存保管是仓库的基本功能和主要内容。仓库具有一定的空间，用于储存物品，并根据储存物品的特性配备相应的设备，以保持储存物品完好性。例如，储存挥发性溶剂的仓库，必须设有通风设备，以防止空气中挥发性物质含量过高而引起爆炸；储存精密仪器的仓库，需防潮、防尘、恒温，因此，应设立空调、恒温等设备。在仓库作业时，还有一个基本要求，就是防止搬运和堆放时碰坏、压坏物品，因此要求搬运器具和操作方法的不断改进和完善，使仓库真正起到储存和保管的作用。

2. 配送加工功能

随着物流业的迅速发展，仓储的功能逐渐多元化，现代仓库的功能已处在由保管型向流通型转变的过程之中，即仓库由储存、保管货物的中心向流通、销售的中心转变。仓库不仅要有储存、保管货物的设备，而且还要增加分拣、搬运、包装、流通加工、信息处理等设施。这样，既扩大了仓库的经营范围，提高了物资的综合利用率，又方便了消费，提高了服务质量。

3. 调节供需功能

创造物质的时间效用是物流的两大基本职能之一，物流的这一职能是由物流系统的仓库来完成的。仓库的调节供需功能主要体现在调节生产与消费的不平衡。现代化大生产的形式多种多样，从生产和消费的连续性来看，每种产品都有不同的特点，有些产品的生产是均衡的，而消费是不均衡的，还有一些产品生产是不均衡的，而消费却是均衡不断地进行的，所以供需不一定时时保持平衡，要使生产和消费协调起来，这就需要仓库来起“蓄水池”的调节作用。

4. 调节货物运输能力

各种运输工具的运输能力差别较大。船舶的运输能力很大，海运船一般是万吨级，内河船舶也有几百吨至几千吨的；火车的运输能力较小，每节车皮能装运 30～60 吨，一列火车的运量最多可达几千吨；汽车的运输能力相对更小，一般每辆车装 4～10 吨。它们之间的运输衔接是很困难的，这种运输能力的差异，也是通过仓库进行调节和衔接的。

5. 信息管理功能

在流通领域，供应商批发、集中商品、及时向客户配送、满足客户多方面需求等方面都需要高效的信息管理系统；此外，在处理仓储作业其他相关的事务时，也需要依靠计算机和互联网，例如，通过电子数据交换(EDI)和条形码技术来提高仓储物品信息的传输速度，及时而又准确地了解仓储信息等。

6. 产品生命周期的支持

根据美国物流管理协会发布的物流定义：物流是在供应链运作中，以满足客户要求为目的，对货物、服务和相关信息在生产地和销售地之间实现高效率和低成本的正向和理想逆向的流动与储存所进行的计划执行和控制的过程。可见现代物流包括了产品从“生”到“死”的整个生产、流通和服务的过程。因此，仓储系统应对产品生命周期提供强有力的支持。

(二)仓库的类型

仓库的种类繁多，分类方法也很多，这里介绍几种主要的分类方法。

1. 按运营形态分类

按运营形态分类，仓库可分为如下三类。

(1)营业仓库：第三方物流企业为了进行仓储经营而建造的仓库。

(2)自备仓库：各生产或流通企业为了本企业物流业务的需要而修建的附属仓库。

(3)公用仓库：为车站、码头提供仓储服务而修建的仓库，属于公用服务的配套设施。

2. 按保管条件分类

按保管条件分类，仓库可分为如下三大类。

(1)普通仓库：用来储存保管没有特殊要求的物资的仓库。这类仓库是分布最广、比重最大、使用最为普遍的常规性仓库，如一般的日用品仓库，各种生产材料、机电产品的仓库等。

(2)保温仓库：用于储存对温度有特殊要求(包括恒温、恒湿及冷藏库等)的物品(如粮食、水果、肉类)的仓库。这类仓库要求在建筑结构上要有隔热、防寒、密封等功能，并配备专门的设备，如空调、制冷机等。

(3)特种仓库：用于储存具有特殊性能、要求特殊保管条件的物品，如石油仓库、化工危险品仓库等。这类仓库必须配备有防火、防爆、防虫等专用设备，其建筑构造、安全设施都与普通仓库不同。主要包括以下三种。

①石油仓库：接受、保管、配给石油和石油产品的仓库。石油仓库主要保管石油产品(汽油、煤油、柴油、润滑油等)。石油产品具有易燃易爆等特性，这类仓库还被列为危险品仓库。

②化学危险品仓库：负责保管化工原料、化学药品、农药以及医药品。为了安全起见，根据物品的特性和状态以及受外部因素影响的危险程度进行分类、分别储藏。根据危险程度将危险品分为10类，即燃烧爆炸品、氧化剂、压缩气体、易燃气体、自燃物品、遇水易燃物品、易燃固体、有毒物品、腐蚀性物品和放射性物品。

③水面仓库：利用货物的特性以及宽阔的水面来保存货物的仓库，例如，在水中储存原木、竹排等。

3. 按功能分类

按功能进行分类，仓库可分为如下四类。

(1)储藏仓库。储藏仓库主要是对货物进行保管，以解决生产和消费的不均衡，如季节性生产的农作物储存到下一年销售。

(2)流通仓库。流通仓库除具有保管功能外，还能进行流通加工、装配、简单加工、包装、理货以及配送功能，具有周转快、附加值高、时间性强的特点。

(3)保税仓库。保税仓库是指为国际贸易的需要，设置在一国国土之上，但在海关关境以外的仓库。外国企业的货物可以免税进出这类仓库而办理海关申报手续，而且经过批准后，可以在保税仓库内对货物进行加工、存储等作业。

(4)配送中心仓库。配送中心仓库是向市场或直接向消费者配送商品的仓库。作为配送中心的仓库，往往具有存货种类众多、存货量较少的情况，要进行商品包装拆除，配货组合等作业，一般还需开展配送业务。

4. 按建筑构造分类

按建筑构造分类，仓库可分为如下四大类。

(1)单层仓库。单层仓库是最常见的，也是使用最广泛的一种仓库建筑类型，这种仓库只有一层，所以不需要设置楼梯，如图 2-1 所示。它的主要特点如下。

①单层仓库设计简单，所需投资较少。

②由于只有一层，仓库的地面承压能力都比较强。

③各种附属设备(如通风设备、供水、供电等)的安装、使用和维护都比较方便。

④由于仓库只有一层，因此在仓库内搬运、装卸货物比较方便。

(2)多层仓库。多层仓库占地面积较小，它一般建在人口稠密、土地使用价格较高的地区，由于是多层结构，因此，一般是使用垂直输送设备来搬运货物，如图 2-2 所示。总结起来，多层仓库有以下几个特点。

①多层仓库可适用于各种不同的使用要求，例如，可以将办公室和库房分处两层，在整个仓库布局方面比较灵活。

②分层结构将库房和其他部门自然地进行隔离，有利于库房的安全和防火。

③多层仓库作业需要的垂直运输重物技术已经日趋成熟。

④多层仓库一般建在靠近市区的地方，因为它的占地面积较小，建筑成本可以控制在有效范围内，所以，多层仓库一般经常用来储存城市日常用的高附加值的小型商品。使用多层仓库存在的问题在于建筑和使用中的维护费用较大，一般商品的存放成本较高。

(3)简仓。简仓是用于存放散装的小颗粒或粉末状货物的封闭式仓库，一般这种仓库被置于高架上，例如，经常用来存储粮食、水泥和化肥等，如图 2-3 所示。

(4)露天堆场。露天堆场是用于在露天堆放货物的场所，一般用来堆放大宗原材料或者不怕风吹日晒雨淋的货物，如图 2-4 所示。

图 2-1 单层仓库

图 2-2 多层仓库

图 2-3 简仓

图 2-4 露天堆场

(三)自动化立体仓库

1. 自动化立体仓库概念

自动化立体仓库(Automated Storage)简称高架仓库，一般是指采用几层、十几层乃至几十层的货架来储存单元货物，并用相同的搬运设备进行货物入、出库作业的仓库。由于这类仓库能充分利用空间储存货物，故常形象地将其称为“立体仓库”。根据国际自动化仓库会议的定义，所谓自动化立体仓库就是采用高层货架存放货物，以巷道堆垛起重机为主，结合入库出库周边设备来进行作业的一种仓库。它把计算机与信息管理和设备控制集成起来，按照控制指令自动完成货物的存取作业，并对库存货物进行管理。显而易见，它是物流系统的核心之一，并在自动化生产系统中占据了非常重要的地位。自动化立体仓库是实现高效率物流和大容量储存的关键系统，在现代化生产和商品流通中具有举足轻重的作用，如图 2-5 所示。

图 2-5　自动化立体仓库

2. 自动化立体仓库构成

自动化立体仓库是一个有机的仓储系统，由各种各样的仓储设备组成，一般来说主要包括如下设备。

(1)高层货架：用于存储货物的钢结构。主要有焊接式货架和组合式货架两种基本形式。

(2)托盘(货箱)：亦称工位器具，用于承载货物的器具。

(3)巷道堆垛机：用于自动存取货物的设备。按结构形式分为单立柱和双立柱两种基本形式；按服务方式分为直道、弯道和转移车三种基本形式。

(4)输送机系统：立体库的主要外围设备，负责将货物运送到堆垛机或从堆垛机将货物移走。输送机种类非常多，常见的有辊道输送机、链条输送机、升降台、分配车、提升机、皮带机等。

(5)AGV 系统：即自动导向小车。根据其导向方式分为感应式导向小车和激光导向小车。

(6)自动控制系统：该系统属于驱动自动化立体仓库系统各设备的自动控制系统。以采用现场总线方式为控制模式为主。

(7)储存信息管理系统：亦称中央计算机管理系统，是全自动化立体库系统的核心。

典型的自动化立体仓库系统均采用大型的数据库系统构筑典型的客户机/服务器体系，可以与其他系统(如 ERP 系统等)联网或集成。

3. 自动化立体仓库特点

自动化立体仓库的优越性是多方面的，主要表现在以下几个方面。

(1)提高空间利用率。

早期立体仓库构想的基本出发点是提高空间利用率，充分节约有限且昂贵的场地。在西方有些国家提高空间利用率的观点已有更广泛、深刻的含义，节约土地已与节约能源、保护环境等更多方面联系起来。有些甚至把空间利用率作为考核仓库系统合理性和先进性的重要指标。仓库空间利用率与其规划紧密相连，一般来说，立体仓库的空间利用率为普通仓库的 2～5 倍。

(2)先进的物流系统提高企业生产管理水平。

传统的仓库只是货物的储存场所，保存货物是其唯一的功能，属于静态储存。立体仓库采用先进的自动化物料搬运设备，不仅能使货物在仓库内按需要自动存取，而且还可以与仓库以外的生产环节进行有机连接，并通过计算机管理系统和自动化物料搬运设备使仓库成为企业物流中的重要环节。企业外购件和自制件进入立体仓库短时储存是整个生产的一个环节，是为了在指定的时间自动输出到下一道工序进行生产，从而形成自动化的物流系统环节，属于动态储存，这是当今立体仓库发展的明显技术趋势。

(3)加快货物存取，减轻劳动强度，提高生产效率。

建立以立体仓库为中心的物流系统，其优越性还表现在立体仓库具有快速的出入库能力，妥善地将货物存入立体仓库，及时自动地将生产所需零部件和原材料送达生产线。同时，立体仓库系统减轻了工人综合劳动强度。

(4)减少库存资金积压。

通过对一些大型企业的调查，我们了解到由于历史原因造成管理手段落后，物资管理零散，使生产管理和生产环节的紧密联系难以到位。为了达到预期的生产能力和满足生产要求，就必须准备充足的原材料和零部件，这样，库存积压就成为较大的问题。如何降低库存资金积压和充分满足生产需要，已经成为大型企业面对的大问题。立体仓库系统是解决这一问题的最有效手段之一。

(5)现代化企业的标志。

现代化企业采用的是集约化大规模生产模式，这就要求生产过程中各环节紧密相连，成为一个有机整体，要求生产管理科学实用，做到决策科学化。建立立体仓库系统是其有力的措施之一。由于采用计算机管理和网络技术，企业领导可以宏观快速地掌握各种物资信息，且工程技术人员、生产管理人员和生产技术人员可以及时了解库存信息，以便合理安排生产工艺，提高生产效率。

【小知识】

自动化立体仓库

早期立体仓库的构想的基本出发点就是提高空间利用率，充分节约有限且宝贵的土地，目前随着信息技术与自动化立体库融合设计的逐步深入，提高空间利用率的观点已有更广泛深刻的含义，已与提高库存管理水平、降低人工成本、改善库存积压和实现货物可追溯等方面联系起来。

中国自动化立体库与企业生产系统一体化发展逐步成熟，中国自动化立体仓库技术取得较大的进步，形成了多系列、多品种、多档次、高性价比的产品线，可以覆盖绝大多数应用行业。根据商务部流通业发展司数据显示，全国立体库面积从2012年底的1.40亿平方米增长至2017年的2.74亿平方米，2017、2018年我国新建自动化立体库均超过800座，截至2018年底，全国立体库面积约2.91亿平方米，保有量在5000座左右。高工产业研究院数据显示，2019年中国自动化立体仓库保有量为6000座左右，根据立体库数量增长情况预测2019年立体库面积达到3.49亿立方米。其中，电商、快递、零售、冷链行业等服务领域需求增速明显较工业制造领域强劲，服装、新能源等新兴行业亦开始发力。

随着自动化物流及配送的理念开始为越来越多的企业所认可，以及现代企业规模化、集约化生产的不断发展，未来自动化物流系统项目将不断增多，自动化立体仓库由此将得到更广泛的应用，其在现代物流系统当中的地位将不断提升，市场空间也将不断增大甚至出现成倍增长。

三、仓库的结构

仓储中的结构设计主要包括仓库结构和堆场结构，仓库结构重点考虑在封闭式的仓库建筑内部的结构设计；堆场结构主要包括集装箱堆场、杂货堆场和散货堆场三大类堆场的结构。集装箱堆场是专门用于存放集装箱的场所；杂货堆场主要用于存放钢材、油桶，以及其他袋装、箱装等物品。散货堆场主要储存沙、石、煤、矿石等散货。下面逐一介绍。

（一）仓库结构相关因素

仓库的结构对实现仓库的功能起着很重要的作用。因此，仓库的结构设计应从以下几个方面考虑。

1. 平房建筑和多层建筑

仓库的结构，从出入库作业的合理化方面考虑，尽可能采用平房建筑，这样储存产品就不必上下移动，因为利用电梯将储存产品从一个楼层搬运到另一个楼层费时费力，而且电梯往往也是产品流转中的一个瓶颈，有许多材料搬运作业通常都会竞相利用数量有限的电梯，从而影响库存作业效率。所以，在设计规划时尽可能采用单层仓库。但是在城市内，尤其是在商业中心地区，土地有限或者昂贵，为了充分利用土地，采用多层建筑成为可能。在采用多层仓库时，要特别重视上下楼的通道设计。

2. 仓库出入口和通道

仓库出入口的位置和数量是由建筑的开建长度、进深长度、库内货物堆码形式、建筑物主体结构、出入库次数、出入库作业流程及仓库职能等因素所决定的。出入库口尺寸的大小是由卡车是否出入库内，所用叉车的种类、尺寸、台数、出入库次数，保管货物尺寸大小所决定的。库内的通道是保证库内作业畅顺的基本条件，通道应延伸至每一个货位，保证每一个货位都可以直接进行作业，通道需要路面平整和平直，减少转弯和交叉。

3. 立柱间隔

库房内的立柱是出入库作业的障碍，立柱过多会导致保管效率低下，因而立柱应尽可能减小。对于平房仓库来说，拓宽立柱间隔较为容易，可以实现较大的立柱间隔，但是当平房仓库梁的长度超过 25 米时，建立无柱仓库有困难，则可设中间的梁间柱，使仓库成为有柱结构。不过在开间方向上的壁柱，可以每隔 5～10 米设一根，由于这个距离仅和门的宽度有关，库内又不显露出柱子，因此和梁间柱相比，在设柱方面比较简单。但是在开间方向上的柱间距必须和隔墙、防火墙的位置，天花板的宽度，卡车停车站台长度等相匹配。另外，仓库的立柱间隔，因考虑出入库作业的效率，以货车或托盘的尺寸为基准，通常以 7 米的间隔比较适宜，它适合 2 台大型货车(宽度 2.5 米×2)或 3 台小型载货车(宽度 1.7 米×3)的作业。采用托盘存货或作业的，因托盘种类规格不同，以适合放 6 个标准托盘为间隔，如采用标准托盘时，间隔略大于 7.2 米(1.2 米×6)。

4. 天花板的高度

由于仓库在向机械化、自动化方向发展，因此对仓库天花板的高度也提出了很高的要求。即使用叉车的时候，标准提升高度是 3 米；而使用多端式高门架的时候要达到 6 米。另外，从托盘装载货物的高度看，包括托盘的厚度在内，密度大且不稳定的货物，通常以 1.2 米为标准单位；密度小而稳定的货物，通常以 1.6 米为标准单位。以其倍数(层数)来看，1.2 米/层×4 层＝4.8 米，1.6 米/层×3 层＝4.8 米，因此，仓库的天花板高度最低应该是 5～6 米。

另外，有的仓库内部设置夹层楼板，也称临时架，是在地板与楼板之间另加一层楼，能成倍地利用保管的空间，并能够有效地利用仓库梁下的空间。

5. 地面

地面的构造主要是地面的耐压强度，地面的承载力必须根据承载货物的种类或堆码高度进行具体研究。通常，一般平房普通仓库每平方米地面承载力为 2.5～3 吨，加强地面承载力是 3～3.5 吨；多层仓库层数加高，地面负荷能力减少，一层是每平方米 2.5～3 吨，二层是每平方米 2～2.5 吨，依次减少。地面的负荷能力是由保管货物的重量、所使用的装卸机械的总重量、楼板骨架的跨度等所决定的。流通仓库的地面承载力，必须还要保证重型叉车的承重。

地面的形式有低地面和高地面两种。为了防止雨水流入仓库，低地面比基础地面高出 20～30 厘米，而且由于叉车的结构特点，出入口需要保持较平稳的坡度；高地面的高度要与出入库车厢的高度相符合。通常，大型货车(5 吨以上)为 1.2～1.3 米，小型货车(3.5 吨以下)为 0.7～1.0 米，铁路货车站台为 1.6 米。一般情况下，在经营原材料和半成品的仓库，因为货车直接出入库的频率较高，所以低地面较为有利。而流通型仓库，因为在库内分货、配货，并根据物品的不同，采取不同的存放方式，有些就陈列在柜台，因此，高出地面的台式较为合适。

(二)堆场结构相关因素

1. 集装箱堆场

(1)集装箱堆场的类型。

集装箱堆场是堆存和保管集装箱的场所，如图 2-6 所示。根据集装箱堆存量的大小，堆场可分为混合型和专用型两种。专用型堆场是根据集装箱货运站的生产工艺分别设置的重箱堆场、空箱堆场、维修堆场。混合型堆场则是相对于专用型而言的，对于存量很少、同时又没有特殊要求的普通型集装箱则无须专门设置独立的区域进行存放。

图 2-6 集装箱堆场

(2)集装箱货场布局结构设计原则与目标。

设置集装箱货场时应满足发送箱、到达箱、中转箱、周转箱和维修箱等的生产工艺操作和不同的功能要求，并尽可能缩短运送距离，避免交叉作业，便于准确、便捷地取放所需集装箱，利于管理。

集装箱堆场的布局应符合下列原则：①中转箱区应布置在便于集装箱由一种运输工具直接换装到另一种运输工具的交通方便处；②周转和维修箱区应布置在作业区外围，靠近维修车间一侧，以便取送和维修，减少对正常作业的干扰；③合理布置集装箱位，既要充分利用堆场面积，又要留足运输通道和装卸机械作业区及集装箱间的距离，做到安全方便；④合理利用与选择装卸机械和起重运输设备，除保证作业机械进出场区畅通并有足够的作业半径外，应尽量减少机械设备的行驶距离，提高设备利用率；⑤场区内要有一定坡度，以利于排水；⑥堆场场地必须耐用，应根据堆场层数进行设计与处理。

在设计集装箱堆场时，在考虑上述原则的同时，还应该尽量达到以下目标：①服务的精确性。由于集装箱存放货物无须拆箱，所以，箱内货物的质量和数量完全靠货物证件以及其他相关单据，同时在分类堆存时也完全以证件及其单据进行分类，所以，应在集装箱货场的存放和管理过程中尽量做到认真细致。②单位堆放和流转速度。集装箱操作要求尽可能快，与堆存区要求的服务水平相适应。为了尽量减少堆场的占地面积，在设计集装箱堆场的过程中，在选取存放堆垛方式过程中，应尽量增大单位堆存，同时尽量缩短保管时间，加快集装箱的流转速度，尽可能充分发挥集装箱的优越性。③旺季储存能力。这与前面的因素有关，系统设计者应该满足一定时期内95%的库存需求。这一定时期可以是一个月、一年，依服务类型确定。最后的5%通常要花费巨大的代价才能满足。在集装箱码头中，泊位利用率是服务的一个重要因素。所以，及时抓住储运旺季，充分发挥集装箱货场的优势，最大限度地达到集装箱货场的优势，最大限度地达到集装箱货场的储存能力是非常重要的。

2. 杂货堆场

(1)杂货。

杂货是指直接以货物包装形式进行流通的货物。货物的包装有袋装、箱装、桶装、箩装、捆装、裸装等，也包括采用成组方式流通的货物。杂货中的相当一部分可以直接在堆场露天存放，如钢材、油桶、日用陶器、瓷器等。杂货在堆场存放要考虑是否需要盖、垫垛，以便排水除湿。杂货的杂性使得杂货的装卸、堆垛作业效率极低，而且需要较大的作业空间，同时杂货容易混淆，需要严格的区分。

(2)杂货堆场的货位布置形式。

大多数杂货的货位布置形式均采用分区、分类布置，即对存储货物在"三一致"(性能一致、养护措施一致、消防方法一致)的前提下，把堆场划分为若干保管区域；根据货物大类和性能等划分为若干类别，以便分类集中堆放。

(3)杂货堆场分区分类的方法。

杂货堆场分区分类主要有如下两种方法。

①按照货物种类和性质进行分区分类。这是大多数堆场采用的分区分类方法，即按客户经营的货物来分类，把性能互不影响、互不抵触的货物，在同一场内划定在同一货区里集中储存。

②按照货物发往地区进行分区分类。这种方法主要适用于储存期限不长，而进出数量较大的中转性质的堆场。具体做法是把货物按照交通工具划分为公路、铁路、水路，再按达到站、港的线路进行划分。

3. 散货堆场

散货是指无包装、无标志的小颗粒货物，其直接以散装方式进行运输、装卸、仓储、保管和使用。在仓储中不受风雨影响的散货一般直接堆放在散货堆场上，如沙、石、矿等。

散货堆场根据所堆放货物的种类不同，地面的结构也不完全相同，可以是沙土地面、混凝土地面等。由于存量巨大，要求地面有较高的强度。由于散货都具有大批量的特性，散货堆场往往面积较大。为了便于疏通，采取明沟的方式排水，并且通过明沟划分较大的面积货位。散装堆场都采用铲车或者输送带进行作业，所堆的垛形较为巨大。

第二节　库内设备

仓储配送管理的核心要求就是要降低成本，高质量、高效率地进行仓储配送环节的运作，这就需要有相应的仓储配送设备予以支持。

一、仓库设备配置原则

仓库空间有限，如何合理利用好仓库的空间，其中重要的原则之一就是合理配置仓库设备。自动化立体仓库等设施设备的出现初衷就是为了提高空间利用率，但这种空间利用率迄今为止平均还不到30%，所以在布置仓库设备时，一般应明确区域的划分，并对区域进行编号，把仓库设备的布置用数字或字母等便于进行信息处理的方式标识出来。仓库设备布置的原则如下：首先，必须经济有效地使用仓库的地面面积或容积，提高地面面积利用率或容积利用率。不过要注意结合未来的企业发展计划，预留出未来发展所需的面积或容积。其次，在能完成业务需要的前提下，实现以最低的劳动强度，最少的劳动力投入来轻松、安全地完成作业，而且应该尽量在作业中实现标准化。最后，设备布置要考虑操作人员之间的配合。如果设备及机械配置不佳，工作人员将很难实现良好的配合，易产生矛盾，在仓库设备的布置时要充分估量这一问题。

二、仓库设备的种类

仓储作业中所使用的设备按其用途和特征可分为装卸搬运设备、保管设备、计量设备、养护检验设备、通风照明取暖设备、消防安全设备、劳动防护设备以及其他用途设备和工具。在仓库设备的具体管理中，则应根据仓库规模的大小进行恰当分类。

(一)装卸搬运设备

装卸搬运设备用于商品的出入库、库内堆码以及翻垛作业。这类设备对改进仓储管理，减轻劳动强度，提高收发货效率起到重要作用。目前，我国仓库中所使用的装卸搬运设备通常分为装卸堆垛设备、搬运传送设备和成组搬运设备三类。

(二)保管设备

保管设备是指用于保护仓储商品质量的设备。主要可归纳为以下两种。

(1)苫垫用品。苫垫用品起遮挡雨水和隔潮、通风等作用，包括苫布(油布、塑料布等)、苫席、枕木、石条等，苫布、苫席常用于露天堆场。

(2)存货用具。存货用具包括各种类型货架、货橱等。货架是用来存放商品的敞开式格架。根据仓库内的布置方式不同，货架可采用组合式或整体焊接式两种。整体式货架的制造成本高，不便于货架的组合变化，因此较少采用。货架在批发、零售量大的仓库，特别是立体仓库中起很大的作用，既便于商品的进出，又能提高仓库容积的利用率。货橱是指用来存放商品的封闭式格架，主要用于存放比较贵重或需要特别养护的商品。

(三)计量设备

计量设备用于商品进出时的计量、点数以及存货期间的盘点、检查等，如地磅、轨道衡、电子秤、电子计数器、流量仪、带秤、大平仪以及比较原始的磅秤、卷尺等。随着仓储管理现代化水平的提高，现代化的自动计量设备将会得到更多的应用。

(四)养护检验设备

养护检验设备是指商品进入仓库时验收和在库内保管时测试、化验以及防止商品变质、失效的器具，如温度仪、测潮仪、吸潮器、烘干箱、空调器以及商品质量化验器等。

(五)通风、照明、取暖设备

通风设备是使仓库内的空气清洁，防止高温和不良气体影响的设施。根据通风的方式，可采用自然通风和人工通风两种，自然通风靠仓库内外温湿度的差异来实现空气交换，如利用仓库墙壁的空隙、库门和库窗来实现。人工通风需利用专门通风装置，强迫仓库内外进行空气交换。为便于仓库内作业以及夜间作业，仓库应设置照明设备。一般有天然照明和人工照明两种。另外，根据商品存储要求和当地气温条件，仓库内可设置取暖设备，一般有气暖和水暖两种。

(六)消防安全设备

消防安全设备是仓库必不可少的设备，包括报警器、消防车、手动抽水机、水枪、消防水源、砂土箱以及消防云梯等。

(七)劳动防护设备

劳动防护设备是指用于确保仓库职工在作业中的人身安全的一些防护用具和用品。

(八)其他设备和用具

除以上七种外的其他仓库设备。

三、常用仓库设备

以下我们具体介绍一些比较典型的、应用比较普遍的仓库设备。

(一)货架

1. 货架的含义

货架是专门用来存放成件货物的保管设备。货架在仓库中占有非常重要的地位，随着物流量的大幅度增加，为实现仓库的现代化管理，改善仓库的功能，不仅要求货架数量多，而且要求具有多功能，并能满足机械化、自动化要求。

2. 货架的作用

货架一般具有如下五种作用。

①货架是一种架式结构物，可充分利用仓库空间和库容，扩大仓库储存能力。

②存入货架中的货物，互不挤压，可保证商品本身的功能，减少商品的损失。

③货架中的货物存取方便，便于清点及计量，可做到先进先出。

④保证存储货物的质量，可以采取防潮、防尘、防盗、防破坏等措施，以提高货物的存储质量。

⑤货架的结构有利于实现仓库的机械化、自动化、电子化管理，提高仓储作业的现代化水平。

3. 货架的种类

货架一般分为如下七大类。

(1)层架。

层架在仓库及物流活动中应用非常广泛。层架是由主柱、横梁及层板构成，架子本身分为数层，层间用于存放货物。层架结构简单，省料，适用性强，便于作业的收发，是人工作业仓库的主要储存设备，但存放货物的数量有限，如图 2-7 所示。

层架的尺寸规格在很大范围内变动，一般而言，轻型层式货架主要是人工进行装、取货操作，规格、尺寸及承载能力都和人的搬运适合，高度一般在 2.4 米以下，厚度在 0.5 米以下；中、重型货架尺寸则要大得多，高度可达 4.5 米，厚度可达 1.2 米，宽度可达 3 米。

图 2-7　层架

(2)重力式货架。

重力式货架，如图 2-8 所示。这种货架的一端较高，另一端较低，倾斜布置，较高的一端作为入货口，较低的一端，作为出货口。负载放置于滚轮上，由于货架的出口方向是往下稍微倾斜的，所以可利用重力使货物朝出口方向滑动。存货时，托盘从货架斜坡高端送入滑道，通过滚轮下滑，逐个存放；取货时，从斜坡低端取出货物，其后的托盘逐一向下滑动待取，托盘货物在每一条滑道中依次流入流出。这种储存方式在货架排与排之间设有作业通道，大大提高了仓库面积利用率。但使用时，同一排、同一层上的货物应为同一批次。此外，当通道较长时，在导轨上应设置制动装置，以防货物在终端时的速度太快。

图 2-8　重力式货架

(3)移动式货架。

移动式货架又称动力式货架，通过货架底部的电动机驱动装置，可在水平直线导轨上移动。其突出的优点是提高了空间利用率，一组货架只需一条通道，而固定式托盘货架的一条通道，只服务于通道内两侧的两排货架。所以在相同的空间内，移动式货架的储存能力比一般固定式货架高得多，地面面积使用率高达 80%。这种货架广泛应用于办公室、图书馆等存放档案文献，工厂车间、仓库等存放工具、物料，如图 2-9 所示。

(4)悬臂式货架。

悬臂式货架是在立柱上装设外悬臂杆来构成，适合存放钢管、型钢等长形的商品。若要放置圆形商品时，可在其臂端装设阻挡块以防止商品滑落。其特点为：结构轻巧、载重能力好、空间利用率高；悬臂式货架加了搁板后，特别适合空间小，高度低的库房，管理方便，视野宽阔，与普通搁板式货架相比，悬臂式货架利用率较高，如图 2-10 所示。

(5)驶入、驶过式货架。

驶入、驶过式货架采用钢质结构，把数排传统货架连接起来而形成的。存放货物时，托盘按深度方向存放，一个紧接着一个，这使得高密度存储成为可能。它允许堆高机驶入货架并从里层的位置开始存放至最前方的位置，其通道空间又是存储空间，因此储存密度非常高，地板使用率高达 80%，适合于大批量少品种的货物存储作业，叉车可直接驶入货道内进行存取货物，作业极其方便。驶入式货架存取货物时，叉车从通道的一端进出，存放时先内后外，取货时先外后内，是典型的先进后出存储方式，如图 2-11 所示；驶过式货架较驶入式货架更为实用，存取货物时可从通道的两端进出，可以做到先进先出。

图 2-9 移动式货架

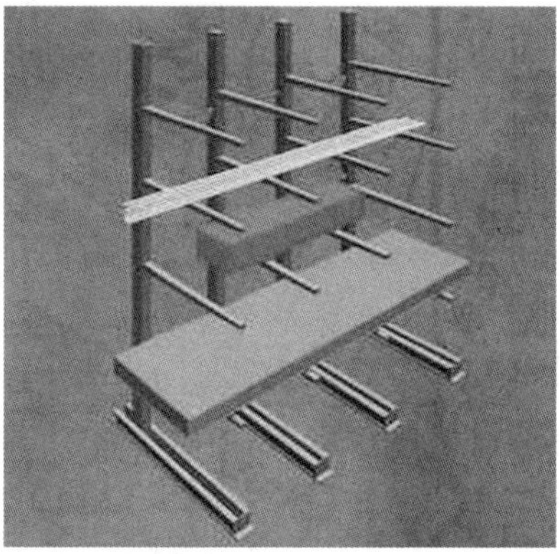

图 2-10 悬臂式货架

(6)阁楼式货架。

阁楼式货架是将储存空间做上、下两层规划，利用钢架和楼板将空间分为两层，下层货架结构支撑上层楼板，如图 2-12 所示。阁楼式货架可以有效增加空间使用率，通常上层适用于存放轻型物品，不适合重型搬运设备行走，上层货物的搬运需配装垂直输送设备。

图 2-11 驶入式货架

图 2-12 阁楼式货架

(7)旋转式货架。

旋转式货架又称回转式货架。在拣选货物时，取货者不动，通过货架的水平、垂直或立体方向回转，货物随货架移动到取货者的面前。旋转式货架在存取货物时，可以通过计算机进行自动控制，即根据下达的货格指令，该货格以最近的距离自动旋转至拣货点停止。这种货架的存储密度大，货架间不设通道，与固定式货架相比，可以节省占地面积30%～50%。由于货架转动，拣货线路简捷，拣货效率高，拣货时不容易出现差错。根据旋转方式不同，可分为多层水平旋转式货架和垂直旋转式货架两种。

①多层水平旋转式货架。多层水平旋转式货架，其最佳长度为10～20米，高度为2～3.5米，单元货位载重为200～250千克，每分钟回转速度为20～30米。多层水平旋转式货架是一种拣选型货架，货架各层可以独立旋转，每层都有各自的轨道，用计算机操作时，可以同时执行几个命令，使各层货物从近到远，有序地到达拣选地点，拣选效率很高。这种货架主要用于出入库频率高、多品种拣选的仓库中，如图2-13所示。

②垂直旋转式货架。垂直旋转式货架类似垂直提升机，在两端悬挂有成排的货格，货架可正转，也可以反转。货架的高度在2～6米，正面宽2米左右，单元货位载重为100～400千克，回转速度为每分钟6米左右。垂直旋转货架属于拣选型货架。占地空间小，存放的品种多，最多可达1 200种左右。货架货格的小格可以拆除，这样可以灵活地存储各种尺寸的商品。在货架的正面及背面均设置拣选台面，可以方便地安排出入库作业。在旋转控制上用开关按钮即可轻松地操作，也可利用计算机操作控制，形成联动系统，将指令要求的货层经最短的路程送至要求的位置。垂直旋转式货架主要适用于多品种、拣选频率高的商品，如果取消货格，用支架代替，也可以用于成卷货物的存取，如图2-14所示。

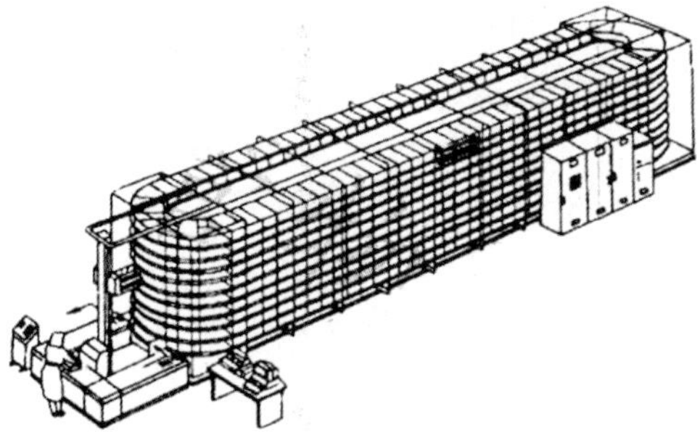

图2-13 多层水平旋转式货架

图2-14 垂直旋转式货架

4. 货架数量的确定

仓库及配送中心使用货架的数量可以利用公式计算，公式如下：

$$N=\frac{Q}{(l\cdot b\cdot h)\cdot k\cdot \gamma}。$$

式中，N——货架数量(个)；

Q——上架存放物品的最高储备量(吨)；

l，b，h——货架的长、宽、高(米)；

k——货架的容积充满系数；

γ——上架存放物品的容重(吨/立方米)。

(二)托盘

1. 托盘概述

托盘(pallet)又称集装托盘、集装盘，是为了使货物能够有效地装卸、运输、保管，将其按一定数量组合放置于一定形状的台面上，这种台面有供叉车从下部叉入并将台板托起的叉入口。以这种结构为基本结构的平板台面，以及在这种基本结构基础上形成的各种形式的集装器具都可以统称为托盘。作为与集装箱类似的一种集装设备，托盘现已广泛应用于生产、运输、仓储和流通等领域，被认为是 20 世纪物流产业中两大关键性创新之一。

托盘是集装单元最基本的器具，其特点如下。

①自重量小。托盘比较轻便，用于装卸、运输托盘本身所消耗的劳动较小，无效运输及装卸相比集装箱小很多。

②返空容易。返空时占用运力很少；由于托盘造价不高，又很容易互相代用，互以对方托盘抵补，所以无须像集装箱那样必有固定归属者，返空比集装箱容易。

③装盘容易。无须像集装箱那样深入箱体内部，装盘后可采用捆扎、紧包等技术处理，使用时简便。

④装载量有限。装载容量较小，但也能集中一定数量，比一般包装的组合量大得多。

⑤保护性差。保护性比集装箱差，露天存放困难，需要有仓库等配套设施。

2. 托盘分类

根据托盘的材质及形状，可以将托盘分为以下几类。

(1)平托盘。

平托盘几乎是托盘的代名词，只要一提托盘，一般都是指平托盘，因为平托盘使用范围最广，利用数量最大，通用性最好，如图 2-15 所示。平托盘又可按以下方式进行分类。

图 2-15 平托盘

①根据台面分类，可以分为单面使用型、双面使用型和翼型三种。

②根据叉车叉入方式分类，可以分为单向叉入型、双向叉入型和四向叉入型三种。其中四向叉入型的叉车可从四个方向叉进，因而叉车操作更为灵活。

③根据托盘材料的不同分类，可以分为木制托盘、钢制托盘、塑料制托盘、复合材料托盘以及纸制托盘五种。

据中国物流与采购联合会托盘专业委员会，2011 年对国内多家托盘生产企业、托盘使用及销售企业进行初步调查的结果，目前我国拥有的各种类型托盘总数为 16 000 万～20 000 万片，目前每年产量递增 2 000 万片左右。其中木制平托盘约占 85%、塑料平托盘约占 12%、钢制托盘、复合材料托盘以及纸制托盘合计约占 3%。复合材料平托盘和塑料托盘上升比例较大。

(2)柱式托盘。

柱式托盘分为固定式和可卸式两种，柱式托盘的 4 个角有钢制立柱，柱子上端可用横梁连接，形成框架型。柱式托盘的主要作用有两个，一是利用立柱支撑重量物，向高处叠放；二是可防止托盘上放置的货物在运输和装卸过程中发生塌垛现象，如图 2-16 所示。

图 2-16 柱式托盘

(3)箱式托盘。

箱式托盘四面有侧板，部分箱式托盘的箱体上有顶板。箱板有固定式、折叠式、可卸下式三种。四周栏板有板式、栅式和网式，因此，四周栏板为栅栏式的箱式托盘也称笼式托盘或仓库笼。箱式托盘防护能力强，可防止塌垛和货损；可装载异型不能稳定堆码的货物，应用范围广，如图 2-17 所示。

(4)轮式托盘。

轮式托盘的底部自带小型轮子，因而，轮式托盘具有短距离移动、自行搬运或滚上滚下式的装卸等优势，用途广泛，适用性较强，如图 2-18 所示。

图 2-17　箱式托盘

图 2-18　轮式托盘

(5)特种专用托盘。

有些托盘专门用于特定的场合或特定的货物的集装化。例如，平板玻璃集装托盘可以在运输过程中起支撑和固定作用，平板玻璃一般都立放在托盘上，并且玻璃还要顺着车辆的前进方向，以保持托盘和玻璃的稳固，氧气集装托盘亦是如此，如图 2-19 所示；利用轮胎专用托盘，可多层码放，不挤不压，大大地提高装卸和储存效率；长尺寸物托盘是专门用来码放长尺寸物品的托盘，物品堆码后，就形成了长尺寸货架；油桶专用托盘是专门存放、装运标准油桶的异型平托盘，双面均有波形沟槽或侧板，以稳定油桶，防止滚落，提高仓储和运输能力。这些托盘我们称之为特种专用托盘。

图 2-19　特种专用托盘——氧气/平板玻璃集装托盘

3. 托盘标准化

正是由于托盘的种类繁多，具有广泛的应用性和举足轻重的连带性，在装卸搬运、保管、运输和包装等各个物流环节的效率中都处于中心位置，具有很重要的衔接功能，所以，托盘虽然只是一个小小的器具，但其规格尺寸，是包装尺寸、车厢尺寸、集装单元尺寸的核心。只有以托盘尺寸为标准，决定包装、卡车车厢、火车车厢、集装箱箱体等配套规格尺寸和系列化规格标准，才最能体现装卸搬运、保管、运输和包装作业的合理性和效率。除此之外，托盘的规格尺寸还涉及集装单元货物尺寸。集装单元货物尺寸又涉及包装单元尺寸，卡车车厢、铁路货车车厢、仓库通道及货架尺寸，甚至关系到物流的基础设施，如火车站、港口、码头等货物装卸搬运场所的构造结构、装卸搬运机具的标准尺寸。因此，从某种意义上讲，托盘的标准化，不单单是托盘租赁、托盘流通和循环使用的前提，也是实现装卸搬运、包装、运输和保管作业机械化、自动化的决定因素。

国际标准(ISO)原规定有 4 种托盘规格，见表 2-1。

表 2-1 国际标准(ISO)托盘规格

规格尺寸	普遍使用地区
1 200 毫米×1 000 毫米	欧洲
1 200 毫米×800 毫米	欧洲
1 140 毫米×1 140 毫米	澳洲
40 英寸①×48 英寸	美国

为了推行中国标准化事业，我国对托盘尺寸标准进行了修订，等效采用了 ISO 世界标准化组织 1988 年推荐使用的四种规格。但经过近 10 年的实践后发现，尽管在实践使用的托盘规格还是较多，但多数托盘规格主要还是集中在 1 200 毫米×1 000 毫米和 1 100 毫米×1 100 毫米两种规格上。

(三)装卸搬运设备

在国家标准《物流术语》中，装卸是指物品在指定地点以人力或机械装入运输设备或从运输设备卸下的活动；搬运是指在同一场所内将物品进行水平移动为主的物流作业。装卸搬运作业是物流系统中重要环节之一，装卸搬运设备是仓储配送中心应用最普遍的设备，依靠装卸搬运车辆，可以实现货物的水平搬运，可以提高装卸搬运的效率，为物流活动提供增值服务。

1. 装卸搬运设备的含义

装卸搬运设备是指对成件货物进行装卸、堆垛、牵引或推顶，以及短距离运输作业的各种机械设备，装卸搬运设备机动性好，适应性强，已经广泛用于仓库、港口、车站、货场、车间、船舱、车厢内和集装箱内作业，保证了装卸搬运工作的高效进行。

装卸搬运设备必须适应具体的装卸搬运环节性能要求，因此具有以下特征。

① 1英寸=0.025 4 米。

(1)种类多样。由于装卸搬运货物类型多样，重量、几何尺寸等都不相同，因此要求多种装卸搬运设备与之对应。

(2)动力要求高。由于装卸搬运作业需要产生作业对象的位移，因此装卸搬运设备需要满足一定的动力要求。

(3)速度要求快。为了提高装卸搬运效率，要求装卸搬运设备必须具有一定的运行速度。

(4)灵活性好。装卸搬运作业发生在不同的作业环境中，通道宽度、转弯半径等都有较大差异，因此要求装卸搬运设备能够适应各种通道的运行要求。

(5)安全稳定性要求高。装卸搬运活动必须满足较高的安全稳定性，以保证作业正常进行。

2. 装卸搬运设备的分类

装卸搬运设备一般有如下三种分类方法。

(1)按照操作方式区分。

装卸搬运设备可分为人力设备和工业设备。人力设备是一种以人力为主，在路面上从事垂直或水平装卸搬运的设备。这是最古老，但至今仍是应用最广泛的装卸搬运设备之一。它具有轻巧灵活、易操作、回转半径小、价格低等优点，广泛使用于车间、仓库、站台、货场等处，是短距轻小物品的一种方便而经济的装卸搬运工具；工业装卸搬运设备，是指对成件托盘货物进行装卸、堆垛和短距离运输作业的各种轮式装卸搬运车辆，其中叉车是比较典型的工业装卸搬运车辆。

(2)按照所采用的动力装置分类。

按照所采用的动力装置，装卸搬运设备可以分为电动式和内燃式。一般情况下，内燃式设备所提供的动力比较大，电动式设备所提供的动力比较小。内燃式设备以内燃机作为动力，结构比较复杂，维修不方便，环境污染大，但是因为内燃式设备动力大，工作效率高，对路面的要求低，在室外操作一般采用内燃式设备。电动式设备由电动机驱动，由蓄电池供电，其结构简单，操作较容易，环境污染小，维修方便。因受电池容量的限制，驱动功率小，作业效率低，只有在对环境要求高的场合下才要求采用电动设备。

(3)按照作业方式分类。

装卸搬运设备按照作业方式不同，可分为固定平台设备、牵引设备和起升设备三类。

3. 常见装卸搬运设备

常见的装卸搬运设备主要分为如下几类。

(1)手推车(Hand Truck)系列。

手推车属于人力作业车辆，一般为不带动力的在路面上水平运输货物的小型搬运车辆的总称，是一种轻负载，短距离的手动系列，但此系列推车均不耐负重(一般限制在500千克以下)且大多数没有举升能力。常见手推车有二轮杠杆式手推车、多轮手推车、物流台车等。

①二轮杠杆式手推车。二轮杠杆式手推车是最古老、最实用的人力搬运车，它轻巧、灵活、转向方便，但因靠体力装卸、保持平衡和移动，所以仅适合装载较轻、搬运距离较短的场合。为适合现代物流的需要，目前还采用自重轻的型钢和铝型材作为车体，阻力小的耐磨的车轮，还有可折叠、便携的车体，如图2-20所示。

图 2-20　二轮杠杆式手推车

②多轮手推车。由于手推车的用途及负荷能力不同，有不同尺寸及设计方式，可为木制或金属制。根据脚轮布置及用途方向的差异可分为三类，如图 2-21 所示，因台面高度较低，适用于轻度或中度负荷。

图 2-21　手推车脚轮

根据手推车的用途可分为图 2-22 所示四种形式：为了增加置物空间及提高存取方便性，便于拣货使用的立体多层手推车；方便携带、收藏容易的折叠式手推车；便于搬运体积较小、重量较重的，可准确定位的升降式手推车；便于爬高取物的附梯式手推车。

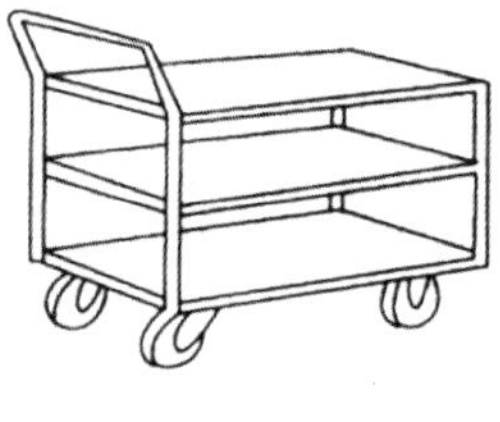

（a）立体多层手推车

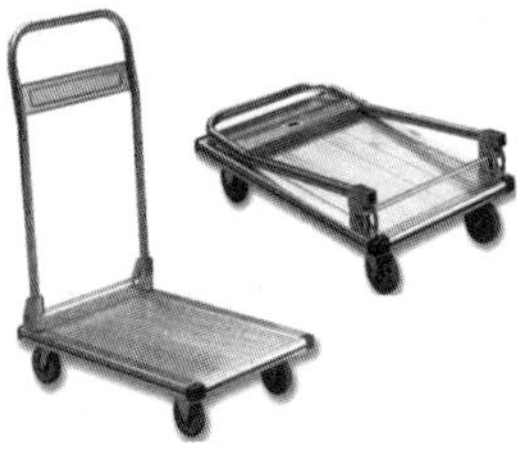

（b）折叠式手推车

（c）升降式手推车

（d）附梯式手推车

图 2-22　各式多轮手推车

③物流台车。物流台车又叫载货台车或笼车，是一种安装有四只脚轮的运送与储存物料的单元移动集装设备。常用于大型超市的物流配送或工厂工序间的物流周转。

物流台车存放的产品陈列醒目，在运输中一方面对物料的安全起到保护作用，另一方面不会使已分拣配备好的产品导致杂乱；装卸十分省力；轮子通常设计为两只定向轮，两只万向轮以方便人工推行。物流台车可承载500千克重量。

物流台车一般可分为三类，即拆装式物流台车、折叠式物流台车、固定式物流台车，如图2-23所示。

（a）拆装式　（b）折叠式　（c）固定式

图2-23 物流台车分类

(2)叉车(forklift)系列。

叉车是物流领域中具有装卸、搬运双重功能的机械。叉车是指对成件托盘货物进行装卸、堆垛和短距离运输、重物搬运作业的各种轮式装卸搬运设备，属于物料搬运机械，广泛应用于车站、港口、机场、工厂、仓库等各国民经济部门，是机械化装卸、堆垛和短距离运输的高效设备。

叉车主要应用于生产装配线零部件搬运，生产车间内部零部件搬运，邮政、铁路等系统邮件、行李搬运，医药、烟草等系统药品、货物搬运，大型展览会筹备组委会资料搬运，仓储物流系统小型设备、货物搬运等。具有实用性强、机动灵活、效率高等优点，既可以将货物叉起进行水平运输，也可以进行垂直堆码。常见的叉车有以下几种。

①手动液压搬运车。手动液压搬运车是一种小巧方便，使用灵活，载重量大，结实耐用的货物搬运工具，俗称“地牛”。搬运车除了具有托运货物的功能外，为了方便起降货物，车底盘与轮之间带有液压装置，可以方便地将车推入货箱底座之下，然后通过液压作用将底盘升高，托起货物，拖动货物移动，到达目的地后，用液压将底盘降落，货物也随之落地，可以方便地抽出搬运车，省去了人力搬运的复杂过程，如图2-24所示。

图2-24 手动液压搬运车

②手动液压堆高车。手动液压堆高车是一种无污染，无动力的装卸产品，该产品具有结构紧凑、运输灵活、操作简单、回转半径小等特点。适用于工厂、车间、仓库、车站、码头等处的货物搬运与堆垛。对于那些有防火、防爆要求的场地(如印刷车间、油库、码

头、仓库等)更为适用。若配合托盘装箱、集装箱等即可实现单元化运输，有效减少了零部件的碰撞、划伤和堆放面积，减少搬运工作量，提高搬运效率，如图 2-25 所示。

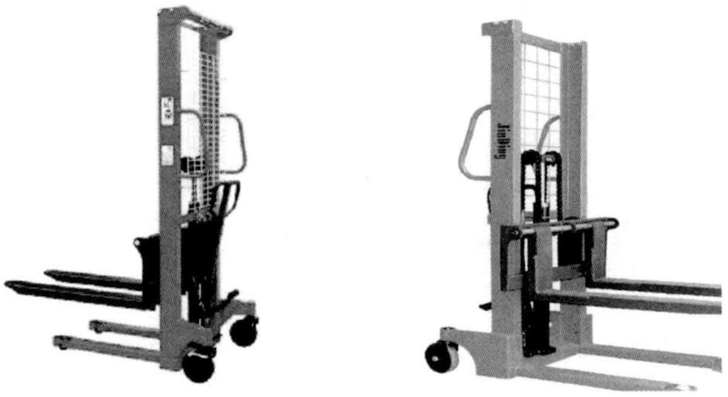

图 2-25 手动液压堆高车

③平衡重式叉车。平衡重式叉车是工业搬运车辆中应用最广泛，数量最多的产品。它可由司机单独操纵完成货物的装卸、运送和堆垛作业。

平衡重式叉车自重大，轮距大，货叉在前轮中心线以外、转弯半径大，运行速度较快，动力较大，底盘较大，具有较强的地面适应能力和爬坡能力，如图 2-26 所示。

图 2-26 平衡重式叉车

④插腿式叉车。插腿式叉车两腿向前伸出，支撑在很小的车轮上。支腿和货叉一起插入货物的底部叉货，然后由货叉提升货物。货物中心位于前、后轮所包围的底面积之内，叉车的稳定性好。

插腿式叉车结构紧凑，货叉在两个支腿之间，因此无论在取货或卸货时，还是在运行过程中，都不会失去稳定性。由于尺寸小，转弯半径小，在库内作业比较方便；但是货架或货箱的底部必须留有一定高度的空间，使叉车的两个支腿可以插入其中。由于支腿的高度会影响仓库的空间利用率，必须使其尽量低，故前轮的直径也比较小，对地面平整度的要求就比较高，如图 2-27 所示。

图 2-27 插腿式叉车

⑤前移式叉车。前移式叉车的门架或者货叉架可以前后移动，其中门架前移式叉车是指作业时门架带动货叉前移，伸出到前轮之外叉取或放下货物，行走时货叉带货物收回，使货物重心在支撑面内；而货叉前移式叉车是指货架带动货叉前移至前轮之外进行作业，行走时叉架带动货叉缩回到支撑平面内，如图 2-28 所示。

前移式叉车有两条前伸的支腿，支腿较高，支腿前端有两个轮子，支腿的作用是确保叉车在负载时的稳定性。与插腿式叉车比较，前轮较大，支腿较高，作业时支腿不能插入货物的底部，而门架可以带着整个起升机架沿着支腿内侧的轨道移动，这样货叉叉取货物后稍微起升一个高度即可缩回，保证叉车运行时的稳定性。前移式叉车与插腿式叉车一样，都是货物的重心落到车辆的支撑平面内，因此稳定性很好。适合于车间、仓库内作业。

图 2-28　前移式叉车

⑥侧载式叉车。侧载式叉车主要用来搬运特殊形状的货物。最普遍的侧载式叉车是搬运长形的货物，如金属管、木材等。通常是在有引导的通道内作业，存取高度可至 9～11 米，如图 2-29 所示。

侧载式叉车在出入库作业的过程中，车体进入通道，货叉面向货架或货垛，这样在进行装卸作业时不必先转弯再作业，这个特点使侧面式叉车适合于窄通道作业；有利于条形长尺寸货物的存取，因为长尺寸货物与车体平行，不受通道宽度的限制。侧面叉车能以较快的速度搬运长件货物，最大起重量为 40 吨，最高速度为 30 千米/小时。

图 2-29　侧载式叉车

4. 输送设备

输送机械设备是以连续、均匀、稳定的输送方式，沿着一定的线路搬运或输送散状物料和成件物品的机械装置，简称输送设备。皮带类型的输送设备称为传送带，其他类型则称为连续输送机。

由于输送机械设备具有能在一个区间内连续搬运物料、运行成本低、效率高、容易控制等特点，因而被广泛应用于现代物流系统中。它是现代装备传输系统实现物料输送搬运的最主要基础设备。

输送设备工作对象为小型货物及散状物品居多；输送能力大、运距长、结构简单；可以在运输过程中同时完成若干工艺操作；可以进行水平、倾斜和垂直输送，也可组成空间输送路线，但输送路线一般是固定的。下面介绍几种常见的输送设备。

(1)辊道式输送机。

辊道式输送机结构比较简单，是使用最广泛的一种输送设备，它是由一系列以一定的间距排列的金属辊子或橡胶辊子组成的，用于输送成件货物或托盘货物，可以高效实现物料输送作业，如图 2-30 所示。

图 2-30 辊道式输送机在工作的场景

辊道式输送机可以单独使用，也可在流水线上与其他输送机或工作机械配合使用，具有结构简单、工作可靠、安装拆卸方便、易于维修、线路布置灵活等优点。这种输送机按辊子是否具有驱动装置，可分为无动力式和动力式两类。

(2)链式输送机。

链式输送机是利用链条牵引、承载，或由链条上安装的板条、金属网带、辊道等承载物料的输送机。最简单的链式输送机由两根套筒辊子链组成。链条由驱动链轮牵引、链条下有导轨，支承着链结上的套筒辊子，货物直接压在链条上，随着链条的移动而向前移动，如图 2-31 所示。

图 2-31 链式输送机

(3)带式输送机。

带式输送机又称胶带输送机，广泛应用于家电、电子、机械、物件的组装、检测、调试、包装及运输等。带式输送机是组成有节奏的流水作业线不可缺少的经济型物流输送设备。皮带机按其输送能力可分为重型皮带机和轻型皮带机。皮带输送机具有输送能力强，输送距离远，结构简单易于维护，能方便地实行程序化控制和自动化操作等特点。运用输送带的连续或间歇运动来输送 100 千克以下的货物或粉状、颗粒状物品，其运行高速、平稳，噪声低，并可以上下坡传送，如图 2-32 所示。

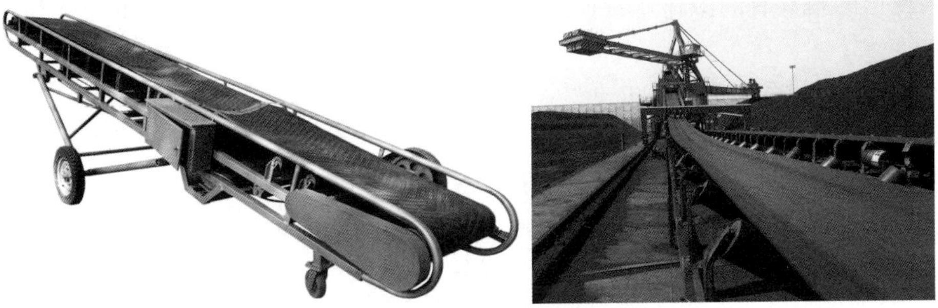

图 2-32 带式输送机

(4)斗式提升机。

斗式提升机是垂直散碎物料的连续运输机械。其工作原理是：料斗把物料从下面的储藏中舀起，随着输送带或链提升到顶部，绕过顶轮后向下翻转，斗式提升机将物料倾入接受槽内。带传动的斗式提升机的传动带一般采用橡胶带，装在下面或上面的传动滚筒和上、下面的改向滚筒上。链传动的斗式提升机一般装有两条平行的传动链，上面或下面有一对传动链轮，下面或上面是一对改向链轮。斗式提升机一般都装有机壳，以防止斗式提升机中粉尘飞扬，如图 2-33 所示。

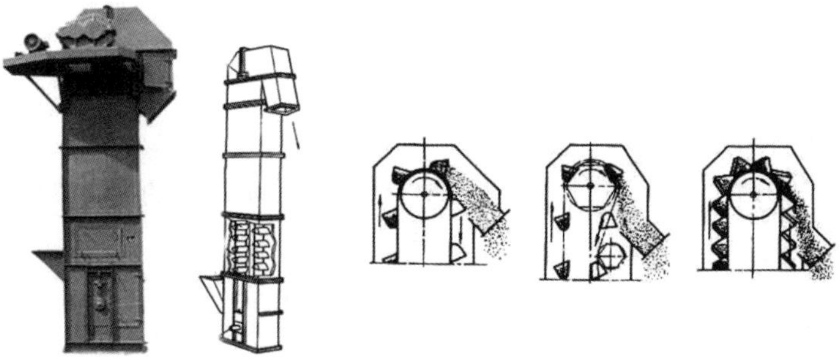

图 2-33 斗式提升机及其工作原理

5. 装卸搬运设备数量的确定

装卸搬运设备的配置数量主要根据仓库作业量确定，并使仓库有较高的设备配置系数。

(1)配置系数。

配置系数可按下式计算：

$$k=\frac{Q_c}{Q_t}。$$

式中，k——仓储设备配置系数，一般取 0.5～0.8（当 $k>0.7$ 时，表明机械化作业程度高；当 $k<0.5$ 时，表明机械化作业程度低）；

Q_c——仓储机械设备能力，即设备能完成的物流量；

Q_t——仓储过程总物流量。

（2）装卸搬运设备数量的确定。

装卸搬运设备数量的确定有两种情况：分别是具有间隙作业特征的设备和具有连续作业特征的设备。

如果使用的是具有间隙作业特征的叉车、起重机，则确定设备数量的公式如下：

$$Z=Q/M。$$

式中，Z——所需设备台数（台）；

Q——装卸搬运作业量（吨）；

M——所使用设备生产定额（吨/台）。

其中，M 的确定如下：

$$M=\frac{Tk_1}{t}gk_2。$$

式中，M——所使用设备生产定额（吨/台）；

T——工作总时间；

k_1——设备时间利用系数；

k_2——设备载荷利用系数；

g——设备额定载重量；

t——一个作业循环所用的时间。

例 2-1　恒运公司 2 月 10 日到库袋装水泥 400 吨，若用 5 吨叉车卸货并堆码，在 2 小时内完成作业，需几台叉车？（设备时间利用系数 0.8，设备载重利用系数 0.5，一个作业循环 2 分钟。）

解：$M=Tk_1gk_2/t=(2\times60\times0.8\times5\times0.5)/2=120$（吨/台），

$Z=Q/M=400/120=3.3\approx4$（台）。

答：需要 5 吨叉车 4 台。

如果使用的是具有连续作业特征的输送机，确定设备数量的公式如下：

$$Z=\frac{Q}{MT}。$$

式中，Z——所需设备台数（台）；

Q——装卸搬运作业量（吨）；

M——所使用设备生产定额（吨/小时）；

T——生产时间（小时）。

其中，确定设备生产定额 M 的公式如下：

$$M=3.6VP。$$

式中，M——所使用设备生产定额（吨/时）；

P——设备每米承载量（千克/米）；

V——设备输送速度（米/秒）。

例 2-2　滨海煤场用输送机卸煤，已知输送机输送速度为 1 米/秒，每米皮带可载重 70 千克，当日需卸煤 5 000 吨，要求在 3 小时内卸完，问需该型号输送机几台？

解：

$$M=3.6\times V\times P=3.6\times 1\times 70=252(\text{吨/小时}),$$

$$Z=Q/MT=5\ 000/(252\times 3)=5\ 000/756=6.6\approx 7(\text{台})。$$

答：需要 7 台该型号输送机。

(四)巷道堆垛机

巷道堆垛机是自动化立体仓库内主要的作业机械，习惯上称它是“高层储藏之王”，是随立体仓库的出现而发展起来的专用机械设备。巷道堆垛机重量一般在 2 吨以下，有的达到 4～5 吨，使用这种设备的新型仓库最高达 40 米之多，大多数在 10～25 米。它的主要用途是在高层货架的巷道内来回穿梭运行，将位于巷道口的货物存入货格，或者相反，取出货格内的货物运送到巷道口。

巷道堆垛机构造轻巧，能在很窄的走道内操作，减轻堆垛工人的劳动强度，且堆码或提升高度较高，仓库的库容利用率较高，作业灵活，所以在中小型仓库内广泛使用。它有桥式堆垛机、巷道式堆垛机等类型，如图 2-34 所示。

图 2-34　巷道堆垛机

(五)起重机

起重机又称吊车，是指在一定范围内垂直提升和水平搬运重物的多动作起重设备。它主要用来吊运成件货物，配备适当吊具后也可吊运散状物料和液态物料。起重机的工作特点是可作间歇性运动，即在一个工作循环中取料、运移、卸载等动作的相应机构是交替工作的。各机构经常处于起动、制动和正反方向运转的工作状态。

起重机通常按结构分为臂架型起重机和桥架型起重机。臂架型起重机包括塔式起重机、门座式起重机、浮游式起重机、自行式起重机、由桅杆和臂架组成的桅杆式起重机、沿墙壁运行的壁行式起重机和装在船舶甲板上的甲板式起重机等，如图 2-35 所示。桥架型起重机包括桥式起重机、龙门起重机、运载桥和缆索起重机(用承载索代替桥架)等，如图 2-36 所示。

图 2-35　臂架型起重机

图 2-36　桥架型起重机

（六）自动分拣系统

1. 自动分拣系统概述

分拣是仓储与配送中心最为普遍的作业过程，人工分拣无论在时间上、准确率上，还是效率上都存在弊端，因此，为了提高分拣质量，引入了自动分拣系统。

自动分拣系统的作业过程可以简单描述如下：物流中心每天接收成百上千家供应商或货主通过各种运输工具送来的成千上万种商品，在最短的时间内将这些商品卸下并按商品品种、货主、储位或发送地点进行快速准确的分类，将这些商品运送到指定地点（如指定的货架、加工区域、出货站台等），同时，当供应商或货主通知物流中心按配送指示发货时，自动分拣系统在最短的时间内从庞大的高层货存架存储系统中准确找到要出库的商品所在位置，并按所需数量出库，将从不同储位上取出的不同数量的商品按配送地点的不同运送到不同的理货区域或配送站台集中，以便装车配送。

自动分拣系统的主要特点如下。

（1）能连续、大批量地分拣货物，由于采用流水线自动作业方式，自动分拣系统不受气候、时间、人力等的限制，可以连续运行。

（2）分拣误差率极低。自动分拣系统的分拣误差率大小主要取决于所输入分拣信息的准确性大小，如采用条形码扫描输入，除非条形码的印刷本身有差错，否则不会出错。因此，采用条形码技术来识别货物的自动分拣系统误差率极低。

（3）分拣作业基本实现无人化。建立自动分拣系统的目的之一就是为了减少人员的使用，减轻员工的劳动强度，提高人员的使用效率，因此自动分拣系统能最大限度地减少人员的使用，基本做到无人化。

2. 常见自动分拣系统

常见的自动分拣系统主要分为如下三类。

（1）交叉带式分拣系统。

交叉带式分拣系统的构成是主驱动带式输送机和载有小型带式输送机的台车（简称“小车”）连接在一起，当“小车”移动到所规定的分拣位置时，转动皮带，完成把货物分拣送出的任务。该系统适宜于分拣各类小件货物，如食品、化妆品、衣物等，大型交叉带式分拣系统一般应用于机场行李分拣和安检系统。根据作业现场的具体情况可分为水平循环式或直行循环式，如图 2-37 所示。

图 2-37　交叉带式分拣系统

(2)滑块式分拣系统。

滑块式分拣系统是一种特殊形式的条板输送机。输送机的表面用金属条板或管子构成，在每个条板或管子上有一枚用硬质材料制成的导向滑块，能沿条板作横向滑动。平时滑块停止在输送机的侧边，滑块的下部有销子与条板下导向杆连接，通过计算机控制，当被分拣的货物到达指定道口时，滑块有序地自动向输送机的对面一侧滑动，把货物推入分拣道口，从而使货物被推出主输送机。这种方式是将货物侧向面逐渐推出，并不冲击货物，故货物不容易损伤，它对分拣货物的形状和大小无特殊要求，是目前国外一种新型的高速分拣机，如图 2-38 所示。

图 2-38　滑块式分拣系统

(3)翻盘式分拣系统。

翻盘式分拣系统是由一系列的盘子组成，盘子为铰接式结构，向左或向右倾斜。装载货物的盘子运行到一定位置时，盘子倾斜，将货物翻到旁边的滑道中，为减轻货物倾倒时的冲击力，分拣机能控制货物以抛物线的形式倾倒出来。这种分拣机对分拣货物的形状和大小无特殊要求，但以不超出盘子为限。对于长形货物可以跨越两只盘子放置，倾倒时两只盘子同时倾斜，如图 2-39 所示。

图 2-39　翻盘式分拣系统

(七)自动导引运输车

自动导引运输车(Automated Guided Vehicle，AGV)，是指装备有电磁或光学等自动导引装置，能够沿规定的导引路径行驶，具有安全保护以及各种移载功能的运输车。工业应用中不需驾驶员，以可充电的蓄电池为其动力来源。一般可透过计算机来控制其行进路线以及行为，或利用电磁轨道来设立其行进路线，电磁轨道粘贴于地板上，无人搬运车则依循电磁轨道所带来的信息进行移动与动作，如图 2-40 所示。

AGV 的特点有以下几个方面。

(1)自动化程度高。由计算机、电控设备、激光反射板等控制。当车间某一环节需要辅料时，由工作人员向计算机终端输入相关信息，计算机终端再将信息发送到中央控制室，由专业的技术人员向计算机发出指令，在电控设备的合作下，这一指令最终被 AGV 接受并执行，将辅料送至相应地点。

(2)充电自动化。当 AGV 小车的电量即将耗尽时，它会向系统发出指令，请求充电，在系统允许后自动到充电的地方“排队”充电。而且，AGV 小车的电池寿命很长(10 年以上)，并且每充电 15 分钟可工作 4 小时左右。

(3)美观。AGV 小车外形小巧美观，提高观赏度，从而提高企业的形象。

(4)方便，减少占地面积。由于体积小，生产车间的 AGV 小车可以在各个车间穿梭往复，有效减少占地面积。

图 2-40 自动导引运输车

本章小结

仓库在仓储配送过程中发挥着举足轻重的作用，仓库可根据运营形态、保管条件等不同标准进行分类；仓库在进行结构设计时要综合考虑出入口、通道、立柱间隔等多方面因素；仓库设备是指企业进行仓储配送作业中所使用的各种机械设备、器具等。仓库常见的设备包括与仓库相关的配套设备，如托盘、货架、叉车等，发展现代物流离不开先进的物流设备。

通过本章的学习，我们了解了仓库的功能及分类，明确仓库的结构，本章重点在于详细介绍了仓库的各种常见基本设备，并就设备的性能、结构、特点和使用要求做了详细的阐述。

【案例分析】

蒙牛乳业自动化立体仓库

内蒙古蒙牛乳业泰安有限公司乳制品自动化立体仓库，是蒙牛乳业公司委托太原刚玉物流工程有限公司设计制造的第三座自动化立体仓库。该库后端与泰安公司乳制品生产线相衔接，与出库区相连接，库内主要存放成品纯鲜奶和成品瓶酸奶。库区面积 8 323 平方米，货架最大高度 21 米，托盘尺寸 1 200 毫米×1 000 毫米，库内货位总数 19 632 个。其中，常温区货位数 14 964 个；低温区货位 46 687 个；入库能力 150 盘/小时，出库能力 300 盘/小时；出入库采用联机自动。

一、工艺流程及库区布置

根据用户对存储温度的不同要求，该库划分为常温和低温两个区域。常温区保存鲜奶成品，低温区配置制冷设备，恒温 4 ℃，存储瓶酸奶。按照生产—存储—配送的工艺及奶制品的工艺要求，经方案模拟仿真优化，最终确定库区划分为入库区、储存区、托盘(外调)回流区、出库区、维修区和计算机管理控制室 6 个区域。

入库区由 66 台链式输送机、3 台双工位高速梭车组成，负责将生产线码垛区完成的整盘货物转入各入库口。双工位穿梭车则负责生产线端输送机输出的货物向各巷道入库口的分配、转动及空托盘回送。

储存区包括高层货架和 17 台巷道堆垛机。高层货架采用双托盘货位，完成货物的存储功能。巷道堆垛机则按照指令完成从入库输送机到目标货位的取货、搬运、存货及从目标货位到出库输送机的取货、搬运、出货任务。

托盘(外调)回流区分别设在常温储存区和低温储存区内部，由 12 台出库口输送机、14 台入库输送机、巷道堆垛机和货架组成，分别完成空托盘回收、存储、回送，外调货物入库，剩余产品、退库产品入库、回送等工作。

出库区设置在出库口外端，分为货物暂存区和装车区，由 34 台出库输送机、叉车和运输车辆组成。叉车司机通过电子看板、RF 终端扫描叉车完成装车作业，反馈发送信息。

维修区设在穿梭车轨道外一侧，在某台穿梭车更换配件或处理故障时，其他穿梭车仍旧可以正常工作。计算机控制室设在二楼，用于出入库登记、出入库高度、管理和联机控制。

二、设备选型及配置

(一)货架

1. 货架主材

主柱：常温区选用刚玉公司 126 型异型材，低温区采用 120 型异型材。横梁：常温区选用刚玉公司异型材，55BB 区采用 5BB 型异型材。天、地轨：地轨采用 30 千克/米钢轨；天轨采用 16# 工字钢。

2. 消防空间

货架北部有 400 毫米空间，200 毫米安装背拉杆，200 毫米安装消防管道。

(二)有轨巷道堆垛机

堆垛机高度 21 米，堆垛机额定载重量为 850/400 千克，载货台宽度为 1.2 米；结构形式为双立柱，运行速度为 5～100 米/分(变频调速)，起升速度为 4～40 米/分(变频调速)，货叉速度为 3～30 米/分(变频调速)，停准精度：起升、运行≤±10 毫米，货叉≤±5 毫米，控制方式有联机自动、单机自动、手动三种方式，通信方式是远红外通信，供电方式是安全滑触线供电，供电容量是 20 千瓦、三相四线制 380 伏、50 赫兹。

(三)输送机

额定载荷为 850/400 千克(含托盘)，输送货物规格是 1 200 毫米×1 000 毫米×1 470 毫米(含托盘)，输送速度是12.41米/分。

(四)双工位穿梭车

系统完成小车的调度，其中一工位完成成品货物的接送功能，另一工位负责托盘的拆卸分配。主要技术参数有：额定载荷1 300千克，接送货物规格为1 200毫米×1 000毫米×1 470毫米(含托盘)，拆最大空托盘数为8个，空托盘最大高度为1 400毫米，运行速度为5～160米/分(变频调速)，输送速度是12.4米/分。

(五)计算机管理与控制系统

依据蒙牛乳业泰安立库招标的具体需求，考虑企业长远目标及业务发展需求，针对立库的业务实际和管理模式，本项目定制开发了一套适合用户需求的仓储物流管理系统。主要包括仓储物流信息管理系统和仓储物流控制与监控系统两部分。仓储物流信息管理系统实现上层战略信息流、中层管理信息流的管理；自动化立体仓库控制与监控系统实现下层信息流与物流作业的管理。

1. 仓储物流信息管理系统

(1)入库管理。实现入库信息采集、入库信息维护、脱机入库、条形码管理、入库交接班管理、入库作业管理、入库单查询等。

(2)出库管理。实现出库单据管理、出库货位分配、脱机出库、发货确认、出库交接班管理、出库作业管理。

(3)库存管理。对货物、库区、货位等进行管理，实现仓库调拨、仓库盘点、存货调价、库存变动、托盘管理、在库物品管理、库存物流断档分析、积压分析、质保期预警、报表编制等功能。

(4)系统管理。实现对系统基础资料的管理，主要包括系统初始设置、系统安全管理、基础资料管理、物料管理、业务资料管理等模块。

(5)配送管理。实现车辆管理、派车、装车、运费结算等功能。

(6)质量控制。实现出入库物品、库存物品的质量控制管理。包括抽检管理、复检管理、质量查询、质量控制等。

(7)批次管理。实现入库批次数字化、库存批次查询、出库发货批次追踪。

(8)配送装车辅助。通过电子看板、RF终端提示来指导叉车进行物流作业。

(9)RF信息管理系统。通过RF实现入库信息采集、出库发货数据采集、盘点数据采集等。

2. 仓储物流控制监控系统

自动化立体仓库控制与监控系统是实现仓储作业自动化、智能化的核心系统，它负责管理仓储物流信息系统的作业队列，并把作业队列解析成自动化仓储设备的指令队列，根据设备的运行状况指挥协调设备的运行。同时，本系统以动态仿真人机交互界面监控自动化仓储设备的运行状况。该系统包括作业管理、作业跟踪、自动联机入库、设备监控、设备组态、设备管理等几个功能模块。

思考：

1. 结合本案例分析自动化立体仓库由哪些设施组成。

2. 自动化立体仓库的特点是什么？

3. 本案例中，蒙牛乳业采用的立体化仓库的优越性有哪些？

练习与思考

一、单项选择题

1. 比较贵重或怕尘土、怕湿的小件物品需使用(　　)。

A. 层格式货架　　B. 抽屉式货架

C. 悬臂式货架　　D. 重力式货架

2. 不保证货物先进先出的货架是(　　)。

A. 重力式货架　　B. 移动式货架

C. 托盘货架　　D. 驶入式货架

3. 适用于存放长形货物和不规则货物的货架是(　　)。

A. 悬臂式货架　　B. 托盘货架

C. 重力式货架　　D. 层架

4. 大型超市存放物品一般采用的货架是(　　)。

A. 旋转货架　　B. 托盘货架

C. 重力式货架　　D. 层架

5. (　　)占有大部分物流市场份额。

A. 平衡重式叉车　　B. 前移式叉车

C. 侧载式叉车　　D. 窄通道叉车

6. 最节省仓库空间和最便宜的叉车分别是(　　)。

A. 前移式叉车和侧载式叉车

B. 侧面式叉车和窄通道式叉车

C. 窄通道式叉车和平衡重式叉车

D. 平衡重式叉车和前移式叉车

7. 最常用的托盘的规格是(　　)。

A. 1 000 毫米×1 000 毫米　　B. 1 000 毫米×1 200 毫米

C. 1 000 毫米×800 毫米　　D. 80 毫米×1 200 毫米

二、多项选择题

1. 仓库的功能有(　　)。

A. 储存保管功能　　B. 配送加工功能

C. 调节货物运输能力　　D. 信息管理功能

2. 按建筑构造分类，仓库可分为(　　)。

A. 单层仓库　　B. 多层仓库

C. 简仓　　D. 露天堆场

3. 下列属于仓库保管设备的是(　　)。

A. 叉车　　B. 苫垫用品　　C. 货架　　D. 托盘

4. 重力式货架的特点有(　　)。

A. 依靠重力实现货物移动　　B. 同一通道货物相同

C. 空间利用率高　　D. 难于养护

5. 驶过式货架的特点有(　　)。

A. 空间利用率高　　B. 通道可以被用作储存空间

C. 对货架的稳定性要求高　　D. 适合大批量货物的储存

6. 托盘作业时，采用重叠式码放，为了避免货物移位塌垛可采用(　　)。

A. 捆扎　　B. 整体网罩

C. 外围加框架　　D. 中间夹摩擦材料

三、判断题

1. 仓库可以简单理解为存储、保管商品的场所。(　　)

2. 一般平房普通仓库地面承载力为2.5～3吨/平方米。(　　)

3. 杂货一般都可以直接在露天堆场存放，如钢材、油桶、日用陶器、瓷器等。(　　)

4. 由于悬臂式货架样式比较特殊，一般不适合存放钢管、型钢等物资。(　　)

5. 一定时期内托盘的使用率可以体现一个国家物流的发展水平。(　　)

四、计算题

滨海运输公司某日到库箱装货物一批共计500吨，若用5吨叉车卸货并堆码，在2小时内完成作业，需几台叉车?(设备时间利用系数为0.6，设备载重利用系数为0.5，一个作业循环4分钟)

五、简答题

1. 仓库的类型有哪些?介绍几种常见的仓库及特点。

2. 仓库结构设计要考虑哪些因素?

3. 货架的类型有哪些?较为节约空间的有哪几种?

4. 叉车的类型有哪些?应用最为广泛的是哪几种?

5. 自动分拣系统的优势在哪里?

●●●● 课后实践

海滨有限责任公司是刚刚注册的一家新公司，注册资金500万元，坐落在广东省广州市。主要经营螺丝、螺母、螺栓等小五金的存储服务。要求机械化水平达到中等程度，该公司计划建造小型单层仓库，试为该仓库计划配置库内设备。

要求：请分组完成上述训练，每组2人左右，要写出需配置的各种仓库设备的种类、规格及数量范围，并请详细描述选择各种设备的理由，以组为单位提交仓储设备配置方案说明书。

第三章

仓库建设规划

学习目标

本章主要介绍了仓库建设规划的含义、仓库网点规划的内容、仓库选址的方法以及库区布局与规划等。要求通过本章的学习，了解仓库建设规划的必要性，理解仓库网点规划的原则与具体内容，重点掌握仓库选址中评分法、量本利法与重心法的应用以及仓库库区面积构成以及计算方法。

【案例导入】

业务量增加带来的烦恼

4 月 10 日一大早，还没走进办公室，马浩便听到一串急促的电话铃声。马浩是 A 公司(快运公司)总经理，上任两年来，公司业务量猛增，效益节节攀升。电话是 B 公司(服饰公司)经理乔宏打来的。B 公司每天会向其合作的 127 家零售商发货，为提高效率，其分拣、配送业务全部外包给了 A 快运公司。因此，A 快运公司也专门为此在北京马驹桥的物流园区建立了一个配送中心，这是 A 快运公司从未涉及的服装配送业务。配送中心用于 B 公司的仓储分拣作业，并提供相应送货的服务。

“马总，马上又是销售旺季了，我得在你这多备点儿货，下面 127 家销售点发货需求也马上要提高！你得给我个准信儿，我这边发货计划一提(量)，你那边配送得跟上啊。到时候库存量可能比现在高一半左右，每天发货量也会高很多，关键是夏天货销得快，你这可得保证供应，不能掉链子。”

“那肯定没问题！”

放下电话，马浩皱着眉头，目前，存箱区的货物摆放没有采用托盘。虽然每天到货近 400 箱，但是由于规格很多，有近 200 多种规格，所以无法采用托盘。现在采用 2 米多高的货架，直接将整箱货物码垛在货架上，不严格按货位摆放。当需要往货架最上层码放货物时需要借助梯子。货物在拣货区货架摆放是以件为单位的，拣货区的货架高约 2 米。发货前装箱工作，需要两个人进行，一个人念发货单，一个人核对货物号，这样效率低，而且出错率高。想要通过扩充仓库面积来达到存储量的成倍增加已经不太现实了，因为去年刚刚对仓库进行了大幅度地扩充，由原来的 3 000 平方米，一下提高到目前的 4 800 平方米。仓库现有员工 17 人，员工工资在仓库总成本中占有很大比例，马浩一直想通过精简仓库员工来降低仓库总成本，但是由于这段时期业务量不断增加，员工工作强度的确不小。

另外，由于 B 公司配送业务量的增加，对仓库分拣能力也是相当大的考验。据统计，每个月约有 43 900 箱、共计 522 万件服装的仓库储存量，根据对业务量的预测，5 年后仓库容量要达到 84 000 箱、1 000 万件。目前每天发货 127 家，预计将来发货要达到 300 家。现在每月作业量虽然已经很大，约 200 万件，但是将来还会大幅度提高。

“应该怎样对仓库进行改进从而使其存储能力和分拣能力满足 B 公司对配送业务量的需求并尽量达到设计要求?”马浩想。

思考:

结合仓库的平面示意图(图 3-1、图 3-2)和存储量的业务数据(表 3-1 至表 3-4)，如果你是该公司的员工，你觉得哪些地方可以改进？通过本章的学习，是否可以提出有效措施?

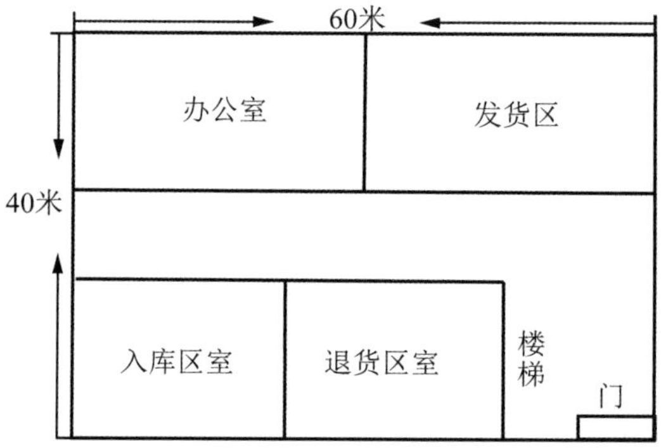

图 3-1 仓库一层布置图

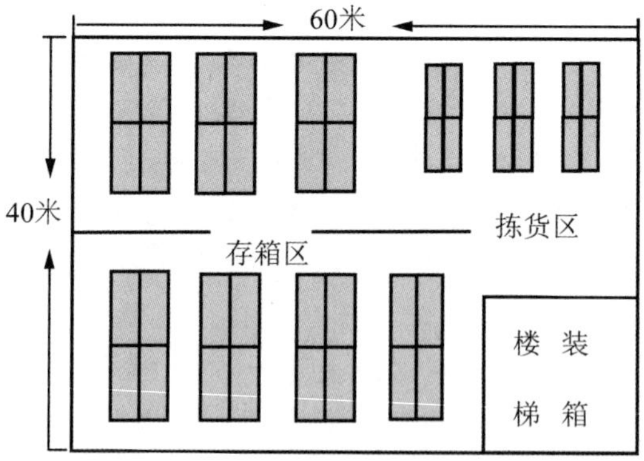

图 3-2 仓库二层布置图

表 3-1 配送中心每月储存货物量

单位：个

项目	目前	预计
储存区箱数	29 300	
提货区箱数	8 600	
未上货架箱数	6 000	
合计	43 900	84 000

表 3-2 配送中心每月储存货物品种与规格数

单位：种

项目	目前	预计
爱妮莎规格数/种	6 900	12 000
多利亚码数	2 400	7 200
戴娜码数	3 000	4 800
合计	12 300	24 000

表 3-3 配送中心每月储存货物量

单位：件

项目	目前	预计
爱妮莎件数	420.0 万	
多利亚码件数	80.4 万	
戴娜码件数	21.6 万	
合计	522.0 万	1 000 万

表 3-4 配送中心其他数据

项目	目前	预计
包装箱尺寸/厘米	70×45×35	70×45×35
每天出库总箱数/箱	420	1 100
每天发货的门店数/家	127(北京 48，戴娜 54，凯蒂 19，经销商 6)	300
每天入库总箱数/箱	400	1 000
每天入库的家数/家	5	12
每月入库箱数/箱	7 200	18 000
现有的面积/平方米	4 800	4 800
每月操作量(入库、出库、退货)/万件	200	500
每天出库的件数/件	48 000	120 000
现有人数/人	主管 1，录入员 4，退货组 5，上货组 4，入库组 3，合计 17	不高于现有人数

第一节 仓库建设规划概述

一、仓库建设规划的含义与意义

(一)仓库建设规划的含义

仓库建设规划就是从空间和时间上对仓储设施，包括仓库本身及库内其他设备的新建、改建和扩建进行全面系统的设计与规划。仓库建设规划是一项系统工程，代表一个企业在赢得时间与地点效益方面所做出的努力。

(二)仓库建设规划的意义

仓库建设规划在一定程度上是企业实力的一个标志物。更为重要的是，仓库建设规划的合理性还将对仓库的设计、施工和运用、仓库作业的质量和安全，以及所处地区或企业的物流合理化产生直接和深远的影响。

二、仓库建设规划的内容

仓库建设规划内容主要包括如下七方面。

(1)仓库网点的数量、规模及服务范围的确定。

(2)仓库各网点地址的确定。

(3)整体库区平面设计。

(4)仓库建筑类型及规模的确定。

(5)库内设备类型及数量的确定。

(6)仓储作业流程的确定。

(7)规划投资及运行费用的预测。

【小知识】

仓库建设标准

仓库建设都有一定的标准，我国早已出台一整套关于普通仓库建设的标准，可参考中华人民共和国建设部、国家计划委员会 1992 年颁布的《商业普通仓库建设标准》(建标〔1992〕302 号)，表 3-5 是该标准的部分内容，供大家参考学习。

表 3-5 库房单位面积投资估算指标

建筑形式	单幢库房建筑面积/平方米	投资指标/(元/平方米)
单层库房	>15 001	400
	10 001～15 000	450
单层库房	5 001～10 000	500
	3 000～5 000	550

续表

建筑形式	单幢库房建筑面积/平方米	投资指标/(元/平方米)
多层库房	>2 001	480
	1 501～2 000	500
	1 000～1 500	520

三、仓库建设规划的原则

1. 适应性原则

仓库的选址必须适应国家以及省市的区域经济发展方针、政策、交通规划、城市的总体规划、物流资源分布和需求分布、物流市场的发展等诸多外部因素。能够适应外部环境要求的设施才能最大限度地发挥其作用，实现可持续的快速发展。

2. 统筹原则

仓库的布局与生产力布局、消费布局密切相关，在规划时必须统筹兼顾，综合考虑宏观和微观的相关因素。仓库的建设要认真考虑客户的分布，使设施在数量、层次上构成合理的网络化布局；同时，如何使仓库与物流系统其他部分之间均衡、协调地运转也是十分重要的。因此，规划不仅要考虑单一设施因素，而且要考虑物流系统的整体结构效应；不但要考虑经济效益，而且要考虑社会效益。

3. 经济性原则

仓库及运营所需费用主要包括建设费用及营运费用两部分。规划效果不同，则未来设施的建设费用和运费等物流费用也不同，规划应以总费用最低作为基本的经济性原则。仓库建设耗资巨大，一旦建成就不可能再随意地变更地址，因此必须对建设项目进行可行性研究，并做多个方案的综合比较，以求最大的企业经济效益和社会效益。

4. 循序渐进原则与前瞻性原则

仓库建设规划要从全局和长期发展考虑，应将近期与远期相结合，既要有长远的战略思考，又要结合当前实际统筹安排。新建的仓库要具有一定的超前性，但任何盲目的、不合实际的超前建设都可能造成不必要的资源浪费。因此，必须坚持循序渐进的原则，结合企业当前需求和地区实际，客观分析物流发展现状和趋势，合理进行仓库的布局规划。

5. 环境保护原则

在进行仓库建设规划时，应考虑各项作业引起的负外部效应对所在区域经济发展的影响。仓储配送作业导致的环境问题日益严重，城市交通面临巨大压力，减轻仓储配送对环境的不利影响也是仓库规划的一个重要目标。规划应尽量使占地面积较大、噪声废气污染严重、对周围景观有破坏性作用的设施远离交通拥挤、人口密集的城市中心，为人们创造舒适的工作和生活环境，实现经济、社会的可持续发展。

6. 竞争性原则

竞争是市场经济的本质特征，企业与企业之间、供应链与供应链之间都存在竞争，仓库建设时，应该充分考虑市场竞争的各种因素。企业的任何决策都应该有利于增强企业的竞争力，降低企业竞争力的决策是不具有可行性的。企业对市场的细分和服务的差异化是提高竞争优势的重要手段；企业与上下游企业之间的协作、联盟可利用供应链创造自身的竞争优势。因此，进行仓库规划决策时也必须考虑决策结果对企业竞争力的影响程度。

7. 因地制宜原则

进行仓库建设时应特别重视因地制宜原则，首先应该充分利用原有资源并进行有效整合，避免过多地建设新的仓库。仓库的建设是投资大、建设周期和回收周期长的项目，拆迁和重新设计会带来巨大的再投资。因此，设施建设必须考虑自身的财力、土地成本、建筑成本和设备成本等条件，应尽可能地利用本地现有的基础设施、仓储设施、人力资源等条件，规划时对原有设施加以调整和改造十分必要，可以降低资金投入，缩短建设周期，充分发挥现有运输、仓储的优势。

【案例 3-1】

某国际物流中心项目的困扰

由于业务发展的需要，某国际物流中心拟在美丽的海滨城市新设由 4 个库区形成的仓库网点，根据前期的考察与科学的规划，规划组确定了库址和库区规模，该项目在与相关部门沟通协调后开始动工，历经一年半的建设期后终于落成。

由于前期规划工作做得到位，包括网点数量、各网点间的协调互补关系、每个库区的功能范围等都比较合理，在最初几个月的营运期内，物流业务量不断增加，订单接踵而至，不到半年时间，该项目已经呈现出一片大好的态势。

然而就在该物流中心上下庆祝之际，投诉办公室主任忍不住了。据他反应，自从新的网点形成后，海滨城市的居民便不停地打电话投诉抱怨，声称平静的生活不复存在，在休息时间经常会听到装货卸货的机械声。另外，最让他们头疼的是原来畅通无阻的交通一下子变得拥挤，很多大型车辆排放的尾气更是令人担忧。由于仓储作业是 24 小时不间断的，夜间作业更是让库区附近的居民苦不堪言。虽然该项目在业务与市场方面做到了几近完美，但在环境保护方面却令人头疼，当地居民的抗议日益强烈，项目负责人也倍感压力。

最后，董事会决定，该项目的市场规模减少 30%，同时，每年从利润中提取 5%，作为给当地居民的补偿款。

资料来源：刘俐. 现代仓储管理与配送中心运营[M]. 北京：北京大学出版社，2008.

四、仓库建设规划的步骤

（一）规划准备阶段

仓库建设是一项系统工程，需要大量投资，因此，在建设前必须明确企业建设仓库的必要性和可能性，并对建库的背景条件进行详细的分析，一般包括以下几个方面的内容。

1. 确认建设仓库的必要性

根据企业的生产经营方针、企业物流系统的总体布置和流程，分析确定待建仓库在企业物流系统中的位置、功能和作用。

2. 分析仓库规模

根据企业生产规模和水平，以及待建仓库在整个物流系统中的位置，分析企业物流和生产系统对仓库的要求，并考虑企业的经营状况和经济实力，确定仓库的基本规模。

3. 调查拟存物品

调查拟存货物的品名、特征、外形及尺寸、单件重量、平均库存量、最大库存量、每日出入库数量、出入库频率等，以便确定仓库的类型、库容量和出入库频率等。

4. 了解建库现场条件

了解建库现场条件，包括气象、地形、地质条件、地面承载能力、地震情况以及其他环境影响等。

5. 调查与仓库有关的其他方面条件

调查与仓库有关的其他方面条件，如入库货物的来源及入库作业方式，包装形式和搬运方法，出库货物的去向和运输工具等。

(二)规划设计阶段

1. 确定仓库的结构类型和作业方式

仓库一般都是由建筑物、货架、理货区(整理和倒货区域)、管理区、堆垛机械和配套机械几部分组成的。确定仓库的结构类型就是确定各组成部分的结构组成，如：

(1)建筑物的特征：原有还是新建、高层还是低层等。

(2)货架的结构和特征：库架合一或库架分离式、横梁式或牛腿式、焊接式或组合式等。

(3)理货区的面积和功能：和高架区的位置关系、所进行的作业、配备的设施等。

(4)堆垛机械的类型：有轨巷道式堆垛机、无轨堆垛机、桥式堆垛机和普通叉车等。

(5)配套设备的类型：配套设备主要指那些完成货架外的出入库搬运作业、理货作业以及卡车的装卸作业等的机械和设备。包括叉车、托盘搬运车、辊子输送机、链条输送机、升降台、有轨小车、无轨小车、转轨车以及称重和检测识别装置等。对于一些分拣仓库，还配备有分拣和配货的装置。应根据仓库的规模和工艺流程的要求确定配置设备的类型。

最后，根据工艺要求，决定是否采用拣选作业。如果以整单元出库为主，则采用单元出库作业方式；若是以零星货物出库为主，则可采用拣选作业方式；并根据具体情况，确定采用“人到货前”拣选，还是“货到人处”拣选。

2. 确定货物单元的形式、尺寸和重量

仓库常用的集装单元化器具有托盘和集装箱，且以托盘最为常见。托盘的类型又有许多种，如平托盘、箱式托盘、柱式托盘和轮式托盘等，一般要根据所储存货物的特征来选择。当采用堆垛机作业时，不同结构的货架，对托盘的支腿有不同的要求，在设计时尤其要注意。

为了合理确定货物单元的尺寸和重量，需要对所有入库的货物进行 ABC 分析，以流通量大而种类较少的 A 类货物为主要矛盾，选择合适的货物单元的外形尺寸和重量。对于少数形状和尺寸比较特殊以及很重的货物，可以单独进行储存。

仓库以单元化搬运为前提，所以确定货物单元的形式、尺寸及重量是一个重要的问题。它不仅影响仓库的投资，而且对于整个物流和仓储系统的配备、设施以及有关因素都有极为重要的影响。因此，为了合理确定货物单元的形式、尺寸和重量，需要对所有入库的货物，抓住流通中的关键环节，对货物单元的品种进行 ABC 分析，选择最为经济合理的方案。例如，汽车上的前桥、后桥、车身等大件，形状不规则，尺寸又大，难以形成单元，就不一定非要与其他零件同入一个仓库。它们的储存问题可以用推式悬挂输送机或者其他方式单独处理。

3. 确定堆垛机械和配套设备的主参数

仓库常用的堆垛机械为有轨巷道堆垛机、无轨堆垛机(高架叉车)、桥式堆垛机和普通叉车等。在总体设计时，要根据仓库的高度、自动化程度和货物的特征等合理选择其规格结构，并确定其主要性能参数(包括外形尺寸、工作速度、起重量及工作级别等)。

总体设计时，要根据仓库的规模、货物的品种、出入库频率等选择最合适的机械设备，并确定其主要参数；根据出入库频率确定各个机构的工作速度；根据货物单元的重量选定起重、装卸和堆垛设备的起重量；对于输送机，则根据货物单元尺寸确定输送机的宽度，并确定使整个系统协调工作的输送机的速度。

4. 确定仓库总体尺寸

确定仓库的总体尺寸，关键是确定货架的长、宽、高总体尺寸。仓库的设计规模主要取决于其库存容量，即同一时间内储存在仓库内的货物单元数。如果已经给出库存容量，就可以直接应用这个参数；如果没有给出，就要根据拟存入库内的货物数量、出入库的规律等，通过预测技术来确定库容量。根据库容量和所采用的作业设备的性能参数以及其他空间限制条件，即可确定仓库的总体尺寸。

5. 确定仓库的总体布置

确定了仓库的总体尺寸之后，便可以进一步根据仓库作业的要求进行总体布置。主要包括仓库的物流模式、高架区的布局方式和出入库输送系统的方式。

6. 选定控制方式

仓库的控制方式，一般可分为手动控制和自动控制两种。

手动控制方式设备简单，投资小，对土建和货架的要求也较低。主要适用于规模较小、出入库频率较低的仓库，尤其适用于拣选式仓库。

自动控制是仓库控制的主要方式。仓库的自动控制系统根据其控制层次和结构不同，可分为三级控制系统(一般由管理级、监控级和直接控制级组成)和二级控制系统(由管理级、控制级组成)，可完成仓库的自动认址和自动程序作业。适用于出入库频率较高、规模较大的仓库，特别是一些暗库、冷库货生产线种的仓库，可以减轻工人的劳动强度，提高系统的生产率。

7. 选择管理方式

仓库的管理方式一般可分为人工台账管理和计算机管理两种方式。台账管理方式仅适用于库存量较小、品种不多、出入库频率不高的仓库。现代仓库一般都采用计算机管理，与自动控制系统结合，实现仓库的自动化管理和控制，这是仓库管理的主要方式。在总体设计阶段，要根据仓库的规模、出入库频率、生产管理的要求、仓库自动化水平等方面的因素综合考虑选定一种管理方式。

8. 提出土建、公用设施的要求

在总体设计时，还要提出对仓库的土建和其他公用设施的要求。

(1)根据货架的工艺载荷，提出对货架精度的要求。

(2)提出地面需要承受的载荷以及对基础均匀沉降的要求。

(3)确定对采暖、采光、通风、给排水、电力、照明、防火、防污染等方面的要求。

9. 投资概算

分别计算仓库各组成部分的设备费用、制造费用、设计及软件费用、运输费用、安装及调试费用等，综合得到规划仓库的总投资费用。

10. 进度计划

总体设计的最后，要提出规划仓库设计、制造、安装、调试及试运营的进度计划及监督和检验措施。

(三)评估阶段

规划方案成型后，需要请专家或有关部门进行专业的评估，确保后期建设的可行性。

(四)执行阶段

评估结束后，如果企业或组织决定进行建设，就可以进入执行阶段了。

仓库建设规划具体流程如图 3-3 所示。

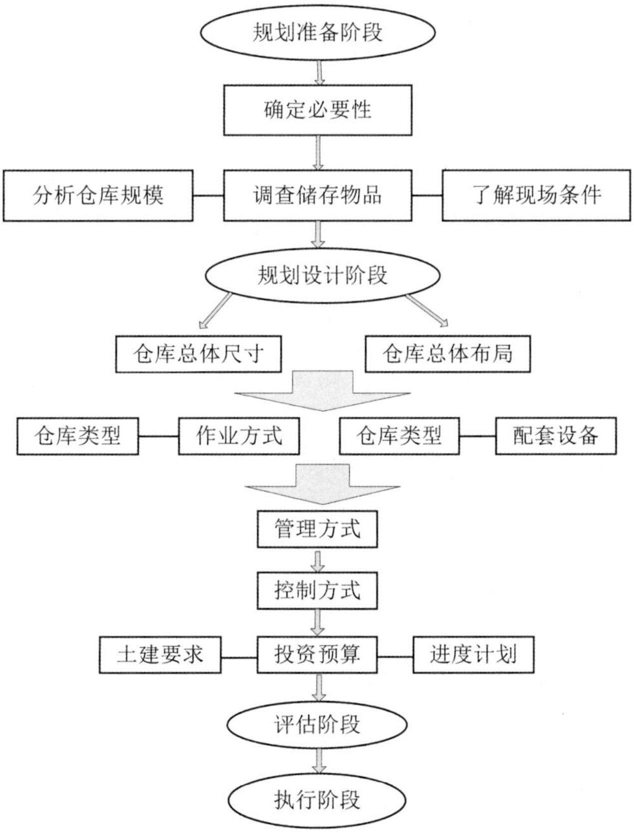

图 3-3　仓库建设规划具体流程图

第二节 仓库网点规划

一、仓库网点以及网点规划的概念

1. 仓库网点

仓库网点是指负责某一地区、组织或企业的物品中转供应的所有仓库的集合。

2. 仓库网点规划

仓库网点规划是指仓库网点建设初期，对该区域内的仓库网点进行科学系统的规划的过程，以确保仓库网点的经济性与实用性。仓库网点规划的最终目标是使该区域内的仓库在形式上的分布与内容上的组合要达到最佳的效果。具体包括仓库网点数量的确定；网点内每个仓库的功能、服务范围、规模大小的设计以及各仓库间业务依存关系的设计等。

二、仓库网点规划的原则

仓库网点是为特定的企业或区域服务的，所以，仓库网点规划必须依照以下原则来进行。

1. 一致性

仓库网点规划必须与所在地区或服务对象的经济地理条件、生产力发展水平和发展规划相一致。

2. 服务性

仓库是为生产、流通服务的，因而不能脱离市场需求，服务不足和服务超前都不可取。

3. 经济性

仓库建设会使大量成本问题沉淀下来，对所属企业和所处地区产生长期影响，因而网点规划一定要建立在成本—收益比较的基础上。

三、仓库网点规划的步骤

仓库网点规划包括以下四项内容，按照规划的先后顺序，分别是仓库网点规模的确定、仓库数量的确定、每个仓库规模的确定以及每个仓库位置的确定。

(一)确定仓库网点的总体规模

仓库网点规划的第一步是预测该仓库网点的业务量，一般情况下，需要根据前期的市场调研，结合建设规划方案，确定区域市场的总需求，从而确定网点总规模。

(二)仓库数量的确定

在网点总规模确定之后，接下来就是明确仓库数量了。仓库网点数量的确定一般要根据服务区域的业务量和分布情况进行统筹安排，一般要考虑以下几方面因素。

1. 成本因素

在设计仓库数量时，首先要考虑成本，这里所说的成本包括仓储成本、运输成本和缺货成本。一方面，由于仓库数量增加，储存货物量随之增加，所形成的仓储成本会大幅度上升；另一方面，由于仓库数量增加，在进货过程中可以采用大批量进货方式，减少进货次数，从而降低运输成本，同时由于储存量较大也可以有效避免货物缺货，降低缺货成本。由此，在设计仓库数量时，企业应根据自身情况，在侧重某项成本或总成本的前提下进行分析。

(1)如果企业侧重仓储成本的节约，则应减少网点的仓库数量；

(2)如果企业侧重运输成本的节约，则应增加网点的仓库数量；

(3)如果企业侧重缺货成本的节约，则应增加网点的仓库数量；

(4)如果企业侧重总成本的节约，则应综合考虑几种成本之间的关系，选择最经济的仓库数量。

【案例 3-2】

企业为什么会在乎缺货成本

一大早，成本分析员小李就被总经理约谈，主要是因为在上个月的成本分析中，小李把物流总成本作为最主要的指标进行了分析，包括成本变化的原因和对策。小李认为总成本是关乎企业利益的最根本的指标，其他的成本都可以忽略或淡化。没想到他的想法和总经理大相径庭。总经理语重心长地说："物流行业本身就是服务业，对于服务业而言，客户永远是第一位的。我们这样一个小公司，如果想站稳脚跟，就必须拿稳客户，这是最重要的，丢了客户，什么都别谈。"

确实，对于小公司而言，所有的物流规划，最终目标都应该是为客户服务，因此，为了避免缺货给客户造成的损失，很多企业都把缺货成本排在第一位。提高订单满足率，降低缺货成本，这也是为企业自身赢得信誉、拓展市场、提高企业物流服务水平的一个重要方面。

听了总经理的一番话，小李把成本分析作了调整，在缺货成本项目下做了认真的分析与总结，并协助总经理召开了业务经理和其他部门经理会议，明确了下个月降低缺货成本的目标。

资料来源：包红霞. 物流成本管理[M]. 北京：科学出版社，2018.

2. 区域内客户对物流服务速度的期望值

进行网点仓库数量设计时，要充分考虑该区域内客户对物流服务水平的平均期望值，尤其是物流响应速度。如果区域经济比较发达，居民生活节奏较快，那么客户对物流服务水平的要求程度相对来说会比较高，我们就应该通过增加网点数量的方式来提高物流响应速度，来满足客户的高要求。所以应通过问卷调查的形式确定这一点，尤其是对于要求 24 小时内送达的客户要给予充分的重视。

3. 运输能力

如果企业本身运输、配送车辆齐全，车队管理制度完善，运输调度设备先进，区域调度方法科学合理，那么企业的运输能力，尤其是快速反应能力能满足区域内客户对订单的需求，就可以减少网点仓库的数量；反之，就必须以增加仓库数量来满足客户对订单的需求程度。

4. 中转与直达供货的比例

区域内中转货物较多时，应增加网点仓库的数量，反之，区域内直达供货较少，就应减少网点仓库的数量。

5. 网点系统的现代化水平

如果网点仓库的计算机水平、软件系统、物联网设备等较为先进，那么物流系统的响应就更及时，也就可以适当地减少仓库的数量，反之亦然。

(三)各仓库规模的确定

仓库网点的数量确定后，接下来就要明确每一个仓库的规模了。通常情况下，仓库的规模以面积、容积和吞吐能力来表示。

企业在确定每个仓库的规模时，主要考虑以下因素：客户服务水平、市场大小、最大日库存量、库存物品尺寸、所使用的物料搬运系统、仓库日吞吐任务量、供应提前期、规模经济、仓库布局、过道要求、仓库办公区域、使用的货架类型以及需求水平和模式。

【小知识】

仓库建设规模的标准

普通仓库的建设必须根据商品流通需要和货源情况、地区建设条件、社会效益和企业经济效益等综合分析研究，合理确定项目建设规模。一般情况下，商业仓库建设规模应以库房总建筑面积为规划标准，按下列三个规模等级进行建设，分别是：

大型仓库：库房总建筑面积大于或等于 30 000 平方米；

中型仓库：库房总建筑面积小于 30 000 平方米，大于或等于 10 000 平方米；

小型仓库：库房总建筑面积小于 10 000 平方米，大于或等于 5 000 平方米。

另外，商业普通仓库的库房总建筑面积，应根据不同的仓库类型、不同的仓库建筑形式和需要的商品储存量合理确定；客房单位储存量建筑面积指标不应超过表 3-6 规定。

表 3-6 库房单位储存量建筑面积 单位：平方米/吨

建筑形式	储备仓库	批发零售仓库	运输仓库
单层库房	1.2～1.4	1.6～1.9	2.8～3.7
多层库房	1.5～1.8	2.0～2.4	3.1～4.2

注：①储备仓库和批发零售仓库的储存量以综合吨为单位，运输仓库的储存量以重量吨为单位。

②进出批量较大的仓库应按低限控制，进出批量较零星的仓库按高限控制。

资料来源于中华人民共和国建设部、国家计划委员会颁布的《商业普通仓库建设标准》(建标〔1992〕302 号)。

(四)各仓库的具体位置

最后一个步骤就是要确定每个仓库的位置了，这项工作要结合当地土地规划与城市建设规划共同完成。

第三节 仓库选址

仓库选址是一项系统繁杂的工作，仓库地址一经选定，随后的仓库建设便由此开始，就很难再有任何的更改，因此在选址决策阶段必须要慎重考虑各方面因素，确保仓库地址的科学性、实用性与社会服务性。

一、仓库选址的原则

1. 符合国家相关政策法规

仓库选址前要全面考虑国家法规与政策的相关要求，全面考察选址地是否有不准建立仓库设施的土地政策规定，要做到不违规、不乱建、不盲从、避免侥幸心理；仓库要与周围其他建筑物之间留有必要的安全间隔，以防止火患蔓延；在仓库选址时，还应注意将油库、化工危险品以及污染性大的库区设在郊外旷野；同时尽量节约用地、不占用良田、不占用经济效益高的土地，少拆迁民宅。

2. 符合区域城市规划要求

仓库选址时，要与城市规划部门做好沟通，在不违反城市总体布局规划要求的前提下，积极为城市建设做贡献。

3. 周边公用设施便利

仓库选址时，要充分考虑周边的公用设施是否齐全便利，要充分考虑仓库用水是否方便，同时又要考虑库区排水系统是否良好，因此，选址时应格外注意当地的水文情况。此外，随着自动化程度不断提高，现代仓库对供电有较高的要求，因此，仓库应选择在电网的附近，确保用电便利与安全。

4. 交通系统完善、便于运输

仓库选址时，要尽量靠近铁路或货运站、港口和公共卡车终点站等运输据点；从便于商品的购销、加速商品流通，降低流通费用出发。对于吞吐量大，商品进出频繁的通用、专用和特种仓库，还要考虑铺设铁路专用线、建专用码头。

【小知识】

仓库选址标准

商业普通仓库的库址除必须具有充分的货源和交通运输方便的条件外，库址的区域环境应符合商品安全储存的要求，食品仓库应有良好的卫生环境。

商业普通仓库的库址应具有良好的地形、地质条件，并具备给水、排水、供电等基础设施条件。

新建大型商业储备仓库和运输仓库应靠近城市公路干线，宜具备铁路或水路运输条件；批发零售仓库应靠近市区。

资料来源于中华人民共和国建设部、国家计划委员会颁布的《商业普通仓库建设标准》（建标〔1992〕302 号）。

二、仓库选址步骤

具体问题具体分析，不同的地区、不同性质的仓储企业，由于政策差异、业务范围有别、公司管理体制不一样，选址步骤和流程也存在形式上的区别。但一般情况下，都包含以下三个基本的步骤。

第一步：前期调研。仓库选址前，要进行多方面的调研。包括政策法规的调研；区域经济发展情况的调研；区域自然环境、交通运输网络、地质人文等情况的调研等。撰写调研报告，为制订选址方案提供一手资料。

第二步：撰写选址方案。根据前期调研，提出多个选址方案，方案包括以下内容：仓库地址；周围建筑情况及距离、附近地形地貌；铁路、公路、水路、航空等交通条件；区域供电、供水、供暖、排水等公用设施分布情况；仓库规模与仓储能力等技术指标。

第三步：确定最优方案。应用科学的方法，评估各选址方案，择优。

三、仓库选址方案的择优方法

依据仓库选址的原则，根据具体的选址步骤，每个仓库可能会产生两个或以上的备选方案，这时我们需要借助定性或定量分析方法，在众多的备选方案中确定最佳的方案。一般情况下，使用评分法和量本利法。

(一)评分法

1. 评分法的含义

评分法也称因素分析法，是通过确定影响决策目标的关键因素，并加以赋值，由专家进行评分的一种方法。

2. 评分法的实施步骤

第一步：列出决策目标的关键因素，10 项以内；

第二步：给每个因素确定范围，从而确定比重；

第三步：给每个方案项下的因素打分；

第四步：计算各方案总分值，取最高者。

3. 评分法的应用

例 3-1 某物流中心拟新建仓库，根据前期考察现有三个可选方案，现进行方案评估：在众多因素中选取五个比较关键的因素作为评价体系指标，分别是交通条件、地质情况、公共设施、公众态度、劳动力成本。考虑到五项指标的重要程度有别，分别赋最高值为 300、100、200、150、150，采取专家现场打分的形式，分别对各方案进行评分，结果如表 3-7 所示。

表 3-7 各方案评分表 单位：分

选址因素	分值范围	候选地址方案		
		A	B	C
交通条件	0～300	280	250	260
地质情况	0～100	70	80	70

续表

选址因素	分值范围	候选地址方案		
		A	B	C
公共设施	0～200	150	160	150
公众态度	0～150	130	120	120
劳动力成本	0～150	130	140	130
得分	—	630	750	730

由表 3-7 可知，三个方案中 B 为最佳选择。

一般情况下，关键因素的分值范围也可相同，如区间值都为 0～100，在这种情况下就有必要给每个因素另赋不同权重用以区分重要程度了，计算结果无异。

(二)量本利法

1. 量本利法的含义

量本利法是根据成本、业务量、利润三者之间的关系，来分析业务量对成本和利润的影响程度。根据量本利原理，在期望业务量的前提下，可以科学地进行方案间成本与利润的比较，最终做出决策。

成本、业务量、利润三者之间的关系，可以用公式表示为：

目标利润＝总收入－总成本

或

目标利润＝单价×业务量－单位变动成本×业务量－固定成本总额。

2. 量本利法实施步骤

第一步：预测每个方案的成本；

第二步：预测业务量；

第三步：根据预测的业务量选择成本最低或利润最高的方案。

3. 量本利法的应用

例 3-2 亨通物流有限公司拟新建一个配送中心，经过前期调研，目前有三个备选地址，分别标号为 A、B、C，具体约束条件见表 3-8。请应用量本利法，进行定量分析，选出最佳的方案，同时估算利润。

表 3-8 备选地决策表

方案	固定成本/万元	单位变动成本/元	预测业务量/万件
A	20	2.5	4.5
B	25	1.5	4.5
C	22.5	2.0	4.5

各方案间成本比较：

方案 A 成本：2.5×4.5＋20＝31.25(万元)；

方案 B 成本：1.5×4.5＋25＝31.75(万元)；

方案 C 成本：2.0×4.5＋22.5＝31.5(万元)。

由此判断，在业务量固定为 4.5 万件的情况下，A 方案成本最低，属最优方案。也可根据最终利润进行方案评估，计算结果无异。

如果业务量不确定呢？又将如何应用量本利法？

一般情况下，业务量是无法精准确定的，因此，企业需要根据成本数据绘制每个方案的曲线图，在不同业务量区间，比较各方案的成本高低，进行非绝对性的方案评估。

四、仓库选址——重心法

(一)重心法含义

重心法是一种简单的模拟方法，是将市场中的需求点和供给中的资源点看成分布在某一平面范围内的物体系统，将各点的需求量和资源量分别看成是物体重量，将物体系统的重心作为仓库的最佳位置点，此时运输总成本最低。

(二)重心法原理

重心法的目标是使运输总成本最小。公式表示为：

$$\min TC=\sum V_i R_i d_i 。$$

根据重心法的目标，求得仓库的最佳位置点(X_0，Y_0)；

$$X_0=\frac{\sum_i X_i V_i R_i}{\sum_i V_i R_i}，Y_0=\frac{\sum_i Y_i V_i R_i}{\sum_i V_i R_i} 。$$

式中，TC——运输总成本；

V_i——节点 i 的运输总量；

R_i——待选地址到节点的运输费率；

d_i——待选地址到节点的距离；

X_i、Y_i——供给地和需求地地址坐标；

X_0、Y_0——待求仓库地址坐标。

(三)重心法步骤

重心法的应用涉及反复迭代的过程，简单地说，首先需要确定各节点坐标、运输量和费率，并用重心法公式估算出初始的仓库的地址坐标，在初始坐标的基础上计算该位置与各节点的距离，并利用计算结果反复修正选址坐标，直至需修正的坐标再无明显变化，则停止迭代。此时计算出的地址坐标便为最终选址位置。一般情况下，我们省略此迭代过程，简化为以下五个步骤：

第一步：确定各节点坐标；

第二步：确定各节点与拟建仓库之间的运输量；

第三步：确定各节点与拟建仓库之间的运输费率；

第四步：套用公式计算出拟建仓库的坐标；

第五步：通过实地考察，明确拟建仓库坐标的位置，根据实际情况，排除河流、公路等客观因素影响，进行微调，最终确定仓库地址。

(四)重心法应用

例 3-3　M、N 为货源地，分别生产 A、B 两种产品，产品分别送往 O、P、Q 三个市场，相关数据如表 3-9 所示；现需新建一个中转仓库，A、B 两种产品将通过该仓库分拨给三个市场。请使用重心法求出新建仓库的最优地址。

表 3-9　A、B 产品相关数据表

节点	(X_i, Y_i)	产品	运输总量	运输费率
M	(1，1)	A	3 000	0.06
N	(0，3)	B	7 000	0.06
O	(2，4)	A\B	5 000	0.08
P	(5，2)	A\B	2 000	0.08
Q	(6，9)	A\B	3 000	0.08

根据前述公式，计算得：

$$X_0=\frac{\sum_i X_iV_iR_i}{\sum_i V_iR_i}=\frac{1\times 3\,000\times 0.06+0+2\times 5\,000\times 0.08+5\times 2\,000\times 0.08+6\times 3\,000\times 0.08}{3\,000\times 0.06+7\,000\times 0.06+5\,000\times 0.08+2\,000\times 0.08+3\,000\times 0.08}=2.30,$$

$$Y_0=\frac{\sum_i Y_iV_iR_i}{\sum_i V_iR_i}=\frac{1\times 3\,000\times 0.06+3\times 7\,000\times 0.06+4\times 5\,000\times 0.08+2\times 2\,000\times 0.08+9\times 3\,000\times 0.08}{3\,000\times 0.06+7\,000\times 0.06+5\,000\times 0.08+2\,000\times 0.08+3\,000\times 0.08}$$
$$=3.94。$$

根据计算结果显示，拟建中转仓库的坐标是(2.30，3.94)，接下来要进行实地考察，如果在该位置不存在河流山川等限制因素，同时，该位置建设仓库又符合当地的政策要求，那么下一步就可以进行库区的布局与规划了。

第四节　库区布局

一、库区总体布局

仓库库区总体布局是指通过前期的库址选择，在城市规划管理部门批准用地的范围内，按照一定原则，使库区的各个组成部分，包括库区的主体建筑、道路以及其他配套设施，在空间上合理全面地安排与布置，使之充分发挥各部分功能，达到仓储效益最大化。

(一)库区构成

1. 储运生产区

储运生产区是仓库的主体，是物品储运活动的主要场所，包括储货区、验货收发区、装卸站台、通道等。

2. 辅助生产区

辅助生产区主要指为物品储运保管服务的辅助场所，包括车库、变电室、油库、维修间等。

3. 行政商务区

行政商务区是指仓库的行政管理机构，是业务洽谈和办公管理的主要场所，主要包括行政办公楼、宿舍食堂等。

【小知识】

仓库库区构成标准

• 商业普通仓库工程项目由库房及主要生产设施、辅助生产设施及配套设施和行政福利设施三部分构成，包括下列内容：

库房及主要生产设施：包括仓间、楼电梯间、穿堂、整理间、工作室以及电梯、滑道、固定的起重装卸设备等；

辅助生产及配套设施：包括充电间、修理间、车库、专用码头、铁路专用线、露天货场、装卸站台、道路和配电、消防、给水排水设施以及装卸搬运设备等；

行政生活福利设施：包括业务用房、食堂、浴室、锅炉房、门卫室、职工宿舍等。

上述项目内容应根据建设规模大小和使用功能需要确定其中的必要部分，并应尽量利用社会设施。改扩建工程应尽量利用原有设施。

• 新建大型商业普通仓库具有车源供应和接轨条件且经济合理的，可建铁路专用线。

• 新建商业普通仓库具有通航和修建码头条件，并经过技术经济分析，技术上可行和经济上合理的，可建专用码头或泊位。

资料来源于中华人民共和国建设部、国家计划委员会颁布的《商业普通仓库建设标准》(建标〔1992〕302号)。

(二)库区总体布局的原则

1. 最大利用空间，便于储存保管

库区内主要进行的是仓储活动，因此，要高效利用库区内的面积和空间，科学规划、合理布局，实现空间利用率最大化。

2. 方便物流作业，追求最佳作业流程

库区整体布局，应确保单一的物流方向，库区内保证最短的运距，减少货物迂回，减少装卸搬运环节。

3. 确保仓储作业安全

在库区布局的规划阶段，要充分考虑安全生产因素，增设安全通道，按照仓库安全生产的相关规定，各项安全距离要落到实处。同时，按照仓库建筑设计与防火的相关规定，科学设置防火设施，实现安全仓储，文明仓储，科学仓储。

(三)库区平面布局

库区总体布局的形式不是固定的，也要根据具体情况进行分析，一般情况下可参见图3-4。

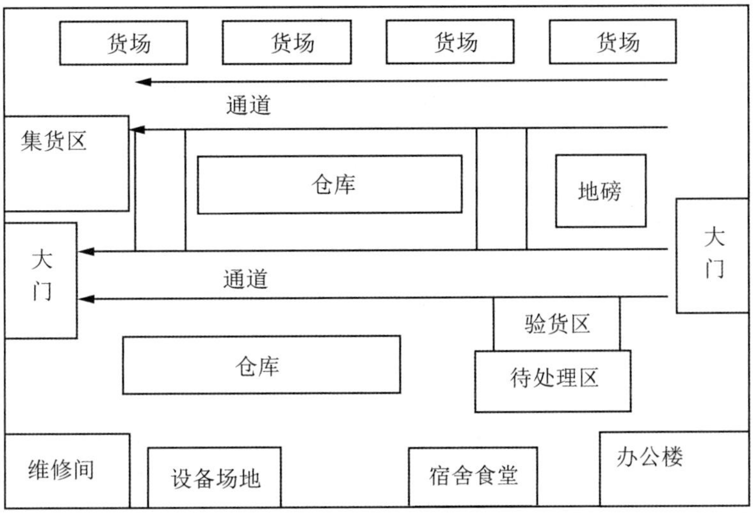

图 3-4　库区平面示意图

二、仓库内部布局

仓库内部布局主要是指货垛、货架的摆放方式，与主通道和辅通道的相对位置，在设计仓库内部布局时，主要考虑仓库面积、货物的性质、作业流程等因素。

(一)仓库内部布局形式

1. 垂直—横列式

垂直—横列式是指货垛或货架的长度方向与仓库主通道方向垂直，这种布局形式下，主通道只有一条，而且较长；辅通道较多，但是较短。货垛货架较为分散，便于清点货物，利于通风和采光，如图 3-5 所示。

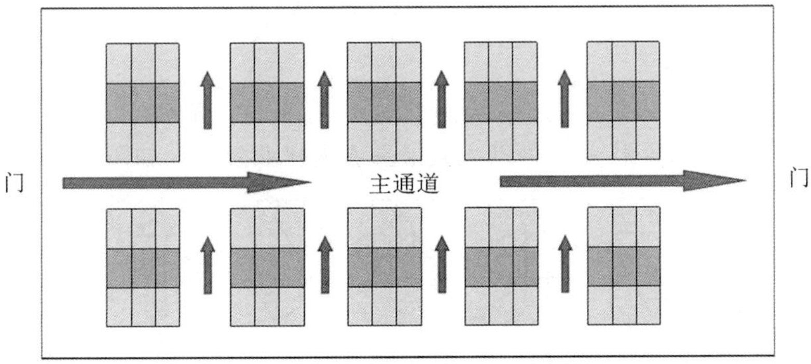

图 3-5　垂直—横列式

2. 垂直—纵列式

垂直—纵列式是指货垛或货架的长度方向与仓库主通道方向平行，这种布局形式下，主通道两条以上，货垛或货架体积较大，货物集中摆放，仓库面积利用率较高，如图 3-6 所示。

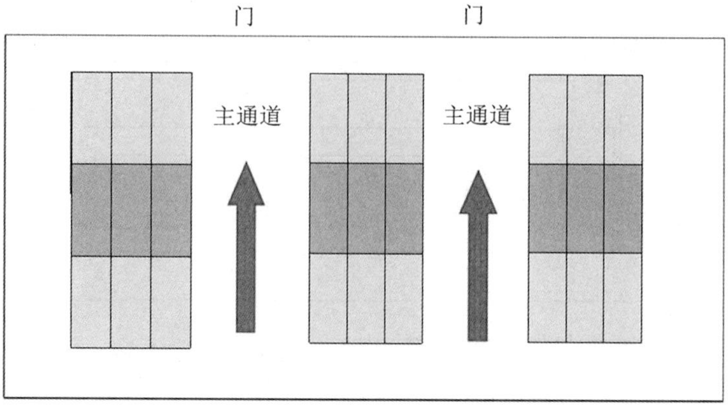

图 3-6 垂直—纵列式

3. 垂直—纵横式

垂直—纵横式是指在同一仓库中，同时设计纵列式和横列式的货架摆放形式，这样可以综合利用上述两种摆放形式的优点，如图 3-7 所示。

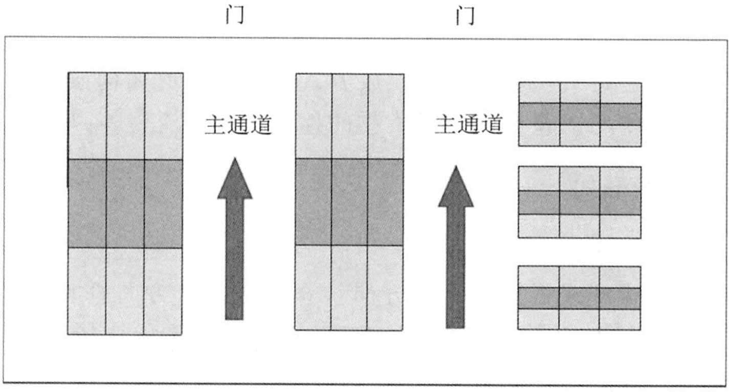

图 3-7 垂直—纵横式

4. 倾斜—货垛倾斜式

倾斜—货垛倾斜式是指货垛或货架与仓库主通道成一定角度，一般为 30 度或 45 度，这种布局形式下，便于叉车作业，可以大大提高库内作业效率，如图 3-8 所示。

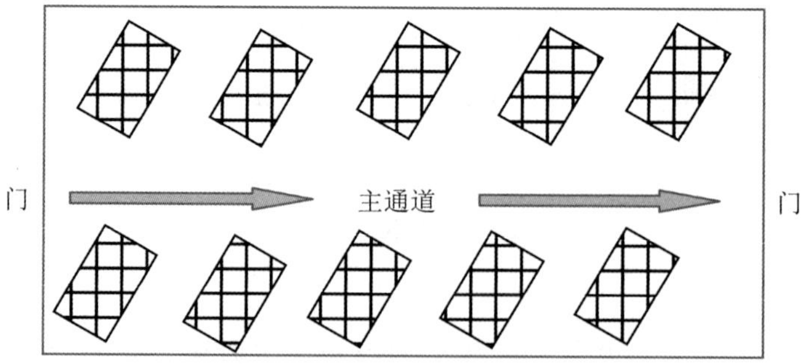

图 3-8 倾斜—货垛倾斜式

5. 倾斜—通道倾斜式

倾斜—通道倾斜式是指库内通道与仓库内墙成一定角度，一般可为 30 度、45 度、60 度，这种布局形式下，货垛、货架可以根据货物的性质灵活摆放，库内货物种类复杂，路径较多，如图 3-9 所示。

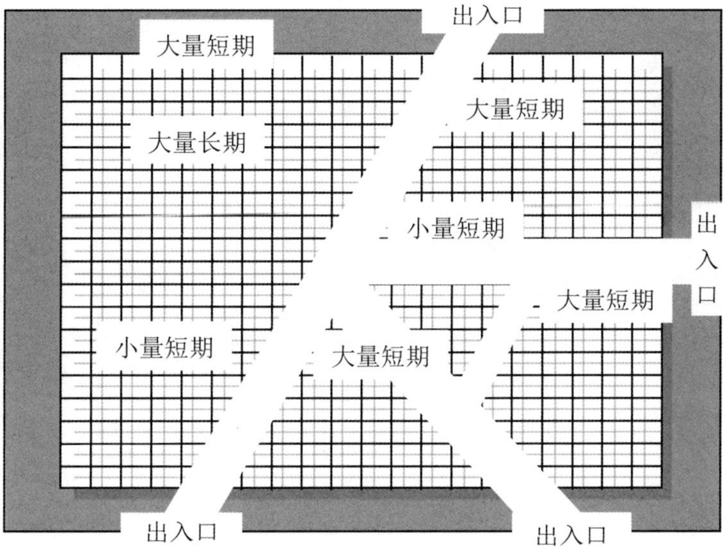

图 3-9 倾斜—通道倾斜式

(二)仓库内部布局的注意问题

(1)确保货物的先进先出。无论选择何种布局形式，都要考虑货物的先进先出，保证出库货物在保质期内发挥应有的作用。

(2)根据储存货物的性质，合理选择布局形式，充分利用仓库空间，在空间有限的情况下，提高货物的单位面积储存量，提高仓储效益。

(3)科学设计安全距离，确保仓储安全。一般情况下，无论选择哪种布局形式，都要满足五距的要求，即垛距 1 米左右、灯距＞0.5 米、内墙距＞0.3 米、外墙距＞0.5 米、顶距 0.5～0.9 米、柱距 0.1～0.3 米，如图 3-10 所示。

(4)合理设计库内标识，确保出入库流程的合理性，同时做到文明仓储。

三、仓库内部面积规划

(一)仓库面积组成

仓库面积包括各类物资所占用的面积，这是储存货物的实际面积，这也是仓库面积的主体。不仅如此，仓库面积也包括库内各种仓储作业活动所必须占用的面积，如主通道、辅通道所占用的面积，拣货、集货所占用的面积；仓库面积还包括预留的安全距离，如必要的五距等。因此，在规划仓库面积时首先要考虑该仓库所存放的货物种类和数量，这是决定仓库面积大小的主要因素。在此基础上，根据一定的原则和规定，再考虑作业面积和其他有必要预留的面积，最后确定整个仓库的建筑面积。

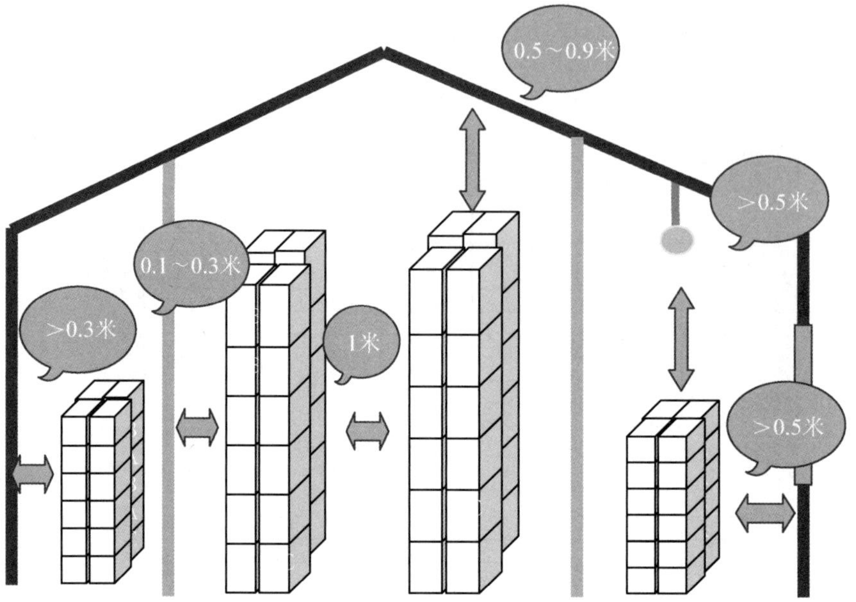

图 3-10 仓库五距示意图

(二)仓库面积的计算

1. 实用面积

实用面积是指仓库中货垛或货架所占用的面积，也就是库内存放的所有物品所占用的面积，我们可以把它称作“储存面积”。在计算实用面积时，最主要的是根据经验确定库内存放物品的数量与种类，一般情况下，必须参考近几个季度的入库出库台账信息与盘点数据，有了这些依据，才能科学地计算出实用面积。实务中库内物品包括三种类型，分别是就地堆码的计重物品、就地堆码的计件物品和上架存放的物品。因此，仓库总的实用面积等于这三种物品的实用面积之和，公式为：

$$S_{实}=S_{实1}+S_{实2}+S_{实3}。$$

式中，$S_{实}$——仓库总的实用面积(平方米)；

$S_{实1}$——就地堆码的计重物品的实用面积(平方米)；

$S_{实2}$——就地堆码的计件物品的实用面积(平方米)；

$S_{实3}$——上架存放的物品的实用面积(平方米)。

下面分别介绍三种类型物品的实用面积的计算方法。

(1)就地堆码的计重物品的实用面积。

一般情况下，采用就地堆码形式存放的计重物品在计算实用面积时，应充分考虑“仓容定额”，仓容定额可以理解为仓库地面单位面积可以承受的重量，也可以理解为物品本身单位面积可以承受的重量，单位都是吨/平方米。固定仓库的仓容定额是不变的，而不同物品的仓容定额因受物品本身的性质、外形、包装状态等因素影响也存在很大差距。在计算就地堆码的计重物品的实用面积时，首先要确定该种物品的储存数量，然后再确定仓容定额。在确定仓容定额时，应分别计算出仓库仓容定额与物品仓容定额数值，再从中选择较小的一个，作为计算的依据，公式为：

$$S_{实1}=Q/N_{定}。$$

式中，$S_{实1}$——计重物品就地堆码所占用的实用面积(平方米)；

Q——该种物品的最高储备量(吨)；

$N_{定}$——仓容定额(吨/平方米，当仓库仓容定额＜物品仓容定额时，选择前者，否则选择后者)。

(2)就地堆码的计件物品的实用面积。

就地堆码的计件物品在计算实用面积时通常需要考虑堆放层数。一般情况下，计件物品的包装处都会明确规定最高堆放层数，实务中，要严格按照包装标识进行堆码。计算过程中，应先确定该种物品的储存件数与每件物品的底面积，同时掌握物品堆存的最大层数，计算公式为：

$$S_{实2}=S\times\frac{M}{A}。$$

式中，$S_{实2}$——计件物品就地堆码所占用的实用面积(平方米)；

S——单件的底面积(平方米)；

M——物品总件数(件)；

A——该物品可堆积层数(层)。

(3)上架存放物品的实用面积。

上架存放物品与就地堆码物品不同，在利用货架提高空间利用率的同时，在计算实用面积时也应充分考虑货架本身占用的面积。虽然货架等储存设施占用了一定的空间，但比较而言，该种类型的存放方式是最节约仓库空间的。在成本允许的情况下，提倡上架存放货物。在计算过程中，同样先确定上架物品的数量，同时确定货架设施的长度、宽度和高度，其次应考虑仓储作业存取货物时的预留空间，也就是货架存放货物的充满系数。一般情况下，以货架单位容积为基准，取 0～1 之间的数值，视具体情况而定。最后，需考虑货架本身的承重能力，也就是货架单位容积可以承受的最大重量。此数值因不同型号不同规格的货架而有较大出入。具体计算公式为：

$$S_{实3}=\frac{Q}{(l\cdot b\cdot h)\cdot k\cdot\gamma}(l\cdot b)=\frac{Q}{h\cdot k\cdot\gamma}。$$

式中，$S_{实3}$——货架占用面积(平方米)；

Q——上架存放物品的最高储备量(吨)；

l、b、h——货架的长、宽、高(米)；

k——货架的容积充满系数；

γ——上架存放物品的容重(吨/立方米)。

2. *有效面积*

有效面积是指仓储作业占用的面积，包括上述的实用面积，也包括通道、检验等作业场地面积。我们可以把它称作“作业面积”。计算方法主要有以下几种。

(1)比较类推法。

比较类推法以现已建成的同级、同类、同种仓库面积为基准，根据储量增减比例关系，加以适当调整来推算新建库的有效面积。同种类型的仓库具备类似的储存功能，其储存量和有效面积之间也存在必然的联系。因此，在规划新建仓库的有效面积时，可以参考现存仓库的数据，当然也可以根据具体情况在这个“依存关系”的基础上增加系数进行微调，以完善其比例关系，具体公式为：

$$S_{有}=S_0\frac{Q}{Q_0}k。$$

式中，$S_{有}$——拟新建仓库的有效面积(平方米)；

S_0——参照仓库的有效面积(平方米)；

Q——拟新建仓库的最高储备量(吨)；

Q_0——参照仓库的最高储备量(吨)；

k——调整系数(当参照仓库的有效面积不足时，$k>1$；当参照仓库的有效面积有余时，$k<1$)。

(2)系数法。

系数法是根据实用面积与有效面积之间的比例关系，推算拟新建仓库的有效面积的方法。一般情况下，现存的同种类型的仓库，其实用面积和有效面积的比值具有一定的参考价值，“存在即合理”。在新建仓库规划面积时，可以加以利用，公式为：

$$S_{有}=\frac{S_{实}}{\alpha}。$$

式中，$S_{有}$——拟新建仓库的有效面积(平方米)；

$S_{实}$——实用面积(平方米)；

α——仓库有效面积利用系数，即仓库实用面积占有效面积的比重。

(3)直接计算法。

先计算出货垛、货架、通道、收发作业区、垛距、墙距所占用的面积，然后将它们相加求和。

$$S_{有}=A_1+A_2+\cdots+A_n=\sum_{i=1}^{n}A_i。$$

式中，$S_{有}$——拟新建仓库的有效面积(平方米)；

A_n——各功能区的面积(平方米)。

3. 实际面积

仓库的实际面积是指在不考虑仓库建筑结构和性质的情况下，库内可以利用的真正面积，包括上述的有效面积，也包括无用面积。我们可以把它理解为“套内面积”。由于受不同建筑材料和不同建筑结构的影响，在计算时，实际面积应与建筑面积区分开来。

例 3-4　某企业准备建一综合型仓库，仓库仓容定额为 3 吨/平方米，其中就地堆码计重货物的最高储存量为 6 000 吨，该物品单位底面积储量定额为 4 吨/平方米；就地堆码计件货物最高储存量 12 000 箱，每箱重 100 千克(含金属箱体重量)，单位底面积 0.4 米×0.5 米，货箱处标注箱体限高 7 层；上架存放的货物最高储存量为 900 吨，货架长 10 米、宽 2 米、高 3 米，货架容积充满系数为 0.6，上架存放货物容重为 200 千克/立方米，若仓库面积利用系数为 0.4，则该仓库的设计有效面积至少应为多少平方米?

解：

1. 计重物本身仓容定额 4 吨/平方米，大于仓库仓容定额 3 吨/平方米，因此取最小值进行计算；

2. 计件货物本身仓容定额：

$$(100\text{ 千克}\times 7\text{ 层})/(0.4\text{ 米}\times 0.5\text{ 米})=3.5\text{ 吨/平方米。}$$

由于货物本身仓容定额大于仓库仓容定额，因此，不能码放 7 层，经计算，最多码放 6 层。如下：

$$(100\text{ 千克}\times N\text{ 层})/(0.4\text{ 米}\times 0.5\text{ 米})\leqslant 3\text{ 吨/平方米},\ N\leqslant 6。$$

由此：

$$S_{实1}=Q/N_{定}=6\ 000/3=2\ 000(\text{平方米}),$$

$$S_{实2}=(0.4\times 0.5)\times 12\ 000/6=400(\text{平方米}),$$

$$S_{实3}=Q/hkr=900/(3\times 0.6\times 0.2)=2\ 500(\text{平方米})^{①},$$

$$S_{实}=S_{实1}+S_{实2}+S_{实3}=2\ 000+400+2\ 500=4\ 900(\text{平方米}),$$

$$S_{有}=S_{实}/\alpha=4\ 900/0.4=12\ 250(\text{平方米})。$$

●●●● 本章小结

仓库建设规划是一项系统工程，需要做出全方位的考量，需要具备多方面的专业知识。仓库网点规划是许多企业都要面对的问题，通过对仓库网点规划的理论学习，有利于合理规划和配置仓库网点。正确选择仓库地址将对企业未来的经营产生长期的影响。所以选择仓库地址不仅要注意一些可以量化的因素，还要注意那些不能量化的潜在因素，学会运用一些简单的评价方法。另外，仓库面积的大小关系仓库的规模，面积是建设规划的一个基本参数，应该掌握仓库面积的估算方法。

【案例分析】

德邦物流仓库选址的评价

仓储管理是对物料在生产、流通过程中处于相对静止状态时的管理问题，是一项非常传统的工作。仓库尤其是配送中心选址，是仓库或配送中心经营的战略问题，选址的方案是物流网络规划设计的重要内容。这次我们以德邦物流在广东省仓库选址为例评价其优缺点，让我们更好地了解仓库选址对于第三方物流公司所起的作用。

德邦物流是国家 AAAA 级综合服务型物流企业，专业从事国内公路运输和航空运输代理。公司总部设在广州，在全国 25 个省、市、自治区下设营业网点 282 家，拥有运输车辆 600 余台、员工 5 600 多人，服务网络遍及国内 400 多个城市和地区。从 2001 年 5 月 1 日北京新发地营业部成立，到 2002 年 5 月 19 日上海虹梅南营业部成立，再到 2005 年 6 月成都武侯营业部成立，德邦以华南为基地，陆续在华北、华东、西部等大区进行服务网点的铺设。迄今为止，公司设立了广州、深圳、东莞、华东、华北、西南等八大区，拥有 270 家直属分公司及营业部，卡车航班通达 50 个城市，普通长途专线通达 60 个城市，员工 6 000 多名，总资产逾亿元，德邦已有这么多个网点，这些网点密切配合，支持着为德

① 200 千克/立方米=0.2 吨/立方米

邦客户提供高效的服务，然而德邦为什么要把总部和最大仓库、配送中心设在广州呢？我们来分析德邦这样做的优点在哪里。

任何一个仓库在规划建设初期都会将如何快速有效地送达货物作为考虑因素之一。货物的目的地大多是人口聚集地，因此库址相对于大都市的远近，在运输成本和操作效率上所反映出的相关性就十分显著。德邦选择了我国东南部城市广州，就很能体现它的优势。广东省的水、陆、空交通都在我国处于领先地位，这里有医疗设施齐全的医院，也有路线完善的员工上下班的公交，公安、银行、通信等服务性设施更是应有尽有，难道我国还有比这里服务设施更好的地方选址吗？

第二需要考虑成本问题。德邦物流公司做了大量有关仓储业发展的实践调查，并且提供了一份关于这 50 所顶级城市内仓储配送中心运营成本比较分析的报告。如常人所料，建设一所仓储或配送中心所花费用最低的前 10 个城市均集中在西北部地区，而成本高昂的地区是东部和东南部地区。在所有 50 个城市里面，上海的建设费用是最高的。为了构造成本模型，他们假定一个占地 350 000 平方米和有 150 名配套劳动力的仓库，通过公路为全国市场运输货物。工人的种类从秘书到叉车司机一共有 16 种，这就构成了运作一个配送中心的基本薪水账册。德邦在它的研究中将该方法运用到这 50 个城市中，并作出了适当的比较。其他的基本成本还包括能源、供热和空气条件，以及运输成本。建筑物成本包括分期贷款成本和财产所得税。成本因素是形成这种趋势的原因之一。同时公司发现，它们可以将很多管理职能从办公室里面转移到生产一线。简单地比较一下，仓库内每平方英尺的费用为 40 元，而在白领写字楼里，同样的面积需要 160 元。“在一个现代化的仓库里面，你不仅会见到叉车司机，也会发现软件工程师和原本入驻公司总部的其他合作企业的驻司代表。”“大量的人员需求和技术需求使得这里的员工成本分析成为决定仓库选址的因素之一。”然而，仓库的最基本功能仍旧是运输和接收货物。为了突出这一点，德邦在模型中假定了一个外运成本，来区别各类始发—终到类型。德邦的外运模型包括了作为目的地的 10 个城市，这些城市都具有“可以很好地服务于整个全国范围内的消费者市场”。在模型中，广州、上海、北京、深圳、青岛仍然是运输成本最高的城市。同样的，大陆中心城市，例如武汉、长沙甚至郑州在全国范围内的运输成本方面有着强劲的优势。

综上讨论和研究后德邦最终选址在广州，从 20 世纪 90 年代末到 21 世纪初来看德邦的发展，就可以看到德邦仓库选址的优点所在，我们相信德邦的未来将会跟国际其他物流公司一样飞向世界，也会伴随我国物流行业的发展而腾飞。

思考：

你如何评价德邦物流的仓库选址决策？

练习与思考

一、单项选择题

1. 仓库选址最重要的依据是(　　)。

A. 交通便利　　B. 政策环境　　C. 成本最低　　D. 地质人文

2. (　　)是通过确定关键因素并加以赋值，由专家进行评分的一种方法。

A. 评分法　　B. 量本利法

C. 重心法　　D. 盈亏平衡法

3. 实用面积计算中仓容定额的含义是(　　)。

A. 仓库最大容重(吨)　　B. 仓库最大容积(立方米)

C. 仓库单位面积容重(吨/平方米)　　D. 仓库单位体积容重(吨/立方米)

4. 有效面积计算时，当参照仓库面积明显宽裕时，调整系数 k 应满足(　　)。

A. $k<1$　　B. $k>1$　　C. $k=1$　　D. $k=0$

5. 仓库空间利用率最低的是(　　)。

A. 平房仓库　　B. 楼房仓库　　C. 高架仓库　　D. 筒仓

6. 盈亏平衡法通过平衡(　　)最终确定最优方案。

A. 仓储成本和运输成本　　B. 固定成本和变动成本

C. 积压成本和失销成本　　D. 物流总成本和物流总需求

二、多项选择题

1. 影响仓库数量的成本主要有(　　)。

A. 仓储成本　　B. 运输成本　　C. 库存成本　　D. 失销成本

2. 仓库选址评估方法有(　　)。

A. 评分法　　B. 量本利法　　C. 重心法　　D. 因素分析法

3. 库区总体布局的原则有(　　)。

A. 最大利用空间，便于储存保管　　B. 方便物流作业，追求最佳作业流程

C. 确保仓储作业安全　　D. 节约资金

4. 物流中心与配送中心的区别有(　　)。

A. 中心内货物批量与种类的多少差不多

B. 中心对社会的辐射范围大体相同

C. 中心都具备信息处理功能

D. 中心物流功能，如仓储、运输、配送等齐头并进

5. 仓库建设规划的原则有(　　)。

A. 经济性原则　　B. 长远性原则

C. 整体性原则　　D. 环保性原则

6. 仓库建设规划的步骤有(　　)。

A. 准备阶段　　B. 设计阶段

C. 评估阶段　　D. 执行阶段

三、判断题

1. 仓库智能化程度越高，网点所需仓库数量越少。　(　　)

2. 区域内客户对物流服务速度的期望值越高，网点所需仓库数量越多。　(　　)

3. 行政商务区包括车库、变电室、油库、维修间等。　(　　)

4. 库区布局中应确保单一的物流方向，减少货物迂回，减少装卸搬运环节。　(　　)

5. 垂直—横列式的货架布局较为分散，便于清点货物，利于通风和采光。　(　　)

四、计算题

1. 飞达物流有限公司准备新建一栋普通型平房仓库，背景资料如下：

(1)仓库地面的仓容定额拟定为 3.8 吨/平方米；

(2)仓库内就地堆码计重货物的最高储存量计划为 7 600 吨，就地堆码计重货物的单

位底面积储存定额为 4 吨/平方米；

(3)仓库内就地堆码计件货物的最高储存量计划为 14 000 箱，就地堆码计件货物每箱毛重 100 千克，单位底面积为 0.4 米×0.5 米，货箱箱体限高 8 层；

(4)仓库内上架存放货物最高储存量计划为 1 800 吨，拟购置的货架规格为 10 米×2 米×3 米，货架容积充满系数为 0.6，上架存放货物容重为 200 千克/立方米；

(5)仓库面积利用系数预测为 0.5。

根据上述资料，请计算新建仓库的有效面积，并据此判断它属于哪种规模的仓库(小型/中型/大型)。

2. M、N 为货源地，生产的产品分别送往 O、P、Q 三个市场，相关数据资料如表 3-10 所示；现需新建一个中转仓库 A，货源地生产的产品将通过该仓库分拨给三个市场。请使用重心法求出新建仓库 A 的相对位置。

表 3-10　三个市场相关数据资料

节点	位置	运输总量/吨	运输费率/元
M	0，4	4 000	0.05
N	0，0	6 000	0.05
O	9，6	5 000	0.08
P	11，3	2 000	0.08
Q	10，－1	3 000	0.08

五、简答题

1. 仓库建设规划最应注意的问题是什么？
2. 仓库数量决策中，如何考量成本因素？
3. 如何充分利用仓库面积？

课后实践

1. 通过实地考察，在本区域内联系两家或以上产品供应商和三家或以上消费地，拟新建仓库进行货物周转。利用百度地图，明确供应地和消费地坐标，确定新建仓库地址，并反复论证，撰写新建仓库方案。

2. 根据上题内容，设计库区布局，给出布局图和库内面积规划图。

要求：请分组完成上述训练，每组 4 人左右，以组为单位提交方案和规划说明书。

第四章
仓储作业管理

学习目标

通过本章学习，在知识方面，能够掌握仓库整个业务的过程和要求；掌握货位的确定方法；掌握货物存放的原则和堆垛的基本方法；熟悉入库的准备、交接和登记工作；熟悉出库业务的基本内容。在技能方面，能够熟练对入库货物进行检验和堆码。

【案例导入】

卷烟商业企业的仓储管理

1. 收货入库作业流程

通过采集上位系统的采购数据，物流中心提前安排收货作业资源(人员、设备、储区等)，卷烟到库后仓储员进行初检(品种和数量)，经过仪器扫描合格后，通过无线手持终端对入库卷烟进行组盘，系统根据入库卷烟的存储属性和组盘情况自动分配储区和货位，并给相关设备发送作业指令，各设备接收作业指令后完成入库上架过程并将作业结果反馈回系统，数据库及时更新。

2. 仓储作业流程

货物入库后，仓库管理员及时根据仓储管理系统对卷烟进行分类管理，记录卷烟实施信息，以便及时更新仓储数据库。在此基础上对仓库各个存储区进行温湿度控制，同时对卷烟进行定时翻垛和移库，保证卷烟处于良好的存储条件。根据仓储数据库信息，时刻关注卷烟存储时间，对超过一年的卷烟要进行报警，对超过两年的卷烟则需要通知相关部门，及时制定促销策略，对未超过一年的卷烟进行卷烟日常管理。时刻关注卷烟状态，及时更新卷烟数据库。

3. 补货移库作业流程

补货移库主要是为了满足拆零分拣的需要而提前从货位将整件卷烟移库到分拣区或设备上。补货分主动补货和按需补货，主动补货是指系统根据预先设定的补货参数(如补货触发点、补货时间等)自动生成补货任务，并在适当的时间触发该任务(通常选在作业空闲间隙时)；按需补货则是当某种卷烟需要拆零出库而在其补货区内数量不足时，系统根据分拣而产生的补货任务。

4. 分拣作业流程

对卷烟的分拣主要是通过各种自动化的分拣设备来实现卷烟快速分拣、装箱并打码。通过线路流程优化，系统生成装车和配送方案。

从物流成本的角度来看，拣货成本约占物流中心总成本的40%，也是物流作业中投入的人力最多之处。因此，规划合理的拣货系统，对物流的经营业绩影响极大。拣货的目的是将正确数量的正确物品，在正确的时间内送达顾客。因此，拣货作业的正确度是物流中心服务品质的重要指标，也是物流中心企业形象的重要影响因素之一。

表4-1 列出的是两种不同的拣货方式。

表 4-1　合并订单拣货和接单拣货方式

合并订单拣货	按单拣货方式
合并订单作业可以提高拣货时的效率，但是这显然只适合在非标包装及C类物品补货时应用	对于订单数量特别大的情况，还是需要采用按单拣货的方式，避免过多的错误率。这种情况拣货的频次很高，但是可以借助自动化的拣货设备来解决拣货频次的问题，对于卷烟拣货就要采用这种方式

5. 配送作业流程

根据国家烟草专卖局对商业物流系统的指导思路，以市级公司为市场运行主体下的卷烟配送中心有了明确的建设目标，但由于我国幅员辽阔，各地地形情况、交通情况、经济发展状况、人口情况和货源情况均不相同，一个符合当地情况的配送体系的构建在降低物流成本、提高配送效率方面尤为重要。常见的配送模式有两种，如图4-1所示。

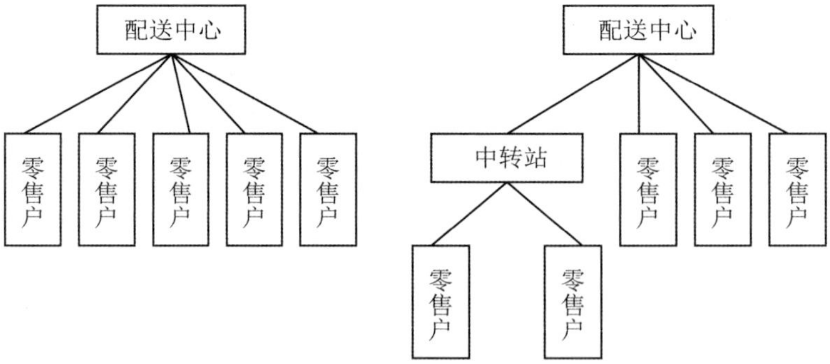

(a) 一级配送模式　　(b) 二级配送模式

图 4-1　常见的两种配送模式

(1)一级配送流程。装车发送后，送货员根据客户地址将货物按时送达，如果客户不在或因其他情况无法送达，则根据相应规定将货物拉回仓库；如货物正常送达，则与客户按相应规定进行结算，并与银行进行结算。

(2)二级配送流程。送货流程分为两段进行，一段是干线运输，另一段是支线配送。干线运输是把配好的货物用大型货车集中送达各区县的转运站；支线配送是用小型货车把货物送到每个客户。中转站是大车卸货、小车再分装的站点，设置简单的辅助装卸设备。

二级配送模式常用于大型城市或者交通不太便捷的地区，以大型货车配合笼车/托盘将分拣后的周转箱运送到中转站，再由配置在中转站的小型货车配送到零售客户，以有效地降低成本。中转站的设置通常与所涵盖区域的客户数量和订货数量有关，同时以与配送中心相距 2 小时车程为经济里程。而一级配送模式全部由配送中心分拣到户，并由配送中心车辆直接配送到户，适合小型城市的卷烟物流体系。

(资料节选自中国烟草企业管理咨询网。)

思考：卷烟企业的仓储作业流程与普通商品企业的仓储作业流程有什么区别？

第一节　入库作业

货物的入库业务也叫收货业务，它是仓储业务的开始。货物入库管理，是根据货物入库凭证，在接受入库货物时所进行的卸货、查点、验收、办理入库手续等各项业务活动的计划和组织。基本流程如图 4-2 所示。

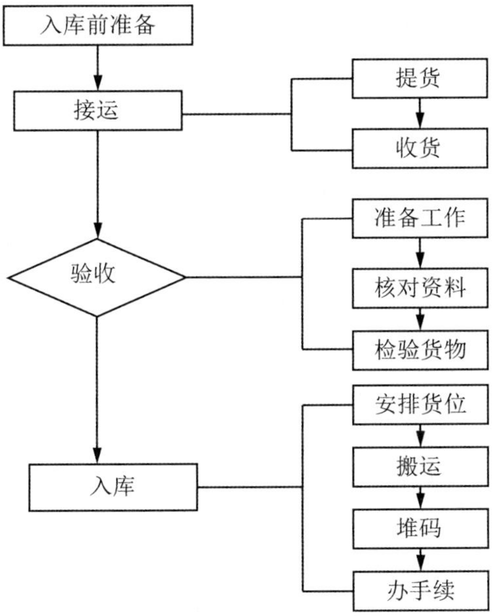

图 4-2　货物入库的基本流程

一、入库前的准备工作

(一)入库申请与计划

入库申请是存货人对仓储服务产生需求，并向仓储企业发出需求通知。仓储企业接到申请之后，对此项业务进行评估并结合仓储企业自身业务状况做出反应。仓库部门对入库作业计划的内容要进行分析，并根据物品在库时间，其物理、化学、生物特征、单件体积、重量、包装物等，合理安排货位，仓库部门通过对入库作业计划做出测评与分析之后，即可处理入库信息，并进行物品入库前的准备工作。

(二)选择正确存货位置

仓库管理人员在接收商品之前，应该预先根据商品的性质、数量等因素，为其安排恰当的存放位置。

1. 选择储存方法

商品存放的方法主要有专门储存和通用储存两种，如表 4-2 所示。

表 4-2　仓库商品存放方法

存储方法	定义	主要区别	存储商品类型
专门储存	在仓库中划分出专门空间，用于专门储存、保管一种商品	1. 通常为专用性仓库 2. 储存商品种类少，但其数量一般较多 3. 储存的商品性质一般较特殊，不宜与其他商品混存	1. 贵重物品 2. 保存条件特殊的物品
通用储存	将仓库划分成若干个保管区，将存放要求与货物性质相近的货物共同存入其中，以便集中保管与养护	1. 通常为通用仓库 2. 储存商品种类多，但某一类商品数量较少 3. 存储的商品具有互容性	1. 保存条件一般的物品 2. 保存时与其他物品互不影响的物品

2. 划分存放位置

仓库管理人员在确定商品存放的位置时，要综合考虑仓库的类型、规模、经营方位、用途，以及商品的自然属性、保养方法等。仓库管理人员根据商品的实际情况选择存放商品的方法。仓库管理人员可以按照商品的种类和性质分类储存，按商品的危险性质分类储存，按商品的归属单位分类储存，按商品的运输方式分类储存，以及按商品储存作业特点分类储存。

3. 选择货位的原则

(1)根据货物的尺度、货量、特性、保管要求选择货位。

(2)保证先进先出、缓不围急。

(3)出入库频率高的货物使用方便作业的货位。

(4)小票集中、大不围小、重近轻远。

(5)方便操作。

(6)作业分布均匀。

4. 存货量的确定

(1)货位存储量计算。

①确定库场货物单位面积定额，即单位仓容定额(用 p 表示)。

单位仓容定额 p 通过库场单位面积技术定额(用 $p_{库}$ 表示)和货物单位面积堆存定额(用 $p_{货}$ 表示)这两个指标确定。

库场单位面积技术定额($p_{库}$)指库场地面设计和建造所达到的强度，用吨/平方米表示。如某仓库标注 5 吨/平方米，表示每平方米最多存放 5 吨货物。该指标确定了该货位的最大允许存放货物的重量。一般仓库的地面单位面积堆存定额为 2.5～3 吨/平方米，仓库楼层增高则单位面积堆存定额相应减小。加强型地面为 5～10 吨/平方米。

货物单位面积堆存定额($p_{货}$)是由货物本身的包装及其本身强度所确定的堆高限定。

$$p_{货}=\frac{G\times H}{S}。$$

式中，$p_{货}$——货物单位面积堆存定额(吨/平方米)；

G——单位货物重量(吨)；

H——货物堆码层数(层)；

S——单位货物底面积(平方米)。

例 4-1　某 19″液晶显示器注明堆码层数限高 4 层，每箱底面积为 0.535 米×0.175 米，每箱重 7 千克，则该显示器的单位面积堆存定额为多少？

解：

$$p_{货}=\frac{7\times 4}{0.535\times 0.175\times 1\,000}=0.299(吨/平方米)。$$

库场货物单位面积堆存定额则由以上两个指标来确定，使用两者中较小的数值，这样才能同时保证库场地面及货物本身不会被破坏，即：

$$p=\begin{cases}p_{货}(p_{库}>p_{货}),\\ p_{库}(p_{库}<p_{货})。\end{cases}$$

在例 4-1 中，$p_{货}=0.299$ 吨/平方米，$p_{库}=3$ 吨/平方米，所以 $p=p_{货}=0.299$ 吨/平方米，即库场货物单位面积定额为 0.299 吨/平方米。

②货位存货数量计算。

货位存货数量是计算所选用的货位能堆存拟安排货物的总数量，即货位的存货能力(用 q 表示)。

$$q=p\times S。$$

式中，q—— 某货位的储存能力(吨)；

p——某类货物的单位仓容定额(吨/平方米)；

S—— 该类货物所存放货位的有效占用面积(平方米)。

(2)仓库储存能力计算。

仓库储存能力(用 Q 表示)是指某仓库或整个库区对特定货物的存放能力。

$$Q=\sum p\times S。$$

式中，Q——仓库的储存能力(吨)；

p——某类货物的单位仓容定额(吨/平方米)；

S——该类货物所存放货位的有效占用面积(平方米)。

二、接运卸货

货物的接运卸货方式包括多种，第一种是铁路专用线接货，铁路部门将转运的商品直接运送到仓库内部专用线的一种接运方式。第二种是接货人员到车站、码头等承运单位提货。第三种是自提货物，自提货是指接待人员到供货单位处提货，此时验收与提货是同时进行的。

【小知识】

货物接运的注意事项

货物接运可以在车站、码头、仓库或专用线内进行。货物到达仓库后，仓库人员应首先进行验单，检查随货物同时到达的货单，按照货单开列的收货单位、货物名称、规格、数量以及交货日期等内容，与货物的各项标志逐一进行核对。在验单过程中应注意，如果发现错送，应当拒收退回；对于一时无法退回的货物，必须在清点后另行存放，并且要及时做出记录待以后处理；如果核实无误，可进行卸载。

货物进入仓库，卸载可以分为人工和机械两种情况。在大型仓库里一般使用装卸机械进行，例如叉车、吊车、输送带等。在装卸的过程中，必须注意轻搬轻放，保证货物的安全无损。在条件允许的情况下，应尽可能在卸载的同时，按照货物的保管要求，将不同收货单位或不同品种的货物分别堆放，为货物入库做准备。

资料来源：卢园，卢改红. 仓储管理实务[M]. 北京：北京师范大学出版社，2018.

三、货物验收

检验是指仓库在货物正式入库前，按照一定的程序和手续，对入库货物进行数量和质量检验的经济技术活动的总称。凡货物进入仓库储存，必须经过检查验收，只有检验后的货物，方可入库保管。货物入库检验是仓库把好“三关”(入库、保管、出库)的第一道，抓好货物入库质量关，是划清仓库与生产部门、运输部门以及供销部门的责任界线，也为货物在库场中的保管提供第一手资料。检验的主要任务是查明到货的数量和质量状态，为入库和保管打基础，防止仓库和货主遭受不必要的经济损失，同时对供货单位的产品质量和承运部门的服务质量进行监督。

(一)验收的作用

通过检验不仅可以防止仓库和货主遭受不必要的经济损失，同时也可以对供货单位的产品质量和承运部门的服务质量进行监督。具体表现如下。

(1)入库检验可为物品保管和使用提供可靠依据。

(2)检验记录是货主退货、换货和索赔的依据。

(3)检验是避免物品挤压，减少经济损失的重要手段。

(4)检验有利于维护国家利益。

(二)验收的基本要求

验收工作是一项技术要求高，组织严密的工作，关系到整个仓储业务能否顺利进行，所以必须做到及时、准确、严格、经济。到库货品必须在规定的期限内完成验收工作，验收的各项数据或验收报告必须准确无误，否则会造成错误的判断，在检验过程中合理组织协调人员与设备，以节省作业费用。

(三)验收的标准

货品要达到公司的验收标准才允许入库，因而验收即要求货品符合预定的标准，验收货品时，可根据下列几项标准进行检验。

(1)采购合约或订单所规定的条件。

(2)采购合约中的规格或图解。

(3)以比价或议价时的合格样品为依据。

(4)各种产品的国家品质标准。

(四)验收的方法

1. 检验商品包装

对商品包装的检验是对商品质量进行检验的一个重要环节。商品包装的完整程度及干湿状况与内装商品的质量有着直接的关系。通过观察商品包装的好坏可以有效地判断出商品在运送过程中可能出现的损伤，并据此制定对商品的进一步检验措施。因此，在验收商品时，仓库管理人员需要首先对包装进行严格地检验。

仓库对商品的外包装进行检验，通常是在初验时进行的，检验包装有无被撬、开缝、污染、破损、水渍等不良情况。同时，还要检查包装是否符合有关标准要求，包括选用的材料、规格、制作工艺、标志、打包方式等。另外对包装材料的干湿度也要检查。包装的含水量是影响商品保管质量的重要指标，一些包装物含水量高表明已经受损害，需要进一步检验。

2. 验收货物的数量

数量验收是保证货物数量准确不可缺少的重要步骤，是在初验的基础上，质量验收之前，作进一步的货物数量验收，即所谓的系数验收。按货物性质和包装情况，数量检验可以分为计件法、检斤求积法、检斤验收法三种形式。

在进行数量验收时，必须注意同供货方采取相同的计量方法。采取何种方式计数要在验收记录中进行记载，出库时也按同样的计量方法，避免出现误差。

对商品数量进行验收时，主要包括货物数量验收及货物重量验收两种。具体验收的项目包括毛重、净重、容积、面积、件数、体积丈量、长度等。

(1)货物数量验收(计件法)。

计件是对按件数供货或以件数为计量单位的商品，在做数量验收时的清点件数。

①一般情况下，计件商品应全部逐一清点(带有附件和成套的机电设备须清查主件、部件、零件和工具等)。

②固定包装的小件商品，如包装完好，打开包装对保管不利，国内货物可采用抽验法，按一定比例开箱点件验收，可抽验内包装 5%～15%。

③其他只检查外包装，不拆包检查；贵重商品应酌情提高检验比例或全部检查。

所以一般情况下，国内商品只检查外包装，进口商品则按合同或惯例办理。

对计件的商品，仓库管理人员要对商品的数量进行数量清点。清点时，可以采用逐件点数法、集中堆码点数法、抽验法及重要换算法等，如表 4-3 所示。

表 4-3　数量验收的方法

方法名称	具体内容	适用商品
逐件点数法	采用人工或简易计算器，逐一计数，累计得出总数	一般适合散装或非定量包装的商品
集中堆码点数法	将商品按照每行、每层件数一致的原则，堆成固定的垛型，然后通过计算得出总数	花色品种单一、包装大小一致、数量大或体积较小的商品
抽检法	按一定比例对商品进行开箱点数	批量大、采用定量包装的商品
重量换算法	通过过磅，称得商品重量，然后换算该商品的数量	包装标准，且商品标准、重量一致

(2)货物重量验收。

对按重量计算的商品，仓库管理人员要对其重量进行验收。

①掌握验收标准。仓库管理人员在确定重量验收是否合格时，是根据验收的磅差率与允许磅差率的比较来判断的。若验收的磅差率未超出允许磅差率范围，说明该批商品合格；若验收的磅差率超出允许磅差率范围，说明该批商品不合格。

磅差是指由于不同地区的地心引力差异，磅秤精度差异及运输装卸损耗的因素造成商品过秤时重量数值的差异。不同的商品有不同的允许磅差率范围。总的来说，价格越昂贵的商品，其允许的磅差率范围就越小。

②商品重量验收法。商品的重量，一般有毛重、皮重、净重之分。

毛重是指商品包括包装重量在内的实际重量；皮重是指商品包装的重量；净重是指商品本身的重量，即毛重减去皮重的余数。仓库管理中通常所说的商品重量，是指商品的净重。

在商品重量验收的过程中，如果合同规定了验收方法，应该按合同规定的验收方法进行验收，以防止人为造成的磅差。验收方法确定后，出库验收时必须用同样的方法检验商品，这就是出库商品检验方法的一致性原则。

• 直接测量法(毛重计算法)。对于那些没有包装，或包装所占质量比较小的商品，可以采用对商品直接过磅，以测量其实际质量，下面是三种直接测量法，如表 4-4 所示。

表 4-4　直接测量法

方法名称	具体内容	适用商品
检尺求积法	1. 对以体积为计量单位的商品，先要通过检尺后求积所做的数量验收 2. 按理论换算重量供应的商品，先要通过检尺，后按规定的换算方法换算成重量验收	1. 木材、竹材、沙石等 2. 金属材料中的板材、型材等

续表

方法名称	具体内容	适用商品
检斤验收法	对非定量包装的，无码单的商品，进行打捆，编号，过磅，并填制码单的验收方法	非定量包装的，无单码的商品。金属材料、某些化工产品多半是检斤验收
抄码复衡抽验法	对定量包装的、附有码单的商品，按合同规定的比例，抽取一定数量商品，对其进行过磅的验收方法	定量包装并附有码单的商品

• 净重计算法。对有包装且其占商品质量的比重比较大的商品，在验收过程中要除去商品的包装，计算其净重，在此时可以采用以下三种计算方法，如表 4-5 所示。

表 4-5 净重计算方法

方法名称	具体内容
平均扣除皮重法	按一定的比例将商品包装拆下过磅，以求得包装的平均重量。然后将未拆除包装的商品过磅，从而求得该商品的全部皮重和毛重
除皮核实法	选择部分商品分开过磅，分别求得商品的皮重和净重，再对包装上标记的重量进行核对。核对结果未超过允许磅差率，即可依其数值计算净重
整车复衡法	大宗无包装的商品，如煤炭、生铁、矿石等，核验时将整车引入专用地磅，然后扣除空车的重量，即可求得商品净重
约定重量法	存货方与保管方在签订《仓储保管合同》时，双方对商品的皮重已按习惯数值有所约定，则可遵从其约定净重

• 理论换算法。理论换算法是指通过商品长度、体积等便于测量的因素，利用一定的公式，计算出商品的质量的方法。它适合定尺长度的金属材料、塑料管材等商品质量的计算。

3. 货物质量验收

质量检验包括外观检验、尺寸精度检验、机械物流性能检验和化学成分检验四种形式。

仓库一般只做外观检验和尺寸精度检验，后两种检验如果有必要，则由仓库技术管理职能机构取样，委托专门检验机构检验。

对商品包装的检验只能判断商品的大致情况，对商品的外观质量进行检验也必不可少。商品外观质量检验的内容包括外观质量缺陷、外观质量受损情况及受潮、霉变和腐蚀情况等。

(1)外观质量检验方法。

感官验收法，这是用感觉器官，如视觉、听觉、触觉、嗅觉来检查商品质量的一种方法。它简便易行，不需要专门设备，但是却有一定的主观性，容易受检验人员的经验、操作方法和环境等因素的影响。

①视觉检验——看。这是对商品外观质量进行检验的最主要方法，它通过观察商品的

外观，确定其质量是否符合要求。即在充足的阳光下利用视力观察商品的状态、颜色、结构等表面状态，检查有无变形、破损、脱落、变色、结块等损害情况，以断定质量。同时检查商品标签、标志是否具备、完整、清晰等，标签、标志与商品是否一致，对质量加以判断。

②听觉检验——听。听是指通过摇动、搬运操作、听取声音、轻度敲击、细听发声，鉴别其质量有无缺陷。如原箱未开的热水瓶，可以通过转动箱体，听其内部有无玻璃碎片撞击之声，从而辨别有无破损。

③触觉检验——摸。摸是指用手触摸包装内商品，利用手感鉴定货物的光滑度、细度、黏度、柔软度，以判断商品是否受潮、变质，有无结块、干涸、融化等异常情况。

④嗅觉，味觉检验——闻。通过货物特有的气味、滋味，用鼻子嗅商品是否已失应有的气味，或有串味及有无漏臭异味的现象，判定质量，或者感觉是否有串味。

对于不需要进行进一步质量检验的商品，仓库管理人员在完成上述检验并判断商品合格后，就可以为商品办理入库手续了。而对于那些需要进一步进行内在质量检验的商品，仓库管理人员应该通知质量检验部门，对产品进行质量检验。待检验合格后才能办理商品的入库手续。

(2)货物尺寸精度检验。

精度检验主要包括仪器、仪表精度检验和金属材料两个方面。对于仪器、仪表的精度检验，除简易的指标在仓库验收时检验外，一般专门由质检部门检验或厂方负责质量检验，仓库免检。对于金属材料的尺寸精度检验，则是仓库管理的一项十分主要的工作。下面介绍金属材料精度检验的有关内容。

金属材料的尺寸分公称尺寸和实际尺寸两种。公称尺寸，是指国家标准和原冶金部标准中规定的名义尺寸，即在生产过程中希望得到的理想尺寸。公称尺寸是生产、储运和使用的依据。但在实际生产中，产品的尺寸与理想尺寸总存在着一定的差距。实际尺寸，就是验收中直接测得的长、宽和直径的尺寸。尺寸精度，就是用公称尺寸与实际尺寸的差异范围来表示，包括偏差和公差。偏差是指实际尺寸与公称尺寸之间的差数，实际尺寸小于公称尺寸，两者差数为负数，则称负偏差；实际尺寸大于公称尺寸，两者差数为正数，则为正偏差。公差是指尺寸允许的误差。金属材料在交货时，都有一定的正负偏差范围，凡经检验，其尺寸偏差在允许偏差范围内，则符合尺寸检验要求。

对商品质量的验收应该与商品数量的验收同时进行。仓库管理人员对商品质量的验收主要是检验商品的外观质量，而产品的内在质量(机械物理性能检验和化学成分检验)则由生产厂家保证或由质量检验机构检验。

(五)入库验收的时间

货物的数量、外观质量应在入库时进行检验；货物的内在质量，应在合同约定的时间之内进行检验，或者按照仓储惯例在入库10天之内，国外到货30天之内进行检验。

(六)货物验收的步骤

1. 验收准备

验收准备是货物入库验收的第一道程序。仓库接到到货通知后，应根据货物的性质和批量提前做好验收的准备工作，大致包括以下内容。

(1)人员准备。安排好负责质量验收的技术人员或存货单位的专业技术人员，以及配合货物验收的装卸搬运人员。

(2)资料准备。收集并熟悉待验货物的有关凭证和资料，例如技术标准、订货合同等。

(3)器具准备。准备好验收用的检验工具，如衡器、量具等，并校验准确。

(4)货位准备。针对到库货物的性质、特点和数量，确定货物的存放地点，计算和准备堆码苫垫材料。

(5)设备准备。大批量货物的数量验收，必须要有装卸搬运机械的配合，应做好设备的申请调用。

此外，对于特殊货物的验收，例如毒害品、腐蚀品、放射品等，还要准备相应的防护用品。

2. 核对证件

商品抵达仓库后，仓库管理人员应该首先核对商品的各种凭证，以确认商品是否送错，为接下来的验收工作提供依据。

(1)了解证件类型。

仓库管理人员需要核对的证件，按照提供对象不同，可以分为以下三种。

①企业采购部门或其他相关部门提供对象的商品入库通知单、订货合同、协议书等。

②供货单位提供的质量证明书或合格证，装箱单或磅码单、检验单及发货明细账等。

③运输单位提供的运单及普通或商务记录，报关员与提运员、接运员或送货员的交接记录等。

(2)核对相关证件。

在核对凭证时，仓库管理人员要先对上述证件记录的内容进行核实，然后再根据这些证件上所示的内容对货物进行逐步核对。

①进行证证核对。仓库管理人员在对证件核对时，要根据货物运送的过程，对相应证件进行分类整理，然后根据证件之间的相关性，核对各种证件的相关性及真实性。

②进行物证核对。核实商品的类别、型号、规格与凭证是否一致。

(3)处理核对差错。

仓库管理人员如果发现证件不齐、货不相符等情况，要与货主、供货单位、承运单位和有关业务部门及时联系并进行解决。

①必要的证件不齐全的商品，应将其作为待检商品处理，对方在待检区，待证件到齐后再进行验收。

②遇到无进货合同及任何进货依据，但运输单据上却标明本仓库为商品收货人的情况，仓库管理人员在收到商品后应立即与采购部门或发货人联系，问清具体情况，并将该批商品至于待处理区，依其情况做好记录，待查清后再对其做出处理。

③如果供货单位提供的质量保证书与仓库的进库单、合同不符，仓库管理人员应将商品放在待处理区，并通知采购部门或存货单位，然后根据他们提出的办法处理。

④凡有关证件已到库，但在规定时间内商品尚未到库，仓库管理人员应及时向采购部门或存货单位反映，以便查询处理。

对于证件核对无误，或经复查核对无误的，仓库管理人员应将商品放在待处理区域，并及时对其进行数量、质量及包装的验收检查。

3. 确定验收比例

由于受仓库条件和人力的限制，对某些大批量的货物在规定时间内难以全部验收；或全部打开包装后不便储存或销售，甚至影响货物的质量；或对于连续大批量流水线上生产的产品，抽验一定数量就可以代表整批货物的质量状况，无须全部验收，可以用抽验的方法。抽验的比例应首先以合同规定为准；合同没有规定的，在确定验收比例时，一般考虑以下因素。

(1)货物的性质和特点。

不同的货物具有不同的特性。如玻璃器皿、保温瓶胆、瓷器等容易破碎，皮革制品、副食品、果品、海产品等容易霉变，香精、香水等容易挥发，这些货物性质不稳定或质量容易变化，验收比例可以大一些；而肥皂、香皂之类，外包装完好，内部不易损坏，这些产品性质稳定，验收比例可以小一些。

(2)货物的价值。

贵重货物，如价格高的精密仪器、名贵中药材，入库时验收比例要大一些，或者全验；而一般价值较低，数量较大的小商品可少验。

(3)货物的生产技术条件。

同一种货物，对于生产技术条件好，工艺水平较高，产品质量好而且稳定的可以少验；而对于生产技术水平较低，或手工操作，产品质量较差而又不稳定的货物需要多验。

(4)供货单位的信誉。

有的企业历来重视产品质量，并重视产品的售后服务工作，长期以来仓库在接收该类企业产品时没有发现质量、数量等问题，消费者对该企业的产品也比较满意，这样的企业供应的商品可以少验或免验，而对于信誉较差的企业提供的产品则要多验。

(5)包装情况。

包装材料差、包装技术低、包装结构不牢固，都会直接影响商品质量和运输安全，从而造成商品散失、短少或损坏。因此，收货时，对包装质量完好的商品可以适当少验，反之则要多验。

(6)运输方式和运输工具。

货物在运输过程中，由于采用不同的运输方式和运输工具、运距的远近以及中转环节的多少等，对货物质量、数量都会有不同程度的影响。因此，入库验收时，应分别不同情况来确定验收比例。如对于汽车运输、且运距较长，由于途中震荡幅度大，损耗会多一些，因此，需要确定较大的验收比例；而水路或航空运输，由于途中颠簸小，损耗自然会少一些，因此可以少验。

(7)气候条件。

经过长途转运的货物，可能由于气候条件的变化，质量会受到一定的影响。即使同一地区，由于季节变化货物的质量也会产生影响。所以，对怕热、易溶的商品，夏天要多验；对怕潮、易溶解的商品，在雨季和潮湿地区应多验；怕冻的商品，冬天应多验。

(8)储存时间。

入库时，对储存时间长的货物，可以多验一些；反之，则少验一些。

在按比例抽检时，若发现货物变质、短缺、残损等情况，可适当考虑扩大验收比例，直至全验，彻底查清货物的情况。

4. 实物验收

实物验收包括内在质量、外观质量、数量、重量和精度验收。当商品入库交接后，应将商品置于待检区域，仓库管理人员及时进行外观质量、数量重量及精度验收，并进行质量送检。

(七)验收过程中问题的处理

在货物验收过程中，如果发现货物数量或质量的问题，应该严格按照有关制度进行处理。在问题处理过程中，将验收中发现问题、等待处理的货物，应该单独存放，妥善保管，防止混杂、丢失、损坏。现将几种常见的问题归纳如下。

1. 数量方面的问题

(1)数量短缺在误差规定的范围内的，可按原数入账。

(2)数量短缺超过误差规定的范围的，应做好验收记录，填写磅码单，交主管部门会同货主向供货单位交涉。

(3)实际数多于原发料量的，可由主管部门向供货单位退回多发数或补发货款。

2. 质量方面的问题

(1)凡货物质量不符合规定要求时，应及时向供货单位办理退货、换货。

(2)货物规格不符或错发时，应将情况做成验收记录交给主管部门办理退货。

仓库对货物验收中的具体问题，可用书面形式通知货主或发货方，要求查明情况进行处理。可采用物资溢余、短缺、破损查询单的形式，如表 4-6 所示。

表 4-6　货物溢余、短缺、破损查询单

到货日期　　年　月　日　　　　车单编号　　字　　号

验收日期　　年　月　日　　　　材料库编号　　字　　号

<table>
<tr><td>发货单位</td><td></td><td>合同号</td><td></td><td>运次</td><td></td><td colspan="2">车号</td><td colspan="2"></td><td colspan="2">凭证号</td><td colspan="2"></td><td colspan="2">质量证明书</td><td></td></tr>
<tr><td>运输方式</td><td></td><td>发站</td><td></td><td>运单号</td><td></td><td colspan="2">到站</td><td colspan="2"></td><td colspan="2">承付日期</td><td colspan="2"></td><td colspan="2">发货件数</td><td></td></tr>
<tr><td rowspan="2">目录编号</td><td colspan="4">原始凭证记录</td><td rowspan="2">实收数</td><td colspan="2">溢收</td><td colspan="2">短缺</td><td colspan="2">残损</td><td colspan="2">质差</td><td colspan="2">规格不符</td><td rowspan="2">备注</td></tr>
<tr><td>器材名称及规格</td><td>单位</td><td>数量</td><td>总价</td><td>数量</td><td>金额</td><td>数量</td><td>金额</td><td>数量</td><td>金额</td><td>数量</td><td>金额</td><td>数量</td><td>金额</td></tr>
<tr><td></td><td></td><td></td><td></td><td></td><td></td><td></td><td></td><td></td><td></td><td></td><td></td><td></td><td></td><td></td><td></td><td></td></tr>
<tr><td></td><td></td><td></td><td></td><td></td><td></td><td></td><td></td><td></td><td></td><td></td><td></td><td></td><td></td><td></td><td></td><td></td></tr>
<tr><td></td><td></td><td></td><td></td><td></td><td></td><td></td><td></td><td></td><td></td><td></td><td></td><td></td><td></td><td></td><td></td><td></td></tr>
<tr><td></td><td></td><td></td><td></td><td></td><td></td><td></td><td></td><td></td><td></td><td></td><td></td><td></td><td></td><td></td><td></td><td></td></tr>
</table>

收料部门验收及处理意见：　　　　发料部门复查及处理意见：

收料单位：　　审核：　　经办人：　　发料单位：　　签复人：　　年　月　日

3. 货物验收凭证方面的问题

入库货物必须具备入库通知单、订货合同副本、供货单位提供的材质证明书、装箱单、磅码单、发货明细表以及承运单位的运单等资料。凡资料未到或资料不齐的，应及时向供货单位索取，该货物则作为待验货物堆放在待验区，等待与货物相关的资料到齐后再验收。

四、货物入库交接与登记

(一)入库作业的影响因素

1. 供应商的送货方式

供应商的送货方式直接影响入库作业的组织与计划，供应商的以下信息对仓库入库作业的影响要加以考虑。

(1)每天平均及最多送货的供应商数量。

(2)送货单车型及车辆数。

(3)每台车平均卸货时间。

(4)货物到达的高峰时间。

(5)货品的装车方式。

(6)中转运输的转运方式。

2. 货物的种类、特性与数量

货物的种类、特性与数量也是入库作业的重要影响因素之一。主要包括如下内容。

(1)每天平均送达的货品品种数。

(2)货品的尺寸及重量。

(3)货品的包装形态。

(4)货品的储存保质期。

(5)装卸的搬运方式。

3. 人力资源

入库作业要考虑如何合理利用仓库的人力资源，包括员工的技术素质、工作时间的合理调配、高峰期的作业组织等。

4. 设备及存货方式

仓库设备也是组织入库作业的影响因素，叉车、传送带、货架驶入驶出方式等要加以综合考虑。同时也要考虑商品在仓库期间的作业状态。

(二)入库单

1. 外购商品入库单

外购商品入库单是指企业从其他单位采购的原材料或产品入库时所填写的单据。它除了记录商品的名称、商品的编号、实际验收数量、进货价格等内容外，还要记录与采购有关的合同编号、采购价格、结算方式等内容。

外购商品入库单一般一式三联，第一联留作仓单登记实物账；第二联交给采购部门，作为采购员办理付款的依据；第三联交给财务记账。根据不同的需要也可以适当增加一联，交给送货人员，使其留作商品已送到的依据。

2. 自产半成品/成品入库单

半成品/成品入库单是用以表示企业自己作业生产的产品存入仓库的凭证。它除了包括商品的基本信息外，还应该包括产品的生产日期、质量检验等内容。

产品入库单一般一式三联，一联留作仓库存根记账，一联交给生产部，一联交财务核算部。

(三)明细账类型

为了便于对入库商品的管理，正确地反映商品的入库、出库及结算情况，并为对账、盘点等作业提供依据，仓库管理人员要建立实物明细账，以记录库存商品动态。

登账的主要内容有：物品名称、规格、数量、件数、累积数或借算数、存货人或提货人、批次、入库时间、保质期、金额、货位号、接(发)货人。

实物明细账可分为无追溯性要求的普通实物明细账和有追溯性要求的库存明细账两种。仓库管理人员要根据对商品的具体保管要求，选择适当的账册。对商品库存情况进行记录。

1. 普通实物明细账

对只需反映库存动态的商品，如进入流通的商品或企业内的工具、备品备件等，可采用普通实物明细账记账。

2. 库存明细账

对有区分批次和有可追溯性要求的商品，如企业生产所需的零部件、原材料等，应采用有可追溯性的库存明细账记账。

(四)保管卡

1. 确定保管卡内容

商品保管卡包括的内容主要有以下三个方面。

(1)表示货物的状态，如待检、待处理、不合格、合格等；

(2)标明货物的名称、规格、供应商和批次；

(3)商品的入库、出库与库存动态等信息。

保管卡上的内容不是一成不变的。仓库管理人员可以根据仓储业务的具体要求，对商品保管卡的具体内容进行适当的调整。

2. 放置保管卡

当新商品入库时，要为其设置专门的保管卡；当商品入库、出库、盘点后，要立即在卡上的相关位置填写具体信息；当某商品清库后，要将保管卡收回，并放置于该商品的档案中。商品保管卡一般悬挂在上架商品的下方或放在商品堆垛上，仓库管理人员在放置保管卡时，悬挂位置要明显、牢固，并便于随时填写。另外要注意及时更新内容，在使用保管卡时，仓库管理人员要根据作业内容，及时更新保管卡上的内容。

(五)商品档案

建立商品档案是对商品出入库凭证和技术资料进行分类归档保存。建立商品档案是为了更好地保管商品的凭证和资料，防止散失，方便查阅，同时便于了解商品入库前后的活动全貌，有助于总结和积累仓库保管经验，研究管理规律，提高科学技术水平。

1. 收集档案资料

商品档案反映了商品从入库、储存及出库的所有变化。为了建立完善的商品档案，仓库管理人员需要收集的资料具体包括以下三种。

(1)商品入库时的资料。

①商品出厂时的各种凭证和技术资料，如商品技术证明、合格证、装箱单、发货明细表等；

②商品运输过程单据、普通记录或货运记录、公路运输交接单等；

③商品验收入库的入库通知单、验收记录、磅码单、技术检验报告等。

(2)商品保管时的资料。

包括商品入库保管期间的检查、保养、损益、变动等情况的记录，以及库内外温湿度记载及对商品的影响情况。

(3)商品出库时的资料。

包括商品出库时的凭证，如领料单、出库单、调拨单等。

2. 建立并保管档案

在商品入库后，仓库管理人员应该先收集入库时的资料，建立商品档案，并对其进行管理。在对商品档案进行管理时，应该注意以下三个问题。

(1)对档案统一编号。为了防止档案丢失，并便于查阅，档案管理人员应将商品档案进行统一编号。

(2)确定资料的保管期。为了加强对档案中资料的保管，档案管理人员要根据实际情况确定资料的保管期限。其中有些资料，如库区气候资料、商品储存保管资料，应长期保留。

(3)及时更新资料。对于库存商品的变化，档案保管人员要及时收集新的资料，并将其放置于商品档案中。当某种商品全部出库后，除必须随货同行而不能以复印件或抄送的形式抄送的技术证件外，其余均应留在档案内，并将商品出库证件、动态记录等整理好一并归档。

第二节　在库作业

一、货物的储位管理

(一)货位使用方法

仓库货位是仓库内具体存放货物的位置，库场除了通道、机动作业场地，其余都是货位。为了使仓库管理有序、操作规范，存货位置能够准确表示，仓库根据结构、功能，按照一定的要求将仓库存货位置进行功能划分，形成货位。每一个货位都使用一个编号，以便区分。货位确定并进行标识后一般不随意改变。货位有大有小，大至上千平方米的散货货位，小到仅有零点几平方米的橱柜货位，应该使用哪种货位方式，又怎样来选择，应根据所存货物的具体情况而定。

仓库货位的使用通常有三种方式。

1. 固定货物的货位

货位只用于存放确定的货物，严格地区分使用，决不混用、串用。对于长期货源的计划库存大都采用固定方式。固定货位便于拣选、查找货物，但是仓容利用率较低。由于是固定货物，货位可以针对性地进行装备，有利于提高货物保管质量。

2. 不固定货物的货位

货物任意存放在有空的货位，不加分类。不固定货位有利于提高仓容利用率，但是仓库内显得混乱，不便查找和管理。对于周转极快的专业流通仓库，货物保管时间短，大都采用不固定方式。不固定货物的货位在计算机配合管理下，能充分利用仓容，方便查找。要注意的是，采用不固定货位方式，仍然要遵守仓储的分类安全原则。

3. 分类固定货物的货位

对货位进行分区、分片，同一区内只存放一类货物，但在同一区内的货位则采用不固定使用的方式。这种方式有利于货物保管，也较方便查找货物，仓容利用率可以提高。大多数储存仓库都采用这种方式。

(二)选择货位的原则

选择货位时，管理人员应根据货物的尺度、货量、特性、保管要求选择货位，保证先进先出、缓不围急，小票集中、大不围小、重近轻远，注意作业分布均匀，特别是对于出入库频率高的货物要使用方便作业的货位。

二、商品的编码与分类

(一)商品编码

商品编码是将商品按其分类内容进行有序编排，并用简明文字、符号或数字来代替商品的"名称""类别"。商品的编码通常应用阿拉伯数字、字母或便于记忆和处理的符号形成一个或一组字符串。在编码时要注意唯一性、简易性、扩充弹性、安全性、一贯性等原则，便于日后的管理工作。

商品编码的方法很多，常见的有无含义编码和有含义编码。无含义编码通常可以采用流水顺序码来编排；有含义编码是在对商品进行分类的基础上，采用序列顺序码、层次码等编排。在仓库管理中可以采用以下六种编码方法进行编排。

1. 流水编码方法

流水编码又称顺序编码和延伸式编码。编码方法是将阿拉伯数字或英文字母按顺序往下编排。流水编码的优点是代码简单，使用方便，易于延伸，对编码对象的顺序无任何特殊规定和要求。缺点是代码本身不会给出任何有关商品的其他信息。流水编码多用于账号或发票编号。

例如：　　编号　　商品名称

编号	商品名称
1	香皂
2	肥皂
3	洗涤剂
⋮	⋮
N	洗衣粉

2. 分组编号法

这种编号方法是按商品特性分成多个数字组，每个数组代表商品的一种特性。例如，第一组代表商品类别，第二组代表商品形状，第三组代表商品的供应商，第四组代表商品的尺寸。分组编码方法代码结构简单，容量大，便于计算机管理，在仓库管理中使用较广。

例如：075006110 可以描述为：

类别	形状	供应商	尺寸
07	5	006	110

其编码含义见表 4-7。

表 4-7　分组编码法编码含义

商品	类别	形状	供应商	尺寸大小/mm	意义
编码 075006110	07				饮料
		5			圆瓶
			006		统一
				110	100 mm×200 mm×400 mm

3. 数字分段法

把数字分段，每一段代表一共同特性的一类商品。

例如：　　编号　　商品名称

编号	商品名称
1	1 只装牙刷
2	2 只装牙刷
3	4 只装牙刷
4	预留号
5	预留号

4. 后数位编码法

利用编号末尾数字，对同类商品进一步分类编码。

例如：　　编号　　商品名称

编号	商品名称
380	服饰
390	女装

391	上衣
391.1	衬衫
391.11	白色

5. 实际意义编码法

根据商品的名称、重量、尺寸、分区、储位、保存期限等其他实际情况来对商品进行编码。应用实际意义进行编码的特点是通过商品编号能够迅速了解商品的内容及相关信息。

例如：FO4915B1，其实际意义见表 4-8。

表 4-8 实际意义编码含义

编码		含义
FO4915B1	FO	表示 FOOD，食品类
	4915	表示 4 cm×9 cm×15 cm，尺寸大小
	B	表示 B 区，商品存储区号
	1	表示第一排货架

6. 暗示编码法

用数字与文字组合编码，编码暗示商品的内容和有关信息。暗示编码法容易记忆，又可防止商品信息外泄。

例如：BY005WB10，其暗示意义见表 4-9。

表 4-9 暗示编码法含义

属性	商品名称	尺寸	颜色与形式	供应商
编码	BY	005	WB	10
含义	表示自行车(bicycle)	表示大小型号为 5 号	表示白色(white) 表示小孩型(Boys)	表示供应商的代号

(二)商品分类

商品的分类是将多品种商品按其性质或其他条件分别归入不同类别，进行有系统的排列，以提高仓储作业效率。商品分类时要注意选择适用并且统一的分类标准，具有排他性。商品可以按照使用目的、方法和程序进行分类，按会计科目进行分类，或者按照运输要求分类。

三、存放空间的计算

根据商品计量方法的不同，其存储空间计算可以分别采用以下三种方法。

(1)计重货物堆码空间。计重货物可以根据仓储定额计算，计算公式：

$$\text{堆码商品占用面积(平方米)}=\frac{\text{商品到货重量(吨)}}{\text{该种货物的仓储定额(吨/平方米)}}。$$

(2)计件商品堆码空间。对于有外包装的计件货物，其堆码占用面积计算公式：

$$堆码商品占用面积(平方米)=\frac{入库总件数}{允许堆码层数\times 单件商品底面积(平方米)}。$$

(3)上架商品摆放空间。对于放置于货架上的商品，其存放所需占用货位的计算公式：

商品所占货位=单个商品所占货位×商品数量。

四、货物的堆码

堆码就是根据商品的包装形状、重量和性能特点，结合地面负荷、储存时间，将商品分别堆码成各种垛形。商品验收入库，根据仓库储存规划确定货位后，即应进行堆码。采用妥善的堆码技术是商品保管和养护中的一项重要工作，也是搞好商品管理的一个重要环节。

(一)堆码的基本原则

(1)分类存放。分类存放是仓库保管的基本要求，也是保证货物质量的重要手段。不同类别的货物要分类存放，甚至需要分区分库存放；不同规格、不同批次的货物要分位、分堆存放；残损货物要与原货分开，放在原货堆边上。对于需要分拣的货物，在分拣之后，应分位存放。不同流向的货物、不同经营方式的货物也要分类分存。

(2)选择合适的搬运活性指数。为了减少作业时间、次数，提高仓库周转速度，根据货物作业的要求，合理选择货物的搬运活性指数。

(3)结合货物周转频率，面向通道进行存放。为了使货物出入库方便，容易在仓库内移动，货物堆码应遵循面向通道原则，也就是垛码、存放的货物的正面(即货物包装上标注了主标志的一面)尽可能面向通道，以便察看；另外，所有货物的货垛、货位都有一面与通道相连，处在通道旁，以便能对货物直接作业。同时，出入库频率高的货物应在靠近出入口、易于作业的地方存放；季节性货物应依其季节特性来选定存放位置。

(4)尽可能向高处码放。尽可能向高处码放可以充分利用仓容，同时还具有一定的防破损、防盗作用。

(5)重下轻上原则。当货物堆叠码放时，应把重货置下，轻货放上。

(6)先进先出原则。对于具有易变质、易破损、易老化等性质的货物，应尽可能按先进先出的原则进行存放。

(二)堆码的基本要求

堆码的基本要求是合理、牢固、定量、整齐、节约，垛形必须适合商品的性能特点，货垛必须不偏不斜，与屋顶、梁柱、墙壁保持一定距离，各个垛排列整齐有序，包装标志一律朝外。

(三)堆码前的准备工作

商品堆码前，必须先做好堆码的准备工作，然后才能进行堆码，准备工作主要如下。

1. 计算货垛的占地面积、垛高以及计划好垛形

对于箱装、规格整齐划一的商品，占地面积可参考下面公式计算：

$$占地面积=\frac{总件数}{可堆层数}\times每件商品的底面积,$$

$$可堆层数=\frac{地坪单位面积最高负荷量}{单位面积重量},$$

$$单位面积重量=\frac{每件商品毛重}{该件商品的底面积}。$$

在计算占地面积，确定垛高时，必须注意上层商品的重量不超过底层商品或其容器可负担的压力。整个货垛的压力不超过地坪的容许载荷量。

2. 做好机械、人力、材料准备

垛底应该打扫干净，放上必备的垫墩、垫木等垫垛材料，如果需要密封货垛，还需要准备密封货垛的材料等。

(四)堆码的基本形式

1. 散堆法

散堆法适用于露天存放的没有包装的大宗物品，如煤炭、矿石、黄沙等，也可适用于库内少量存放的谷物、碎料等散装物品。散堆法是直接用输送机从确定的货位后端输送，直接将物品堆高，在达到预定的货垛高度时，逐步后退堆货，后端先形成立体梯形，最后成垛，整个垛形呈立体梯形状。由于散货具有流动性、散落性，堆货时不能堆到太近垛位四边，以免散落使物品超出预定的货位。散垛法绝不能采用先堆高后平垛的方法堆垛，以免堆垛超高时压坏场地地面。

2. 货架存放法

这种方法适用于小件、品种规格复杂且数量较少，包装简易或脆弱、易损害、不便堆垛，特别是价值较高而需要经常查数的货物的仓储存放。货架存放需要使用常用的货架设备。常用的货架有橱柜架、悬臂架、U 形架、板材架、多层平面货架、托盘货架、重力式货架、驶入型货架、多层立体货架等。

3. 堆垛法

对于有包装(如箱、桶、袋、箩筐、捆、扎等包装)的物品，包括裸装的计件物品，采取堆垛的方式储存。做好货物的堆码也可采用“四定”“五标准”要求。“四定”：划区定块、画线定位、货垛定形和仓库定量。“五标准”：垛型要符合“牢、齐、清、稳、美”的五字标准。堆码根据货物的性能、外形等不同，而有各种形式。货物堆码的基本形式有重叠式、纵横交错式、压缝式等。

五、货物堆垛方式与垛形

(一)堆垛方式

1. 重叠式堆码

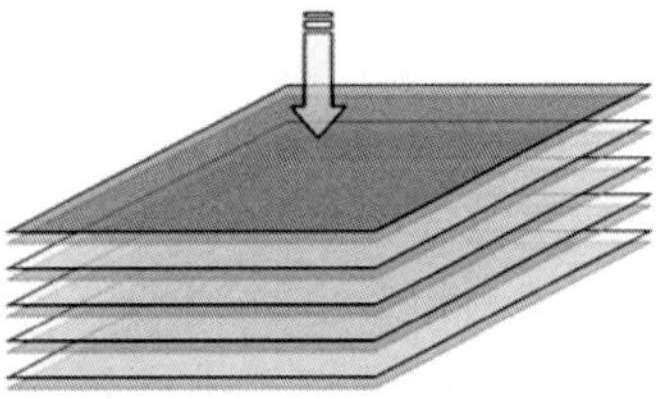

图 4-3　重叠式堆码

逐件、逐层向上重叠码高而成货垛，此垛形是机械化作业的主要垛形之一，该方法方便作业、计数，但稳定性较差，适用于袋装、箱装、箩筐装物品，以及平板、片式物品等，如图 4-3 所示。

2. 纵横交错式堆码

将长短一致，宽度排列能够与长度相等的商品，一层横放，一层竖放，纵横交错堆码，形成方型垛。长短一致的管材、棒材、狭长的箱装材料等均可用这种垛形。有些材料，如铸铁管、钢锭等，一头大、一头小的，要大、小头错开。采用这种方式码货，货垛的稳定性较好，但操作不便，一般适合管材、捆装、长箱装货物，如图 4-4 所示。

3. 仰俯相间式堆码

对于钢轨、槽钢、角钢等商品，可以一层仰放、一层俯放，仰俯相间而相扣，使堆码稳固。角钢和槽钢如果是露天存放，应该一头稍高，一头稍低，以利于排水。采用这种方式货垛较为稳定，但操作不便，如图 4-5 所示。

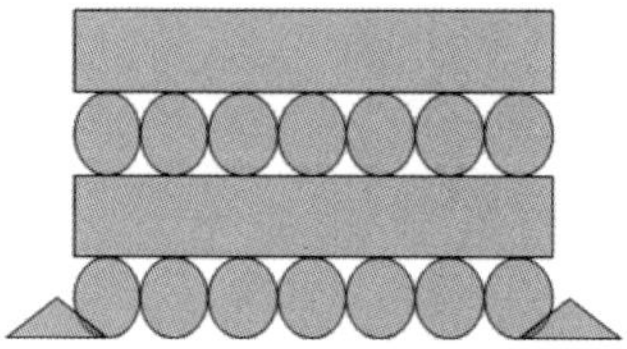
图 4-4　纵横交错式堆码

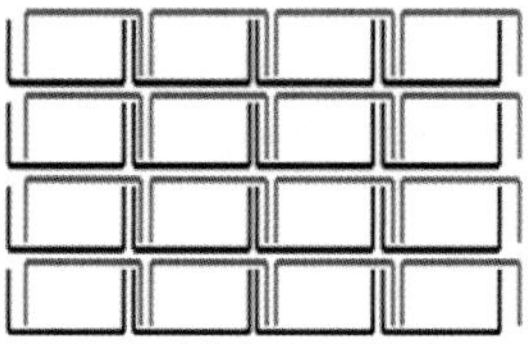
图 4-5　仰俯相间式堆码

4. 压缝式堆码

将货垛底层排列成正方形、长方形或环形，然后起脊压缝上码。由正方形或长方形形成的垛，其纵横断面成层脊形，适于阀门、缸、建筑卫生陶瓷等用品，如图 4-6 所示。

5. 通风式堆码

货物在堆码时，每件相邻的物品之间都留有空隙，以便通风，层与层之间采用压缝式或者纵横交错式。通风式堆码可以用于所有箱装、桶装及裸装物品堆码，起到通风防潮、散湿散热的作用。这种方式一般适合箱装、桶装以及裸装货物，如图 4-7 所示。

图 4-6　压缝式堆码

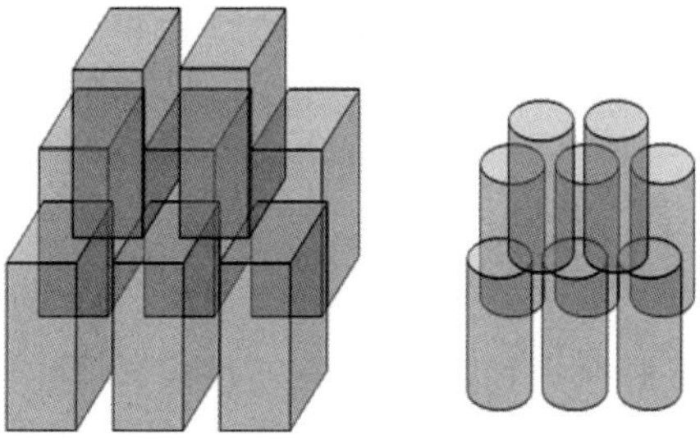
图 4-7　通风式堆码

6. 栽柱式堆码

在货垛的两旁栽上 2～3 根木柱或者是钢棒，然后将材料平铺在柱中，每层或间隔几层在两侧相对应的柱子上用铁丝拉紧，以防倒塌。这种堆码方式多用于金属材料中的长条形材料，如圆钢、中空钢的堆码，如图 4-8 所示。

7. 衬垫式堆码

在每层或每间隔几层商品之间夹进衬垫物，利用衬垫物使货垛的横断面平整，商品互相牵制，以加强货垛的稳固性。衬垫物需要视商品的形状而定。这种堆码方式适用于四方整齐的裸装商品，如图 4-9 所示。

8. “五五化”堆码

“五五化”堆码就是以五为基本计算单位，堆码成各种总数为五的倍数的货垛，即大的商品堆码成五五成方；小的商品堆码成五五成包；长的商品堆码成五五成行；短的商品堆码成五五成堆；带眼的商品堆码成五五成串。这种堆码方式清点方便，不易于出现差错，收发快、效率高，适用于按件计量的商品，如图 4-10 所示。

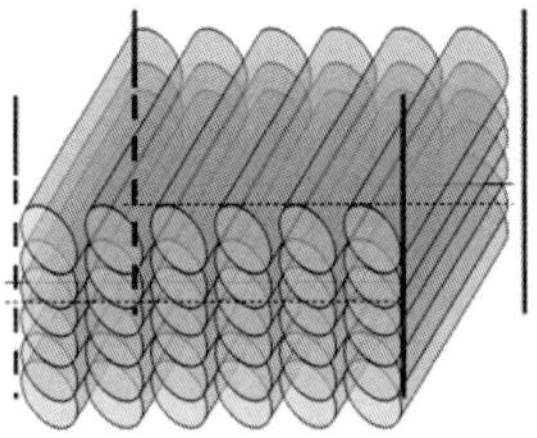

图 4-8　栽柱式堆码

图 4-9　衬垫式堆码

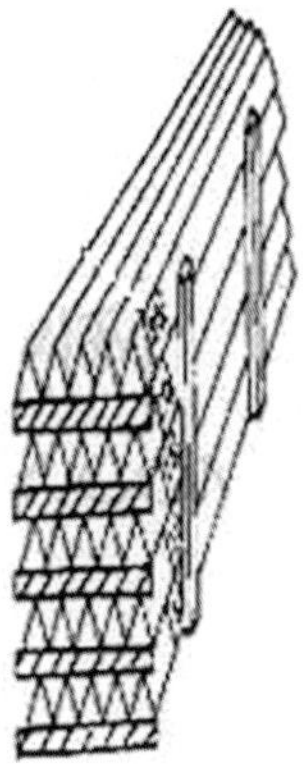

图 4-10　“五五化”堆码

(二)货垛的垛基设计

垛基是货垛的基础，可以起到的作用：承受整个货垛的重量，将物品的垂直压力传递给地坪；将物品与地面隔离，起防水、防潮和通风的作用；同时，垛基空间为搬运作业提供方便条件。

垛基分为固定式和移动式两种。移动式垛基又可分为整体式和组合式。组合式垛基机动灵活，可根据需要进行拼装。在进行堆码作业时必须参照物品的仓容定额、地坪承载能力、允许堆积层数等因素进行。

(三)货垛的垛形设计

垛形是指货垛的外部轮廓形状。按垛底的平面形状可以分为矩形、正方形、三角形、圆形、环行等。按货垛立面的形状可以分为矩形、正方形、三角形、梯形、半圆形，另外还可以组成矩形三角形、矩形梯形、矩形半圆形等复合形状。

1. 平台垛

平台垛是先在底层以同一个方向平铺摆放一层货物，然后垂直继续向上堆积，每层货物的件数、方向相同。垛顶呈平面，垛形呈长方体，如图 4-11 所示。当然在实际堆码时并不是采用层层加码的方式，往往从一端开始，逐步后移。平台垛适用于包装规格单一的大批量货物、包装规则且能够垂直叠放的方形箱装货物和大袋货物、规则的软袋成组货物、托盘成组货物。平台垛只用于在仓库内和无须遮盖的堆场堆

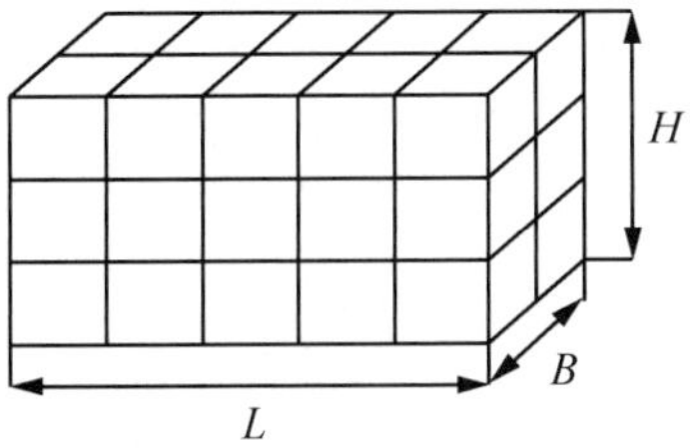

图 4-11　平台垛示意图

放货物的码垛，具有整齐、便于清点、占地面积小、堆码作业方便的优点。但该垛形的稳定性较差，特别是小包装、硬包装的货物有货垛端头倒塌的危险，所以在必要时(如太高、长期堆存、端头位于主要通道等情况下)要在两端采取稳定的加固措施。对于堆放很高的轻质货物，往往在堆码到一定高度后，向内收半件货物后再向上堆码，以保证货垛稳固。

标准平台垛的货物件数为：

$$A = L \times B \times H。$$

式中，A——总件数；

L——长度方向件数；

B——宽度方向件数；

H——层数。

2. 起脊垛

先按平台垛的方法码垛到一定的高度，以卡缝的方式逐层收小，将顶部收尖成屋脊形。起脊垛是用于堆场场地堆货的主要垛形，垛形表面的防雨遮盖从中间起向下倾斜，便于雨水排泄，防止水湿货物。有些仓库由于陈旧或建筑简陋有漏水现象，仓库内的怕水货物也应采取起脊垛堆码并遮盖。起脊垛是平台垛为了遮盖、排水需要的变形，具有平台垛操作方便、占地面积小的优点，适用于平台垛的货物都可以采用起脊垛堆码。但是起脊垛由于顶部压缝收小，形状不规则，无法在垛堆上清点货物，顶部货物的清点需要在堆码前以其他方式进行。另外，由于起脊的高度使货垛中间的压力大于两边，因而采用起脊垛时库场使用定额要以脊顶的高度来确定，以免中间底层货物或库场被压损坏，如图 4-12 所示。

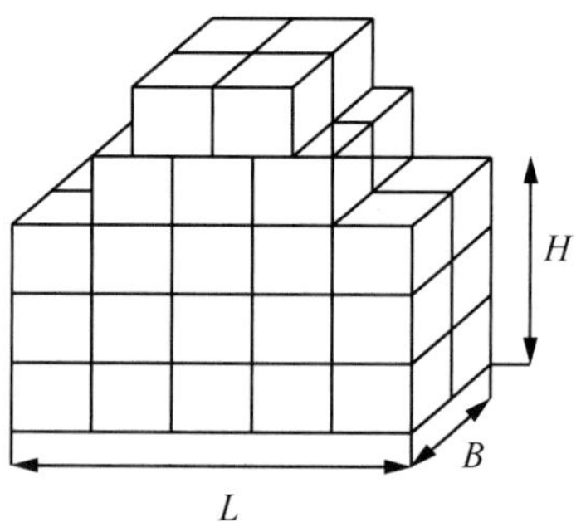

图 4-12 起脊垛示意图

起脊垛的货物件数为：

$$A = L \times B \times H + 起脊件数。$$

式中，A——总件数；

L——长度方向件数；

B——宽度方向件数；

H——未起脊层数。

3. 立体梯形垛

立体梯形垛是在最底层在同一方向排放货物的基础上，向上逐层同方向减数压缝堆码，垛项呈平面，整个货垛呈下大上小的立体梯形形状。立体梯形垛用于包装松软的袋装货物和上层面非平面而无法垂直叠码的货物的堆码。如横放的桶装、卷形、捆包货物。立体梯形垛极为稳固，可以堆放得较高，仓容利用率较高。对于在露天库场堆放的货物采用立体梯形垛，为了排水需要也可以顶部起脊。为了增加立体梯形垛的空间利用率，在堆放可以立直的筐装、矮桶装货物时，底部数层可以采用平台垛的方式

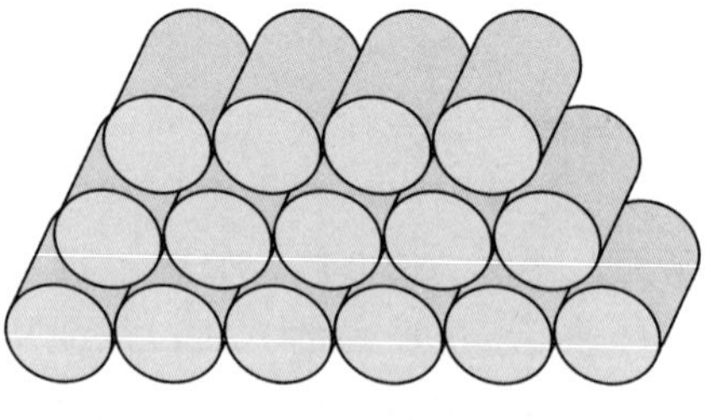
图 4-13 立体梯形垛示意图

堆放，在一定高度后才用立体梯形垛。

每层两侧面(长度方向)收半件(压缝)的立体梯形垛件数为：

$$A=\frac{(2L-H+1)HB}{2}。$$

式中，A——总件数；

L——长度方向件数；

B——宽度方向件数；

H——层数。

4．行列垛

行列垛是将每票货物按件排成行或列，每行或列一层或数层高。垛形呈长条形。行列垛用于存放货物批量较小的库场码垛，如零担货物。为了避免混货，每批独立开堆存放。长条形的货垛使每个货垛的端头都延伸到通道边，可以直接作业而不受其他货物阻挡。但每垛货量较少，垛与垛之间都需留空，垛基小而不能堆高，使得行列垛占用库场面积大，库场利用率较低。

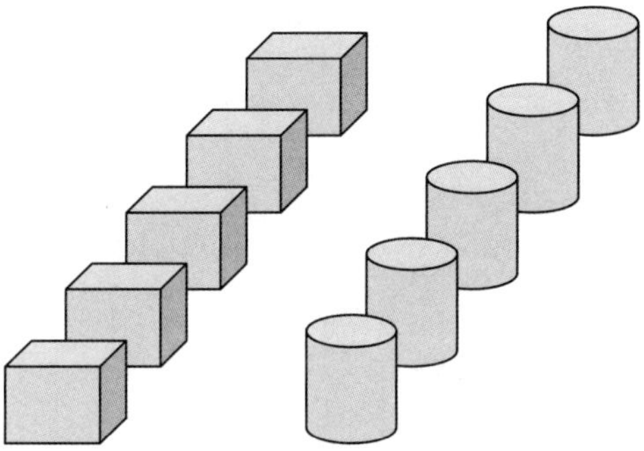

图 4-14　行列垛示意图

5．井形垛

井形垛用于长形的钢材、钢管及木方的堆码。它是在以一个方向铺放一层货物后，再以垂直的方向铺放第二层货物，货物横竖隔层交错逐层堆放。垛顶呈平面。井形垛垛型稳固，但层边货物容易滚落，需要捆绑或者收进。井形垛的作业较为不便，需要不断改变作业方向。

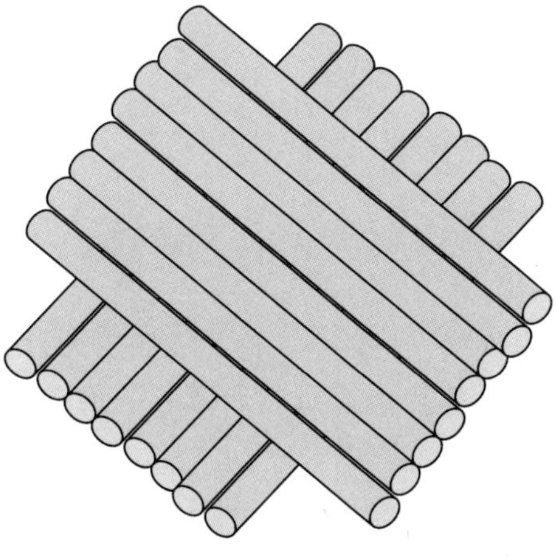

图 4-15　井形垛示意图

井形垛的货物件数为：

$$A=\frac{(L+B)H}{2}。$$

式中，A——总件数；

L——长度方向件数；

B——宽度方向件数；

H——层数。

6. 梅花形垛

对于需要立直存放的大桶装货物，将第一排(列)排成单排(列)，第二排(列)的每件靠在第一排(列)的两件之间卡位，第三排(列)同第一排(列)一样，然后每排(列)依次卡缝排放，形成梅花形垛。梅花形垛货物摆放紧凑，充分节约库场面积的使用。对于能够多层堆码的桶装货物，在堆放第二层以上时，将每件货物压放在下层的三件货物之间，四边各收半件，形成立体梅花形垛。

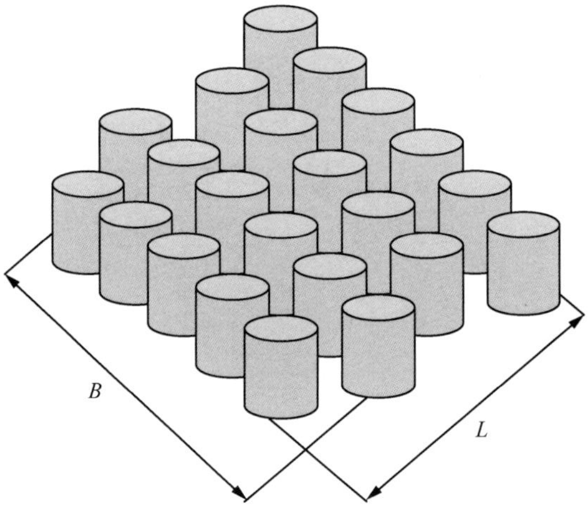

图 4-16 梅花型垛示意图

单层梅花型货垛的货物件数为：

$$A=\frac{(2B-1)L}{2}。$$

式中，A——总件数；

L——长度方向件数；

B——宽度方向件数。

六、货物的垫垛与苫盖

“苫”是指在货垛上加上遮盖物，“垫”指在商品垛底层加衬垫物。许多商品在堆码时都需要苫垫，即把货垛垫高。露天货物还需进行苫盖，只有这样才能使商品避免受潮、淋雨、暴晒等，保证储存养护商品的质量。

(一)货物的衬垫

货物垫垛是商品在堆码前，按垛形的大小和负重，先行摆放垫垛物。进行垫垛的目的是避免地面潮气自垛底侵入商品，并使垛底通风。垫垛的材料一般采用专门制作的水泥墩或石墩、枕木、木板及防潮纸。垫垛的基本方法如下。

1. 在露天货场垫垛

首先把地面平整夯实，再摆放水泥墩、石墩或建固定式垛基。墩(基)与墩(基)之间留有一定距离，促使空气流通，必要时墩上可铺一层防潮纸，而后再放置商品。垫垛的高度，露天货场可保持在 40 厘米上下。

2. 在库房和货棚内垫垛

水泥地面一般只需垫水泥条、枕木或仓板，高度 20 厘米即可。防潮地面、楼层干燥地坪可以不垫垛，铺一层防潮纸即可。有些箱装、成包、成件商品，箱上或包上已有垫木的，也可不再垫垛。化工材料、棉麻、动植物制品及其他易受潮变质的商品，应尽可能加高垫层，使垛底保持良好通风。对于商品本身具有排水性，又没有严格要求通风的商品(如沥青)和使用时必须重新加工的原料(如生铁)，也可以不进行垫垛。

3. 底层库房(货棚)垫底

要视库房地面干湿程度确定垫垛高度。一般商品底垫一层枕木或一层托盘，离地面 15～20 厘米高。怕潮商品垛底应加垫芦席、油毛毡或塑料薄膜等隔潮材料。垫底时，要注意垫底材料的排列方向，枕木的空隙要对准走道或门窗，以利通风散潮。

(二)衬垫物数量的确定

一些单位质量大的货物在仓库中存放时，如果不能有效分散货物对地面的压力，则有可能会对仓库地面造成损害，因此要考虑在货物底部和仓库地面之间衬垫木板或钢板。

衬垫物的使用量除考虑将压力分散在仓库地坪载荷限度之内外，还需要考虑这些库用耗材所产生的成本。因此，需要确定使压力小于地坪载荷的最少衬垫物数量。计算公式为：

$$n=\frac{Q_m}{l\times w\times q-Q_{自}}。$$

式中，n——衬垫物数量；

Q_m——货物重量；

l——衬垫物长度；

w——衬垫物宽度；

q——仓库地坪承载能力；

$Q_{自}$——衬垫物自重。

例 4-2　某仓库内要存放一台自重 30 吨的设备，该设备底架为两条 2 米×0.2 米的钢架。该仓库地坪承载能力为 3 吨/平方米。问需不需要垫垛？如何采用 2 米×1.5 米、自重 0.5 吨的钢板垫垛？

解：货物对地面的压强为：

$$\frac{30}{2\times2\times0.2}=37.5(吨/平方米)。$$

因为 37.5 吨/平方米远大于仓库地坪承载能力，所以必须垫垛。

代入公式得 $n=\frac{Q_m}{l\times w\times q-Q_{自}}=\frac{30}{2\times 1.5\times 3-0.5}\approx 3.3$。

根据计算结果得知：需要使用 4 块钢板衬垫，将 4 块钢板平铺展开，设备的每条支架分别均匀地压在两块钢板之上。

(三)货垛的苫盖

苫盖的基本要求是苫盖严密，商品不外露，苫盖材料不拖地。苫盖材料，一般用铁皮铁瓦、玻璃钢瓦、席子、油毡布、塑料布、塑料瓦、苫布等。苫盖方法一般有以下几种。

1. 就垛苫盖法

就垛苫盖法，即直接将大面积苫盖材料覆盖在货堆上遮盖，此方法适用于起脊型垛和大型包装货物的苫盖。一般采用大面积的帆布、油布、塑料膜等。就垛苫盖法操作方便，但基本不具有通风条件。

2. 鱼鳞式苫盖法

鱼鳞式苫盖法，即将苫盖材料自货垛的底部开始逐渐向上围盖，从外形看似鱼鳞状逐层交叠，该法一般采用面积较小的席、瓦等材料苫盖。货物如需要顶部或四周有通风条件时，可将席子下部翻转来隔离苫垛。

3. 隔离苫盖法

隔离苫盖法，即将苫盖物覆盖在预先制作的三角架上，使苫盖物与商品保持一定空隙。这种方法主要适用于怕热、怕潮商品。操作时，货垛与苫盖物之间可用席片、竹片隔离。

4. 活动料棚苫盖法

活动料棚苫盖法，即利用废次钢材或木材制成棚架，在棚架上面及四周铺玻璃钢瓦或铁皮等物，并在棚柱底部装上轮子。整个货棚可沿固定轨道移动，其外形与固定货棚相似，但无基础工程。活动料棚的类型较多。按棚架移动的动力不同，分为人工推动式、电力机械驱动式；按棚架间搭接方式不同，又分为单轨上承式、单轨重叠式、双轨套装式等。由于活动料棚是近年在我国发展起来的一种新型苫盖方法，因此，无论在棚架设计上，还是在使用上，都存在一些问题，如防湿、除雾性差等，有待在实践中不断改进和完善。

第三节　出库作业

出库过程管理是指仓库按照货主的调拨出库凭证或发货凭证(提货单、调拨单)所注明的货物名称、型号、规格、数量、收货单位、接货方式等条件，进行的核对凭证、备料、复核、点交、发放等一系列作业和业务管理活动。其流程如图 4-17 所示。

一、货物出库前的准备

(一)货物出库的基本要求

物品出库要求做到“三不、三核、五检查”。“三不”，即未接单据不翻账，未经审单不

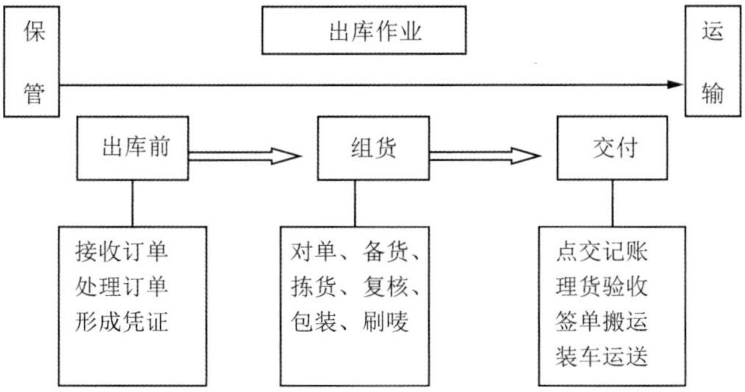

图 4-17 货物出库流程图

备库，未经复核不出库；“三核”，即在发货时，要核实凭证、核对账卡、核对实物；“五检查”，即对单据和实物要进行品名检查、规格检查、包装检查、件数检查、重量检查。商品出库要求严格执行各项规章制度，提高服务质量，使用户满意，包括对品种规格要求，积极与货主联系，为用户提货创造各种方便条件，杜绝差错事故。

(二)货物出库方式

出库方式是指仓库用什么样的方式将货物交付用户。选用哪种方式出库，要根据具体条件，由供需双方事先商定。货物出库方式包括：送货、收货人自提、过户、取样、转仓、托运。

(三)货物出库方法

1. 先进先出法

所谓先进先出法是从最先采购进来的货物开始依次出库的方式。这是商品单价账簿整理上所使用的方法，尤其适用于因储存时间过长而有品质降低或损伤可能的物品。

先进先出法在操作上有以下几种方法。

(1)贯通式货架系统。利用货架，形成贯通的通道，从一端存入物品，从另一端取出物品，物品在通道中自行按先后顺序排队，不会出现越位等现象。贯通式货架系统能有效地保证先进先出。

(2)“双仓法”储存。给每种被储物都准备两个仓位或货位，轮换进行存取，规定必须在一个货位中取完才可补充，则可以保证实现“先进先出”。

(3)计算机存取系统。采用计算机管理，开始储存时向计算机输入时间记录，编入一个简单地按时间顺序输出的程序，取货时计算机就能按时间给予指示，以保证“先进先出”。这种计算机存取系统还能将“先进先出”和保证不做超长时间的储存以及快进快出结合起来，即在保证先进先出前提下，将周转快的物品随机存放在便于存储之处，以加快周转，减少劳动消耗。

【小知识】

准确做到“先进先出”的方法

1. 标签管理法

入库时，仓库保管员应在包装外面贴上写有入库日期的标签。出库时，按照入库日期定出库的先后顺序。这种方法适合于库存时间比较短的货物。

2. 颜色管理法

对不同时期入库的货物，采用不同的颜色对其进行标示，通过颜色上的明显差异来区分货物。这种方法适用于管理储存期限比较长的物品。

3. 电脑条码管理法

利用电脑及条码自动识别系统，对每个货物建立详细的档案。出库时，可以根据电脑检索，找到应出库的货物。这种方法适用于专业化的物流仓库，或实施了 MRP、ERP 系统管理的企业。

4. 重量供应法

将货物置于散货仓库中，从上部进仓，从下部出仓。这种方法适用于散装货物，如散装水泥、大米、塑胶原料等。

资料来源：卢园，卢改红. 仓储管理实务[M]. 北京：北京师范大学出版社，2018.

2. 后进先出法

这是一个和先进先出恰好相反的商品出库方法。采用此法时，每次出库的物品都在接近门口的地方，因此在搬运及管理方面，有很多方便之处。

3. 需要量通知出库法

这是由现有使用负责人提出所需库存量的要求，仓库负责人则在预定的出库时间之前，将账簿数额整理妥当，如有需要则把库存商品分拨出来以备出库。

4. 定量出库法

此种方法为预先规定每次出库的商品的数量方式。只需每次都发出规定量或者规定量若干倍的货物。若每个包装单位也维持固定数量的话，每一次出库时都不需要计算出库数量。此法用于少件多量品。

（四）出库商品的检验方法

为确保出库商品准确无误，需要对拣取货品依客户、车次对象等进行产品号码及数量的核对，以及实施产品状态及品质的检验。

1. 商品条形码的检验法

这一方法最大的原则即是要导入条码，让条码跟着货品跑。作业员用条形码扫描仪读取条形码内容，并把扫描的数据导入计算机中，计算机可以自己把扫描信息与发货信息进行对比，从而检查出商品数量和号码是否有误。该方法的优点有：可靠性准确；数据输入速度快；经济便宜；灵活实用；自由度大；设备简单。

2. 声音输入检查法

作业员通过发声读出商品名称、代码和数量后，计算机接受声音并自动判断，转变成资料信息再与发货单信息进行对比，从而判断是否有误。这一方式的优点在于作业员只要用嘴巴读取资料，手脚仍可以做其他的工作，自由度较高。该方法的缺点有：此法要求发音要准，且每次发音字数有限，所以易受到作业员发音速度快慢，准确与否的影响，从而可能导致差错。

3. 重量计算检验法

重量计算检验法是先自动加总出货单上的货品重量，而后将拣出货品以计重器称出总重，将两者互比对的检查方式。若能利用装有重量检测系统的拣货台车拣货，则在拣取过程中就能利用此方法来做检查。拣货员每拣取一样货品，台车上的计重器则会自动显示其重量做查对，如此可以完全省去事后的检查工作，在效率及正确性上效果更佳。

二、货物出库交付

（一）出库过程常见问题及处理方法

商品在出库过程中可能出现很多问题，正确处理这些问题可以挽回公司和客户的损失，针对各种不同的问题应该采取不同的方法进行处理。

1. 商品出库凭证的问题

商品出库凭证作为商品出库的依据，如果出现问题将会影响到货物的准确、及时出库，可以通过以下方法处理出库凭证所遇到的各种问题。

(1)出库凭证假冒、复制、涂改。凡发现出库凭证有疑点，以及出库凭证发现有假冒、复制、涂改等情况时，应及时与仓库保卫部门以及出具出库单的单位或部门联系，妥善处理。

(2)出库凭证上规格开错或印鉴不符。如果发现出库凭证上货物规格开错或印鉴不符实，保管人员不得自行调换规格发货，必须通过制票员开票方可重新发货。

(3)出库凭证超过提货期限。当出库凭证超过提货期限，用户前来提货，必须先前来办理手续，按规定缴足逾期保管费然后才可以发货。

(4)商品进库时未检验，或者未进库。当遇到商品进库时未验收，或者期货还没有进库的出库凭证时，一般暂缓发货，并通知货主，等货物到了并验收后才能发货，提货期顺延。

(5)出库凭证遗失。如客户因各种原因将出库凭证遗失，客户应该及时与仓库发货人员和账务人员联系挂失。如果挂失货物已经被提走，保管员不承担责任，但要协助报案，尽量帮助货主单位找回商品。如果货物还没有被提走，保管人员和账务人员查实后，做好挂失登记。将原凭证作废处理，缓期发货。

2. 提货数与实存数不符

(1)如果属于入库时登记错账，则可以采用“报出报入”方法进行调整。报出报入法是指先按库存数量开具商品出库单销账，然后按照实际库存数量，重新入库登账，并在入库单上说明情况。

(2)如果属于仓库保管员串发、错发引起的问题，应由仓库方面负责解决库存数与提货数的差数。

(3)如果属于货主单位漏记账而多开数，应由货主单位出具新的提货单，重新组织提货和发货。

(4)如果是仓储过程中的损耗，需考虑到损耗数量是否在合理的范围内，并与货主单位协商解决。合理范围内的损耗，应由货主单位承担，而超过合理范围之外的损耗，则由仓储部门负责赔偿。

3. 收货数与发出货不符

代运货物发出后，收货单位提出数量不符时，属于重量短少而包装完好且件数不缺的，以及发出的货物品，规格、型号不符的，应由仓库保管机构负责处理。

运输途中造成的多件、少件或串件以及包装破损、丢失、损坏等，应由验收单位向承运单位索取商务记录，由承运机构负责。

若发出货物损坏，应根据承运人出具的证明，分别由保管及运输机构处理。

双方协商确实无法解决的难题，要报请相关部门，经批准后按批准办法处理。

在整个出库业务程序过程中，复核和交点是两个最为关键的环节。复核是防止差错的重要的和必不可少的措施，而交点则是划清仓库和提货方两者责任的必要手段。

4. 串发货和错发货

所谓串发货和错发货，主要是指发货人员由于对物品种类规格不很熟悉，或者由于工作的疏忽，把一定规格、数量的物品错发出库的情况。

对由于工作不详，业务不熟造成的差错问题，一经发现，要向上级业务部门报告，按有关规定处理。如果物品尚未离库，应立即组织人力，重新发货。如果物品已经离开仓库，保管人员应及时向主管部门和货主通报串发和错发货的品名、规格、数量、提货单位等情况，会同货主单位和运输单位共同协商解决。一般在无直接经济损失的情况下由货主单位重新按实际发货数冲单解决。如果形成直接经济损失，应按赔偿损失单据冲转调整保管账。

5. 包装破漏

包装破漏是指在发货过程中，因物品外包装破损引起的渗漏等问题。这类问题主要是在储存过程中因堆垛挤压、发货装卸操作不慎等情况引起的，发货时都应经过整理或更换包装，方可出库，否则造成的损失应由仓储部门承担。

6. 漏记和错记账

漏记和错记账是指在出库作业中，由于没有及时核销，明细账面数量大于或少于实际存在数量的现象。错记账是指在商品出库后核销明细账时，没有按实际发货出库的商品名称、数量等登记，从而造成账实不相符的情况。

无论是漏记账还是错记账，一经发现，有关人员除及时向有关领导如实汇报情况外，同时还应该根据原出库凭证查明原因调整保管账，使之与实际库存保持一致。有关人员如果由于漏记或错记账给货主单位、运输单位和仓储部门造成了损失，应予以赔偿，同时追究有关人员责任。

7. 退货处理

商品出库后，因出库时发生差错造成的商品退货，这时要对这部分商品进行妥善处理，最大限度地挽回经济损失。退回的货物必须符合原发的数量和质量，并严格验收，重新办理手续。

退货一般按照以下程序进行处理。

(1)用户填写“退货申请单”，在收到同意退货的通知后，须按照规定的运输方式办理运输。

(2)仓库在收到客户的退货时，应尽快清点完毕，如有异议，必须以书面的形式提出。

(3)退回的货品与退货申请表是否相符，以仓库清点为准。

(4)仓库应将退入仓库的货品，根据其货物原因，分别存放、标示。对属于供应商造成的不合格商品，应与采购部门联系，催促供应商及时提回。

(5)登记入账，对于已经发放的货品和退回的货品，要及时入账，并按时向其他部门报送有关材料。

(二)货物出库单证的流转

出库单证包括提货单、送货单、移库单和过户单等。其中，提货单为主要的出库单证，它是从仓库提取货物的正式凭证。不同单位会采用自提货和送货这两种不同出库方式。不同的出库方式其单证流转与账务处理的程序也有所不同。如果采用自提方式，提货人把货主单位或仓储业务部门开具的提货单送交财务部门，经财务部门人员审核无误后向提货人开具货物出库门证。提货人凭出门证提货出门，并将出门证交给门卫。如果采用送货方式，一般采用先发货后记账的形式，提货单随同送货通知单经内部流转送达仓库后，一般直接送给理货员，而不先经过财务人员。理货员接单后，经过理单、编写区域代码，分送给保管员发货，待货付讫后再交给财务人员记账。

三、货物出库作业流程

(一)接单

接单是订单处理的第一步骤，随着流通环境及科技的发展，接受客户订货的方式也由传统人工下单、接单演变为电脑直接发送接受订货资料的电子订货方式。

(二)订单内容的确定

对订单上品种、数量、价格及日期等的确定是订货资料项目的基本检查，对于错误的下单资料，要及时传回客户修改再重新传送。根据订单内容，要详细记录客户状况，进行客户信息的确认，建立客户档案。订单资料输入系统，经确认无误后，开始进行分配存货。

(三)订单资料处理输出

订单资料通过上述处理后，即可开始打印一些出库单据，以展开后续的物流作业。

1. 拣货单(出库单)

拣货单据的产生，在于提供商品出库纸质资料，作为拣货的依据。拣货资料需配合物流中心的拣货策略及拣货作业方式来加以设计，以提供详细且有效的拣货信息，便于拣货的进行。

2. 送货单

物品交货配送时，通常需附上送货单给客户清点签收。因此，送货单主要用于客户签收、确认出货资料，其正确性及明确性非常重要，要确保送货单上的资料与实际送货资料相符，除了出货前的清点外，出货单据的打印时间及修改也须注意。

3. 缺货资料

库存分配后，对于缺货的商品或缺货的订单资料，系统应提供查询或报表打印功能，以便人员处理。

(四)出库准备

出库准备应按照上级业务部门或客户要求，编制商品出库计划，保证商品按时出库，防止差错事故的发生。在通常情况下，仓库调度在商品出库的前一天进行。出库前的准备工作主要可分为两个方面：一方面是计划工作，预先做好物品出库的各项安排；另一方面是要做好出库物品的包装和标志标记。具体来说包括：选择发货区、货位；检查出库商品，拆除货垛苫盖物；安排好出库商品的堆放场地；原件货物的包装整理；零星货物的组配、分装；包装材料、工具用品的准备；待运货物的仓容及装卸机具的安排调配；发货作业的合理组织等。

(五)核单

出库凭证[如提货单、领料单(表 4-10)]到达仓库后，仓库管理人员要对出库凭证的以下内容进行认真审核。

(1)审核货主开出的提货单的合法性、真实性和有效期等。

(2)核对商品的品名、型号、规格、单价和数量。

(3)核对收货单位、到站、开户银行和账号是否齐全。

仓库应根据相关部门开出的出库凭证(即商品调拨通知单)办理出库业务。仓库业务部门接到出库凭证后，应审核凭证上的印鉴是否齐全、相符，凭证无涂改等，与库存“商品明细项”上各项核对无误后，换开本库的“商品调拨结算单”交给保管员，保管员核查无误后，方可进行备货。

表 4-10 领料单

供应单位：　　　　　　　　　　　　　　　　　　　　　　　　编号：

发票号码：　　　　　　　　　年　　月　　日　　　　　　　　仓库：

<table>
<tr><td rowspan="3">规格</td><td rowspan="3">材料名称</td><td rowspan="3">编号</td><td colspan="2">数量</td><td colspan="14">实际价格/元</td></tr>
<tr><td rowspan="2">应收</td><td rowspan="2">实收</td><td rowspan="2">单位</td><td rowspan="2">单价</td><td rowspan="2">金额</td><td rowspan="2">运费</td><td colspan="10">合计</td></tr>
<tr><td>千</td><td>百</td><td>十</td><td>万</td><td>千</td><td>百</td><td>十</td><td>元</td><td>角</td><td>分</td></tr>
<tr><td></td><td></td><td></td><td></td><td></td><td></td><td></td><td></td><td></td><td></td><td></td><td></td><td></td><td></td><td></td><td></td><td></td><td></td><td></td></tr>
<tr><td></td><td></td><td></td><td></td><td></td><td></td><td></td><td></td><td></td><td></td><td></td><td></td><td></td><td></td><td></td><td></td><td></td><td></td><td></td></tr>
<tr><td></td><td></td><td></td><td></td><td></td><td></td><td></td><td></td><td></td><td></td><td></td><td></td><td></td><td></td><td></td><td></td><td></td><td></td><td></td></tr>
<tr><td></td><td></td><td></td><td></td><td></td><td></td><td></td><td></td><td></td><td></td><td></td><td></td><td></td><td></td><td></td><td></td><td></td><td></td><td></td></tr>
<tr><td></td><td></td><td></td><td></td><td></td><td></td><td></td><td></td><td></td><td></td><td></td><td></td><td></td><td></td><td></td><td></td><td></td><td></td><td></td></tr>
<tr><td colspan="4">备注</td><td colspan="3">验收人盖章</td><td></td><td></td><td></td><td></td><td colspan="2">合计</td><td colspan="6"></td></tr>
</table>

会计：　　　　　　出纳：　　　　　　复核：　　　　　　记账：　　　　　　制单：

(六)备货

备货时应本着“先进先出，推陈储新”的原则，易霉易坏的先出，接近失效的先出，已坏的不出。对于审核无误的出库货物，仓库货物会计即可按凭证所列项目进行登记，核销存储量，并在发货凭证上标注发货货物存放的货区、库房、货位编号以及发货后的结存数等。同时转开货物出库单，连同货主开制的商品提货单一并交仓库保管员查对配货。保管员对出库凭证进行复核，在确认无误后，按所列项目和标注进行配货(拣货、分拣等)。

(七)复核

为了保证出库物品不出差错，备货后进行复核。商品出库复核，是指商品出库过程各个工序中根据商品出库凭证进行反复核对工作，主要是保证出库商品的数量准确、质量完好、包装完善，避免差错事故。

1. 复核内容

复核的内容包括复核货物出库凭证的抬头、印鉴、日期是否符合要求，经复核不符合要求的货物应停止发货；品名、型号、规格、数量是否同出库单一致；配套是否齐全；技术证件是否齐全；外观质量包装是否完好；对货物储存的结余进行复核查看是否与保管账目、货物保管卡上的结余数相符，对于不符合的情况应及时查明原因。

2. 复核方式与形式

复核的主要方式有专职复核、交叉复核、环环复核三种，不同企业可根据自己的管理模式选择相应的复核方式。常见的发货复核形式有托运复核、提货复核、取样复核几种。

(八)包装刷唛

从商品角度来看，从货物出库时往往需要对货物进行拼装、加固或换装等工作，这均涉及货物的包装。出库物品的包装必须完整紧密，捆扎牢固，衬垫适当，标记必须正确清楚，如有破损、潮湿、捆扎等不能保障运输安全的，应加固整理，破包破箱不得出库。各类包装容器上若有水渍、油污、污损，也均不能出库。

(九)点交

出库物品经过复核和包装，仓库发货人员在备齐商品，并经过复核无误后，必须当面向提货人或运输人按照单列货物逐渐点交，明确责任，办理交接手续。如是用户自提，则将商品和全部证件向提货人员当面点交，办清交接手续；如是用户委托代运和送货的，则需要办理内部交接手续，向负责代运的包装部门或人员将商品点交清楚，由接收人签字盖章。在货物装车时，发货人员应在现场进行监装，直到货物装运出库。发货结束后，发货人员应在出库凭证的发货联上加盖“发讫”印戳，并留据存查。

具体点交的内容主要如下。

(1)将出库的商品及随行证件向提货人员当面点交。

(2)对重要商品的技术要求、使用方法、注意事项交代清楚。

(3)商品移交清楚后，提货人应在出库凭证上签名，保管应做好出库记录。

(4)商品出库后，仓库业务部门应及时将“商品调拨通知单”回执退送业务主管部门或存货方。

(十)登账

点交后，保管员应在出库单上填写实发数、发货日期等内容，并签名，然后将出库单连同有关证件资料，及时交货主，以便货主办理货款结算，保管员把存留的一联出库凭证交账务员登记做账。

(十一)清理

经过出库的一系列工作程序之后，实物、账目和库存档案等都发生了变化。仓储作业人员应清查发货设备和工具有无丢失、损坏，进行现场清理，总结经验和清理档案，使保管工作重新趋于账、物、资金相符的状态。

第四节　盘点作业

在物流作业过程中，仓库中的货物处于入库、在库、出库的动态作业中，在此过程中产生的误差经过一段时间的积累会使库存台账与库存实际数据可能不相符。而有些货物因存放时间太长或保管不当，发生数量和质量的变化，形成账货不符情况。为了对库存货物的数量进行有效控制，并查清其在库中的质量状况，必须定期或不定期地对各储存场所进行清点、查核，这一过程称为盘点作业。盘点的结果常会出现一定的盈亏，因此，通过盘点可以查出作业和管理中存在的问题，并通过解决问题提高仓储管理水平，减少损失。

一、盘点作业的目的和内容

盘点可以查清实际库存数量，发现仓库管理中存在的问题，并通过盈亏调整使账面库存数量与实际库存数量一致，帮助企业计算资产损益。在盘点过程中，企业可以查数量、查质量、查保管条件、查安全。

二、盘点作业方法

盘点一般分为账面盘点及现货盘点。账面盘点又称为永续盘点，就是把每天入库及出库货品的数量及单价，记录在计算机或账簿上，而后不断地累计加总算出账面上的库存量及库存金额。现货盘点亦称为实地盘点或实盘，就是实际去清点调查仓库内的库存数，再依货品单价计算出实际库存金额的方法。目前，国内大多数配送中心都已使用电脑来处理库存账务，当账面数与实存数发生差异时，有时很难断定是账面数有误还是实盘数有误。所以，可以采取“账面盘点”和“现货盘点”平行的方法，以查清误差出现的实际原因。

(一)账面盘点法

账面盘点法就是将每一种物品分别设立“存货账卡”，然后将每一种物品的出入库数量及有关信息记录在账面上，逐笔汇总出账面库存结余数，这样随时可以从电脑或账册上查悉物品的出入库信息及库存结余量。

（二）现货盘点法

现货盘点法按盘点时间频率的不同又可分为“期末盘点”和“循环盘点”。期末盘点是指在会计计算期末统一清点所有物品数量的方法；循环盘点是指在每天、每周清点一小部分物品，一个循环周期将每种物品至少清点一次的方法。

1. 期末盘点法

由于期末盘点法是将所有物品在期末一次点完，因此工作量大、要求严格。通常采用分区、分组的方式进行，其目的是为了明确责任，防止重复盘点和漏盘。分区即将整个储存区域划分成一个一个的责任区，不同的区由专门的小组负责点数、复核和监督。因此，一个小组通常至少需要三人分别负责清点数量并填写盘存表，复查数量并登记复查结果，第三人核对前二次盘点数量是否一致，对不一致的结果进行检查。等所有盘点结束后，再与计算机或账册上反映的账面数核对。

2. 循环盘点法

循环盘点法是在每天或每周做少品种少数量的盘点，到了月末或期末则每个品种至少完成一次盘点的方法。循环盘点通常对价值高或重要的物品进行盘点，检查的次数多，而且监督也严密一些；而对价值低或不太重要的物品，盘点的次数可以尽量少。循环盘点一次只对少量物品盘点，所以通常只须保管人员自行对照库存资料进行点数检查，发现问题按盘点程序进行复核，并查明原因，然后调整。也可采用专门的循环盘点单登记盘点情况。

期末盘点法与循环盘点法的比较如表 4-11 所示。

表 4-11 期末盘点法与循环盘点法的比较

盘点方式比较内容	期末盘点法	循环盘点法
时间	期末、每年仅数次	平常、每天或每周一次
所需时间	长	短
所需人员	全体动员	专门人员
盘差情况	多且发现得晚	少且发现得早
对营运的影响	须停止作业数天	无
对货品的管理	平等	A类：仔细管理 B类：一般管理 C类：简单管理
查清盘差原因	不易	容易

三、盘点作业的步骤

盘点作业的基本步骤如图 4-18 所示。

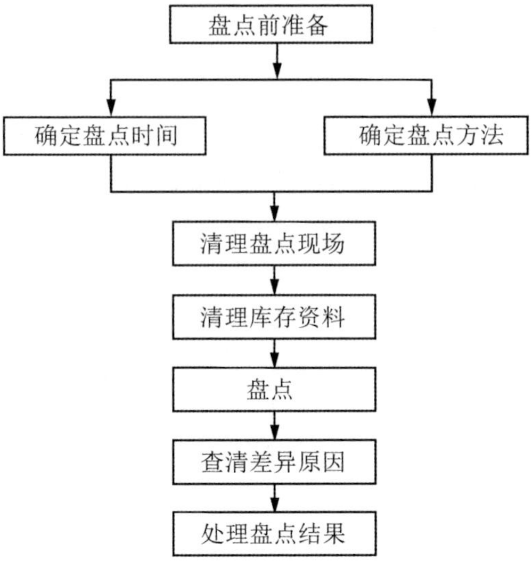

图 4-18 盘点作业基本步骤

(一)盘点前的准备

盘点作业的事先准备工作是否充分，关系盘点作业进行的顺利程度，为了使盘点能在短促的时间内，利用有限的人力达到迅速准确的目标，事先的准备工作内容如下。

(1)明确建立盘点的具体方法和作业程序；

(2)配合财务会计做好准备；

(3)设计打印盘点用表单——盘点单，如表 4-12 所示；

(4)准备盘点用基本工具；

(5)盘点前培训：盘点前必须对盘点人员进行必要的指导和培训。第一，针对所有人员进行盘点方法训练；第二，针对复盘与监盘人员进行认识货品的训练。

表 4-12 盘点单

盘点日期：　　　　　　　　　　　　编号：

货物编号	货物名称	存放位置	盘点数量	复核数量	盘点人	复核人

(二)确定盘点时间

一般来说，为保证货账相符，盘点次数越多越好，但是每次实施盘点必须投入人力、物力、财力，这些成本耗资不菲，所以要选择适当的盘点频率。就一般生产企业而言，因其货品流动速度不快，半年至一年实施一次盘点即可。但流通型仓储企业，我们既要防止过久盘点对公司造成的损失，又碍于可用资源的限制，因而最好能视该企业各货品的性质制定不同的盘点时间。

(三)确定盘点方法

因为不同现场对盘点的要求不同，盘点的方法也会有差异，为尽可能快速准确地完成盘点作业，必须根据实际需要确定盘点方法。为了确保盘点清楚无误，通常采取账面盘点法与现货盘点法配合使用的方式。

(四)培训盘点人员

为使盘点工作得以顺利进行，盘点时会增派人员协助进行，由各部门增援的人员必须组织起来施以短期培训，使每位参与盘点的人员充分发挥其作用。

人员的培训分为以下两部分。

(1)针对所有人员进行盘点方法训练，必须让所有人员对盘点的基本要领、表格的填写等充分理解。

(2)针对复盘与监盘人员进行认识货品的训练，因为复盘人员与监盘人员多半对物料不太熟悉。加强复盘人员与监盘人员对物料的认识有以下方法：①分配易于认识的物料给物料认识不足的复盘人员和监盘人员(如财务、行政人员)。②对所分配复盘的物料，加强复盘、监盘人员的物料知识培训。③对物料认识不足的复盘、监盘人员，每次盘点所分配的物料内容最好相同或相当接近，不要因每次盘点而变更。

(五)清理储存场地

盘点现场也就是仓库或配送中心的保管现场，所以盘点作业开始之前必须对其进行整理，以提高盘点作业的效率和盘点结果的准确性。清理作业主要包括以下几方面的内容。

(1)在盘点前，对厂商交来的货物必须明确其所有数，如已验收完成，货物已属本配送中心，应及时整理归库；若尚未完成验收程序，同厂商应划分清楚，避免混淆。

(2)储存场所在关闭前应通知各需求部门预领所需的物品。

(3)储存场所整理整顿完成，以便计数盘点。

(4)预先鉴定呆料、废品、不良品，以便盘点。

(5)账卡、单据、资料均应整理后加以结清。

(6)储存场所的管理人员在盘点前应自行预盘。

(六)盘点作业

盘点时不仅要清点货物的数量，检查库存货物账、卡、物是否相符。同时，还必须检查库存货物的质量变化、堆码稳固的程度、货物的保管条件、各种安全措施和仓储设备的情况。为了确保盘点的正确性，除了加强人员培训，盘点期间还应加强现场监督与指导。

(七)核查盘点差异的原因

当盘点结束后，盘点人员发现所得数据与账簿资料不符时，应追查差异的原因。其着手查找原因的方向有如下几个方面。

(1)是否因记账员素质不高，致使货品数目无法表达。

(2)是否因料账处理制度的缺点，导致货品数目无法表达。

(3)是否因盘点制度的缺点导致货账不符。

(4)盘点所得的数据与账簿的资料，差异是否在容许误差内。

(5)盘点人员是否尽责，产生盈亏时应由谁负责。

(6)是否产生漏盘、重盘、错盘等情况。

(7)盘点的差异是否可事先预防，是否可以降低料账差异的程度。

(8)盘点结果的处理。

(八)处理盘点结果

差异原因追查后，有关人员应针对主要原因进行适当的调整与处理，至于呆废品、不良品减价的部分则需与盘亏一并处理。货物除了盘点时产生数量的盈亏外，有些货物在价格上会产生增减，这些变更在经主管审核后必须利用货品盘点盈亏及价目增减更正表修改。

同时，进行盘点的目的主要是希望能通过盘点来核查当前货物的出入库及保管情况，以找出管理方式及流程、作业程序等中存在的问题，进而改进。所以，通过盘点还可以解决以下主要问题：在这次盘点中，实际库存与账面库存的差异是多少？这些差异发生在哪些种类的货物中？平均每一差异量对公司损益造成多大影响？每次循环盘点中，有几次确实存在误差？平均每种货物发生误差的次数如何？

本章小结

本章主要阐述了仓库从接受仓储任务开始，在入库准备、接收货物、堆存、保管、交付的整个过程中所要处理的事务，需要承办的工作和需要承担的责任，仓库作业过程既有装卸、搬运、堆码、包装、分拣等劳动作业过程，也有货位安排、理货检验、保管、盘点、货物记账、统计报表管理过程，以及收货交接、交货交接、残损处理等商务作业。由于每个仓库作业流程中的管理重点有所不同，但基本流程是相同的。所以，掌握本章所阐述的基本流程是非常重要的。

【案例分析】

大井蔬菜水果中心作业流程

东洋码头株式会社作为日本码头、仓储业界最大的物流企业，创业 70 多年来一直不断地适应多样化市场需求，扩大服务网络，提高创新服务水平。

在日本产业规模调整、货物运转量大幅度减少的经营环境中，该公司 2003 年 3 月底的销售额仍然保持在 242 亿日元，利润连年增加，达到 9 亿日元以上。2003 年 3 月 1 日该公司为了增强实力，在东京大田区大井码头新建了大井蔬菜水果中心。该中心主要保管蔬菜、水果和食品，库内设有恒温设备、熏蒸设备和流通加工设备，功能齐全，作业精度高，速度快，同时由于引进了岛津艾斯迪株式会社的 PHE 无线网络控制系统，并与卡车诱导系统相结合，取得了十分明显的运营效果。

大井蔬菜水果中心无线网络及卡车诱导系统作业流程如下。

一、货物到达入库

集装箱卡车到达大井码头后，在靠近卸货栈处用叉车将货物(托盘装载状态)搬运至入库作业区。仓库事务所业务人员根据事先或货物到达时收到的到货数据和仓库内空位数据分配货位，打印入库标签(商品名称、数量等)。检验人员对货物进行检查后，在每个托盘上都贴上标签．该标签是仓库内作业的关键。作业人员均由具有专业知识和丰富经验者担当。贴有标签的托盘单元货物都指定了货位，送往2～5层的货物均由垂直搬运机(电梯)搬运至指定的楼层，由各楼层的作业人员负责货物上架。该仓库共有20个恒温库区(温度分别控制在－1 ℃～15 ℃、10 ℃～15 ℃、0 ℃～15 ℃范围，最大恒温库区面积达800平方米)，各个库房出入口分别贴有区位标签。货物入库之前，作业人员先用激光扫描器读取托盘标签和库房入口区位标签，然后货物入库。作业的内容同时输入叉车车载终端并传送到中央控制室，并确认货位号。生鲜货物一般最多库存一周，有些货物当天即出库运走。

二、司机接待与提货受理

蔬菜水果批发商和量贩店的货主一般都派司机开车来仓库提货。卡车司机来到仓库后，先由一楼的事务人员受理提货单，进行提货登记，就像在医院看病一样，先出示挂号条，再按顺序就诊。仓库的提货作业受理也需要提前预约。前一天预约可用电话方式自动输入信息，当天提货也可以利用画面输入方式进行。画面图像清晰，操作简单。受理大厅同时也是卡车司机的休息室，这里有两个大型显示屏幕，司机可以了解当天的受理提货信息，如果不愿意在此久等，也可以先到别处提货。该中心每天来提货的卡车平均为100辆，最多时达到150辆。由于受理提货均按顺序进行，仓库业务人员可利用计算机向卡车司机发出呼叫信号。除了熏蒸作业有时不能完全保证时间外，一般情况下，都能按约定时间将货物拉走，所以，卡车司机不必在休息室久等，而且也避免了卡车跑空。

三、出库、拣选作业

提货卡车来到仓库后，出库指示信息立即传送至现场作业区的作业人员。拣选作业开始时，先扫描用于出库作业而打印出来的托盘标签条形码。与此同时，叉车进入库房，叉车司机在读取确认该货物的入库标签后，再将指定的货物堆码在托盘上，并在托盘上贴上标签，这样便能确保作业精度。该托盘货物用垂直搬运机(电梯)送到一楼后，立即将出库数据输入无限终端。每辆卡车出库作业的时间为40～50分钟。作业繁忙时充分利用手持终端，也可完成同类作业。同时，使用车载终端和手持终端读取入库标签。在各个库房的出口和入口都装有连接器。该连接器与网络服务器相连，用于各无限终端传递作业信息。该蔬菜水果中心在设计时就决定安装PHS电话，使用PBX的PHS无线网络系统，通过CS连接器和PBX均可与库区电话进行信息传输。

四、发货、装车作业

一楼是发货作业区，当被叫来的卡车开进发货作业区后，发货作业人员利用发货受理终端附带的激光扫描器读取贴在卡车上的专用ID(卡车专用标签)。此时，该卡车的装货指令便传递给库内作业人员。由垂直搬运机(电梯)从楼上或一楼搬运来的发货货物，待发货作业人员读取该货物的托盘标签，核对无误后，该托盘货物需装到哪辆卡车上的指令便自动显示在无线终端上。货物装进卡车后，发货作业人员再一次用激光扫描器扫描卡车标签，以便彻底消除差错。

大井蔬菜水果中心引进新系统后，比以前的作业省力达20%～30%，大大降低了成本，收到了明显的投资效果。

资料来源：秦英等．仓储配送管理[M]．北京：北京师范大学出版社，2018.

思考：

1. 画出大井蔬菜水果中心的货物入出库的作业流程。
2. 大井蔬菜水果中心的货物入出库流程与传统仓库相比有什么区别？
3. 大井蔬菜水果中心采用了哪些现代化的设施设备？

练习与思考

一、单项选择题

1. 仓容利用率最高的是(　　)。

A. 固定货物货位　　B. 不固定货物货位

C. 分类固定货物货位　　D. 不分类固定货物货位

2. 以下对商品验收的作用，描述不正确的是(　　)。

A. 验收是做好商品保管保养的基础

B. 验收有利于维护货主利益

C. 验收记录是买方提出退货、换货和索赔的依据

D. 验收是避免商品积压，减少经济损失的重要手段

3. 在仓库中，质量检验主要进行的是(　　)。

A. 商品外观检验　　B. 化学成分检验

C. 商品尺寸检验　　D. 机械物理性能检验

4. 如对沙石进行数量检验，应采用的形式是(　　)。

A. 计件　　B. 检斤　　C. 检尺求积　　D. 尺寸检验

5. 在堆码货物时，遵循(　　)原则，可使货物出入库更容易，方便在仓库内移动。

A. 重下轻上　　B. 尽可能地向高处堆码

C. 面向通道进行保存　　D. 依据形状安排保管方法

6. 使用于煤炭等大宗货物的堆码方式是(　　)。

A. 堆垛方式　　B. 货架方式

C. 散堆方式　　D. 成组堆码方式

7. 既可以防潮、防热、防干裂、防冻，又可以防霉、防虫、防腐蚀、防老化的货物养护措施是(　　)。

A. 密封　　B. 通风　　C. 吸潮　　D. 药物防治

8. 以下不属于出库程序的是(　　)。

A. 包装　　B. 加工　　C. 核单　　D. 清理

二、多项选择题

1. 影响存储空间的主要因素有(　　)。

A. 作业　　B. 使用面积　　C. 设备　　D. 货物

2. 对货物进行盘点的方法一般采用(　　)。

A. 实地盘点法　　B. 账面盘点法　　C. 统计盘点法　　D. 点算盘点法

3. 货物数量检验包括(　　)。

A. 重量　　B. 长度　　C. 件数　　D. 体积

4. 入库货物进行全检的货物有(　　)。

A. 定尺钢材　　B. 贵重物品

C. 易损坏物品　　D. 不带包装的金属材料

5. 在进行部分货物出库作业时，应按照(　　)原则，安排出货。

A. 先进先出　　B. 贵重物品先出　　C. 易坏先出　　D. 不利保管先出

三、计算题

1. 某仓库要存放一台自重40吨的设备，该设备底架为两条2米×2米的钢架，该仓库库场单位技术定额为3吨/平方米，如果采用2米×1米自重为1吨的钢板垫垛，需几块?

2. 某仓库单位面积技术定额为3吨/平方米，现有10米×6米×6米仓库货位，计划堆存某商品一批，已知该商品为纸箱包装，箱尺寸为30米×30米×60米，每箱重20千克，问该货位能堆放多少箱?

3. 某仓库有两个货位，第一个货位预计存放电视机，限高6层，每箱重60千克，每箱底面积为0.6米×0.6米，有效占用面积为100平方米。第二个货位预计存放机器零件，限高7层，每箱重100千克，每箱底面积为0.4米×0.5米，有效占用面积为20平方米。请估算该仓库的储存能力。(注：该仓库地面的单位面积定额为2.5吨/平方米)

4. 现有罐头食品8 000纸箱，纸箱尺寸为50厘米×25厘米×20厘米，每箱重20千克，拟安排在长度为10米、高度为4米的货位堆垛，采用平台垛形式，问该货垛需要开多宽的脚桩?(注：该仓库地面的单位面积技术定额为4吨/平方米)

四、简答题

1. 仓库保管作业的主要内容有哪些?

2. 不同的堆码方式适用于哪些货物?

3. 垫垛的目的是什么?

4. 货物出库的过程中会遇到哪些问题? 如何处理?

5. 盘点的作业内容有哪些?

课后实践

实际走访一家仓储企业，进行调研，了解该企业的仓储类型、仓储布局、仓储对象、作业流程等，在调研过程中根据所学知识找出企业是否存在各项管理问题，要求根据调研资料编写改进后的仓储作业流程，撰写出入库方案。

要求：分组完成该项训练，每组5人，合理分工，以小组为单位提交出入库方案。

第五章

仓储质量管理

学习目标

本章主要介绍了库存物变化的原理和库存物养护的方法。要求同学们掌握库存物变化的形式，了解库存物的损耗，掌握影响库存物变化的因素；了解库存物养护的原则，理解和掌握库存物养护的方法，特别是温湿度控制法和作业过程控制法。

【案例导入】

春夏之交，加强中药材的仓储养护

中药材保管和养护是中药材储存、流通、生产过程中维护中药材使用价值的一项重要工作。由于中药材在流通过程中停留在储存阶段的时间比较长，霉变、蛀虫、泛油等是中药材储存中的常见问题，不仅造成严重的浪费和经济损失，而且威胁用药的安全有效。特别是目前的春夏天气，气温上升湿度增加，加强中药材储存环节的养护就更为重要。

中药材本身容易从土壤中携带霉菌、细菌等微生物，而空气中也存在着大量的霉菌孢子，只要温度、湿度合适，霉菌就能迅速生长繁殖。当温度在20℃～35 ℃，环境湿度在75％以上或中药材水分含量在15％以上时，就达到了霉菌生长的最佳环境。在高温、高湿环境下，中药材在霉菌、酶、氧等因素的共同作用下，中药材内部组织会被破坏，糖分、脂肪会被分解游离出来，形成泛糖泛油。

中药材也有可能携带少量虫卵，但大部分蛀虫是外源性的，中药材在储存过程中容易受到外源性虫害的入侵，在合适的温度、湿度条件下快速生长繁殖，造成虫蛀。

当温度在10 ℃以下时能有效防止中药材生虫，温度在50 ℃左右时可将害虫杀死。由此可见，温度和湿度是影响中药材霉变、虫蛀、泛油的两个重要因素。历史上对中药材的保管养护基本上是围绕这两点进行的，像太阳晒、炕干、烘烤以及利用草木灰、木炭、生石灰进行储存等，都是通过对温、湿度的调节来达到防霉防虫的目的。现今常使用硫磺熏蒸和磷化铝熏蒸的方法进行杀虫养护。

资料来源：春夏之交，如何加强中药材的仓储养护工作．中药材天地网[EB/OL]. 2017-04-19.

思考：对中药材这样的商品在仓储过程中如何保证其产品质量？

第一节 库存物变化原理

党的二十大报告明确提出“着力提升产业链供应链韧性和安全水平”，仓储作为产业链供应链当中的重要组成部分，在管理过程中确保其质量的安全性，是我国实现高质量发展、建设现代化物流体系的重要一环，是增强我国产业国际竞争力、应对风险挑战和维护经济安全的必然要求。因此，仓储管理的一项重要任务，就是采取正确的方法和措施对库存物进行合理的管理，以保护其质量尽量不受损失。虽然构成库存物的原材料不同，性质也各有差异，但是其变化是富有规律的，其规律是能够被人们所认识的，它不以人的主观意志为转移。仓储质量保障就是在认识和掌握库存商品变化规律的基础上，灵活有效地运用这些规律，采取相应的技术和组织措施，削弱和抑制外界因素的影响，最大限度地减少库存商品的变化，以保存商品的使用价值和价值。

一、库存物的变化

商品在储存期间，由于商品本身的成分、结构和理化性质及受到日光、温度、湿度、空气、微生物等客观外界条件的影响，会发生质量变化。商品质量变化的形式很多，归纳起来主要有物理变化、化学变化、生理生化变化和其他生物活动引起的变化等。同时，由于受储存时间和储存占用资金的影响，也会发生价值变化。

(一)质量变化

由于库存物本身的性能特点不同，以及受各种外界因素的影响，库存物在仓储期间，有可能发生各种各样质量上的变化。研究库存物的质量变化，只有了解质量变化的规律及影响质量变化的因素，才能防止和减少损耗或损失，做到防患于未然，以确保商品的安全。

1. 物理机械变化

物理变化是指只改变物质本身的外表形态，而不改本质，没有新物质的生成，并且可以反复进行的变化现象。货物的机械变化是指货物在外力的作用下，发生形态上的变化。货物在发生物理机械变化后，会使其质量和数量发生损失或降低，甚至失去使用价值。货物常发生的物理机械变化有挥发、溶化、熔化、渗漏、串味、沉淀、玷污、破碎与变形等(见表 5-1)。

(1)挥发：是指低沸点的液体商品或经液化的气体商品在空气中经汽化而散发到空气中的现象。

挥发的速度与气温的高低、空气流动速度的快慢、液体表面接触空气面积的大小成正比关系。常见易挥发的货物有：酒精、白酒、香精、花露水、香水、化学试剂中的各种溶剂、医药中的一些试剂、部分化肥农药、杀虫剂、油漆等。液体货物的挥发，不仅会降低货物的有效成分，增加货物损耗，降低货物质量，同时，一些燃点很低的物品还可能引起燃烧或爆炸，造成大气污染，一些物品挥发的蒸气有毒性或麻醉性，会对人体造成伤害。

防止货物挥发的主要措施是加强包装的密封性，控制库房的温度。在高温季节里，要采取降温措施，保持在适宜的温度条件下储存货物。

(2)溶化：是指在保管过程中，某些固体货物吸收空气或环境中的水分达到一定程度时，变成液体的现象。

易溶性货物必须具有吸湿性和水溶性两种性能。常见易溶化的货物有食糖、食盐、明矾、硼酸、甘草硫浸膏、氯化钙、氯化镁、尿素、硝酸铁、硫酸铰及硝酸锌等。

虽然货物溶化并不会改变其性质，但由于改变了其形态，给储存、运输及销售部门带来很大的不便。货物溶化与空气温度、湿度及堆码高度有密切关系。将易溶化货物分区分类存放在干燥阴凉的库房里，不适合与含水分较大的货物存放在一起。在堆码时要注意底层货物的隔潮和防潮，垫底要高一些，并采取吸潮和通风相结合的温湿度管理方法以防止货物的吸湿溶化。

(3)熔化：是指低熔点的货物受热后发生软化变为液体的现象。

货物的熔化，除受气温高低的影响外，还与货物本身的熔点、货物中的杂质种类和含量高低密切相关。熔点越低，越易熔化；杂质含量越高，越易熔化。常见易熔化的货物有百货中的香脂、发蜡、蜡烛；文化用品中的复写纸、蜡纸、打字纸、圆珠笔芯；化工用品中的松香、石蜡、粗萘、硝酸锌；医药用品中的油膏、胶囊、糖衣片等。

货物熔化，有的会造成货物流失、粘连包装、玷污其他货物，有的因产生熔解热而体积膨胀致使包装破裂，有的因货物软化而使货垛倒塌。预防货物的熔化，应根据货物熔点的高低，选择阴凉通风的库房储存。在保管过程中，一般可采取密封和隔热措施，加强库房的温度管理，防止日光照射，尽量减少温度的影响。

(4)渗漏：主要是指液体货物，特别是易挥发的液体货物，由于包装容器不严密，包装质量不符合货物性能的要求，或在装卸搬运时因发生碰撞震动而破坏了包装，使货物发生跑、冒、滴、漏的现象。

货物的渗漏，不仅与包装材料性能、包装容器结构及包装技术的优劣有关，还与仓储温度变化有关。如金属包装焊接不严，受潮锈蚀；有些包装耐腐蚀性差；有的液体货物因气温升高，体积膨胀而使包装内部压力增大胀破包装容器；有的液体货物在严寒季节结冰，也会发生体积膨胀引起包装破裂的现象，从而造成货物损失。因此，对液态货物应加强入库验收和在库货物检查及温湿度控制和管理。

(5)串味：是指吸附性较强的货物吸附其他气体、异味，从而改变本来气味的现象。具有吸附性、易串味的货物，其成分中含有胶体物质，以及具有疏松、多孔性的组织结构。常见易被串味的货物有大米、面粉、木耳、食粮、饼干、茶叶、卷烟等。常见的易引起其他货物串味的货物有汽油、煤油、桐油、腌鱼、腌肉、樟脑、肥皂、化妆品以及农药等。

货物串味，与其表面状况，与异味物质接触面积的大小、接触时间的长短，以及环境中异味的浓度有关。要预防货物的串味，就应对易被串味的货物尽量采取密封包装，在储存运输中不得与有强烈气味的货物同车、船混载或同库储藏，同时还要注意运输工具和仓储环境的清洁卫生。

(6)沉淀：是指含有胶质和易挥发成分的货物，在低温或高温等因素影响下，部分物质凝固，进而发生沉淀或膏体分离的现象。常见的易沉淀的货物有墨汁、墨水、牙膏、化妆品等。某些饮料、酒在仓储中，也会离析出纤细絮状的物质而出现混浊沉淀的现象。

预防货物的沉淀，应根据不同货物的特点，防止阳光照射，做好货物冬季保温和夏季降温工作。

(7)玷污：是指货物外表沾有其他物质，或染有其他污秽的现象。货物玷污主要是因生产、储运中环境卫生条件差及包装不严所致。一些对外观质量要求较高的货物，如绸缎呢绒、针织品、服装等，要注意防玷污，精密仪器、仪表类也要特别注意。

(8)破碎与变形：是指货物在外力作用下所发生的形态上的改变。货物的破碎主要发生于脆性较大或易变形的货物中，如玻璃、搪瓷制品、铝制品等因包装不良在搬运过程中受到碰、撞、挤、压和抛掷而破碎、掉瓷、变形等。货物的变形则通常发生于塑性较大的货物中，如铝制品和皮革、塑料、橡胶等制品，由于受到强烈的外力撞击或长期重压，丧失回弹性能，从而发生形态改变。对容易发生破碎和变形的货物，要注意妥善包装，轻拿轻放，在库堆垛高度不能超过一定的压力限度。

表 5-1　库存物的物理机械变化

变化类型	含义	影响因素
挥发	气体经汽化，液体经挥发，固体经升华	气温的高低、空气流动速度的快慢、液体表面接触空气面积的大小
溶化	固体物质因吸湿变为液体	气温高低、货物本身的熔点、货物中的杂质种类和含量高低
熔化	低熔点货物受热软化或液化	气温高低、商品本身的熔点、杂质的种类和含量高低
渗漏	因包装破损，液体或膏状物发生跑、冒、滴、漏	包装材料性能、包装容器结构、包装技术优劣、仓储温度变化
串味	吸附性较强的货物因吸附其他气体、异味所致	包装、仓储环境
沉淀	低温或高温等因素影响下，部分物质凝固而发生的沉淀或膏体分离的现象	库存物本身含有胶质和易挥发成分
玷污	因脏物、污物使货物外表受影响	环境卫生、包装
破碎与变形	受到碰、撞、挤、压和抛掷而破损、变形	货物本身脆性较大或易变形；受到强烈的外力撞击或长期重压，丧失回弹性

2. 化学变化

化学变化指不仅改变物质的外表形态，也改变物质的本质，并生成新物质，且不能恢复原状的变化现象。货物发生化学变化，即货物发生质变的过程，严重时会使货物完全丧失使用价值。常见的有氧化、化合、聚合、分解、水解、裂解、老化、风化、陈化等(见

表 5-2)。

(1)氧化：是指货物与空气中的氧或其他能放出氧的物质接触，发生的与氧相结合的现象。常见的易氧化的货物有某些化工原料、纤维制品、橡胶制品、油脂类货物等。棉、麻、丝、毛等纤维制品，长期受阳光照射会发生变色，也是由于织品中的纤维被氧化的结果。

物品在氧化过程中会产生热量。如果产生的热量不易散失，就能加速其氧化过程，从而使反应的温度迅速升高；当达到自燃点，就会发生自燃现象。桐油布、油布伞、油纸等桐油制品，在还没有干透时就进行打包储存，就容易发生自燃。这是由于在桐油中含有不饱和脂肪酸在发生氧化时放出的热量不易尽快散失时，便会促使其温度升高。当达到纤维的燃点时，就会引起自燃事故。除了桐油制品外，还有其他植物性油脂类或含油脂较多的物品，如豆饼、核桃仁等，也会发生自燃现象。所以，此类物品要储存在干燥、通风、散热和温度比较低的库房，才能保证其质量安全。

(2)化合：是指货物在外界条件的影响下，两种或两种以上的物质相互作用，而生成一种新物质的反应。化合反应通常不是单一存在于化学反应中，而是两种反应(分解、化合)依次先后发生。如果不了解这种情况，就会给保管和养护此类货物造成难度。如化工产品中的过氧化钠，如果储存在密闭性好的桶里，并在低温下与空气隔绝，其性质就会非常稳定；但如果遇热，就会发生分解放出氧气；过氧化钠如果同潮湿的空气接触，在迅速地吸收水分后，便发生分解，会降低有效成分。

(3)聚合：是指在外界条件的影响下，某些货物中的同种分子相互加成而结合成一种更大分子的现象。例如，由于桐油中含有高度不饱和脂肪酸，在阳光、氧和温度的作用下，能发生聚合反应，生成桐油块，浮在其表面，使桐油失去使用价值。对于此类货物，在储存保管过程中要特别注意日光和储存温度的影响，以防止聚合反应的发生，造成货物质量的降低。

(4)分解：是指某些性质不稳定的货物，在光、电、热、酸、碱及潮湿空气的作用下，由一种物质生成两种或两种以上物质的现象。货物发生分解反应后，不仅其数量减少、质量降低，有的还会在反应过程中，产生一定的热量和可燃气体，从而引发事故。

比如过氧化氢(双氧水)是一种不稳定的强氧化剂和杀菌剂。在常温下会逐渐分解，如遇高温能迅速分解，生成水和氧气，并能放出一定热量。漂白粉，呈白色粉末状，其外观与石灰相似，故又称氧化石灰，也是一种强氧化剂和杀菌剂，当漂白粉遇到空气中的二氧化碳和水汽时，就能分解出氯化氢、碳酸钙和次氯酸。在反应过程中，所生成的新生态氧具有很强的氧化能力，即能够加速对其他物品的氧化，还能破坏物品的色团。因此，过氧化氢和漂白粉，都具有漂白作用。但在保管过氧化氢和漂白粉的过程中，一旦发生上述变化时，就会降低其有效成分，还会降低其杀菌能力。电石遇到潮气，能分解生成乙炔和氢氧化钙，并能放出一定的热量，乙炔气体易于氧化而燃烧，要特别引起注意。对于这类货物的储存，要注意包装的密封性，保持库房的干燥与通风。

(5)水解：是指某些货物在一定条件下，遇水发生分解的现象。不同货物在酸或碱的催化作用下发生的水解情况也是不同的。如肥皂在酸性溶液中能全部水解，而在碱性溶液中却很稳定；蛋白质在碱性溶液中容易水解，但在酸性溶液中却比较稳定，所以羊毛等蛋白质纤维怕碱不怕酸。

对于易发生水解的货物，在储存保管过程中要注意包装材料的酸碱性，要清楚哪些货物可以或不能同库储存，以防止货物的人为损失。

(6)裂解：是指高分子有机物(如棉、麻、丝、毛、橡胶、塑料、合成纤维等)，在日光、氧、高温条件的作用下，发生了分子链断裂、分子量降低，而使其强度降低，机械性能变差，产生发软、发黏等现象。例如，天然橡胶在日光、氧和一定温度的作用下，就会变软、发黏而变质。对于此类货物，在保管过程中要防止受热和日光的直接照射。

(7)老化：是指含有高分子有机物成分的货物(如橡胶、塑料、合成纤维等)在储存过程中，受到光、氧、热等因素的影响，出现发鼓、龟裂、变脆、强度下降等性能变坏的现象。

对于容易老化的货物，在储存保管过程中要注意防止日光照射和高温的影响，不能在阳光下晒。货物在堆码时不宜过高，以防止底层的货物受压变形。橡胶制品切忌同各种油脂和有机溶剂接触，以防止发生粘连现象。塑料制品要避免与各种有色织物接触，以防止由于颜色的感染而发生串色。

(8)风化：是指含结晶水的货物，在一定温度和干燥空气中，失去结晶水而使晶体崩解，变成非结晶状态的无水物质的现象。

常见的易风化商品有硫酸钠、硫酸锌、硫酸铜、硫酸钙等，它们都含有不同数量的结晶水。这些含结晶水的商品，在不同的温度或干燥的空气中，有可能因失去结晶水而风化。玻璃也会风化，长期受温度和湿度的影响，会降低光泽和透明度。

预防库存物风化的主要措施是密封包装，在炎热干燥季节要加强仓储环境的温度和湿度控制，仓储环境过干或过湿，都会对库存物的质量造成影响。

(9)陈化：是指茶叶在长期储藏中，即使不霉变，质量也降低的现象，比如色泽灰暗、香气降低、滋味欠浓厚或感到平淡、叶底显暗等。这些现象，会随着储存时间的延长而更加显著。茶叶的陈化，在极大程度上取决于茶叶中水分的含量，即水分含量越高的茶叶，其茶多酚与浸出物的破坏量也越多，陈化的速度也就越快。

表 5-2 库存物的化学变化

变化类型	产生原因	造成的影响
氧化	商品与空气中的氧及其他能释放出氧的物质所发生的与氧结合的变化	降低商品的质量，在氧化过程中产生热量，发生自燃，甚至会引发爆炸
化合	本身性质不稳定，在光、电、热、酸、碱及潮湿空气的作用下，由一种物质生成两种或两种以上物质的现象	不仅其数量减少、质量降低，有的还会在反应过程中产生一定的热量和可燃气体，并引起事故
聚合	有些商品，在外界条件影响下，能使同种分子互相加成后结合成一种更大分子的现象	造成商品质量降低
分解	在力、电、声、光、热、酸、碱及潮湿空气等条件下发生分解	数量减少、质量降低，有的还会在反应过程中，产生一定的热量和可燃气体，从而引发事故

续表

变化类型	产生原因	造成的影响
水解	货物遇水发生水解反应(酸、碱对水解反应有促进作用)	同原来的商品有不同的性质
裂解	含有高分子有机物的库存物，在日光、氧、高温条件的作用下，发生了分子链断裂、分子量降低的现象	库存物变软、发黏而变质
老化	含有高分子有机物成分的货物(如橡胶、塑料、合成纤维等)在储存过程中，受到光、氧、热等因素的影响，出现发鼓、龟裂、变脆、强度下降等性能变坏的现象	造成商品质量降低，性能变差
风化	含结晶水的物质，在一定温度下失去结晶水	晶体崩解，变成非结晶状态的无水物质
陈化	茶叶在长期储藏中色泽灰暗、香气降低、滋味欠浓厚或感到平淡、叶底显暗	质量降低，使用价值下降

3. 生理生化变化及其他生物引起的变化

生理生化变化是指有生命活动的有机体货物，在生长发育过程中，为了维持它们的生命，本身所进行的一系列生理变化，如粮食、水果、蔬菜、鲜鱼、鲜肉、鲜蛋等有机体货物，在储存过程中受到外界条件的影响和其他生物作用，往往会发生这样或那样的变化。这些变化主要有呼吸作用、发芽、后熟、胚胎发育、霉腐、虫蛀等。

(1)呼吸作用。是指有机物在生命活动过程中，不断地进行呼吸，分解体内有机物质，产生热量，维持其本身的生命活动的现象。呼吸作用可分为有氧呼吸和无氧呼吸两种类型。无论是有氧呼吸还是无氧呼吸，都要消耗营养物质，降低货物的质量。有氧呼吸会产生和积累水分、热量，促使有害微生物生长繁殖，导致食品腐败变质。无氧呼吸则会产生并积累酒精，引起有机体细胞中毒，造成生理病害，缩短储存时间。对于一些鲜活货物，无氧呼吸往往比有氧呼吸消耗更多的营养物质。如果保持正常的呼吸作用，有机体货物本身会具有一定的抗病性和耐储性。因此，应保证鲜活货物正常而最低的呼吸，利用它们的生命活性，减少货物损耗、延长储藏时间。

(2)发芽。是指有机体货物在适宜条件下，冲破休眠状态而发生的萌发现象。发芽会使有机体货物的营养物质转化为可溶性物质，供给有机体本身，从而降低有机体货物的质量。在发芽萌发过程中，通常伴有发热、发霉等情况，不仅增加损耗，而且降低质量。因此，对这类货物必须控制它们的水分，并加强温、湿度管理，防止发芽、萌发现象的发生。

(3)后熟。是指瓜果、蔬菜等类食品在脱离母株后继续其成熟过程的现象。瓜果、蔬菜等的后熟作用，能改进色、香、味以及硬脆度等食用性能。但当后熟作用完成后，则容易腐烂变质，甚至失去食用价值。对于这类鲜活食品，应在其成熟之前采收，并采取控制储存条件的办法，来调节其后熟过程，以达到延长储藏期、均衡上市的目的。

(4)胚胎发育。主要指的是鲜蛋的胚胎发育。在鲜蛋的保管过程中，当温度和供氧条件适宜时，胚胎会发育成血丝蛋、血环蛋。经过胚胎发育的禽蛋，其新鲜度和食用价值大大降低。为抑制鲜蛋的胚胎发育，应加强温、湿度管理，最好是低温储藏或截断供氧条件。

(5)霉腐。是货物在霉腐微生物作用下所发生的霉变和腐败现象。在气温高、湿度大的季节，如果仓库的温湿度控制不好，储存的针棉织品、皮革制品、鞋帽、纸张以及中药材等许多货物就会生霉；肉、鱼、蛋类就会腐败发臭；水果、蔬菜就会腐烂。无论哪种货物，只要发生霉腐，就会受到不同程度的破坏，严重的霉腐可使货物完全丧失使用价值。有些食品在腐败变质后，还会产生使人畜中毒的有毒物质。对易霉腐的货物，在储存保管时必须严格控制温、湿度，做好货物防霉和除霉工作。

(6)虫蛀。货物在储存期间，常常会遭到仓库害虫的蛀蚀。仓库害虫在蛀蚀货物的过程中，不仅破坏了货物的组织结构，使货物发生破碎和孔洞，而且还排泄各种代谢废物污染货物，影响货物质量和外观，降低货物的使用价值。因此，害虫对货物的危害性也是很大的。凡是含有有机成分的货物，都容易遭受害虫蛀蚀。

(二)价值变化

1. 呆滞损失

商品储存的时间过长，虽然原商品的使用价值并未变化，但社会需要发生了变化，从而使该商品的效用降低，无法按原价值继续在社会上流通，形成长期聚积在储存领域的呆滞商品，这些商品最终要进行降低价格处理或报废处理，所形成的损失为呆滞损失。

2. 时间价值损失

商品储存实际也是货币储存的一种形式。储存时间越长，利息支付越多，或者储存时间越长，资金的机会投资损失越大。这是储存时不可忽视的损失。

二、库存物的损耗

商品在储存过程中，由于其本身的性质、自然条件等影响，计量工具的合理误差，或人为的原因，均会发生损耗。商品的保管损耗是指在一定的期间内，保管某种商品所允许发生的自然损耗，一般以商品保管损耗率表示。商品保管损耗率即库存商品自然损耗率，是某种商品在一定的保管条件和保管期间内，其自然损耗量与该商品库存量之比，以百分数或千分数表示。其公式为：商品保管损耗率＝自然损耗量/商品库存量×100%。商品保管损耗率低于该标准为合理损耗，反之，则为不合理损耗。商品保管损耗率是考核仓库工作质量好坏的指标。库存商品的损耗通常表现为以下几方面。

1. 库存物的自然损耗

指物品在储存过程中，由于受自然因素的影响，本身发生物理或化学变化，所造成的不可避免的自然减量，其主要表现为商品的干燥、风化、黏结、散失、破碎等。

2. 人为因素或自然灾害造成的损耗

由于仓库保管人员的失职或保管不善或自然灾害如水灾、地震等造成库存物的异常损失，以及包装破损而造成的漏损等。

3. 装卸、搬运、上垛和磅差

商品经装卸、搬运、中转到分库验收、过磅、上垛、入库，都可能发生损耗。磅差是商品在进出库时，由于计量工具精度的差别造成的商品数量的差异，允许磅差是商品流通各环节对商品称量允许发生的重量差别。

三、影响库存物变化的因素

货物发生质量变化，是由一定因素引起的。为了保养好货物，确保货物的安全，必须找出变化原因，掌握货物质量变化的规律。通过改变或者控制影响因素进行科学管理，达到防止、延缓或减少库存货物变化的目的。通常引起货物变化的因素可分为内因和外因两种，内因决定了货物变化的可能性和程度，外因是促进这些变化的条件。

(一)影响库存物变化的内因

物品本身的组成成分、分子结构及其所具有的物理性质、化学性质和机械性质，决定了其在储存期发生损耗的可能程度。通常情况下，有机物比无机物易发生变化，无机物中的单质比化合物易发生变化；固态物品比液态物品稳定且易保存保管，液态物品又比气态物品稳定并易保存保管；化学性质稳定的物品不易变化、不易产生污染；物理吸湿性、挥发性、导热性都差的不易变化；机械强度高、韧性好、加工精密的物品易保管。

1. 库存物的物理性质

库存物的物理性质主要包括吸湿性、导热性、耐热性、透气性等。

(1)吸湿性：是指物品吸收和放出水分的特性。库存物吸湿性的大小，吸湿速度的快慢，直接影响库存物含水量的增减，对库存物质量的影响极大，是许多物品在储存期间发生质量变化的重要原因之一。库存物的很多质量变化都与其含水的多少以及吸水性的大小有直接关系。

(2)导热性：是指物体传导热能的性质。物品的导热性与其成分和组织结构有密切关系，物品结构不同，其导热性也不一样。同时物品表面的色泽与其导热性也有一定的关系。

(3)耐热性：是指物品耐温度变化而不致被破坏或显著降低强度的性质。物品的耐热性，除与其成分、结构和不均匀性有关外，还与其导热性、膨胀系数有密切关系。导热性大而膨胀系数小的物品，耐热性良好，反之则差。

(4)透气性：简单来说就是物品能被水蒸气透过的性质，同理，物品能被水透过的性质就叫透水性。这两种性质在本质上都是指水的透过性能，所不同的是前者指气体水分子的透过，后者是指液体水的透过。物品透气、透水性的大小，主要取决于物品的组织结构和化学成分。结构松弛、化学成分含有亲水基团的物品，其透气、透水性就大。

2. 物品的机械及工艺性质

物品的机械性质，是指物品的形态、结构在外力作用下的反应。物品的这种性质与其质量关系极为密切，是体现适用性、坚固耐久性和外观的重要内容，它包括物品的弹性、可塑性、强力、韧性、脆性等。这些物品的机械性质对物品的外形及结构变化有很大的影响。

物品的工艺性质，是指其加工程度和加工精度等。不同的加工程度和加工精度的产品，在同等条件下，其变化程度是不一样的。

3. 物品的化学性质

物品的化学性质，是指物品的形态、结构以及物品在光、热、氧、酸、碱、温度、湿度等作用下，发生改变物品本质相关的性质。与物品储存紧密相关的物品的化学性质包括：物品的化学稳定性、物品的毒性、腐蚀性、燃烧性、爆炸性等。

(1)化学稳定性：是指物品受外界因素的作用，在一定范围内，不易发生分解、氧化或其他变化的性质。化学稳定性不高的物品容易丧失使用性能。物品的稳定性是相对的，稳定性的大小与其成分、结构及外界条件有关。

(2)毒性：是指某些物品能破坏有机体生理功能的性质。具有毒性的物品，主要是用作医疗、农药以及化工等。有的库存物本身有毒，有的蒸气有毒，有的本身虽无毒，但分解化合后，会产生有毒成分等。

(3)腐蚀性：是指某些物品能对其他物质产生破坏的化学性质。具有腐蚀性的物品，本身具有氧化性和吸水性，因此，不能把这类物品与棉麻、丝绸、毛织品、纸张、皮革制品等同仓储存，也不能与金属制品同仓储存。

(4)燃烧性：是指有些物品性质活跃，发生剧烈化学反应时常伴有热、光同时发生的性质，具有这一性质的物品被称为易燃物品。常见的易燃物品有天然气、液化气钢罐、汽油桶、油漆、酒精、香蕉水、打火机等。

(5)爆炸性：爆炸是物质由一种状态迅速变化为另一种状态，并在瞬息间以机械功的形式放出大量能量的现象。能够发生爆炸的物品要专门储存，并应有严格的管理制度和办法。

4. 物品的化学成分

(1)无机成分的物品：无机成分物品的构成成分中不含碳，但包括碳的氧化物、碳酸及碳酸盐，如化肥、部分农药、搪瓷、玻璃、五金及部分化工物品等。无机性成分的物品，按其元素的种类及其结合形式，又可以分为单质物品、化合物、混合物三大类。

(2)有机成分的物品：有机成分物品指以含碳的有机化合物为其成分的物品，但不包括碳的氧化物，碳酸与碳酸盐。属于这类成分的物品，其种类相当繁多，如棉、毛、丝、麻及其制品，化纤、塑料、橡胶制品、石油产品、有机农药、有机化肥、木制品、皮革、纸张及其制品，蔬菜、水果、食品、副食品等。这类物品成分的结合形式也不相同，有的是化合物，有的是混合物。

单一成分的物品极少，多数物品含杂质，而成分绝对纯的物品很罕见。所以，物品成分有主要成分与杂质之分。主要成分，决定着物品的性能、用途与质量，而杂质则影响着物品的性能、用途与质量，给储存带来不利影响。

5. 物品的结构

构成物品的原材料，其材料结构分为微观结构和宏观结构。微观结构又分为晶体结构和非晶体结构。物品的形态主要分为固态、液态和气态。不同的结构形态会产生不同形式和不同程度的变化。

总之，影响物品发生质量变化的内在因素有很多，这些因素主要包括物品的性质、成分、结构等，这些因素之间是相互联系，相互影响的统一整体，工作中绝不能孤立对待。

(二)影响库存物变化的外因

物品储存期间的变化虽然是物品内部活动的结果，但与储存的外界因素有密切关系。这些外界因素主要包括自然因素、人为因素和储存期。

1. 自然因素

自然因素主要指温度、湿度、有害气体、日光、尘土、杂物、虫鼠雀害、自然灾害等。

(1)温度对库存物的影响。除冷库外，仓库的温度直接受天气温度的影响，库存货物的温度也就随天气温度同步变化。一般来说，绝大多数货物在常温下都能保持正常的状态。大部分货物对温度的适应都有一定范围。低沸点易挥发的货物，在高温下易挥发；低熔点的货物，温度高时易熔化变形及粘连流失；具有自燃性的货物，在高温下因氧化反应而放出大量的热，当热量聚积不散时，可能导致自燃发生。温度过低，也会对某些货物造成损害。

(2)湿度对库存物的影响。不同货物对环境湿度(相对湿度)要求有很大差别，部分库存物的温湿度要求见表5-3。霉菌、微生物和蛀虫在适宜的温度和相对湿度高于60%时繁殖迅速，可在短时期内使棉毛丝制品、木材、皮革、食品等霉变、腐朽，部分霉菌生长的湿度要求见表5-4。具有吸湿性的货物，在湿度较大的环境中会结块。绝大多数金属制品、电线、仪表等在相对湿度达到或超过80%时锈蚀速度加快。但是某些货物的储存环境却要求保持一定的潮湿度，如木器、竹器及藤制品等，在相对湿度低于50%的环境中会因失水而变形开裂，但是当相对湿度大于80%时又容易霉变，部分库存物的相对湿度范围见表5-5。纯净的潮湿空气对货物的影响不大，尤其是对金属材料及制品，但如果空气中含有有害气体时，即使相对湿度刚达到60%，金属材料及制品也会迅速锈蚀。

表5-3 部分库存物的温湿度要求

种类	温度/℃	相对湿度/%
金属及其制品	5～30	≤75
碎末合金	0～30	≤75
塑料制品	5～30	50～70
压层纤维材料	0～35	45～75
树脂、油漆	0～30	≤75
汽油、煤油、轻油	≤30	≤75
重质油、润滑油	5～35	≤75
轮胎	5～35	45～65
布电线	0～30	45～60
工具	10～25	50～60
仪表	10～30	≤70
轴承、钢珠、滚针	5～35	≤60
巧克力	18～22	50～65

表 5-4　部分霉菌生长的湿度要求

项目	库存物含水量/%	相对湿度/%
部分曲霉	13	70～80
青霉	14～18	80 以上
毛霉、根霉、大部分曲霉	14～18	90 以上

表 5-5　部分库存物品的相对湿度范围参考

物品名称	库存相对湿度/%
棉花	85 以下
棉布	50～80
毛织品	50～80
皮鞋、皮箱	60～75
烟叶	50～80
纸张、书籍	50～80
草制品、竹制品	60～75
鲜鸡蛋	80～90
茶叶	65 以下
冻肉	90～95

(3)大气中有害气体对库存物的影响。大气中有害气体主要来自燃料，如煤、石油、天然气、煤气等燃料放出的烟尘以及工业生产过程中的粉尘、废气。对空气的污染，主要是二氧化碳、二氧化硫、硫化氢、氯化氢和氮等气体。货物储存在有害气体浓度大的空气中，其质量变化明显。

(4)日光、尘土、虫鼠雀等对库存物的影响。适当的日光可以去除货物表面或体内多余的水分，也可抑制微生物等的生长。但长时期在日光下曝晒会使货物或包装物出现开裂、变形、变色、褪色、失去弹性等现象。尘土、杂物能加速金属锈蚀、影响精密仪器仪表和机电设备的精密度和灵敏度；虫鼠雀不仅能毁坏货物和仓库建筑，还会污染货物。

(5)生物和微生物对库存物的影响。主要是指仓库害虫、白蚁、老鼠、鸟类等，其中以虫蚀鼠咬危害最大。微生物主要是霉菌、木腐菌、酵母菌和细菌等。如霉菌会使很多有机物质发霉，木腐菌使木材、木制品腐朽。

(6)卫生条件不好对库存物的影响。卫生条件不好，不仅会使灰尘、油垢、垃圾等污染库存物，造成库存物外观的瑕疵和玷污异味，而且还为微生物、仓库害虫创造了活动场所。所以，在储存过程中，一定要保持好储存环境卫生以及库存物本身的卫生，防止货物间的感染。

除此之外，社会因素也是引起库存物质量变化的外在因素，主要包括国家的方针政策、生产经济形势、技术政策和企业管理、人员素质以及规章制度等。这些因素影响货物的储存规模、储存水平及储存时间，对储存质量具有间接的影响。

2. 人为因素

人为因素是指人们未按物品自身特性的要求或未认真按有关规定和要求作业，甚至违反操作规程而使物品受到损害和损失的情况。这些情况主要包括如下几种。

(1)保管场所选择不合理。由于物品自身理化性质决定了不同库存物在储存期要求的保管条件不同，因此，对不同库存应结合当地的自然条件选择合理的保管场所。一般条件下，普通的黑色金属材料、大部分建筑材料和集装箱可在露天货场储存；怕雨雪侵蚀、阳光照射的物品放在普通库房及货棚中储存；要求一定温湿度条件的物品应相应存放在冷藏、冷冻、恒温、恒温恒湿库房中；易燃、易爆、有毒、有腐蚀性危险的物品必须存放在特种仓库中。

(2)包装不合理。包装是商品流通过程中产品的载体。大部分商品都有包装，其主要功能是保护商品。为了防止物品在储运过程中受到可能的冲击、压缩等外力而被破坏，应对库存物进行适当的捆扎和包装，如果该捆扎不牢，将会造成倒垛、散包，使物品丢失和损坏。某些包装材料或形式选择不当不仅不能起到保护的作用，还会加速库存物受潮变质或受污染霉烂。

(3)装卸搬运不合理。装卸搬运活动贯穿于仓储作业过程的始终，是一项技术性很强的工作。各种物品的装卸搬运均有严格规定，如平板玻璃必须立放挤紧捆牢，大件设备必须在重心点吊装，胶合板不可直接用钢丝绳吊装等。实际工作表明，装卸搬运不合理，不仅给储存物造成不同程度的损害，还会给劳动者的生命安全带来威胁。

(4)堆码苫垫不合理。垛形选择不当、堆码超高超重、不同物品混码、需苫盖而没有苫盖或苫盖方式不对都会导致库存物损坏变质。

(5)违章作业。在库内或库区违章明火作业、烧荒、吸烟，则会引起火灾，造成更大的损失，带来更大的危害。

3. 储存期

物品在仓库中停留的时间越长，受外界因素影响发生变化的可能性就越大，而且发生变化的程度也越深。

物品储存期的长短主要受采购计划、供应计划、市场供求变动、技术更新，甚至金融危机等因素的影响，因此，仓库应坚持先进先出的发货原则，定期盘点，将接近保存期限的物品及时处理，对于落后产品或接近淘汰的产品限制入库或随进随出。

第二节 库存物储存保养方法

一、库存物储存保养的原则

物品保管不单是储存，而且要进行养护，这是由事物发展的客观规律所决定的。保管养护就是在认识和掌握库存物品变化规律的基础上，灵活有效地运用这些规律，采取相应的技术和组织措施，削弱和抑制外界因素的影响，最大限度地减缓库存物的变化，以保持其使用价值和价值。

1. 质量第一

对库存物进行养护的根本目的就是保持商品原来的使用价值和价值，以优质产品满足社会生产和人们生活的需要，因此，库存物储存保养必须把提高库存物保管质量放在首位，保证库存物质量良好、数量正确、齐全配套、账物相符，达到用户和货主的满意。

2. 预防为主

为了避免或减少库存物在储存过程中的质量劣化和数量损耗，应积极采取预防措施，有效地控制库存物质量和数量的变化，把质量事故消灭在萌芽状态，以防患于未然，进而达到事半功倍的效果。

3. 讲究科学

库存物养护要讲究科学，严格按照事物的客观规律办事，根据库存物本身的物理、化学特性以及变化规律，采取相应的保管措施，并利用外界自然因素的变化规律，为商品创造一个适宜的保管环境。

4. 提高效率

在库存物保养工作中应努力提高各方面的效率，充分发挥工作人员的积极性和主观能动性，不断提高劳动生产率；充分有效地利用各种仓储设施，提高仓库利用率和设备利用率；合理确定储备量，提高周转速度，减少资金占用等。

5. 确保安全

在保管养护工作中，确保安全至关重要。主要包括商品安全、仓储设备安全和人身安全，采取有效的措施防盗、防破坏、防火、防爆、防洪、防雷击、防毒等。

二、库存物储存保养的方法

(一)作业过程控制法

仓库应高度重视货物保管工作，以制度、规范的方式确定保管保养工作责任，并针对各种货物的特性制定保管方法和程序，充分利用现有的技术手段开展有针对性地保管、维护。

“以防为主、防治结合”是保管保养的核心，要特别重视货物损害的预防，及时发现和消除事故隐患，防止损害事故的发生。特别要预防发生爆炸、火灾、水浸、污染等恶性事故和造成大规模损害事故。在发生、发现损害现象时，要及时采取有效措施，防止损害扩大，减少损失。

库存物保管养护的基本任务就是根据库存物数量的多少、发生质量变化的速度、危害程度、季节变化，按轻重缓急分别研究制定相应的技术措施，使库存物质量不变，以求最大限度地避免和减少商品损失，降低保管损耗。具体包括以下几方面的工作。

1. 掌握库存物的性能，适当安排储存场所

为了确保库存物的质量不变，应根据库存物的性能，选择适当的储存地点，同时要注意避免与同库储存的物品在性质上相互抵触，避免受串味、沾染等影响。如怕潮湿和易霉变、易生锈的物品，应存放在较干燥的库房里；怕热易溶化、发黏、挥发、变质或易发生燃烧、爆炸的物品，应存放在温度较低的阴凉场所；一些既怕热又怕冻，且需要较大湿度的物品，应存放在冬暖夏凉的楼下库房或地窖里。同时应注意采取的养护措施和方法必须一致。

2. 严格入库验收

物品在运输、搬运、装卸、堆垛等过程中，可能受到雨淋、水湿、玷污，或因操作不慎等致使货物或包装受到损坏，通过入库验收即能及时发现，以分清责任。因此，对入库货物除了核对数量、规格外，还应该按比例检查其外观有无变形、变色、玷污、生霉、虫蛀、鼠咬、生锈、老化、沉淀、聚合、分解、潮解、溶化、风化、挥发、含水量过高等异状，有条件的还应进行必要的质量检验。

3. 合理堆垛苫垫

入库物品应根据其性质、包装条件、安全要求采用适当的堆垛方式，达到安全牢固、便于堆垛且节约仓库的目的。为了方便检查、通风、防火和库房建筑安全，应适当地留出垛距、墙距、柱距、顶距、灯距以及一定宽度的主走道和支走道。为了防止库存物受潮和防汛需要，货垛垛底应适当垫高，对怕潮库存物的垛底还需要加垫隔潮层。露天货垛必须苫盖严密，达到风吹不开、雨淋不湿的要求。垛底地面应稍高，货垛四周应无杂草，并有排水沟，以防积水。

4. 加强仓库温度和湿度管理

各类物品在储存过程中发生的质量变化，多数是由于受到空气温度和湿度的影响。因此，不同的物品在储存过程中都要求有一个适宜的温度和湿度范围，这样就需要掌握自然气候变化规律，并通过采取各种措施，并使库房内的温度和湿度得到控制和调节，创造适宜储存的温度和湿度条件，以保护物品的质量不变。

5. 坚持在库检查

物品在储存期间受到各种因素的影响，在质量上可能发生变化，如未能及时发现，就可能发生损失，因此需要根据其性质、储存条件、储存时间以及季节气候变化，分别确定检查周期、检查比例、检查内容，分别按期进行检查或进行巡回检查。如在检查中发现异状，就要扩大检查比例，并根据问题情况，及时采取适当的技术措施，及时处理，防止商品受到损失，具体方法如下。

(1)检查。检查工作主要包括：检查货物保管条件是否满足要求；检查货物质量的变化动态；检查各种安全防护措施是否落实、消防设备是否正常。检查应特别注意货物温度、水分、气味、包装物的外观、货垛状态是否有异常。

(2)盘点。盘点是检查账、卡、物是否相符，把握库存物数量和质量动态的手段。

6. 搞好仓库清洁卫生

储存环境不清洁，易引起微生物、虫类寄生繁殖，危害货物。因此，对仓库内外环境应经常清扫，彻底铲除仓库周围的杂草、垃圾等物，必要时使用药剂杀灭微生物和潜伏的害虫。对容易遭受虫蛀、鼠咬的货物，要根据货物性能和虫、鼠生活习性及危害途径，及时采取有效的防治措施。

【案例 5-1】

库存茶叶的保管养护

茶叶中含有一些不稳定的成分，在一定的物理、化学诱因下，易产生化学变化，就是通常所说的“茶变”。茶叶宜放在干燥通风处，不能放在潮湿、高温、不洁、晒的地方，且周围不能有樟脑、药品、化妆品等具有强烈气味的物品。不同种类、不同级别的茶叶不能混在一起保存，不能在保存红茶、花茶时使用生石灰作吸湿剂。

茶叶是一种干品，极易吸湿受潮而产生质变，它对水分、异味的吸附很强，而香气又极易挥发。当茶叶保管不当时，在水分、温湿度、光、氧等因子的作用下，会引起不良的生化反应和微生物的活动，从而导致茶叶质量的变化。

水分：茶叶陈化变质的原因是受潮，应注意防潮。

温度：茶叶中的氨基酸、儿茶素、维生素等物质，会随着温度的升高而逐渐氧化，致使茶叶失去鲜爽味，茶味变淡。将储存茶叶的温度控制在 0 ℃～5 ℃，便可较长时间保持茶叶原有的色泽和香味。

氧气：氧化是造成茶叶陈化的原因之一。所以，应尽量避免茶叶与空气接触。

光线：在光的照射下，茶叶中的叶绿素脱镁分解，致使色泽枯黄变暗，影响品质，因此茶叶也应避光储存。

所以，茶叶的储存养护要特别注意。首先，要选择合适的保管场所，茶叶必须储存在干燥、阴凉、通风良好，无日光照射，有防潮、避光、隔热、防尘、污染等防护措施的库房内，并要求密封；其次，茶叶应专库储存，不得与其他物品混存；最后，一般库房温度应保持在 15 ℃以下，相对湿度不超过 65%。

(二)温湿度控制法

1. 温、湿度控制的相关概念

(1)温度。

温度是表示物质冷热程度的物理量，具体指温标上的标度。目前工作中都采用 1968 年的国际实用温标，即国际实用摄氏度。

摄氏度(℃)与华氏度(℉)可以相互换算。

若 T℉＝t℃，则 T 与 t 满足：

$$t=(T-32)\times\frac{5}{9}$$

(2)湿度。

湿度是表示大气干湿程度的物理量，常用绝对湿度、饱和湿度、相对湿度等方法表示。

绝对湿度。绝对湿度(e)指单位体积空气中所含水蒸气的质量，一般用一立方米空气中所含水蒸气克数(g/m^3)表示。实际工作中通常用空气中水气压力(P)表示，即毫米汞柱(mmHg)。气象工作中则统一用毫巴(mbar)表示。

饱和湿度。饱和湿度(E)指在一定的温度下，与液态水相平衡时空气中水蒸气含量，单位为 g/m^3，或毫米汞柱，或 mbar。有常压下《饱和水汽压表》可查。

相对湿度。相对湿度(r)指绝对湿度 e 与其同温度下饱和湿度 E 的百分比。通常用干湿球温度计测量，以百分数计算。

$$r=\frac{e}{E}\times100\%。$$

式中，r——相对湿度(%)；

e——绝对湿度(即水汽压力);

E——饱和湿度(即饱和水汽压力)。

相对湿度表示的是空气的潮湿程度,是仓库湿度管理中的常用标度。相对湿度越接近100%,说明绝对湿度越接近饱和湿度,空气越潮湿;反之,空气越干燥。在气温和气压一定的情况下,绝对湿度越大,相对湿度也越大。

【小知识】

绝对湿度、饱和湿度、相对湿度与温度之间的相互关系

1. 当温度不变时,绝对湿度与相对湿度的关系

当温度不变时,绝对湿度越大,相对湿度就越大;反之,绝对湿度越小,相对湿度就越小,它们成正比关系。

因为温度不变意味着空气含有水蒸气的饱和量不变,如果绝对湿度增大,说明它越接近饱和量,同时也说明它占饱和量的百分比越大,所以它的相对湿度也必然越大。如果绝对湿度小,那么它距离饱和量就远,占饱和量的百分比也就小,同时也说明它的相对湿度也越小。

2. 当绝对湿度不变时,温度与相对湿度的关系

当绝对湿度不变时,温度上升相对湿度必然下降,而温度下降相对湿度必然上升,它们成反比关系。

因为绝对湿度不变,即空气含有水蒸气的量不变,温度上升意味着空气含水蒸气的饱和量加大了,而实际含水蒸气的量并没有发生变化,这样实际含水蒸气的量占饱和量的比例就缩小了,所以相对湿度就下降了。相反,如果温度下降意味着空气含有水蒸气的饱和量变小了,而实际含水蒸气的量没有变化,这样实际含水蒸气的量占饱和量的比例就加大了,因此,相对湿度就上升了。

3. 当相对湿度不变时,温度与绝对湿度的关系

当相对湿度不变时,温度升高必然绝对湿度加大,温度降低必然绝对湿度减小,它们成正比关系。

因为相对湿度不变,也就是空气中所含水蒸气的量占饱和量的百分比不变,如果温度升高意味着它的饱和量增大,那么它的绝对湿度也必然大。反之,相对湿度不变时,温度低意味着它的饱和量小,绝对湿度也必然小。

空气温度的变化对空气的潮湿状态有很大的影响。原来较潮湿的空气,如果温度不断升高,就会变得越来越干燥。对那些怕潮易霉、易锈的商品,采取升温降潮,就是根据这个道理来采取降湿措施的。在仓库管理工作中,库内温度、湿度是否适合商品性能的要求,主要是以相对湿度作为控制和调节仓库温度和湿度的依据。

(3)露点。

露点是指保持空气的水汽含量不变而使其冷却,直至水蒸气达到饱和状态而将结出露水时的温度。

当库内温度低于露点温度时,空气中的水汽会结露使货物受潮,因此在采用通风方式

调节库内温湿度时，应避免露点温度出现。

(4)临界湿度。

临界湿度是指使货物发生变化的相对湿度范围。对于金属材料及制品来说，就是引起金属锈蚀的相对湿度范围。一般情况下，铁的临界湿度为65%～70%，钢的临界湿度为70%～80%，如果空气中含有大量的炭粒、二氧化硫、氨和氯等杂质，则钢和铁的临界湿度范围将缩小到60%左右。

【小知识】

温、湿度对仓储库存物质量的影响

在我们日常生活中，人们所熟悉的有烟酒、糖茶、服装鞋帽、医药、化妆品、家用电器以及节日燃放的烟花爆竹等成千上万的商品，这些商品中有的怕潮、怕冻、怕热、还有的易燃、易爆。因此针对原材料、性质不同的特点，在储存的过程中进行不同保管、维护，这就是仓储质量的保障。影响仓储商品质量变化的因素很多，以温湿度影响为例，如油毡、复写纸、各种橡胶制品及腊等，如果储存温度超过要求(30℃～35 ℃)就会发黏、溶化或变质。某些怕冻的商品(如医药针剂、口服液、墨水、乳胶等)则因库存温度过低出现冻结，沉淀或失效。例如：苹果储藏在1 ℃比在4℃～5 ℃储存时寿命要延长1倍。但储藏温度过低可引起果实冻结或生理失调，也会缩短储藏寿命。又如食盐、麦乳精、洗衣粉等如果空气湿度较大，则会出现潮解、结块；服装、药材、糕点等生霉、变质；金属氧化生锈。而空气相对湿度过小(低于30%)，也会使一些商品的水分蒸发影响质量。如皮革、香皂、木器家具、竹制品等发生开裂，失去商品的使用价值。因此，经常观察和了解温度湿度的变化，根据要求进行调整，才能保证仓储库存物的质量。

2. 库内温、湿度控制的变化规律

(1)库内温度的变化规律。

库内温度的变化主要受大气温度变化的影响，随着大气温度的变化也相应地发生规律性变化。库内气温的变化，无论是日变化还是年变化，都与库外气温的变化规律大致相同。由于仓库是相对密闭的空间，所以库外空气只能通过门窗、通风孔等进行对流，所以库内温度虽然随着库外温度进行变化，但速度要比库外慢，幅度也比库外小。

一般来说，在春夏季，库内温度通常低于库外温度；在秋冬季，库内温度常常高于库外温度。但是，还是要根据仓库的密封情况进行具体判断。

(2)库内湿度的变化规律。

库内的空气湿度，主要是受库外湿度的影响。但库房建筑结构和储存物的状况等对库内湿度也有一定的影响。

①库内绝对湿度的日变化主要随库外湿度的影响而变化，但其最高值和最低值也有落后于库外和变化幅度小的特点。库内绝对湿度的年变化，基本上与库外一致。

②库内相对湿度的变化，主要是受库温的影响。日变化与年变化基本上与库外相似，但是，一日内只出现一次最高值和一次最低值，变化幅度也小。

总之，库内温湿度和库外的温湿度变化趋势保持一致，但又因为不同库房的密封条件不同，温湿度变化的速度有所不同，密封条件越好，变化的速度就越慢。仓库内的湿度是受大气湿度影响的，不过仓库内的变化比外界要小些。外界湿度大时，仓库内的湿度也应随着变大。从气温变化的规律分析，一般在夏季降低库房内温度的适宜时间是夜间 10 点以后到次日早晨 6 点。当然，降温还要考虑到商品特性、库房条件、气候等因素的影响。

3. 温、湿度测量

仓库的温、湿度管理是一项基本工作，仓库管理人员要定时观测并记录绝对湿度、相对湿度、温度、风力、风向等。

在库房内放置温、湿度表时，温、湿度表应放置在库房的中央，离地面约 1.4 米处，不可放在门窗附近或墙角。

库外测量时应设置百叶箱，内放温、湿度计。百叶箱应置于空旷通风的地方，距地面约 1 米，箱门向北。风向标和风速仪应高于附近建筑物。

(1)温度的测定方法。

测量库内外温度时需要使用温度计。经常使用的温度计都是根据水银或酒精热胀冷缩的原理制成的，构造简单。此外还有自记温度计，它是连续测量并自动记录气温变化的仪器，主要由感应部分和自动记录部分组成。感应部分是利用双金属片膨胀系数的不同来测定的，自动记录部分由筒形的自动记录钟构成。

(2)湿度的测定方法。

测定湿度主要使用干湿球温度计和自动记录湿度计。

①干湿球温度计。干湿球温度计是把两支同样的温度计平行固定在一块板上，其中一支温度计的球用纱布包裹，纱布的一端浸泡在一个水盂里，利用水分蒸发时吸热的原理，两个温度计显示一定的温度差，当空气中水汽达到饱和时，两者相同。在测得两支温度计温度的同时，可以查对“温湿对照表”(表 5-6)确定空气相对湿度、绝对湿度、露点等。

表 5-6 湿度、露点查算表

气温/℃	干球温度(气温 ℃)—湿球温度(℃)																	
	0		1		2		3		4		5		6		7		8	
	t_d	r	t_d	r	t_d	r	t_d	r	t_d	r	t_d	r	t_d	r	t_d	r	t_d	r
−5	−5	100	−9	74	−14	48		23										
−4	−4	100	−8	75	−13	51	−20	27										
−3	−3	100	−6	77	−11	53	−18	31		9								
−2	−2	100	−5	78	−9	56	−16	35		14								
−1	−1	100	−4	79	−8	58	−13	38	−19	18								
0	0	100	−3	80	−7	60	−12	41	−16	22		4						
1	1	100	−2	81	−5	62	−10	44	−14	26		9						
2	2	100	−1	82	−4	64	−8	47	−12	30		13						
3	3	100	1	83	−3	66	−7	49	−10	33	−20	17						
4	4	100	2	84	−1	67	−5	51	−8	36	−16	21		6				
5	5	100	2	84	0	68	−4	54	−6	39	−14	25		10				

续表

气温/℃	干球温度(气温 ℃)—湿球温度(℃)																	
	0		1		2		3		4		5		6		7		8	
	t_d	r	t_d	r	t_d	r	t_d	r	t_d	r	t_d	r	t_d	r	t_d	r	t_d	r
6	6	100	4	85	1	70	−2	56	−4	41	−11	28	−20	14				
7	7	100	5	85	2	71	−1	57	−3	44	−9	31	−16	18		5		
8	8	100	6	86	3	72	0	59	−1	46	−7	34	−13	21		9		
9	9	100	7	87	4	73	2	61	0	48	−5	35	−10	24	−18	13		
10	10	100	8	87	6	74	3	62	2	50	−3	39	−8	27	−14	16		6
11	11	100	9	88	7	75	4	64	3	52	−2	41	−6	30	−11	20		9
12	12	100	10	88	8	76	6	65	4	54	0	43	−4	33	−9	23	−16	13
13	13	100	11	88	9	77	7	66	6	55	2	45	−2	35	−6	25	−12	16
14	14	100	12	89	10	78	8	67	7	57	3	47	0	37	−4	28	−9	19
15	15	100	13	89	11	78	9	68	8	58	4	49	1	39	−2	30	−7	21
16	16	100	14	89	12	79	10	69	9	60	6	50	3	41	0	33	−4	24
17	17	100	15	90	14	80	12	70	11	61	7	52	4	43	1	35	−2	26
18	18	100	16	90	15	80	13	71	12	62	8	53	6	45	3	37	0	29
19	19	100	17	90	16	81	14	72	13	63	10	55	7	46	5	39	2	31
20	20	100	18	91	17	81	15	73	14	64	11	56	9	48	6	40	3	33
21	21	100	19	91	18	82	16	73	15	65	12	57	10	50	8	42	5	35
22	22	100	20	91	19	82	17	74	17	66	13	58	11	51	9	43	6	36
23	23	100	22	91	20	83	18	75	18	67	15	59	13	52	10	45	8	38
24	24	100	23	91	21	83	19	75	19	68	16	60	13	53	12	46	9	40
25	25	100	24	92	22	84	20	76	20	68	17	61	15	54	13	48	11	41
26	26	100	25	92	23	84	22	76	21	69	18	62	16	55	14	49	12	42
27	27	100	26	92	24	84	23	77	22	70	19	63	18	56	16	50	14	44
28	28	100	27	92	25	84	24	77	23	71	20	64	19	57	117	51	15	45
29		100	28	92	26	85	25	77	24	71	22	65	20	58	18	52	16	46
30		100		93	27	85	26	78	25	72	23	65	2	59	19	53	16	47
31		100		93	28	86	27	79	27	72	24	66	122	60	21	54	19	48
32		100		93		86	28	79	28	73	25	67	23	61	22	55	20	49
33		100		93		87		80		73	26	67	25	61	23	56	21	50
34		100		93		87		80		74	27	68	26	62	24	57	23	51
35		100		93		87		81		75	28	68	27	63	25	57	24	52
36		100		93		87		81		75		70	28	63	26	58	25	53

注：表中 t_d 为露点温度(℃)，r 为相对湿度(%)。

②自动记录湿度计。自动记录湿度计可以连续记录空气中的湿度变化，它也是由感应部分和自动记录部分组成的。其中感应部分用脱脂的毛发制成，毛发属于纤维组织，有许多毛细孔，当空气中湿度增大时毛发吸收水分而膨胀，当空气中的水分减少时毛发失去部分水分而收缩。自动记录部分与自动温度记录计相同。

4. 温、湿度控制的常用方法

控制库房温湿度方法很多，如人工吸潮、排潮、加热、降温和密封库房等，特别是利用自然通风办法调节库内温湿度，对仓库保管更具有经常和普遍的应用价值。

(1)通风。

通风是根据大气自然流动的规律，有计划、有目的地组织库内外空气的对流与交换的重要手段，是调节库内温湿度、净化库内空气的有效措施。

①通风方式。仓库通风按通风动力可分为自然通风和强迫通风两种方式。

a. 自然通风。自然通风是利用库内外空气的压力差，实现库内外空气交流置换的一种通风方式。这种通风方式不需要任何通风设备，因而也就不消耗任何能源，而且通风换气量比较大，是一种最简便、最经济的通风方式。为了更有效地利用自然通风，库房建筑本身应为自然通风提供良好的条件。

b. 强迫通风。强迫通风又称机械通风或人工通风。它利用通风机械所产生的压力或吸引力，即正压或负压，使库内外空气形成压力差，从而强迫库内空气发生循环、交换和排除，达到通风的目的。

强迫通风又可分为三种方式，即排出式、吸入式和混合式。

a)排出式通风是在库房墙壁的上部或库房顶部安装排风机械，利用机械产生的推压力，将库内空气经库房上方的通风孔道压迫到库外，从而使库内气压降低，库外空气便从库房下部乘虚而入，形成库内外空气的对流与循环。

b)吸入式通风是在仓库墙壁的下部安装抽风机械，利用其产生的负压区，将库外空气吸入库内，充塞仓库的下部空间，压迫库内空气上升，经库房上部的排气口排出，形成库内外空气的对流和交换。

c)混合式通风是将上述两种方式结合起来运用，安装排风和抽风机械，同时吸入库外空气并排出库内空气，对库内空气起到一拉一推的作用，使通风的速度更快效果更好。

②通风时机。仓库通风必须选择最适宜的时机，如果通风时机不当，不但不能达到通风的预期目的，而且有时甚至会出现相反的结果。例如，想通过通风降低库内湿度，但由于通风时机不对可能反而会造成库内湿度的增大。因此，必须根据通风的目的确定有利的通风时机。

a. 通风降温。有些商品对温度要求比较严格，而对空气湿度要求则不太严格，如易挥发的双氧水、氨水等化工商品。这类怕热商品，在夏季只要库外温度低于库内温度时，就可以通风。

b. 通风升温。当库外温度高于库内温度时，可采用通风升温的方式。这种方式主要是对怕冻或怕凝固的物品来采用，时刻调节库内温度。

c. 通风降湿。有的物品怕受潮，如五金类，就需要通风来降低库内的相对湿度。在通风降湿时，应先比较库内外绝对湿度的高低，然后再对比相对温湿度的高低，一般只有当库外的绝对湿度低于库内时，才能通风降湿。但是库内外温湿度变化情况比较复杂，通风前必须认真分析研究，才能进行。通风降湿的时机，一般有下面几种情况：当库外空气的温度和相对湿度都低于库内时，可以通风；当库内外相对湿度都很接近，库外温度低于库内温度时，可以通风；当库内外空气的温度很接近，而库外相对湿度较库内低时，可以通风；当库外温度和绝对湿度低于库内，库外相对湿度稍高于库内时，也能通风。在其他情况下，一般不可以通风降湿。

d. 通风降温、降湿。当库外温度、相对湿度和绝对湿度都低于库内时通风，才能达到同时降温降湿的目的。如储存皮革制品就需要同时降温降湿。

e. 通风增湿。有些库存物怕干，如竹木制品，可采用通风方法增加相对湿度。库外相对湿度高于库内相对湿度时可通风。当库外温度低于库内温度而相对湿度与库内相同时，也可通风，虽温度降低可以提高库内相对湿度。

一般情况可参照表 5-7，掌握通风时机。

表 5-7　通风降湿条件参考表

温度		相对湿度		绝对湿度		通风与否
库外	库内					
低	高	低	高	低	高	可以
高	低	低	高	低	高	可以
低	高	相等	相等	低	高	可以
高	低	低	高	相等	相等	可以
相等	相等	低	高	低	高	可以
低	高	高	低	低	高	可以
高	低	高	低	高	低	不可以
低	高	高	低	高	低	不可以
高	低	相等	相等	高	低	不可以
相等	相等	高	低	高	低	不可以

【小知识】

仓库通风应注意的几个问题

1. 在一般情况下，应尽可能利用自然通风，只有当自然通风不能满足要求时，才考虑强迫通风。一般仓库不需要强迫通风，但有些仓库，如化工危险品仓库，必须考虑强迫通风。因库内的有害气体，如不及时排除，就有发生燃烧或爆炸的危险，有的还会引起人身中毒，酿成重大事故。

2. 在利用自然通风降湿的过程中，应注意避免因通风产生的副作用。如依靠风压通风时，一些灰尘杂物容易随着气流进入库内，对库存物资造成不良影响，所以当风力超过五级时不宜进行通风。

3. 强迫通风多采用排出式，即在排气口安装排风扇。但对于产生易燃、易爆气体的仓库和产生腐蚀性气体的仓库，则应采用吸入式通风方式。因为易燃、易爆气体经排风口向外排放时，如排风扇电机产生火花，就有引起燃烧爆炸的危险；而腐蚀性气体经排风扇向外排放时，易腐蚀排风机械，降低机械寿命。若采用吸入式通风方式，可使上述问题得到解决。

4. 通风机械的选择，应根据实际需要与可能，并要考虑经济实用。通风机械分为轴流式和离心式两种。一般仓库可采用轴流式通风机，因为它通风量比较大、动力能源消耗少，其缺点是产生的空气压力差小，适合在阻力较小的情况下进行通风。离心式通风机产生的空气压力差大，但消耗能量多，适合在阻力大的情况下进行通风。

5. 通风必须与仓库密封相结合。当通风进行到一定的时间，达到通风目的时，应及时关闭门窗和通风孔，使仓库处于相对的密封状态，以保持通风的效果。所以不但开始通风时应掌握好时机，而且停止通风时也应掌握好时机。另外，当库外由于天气的骤然变化，温湿度大幅度变化时，也应立即中断通风，将仓库门窗紧闭。

总之，库房通风方式的选择与运用，取决于库存材料的性质所要求的温湿度；取决于库房条件，如库房大小，门窗、通风洞的数量，以及地坪的结构等；同时还取决于地理环境和气象条件，如库房位于城市、乡村、高原、平地或江、河、湖和海畔等。因此必须根据不同地区，不同季节和不同库房条件等，从货物安全角度出发，选择通风方式，因地、因物、因时制宜正确地掌握与运用库房通风这一手段，以达到确保库存货物的质量完好。

(2)密封。

密封是将储存货物在一定空间，使用防潮、绝热、不透气等密封材料，尽可能严密地封闭起来，以隔绝空气、降低或减小空气温湿度对库存物的影响，从而创造适宜的保管条件。

密封的目的通常主要是为了防潮，但同时也能起到防锈蚀、防霉、防虫、防热、防冻、防老化等综合效果。密封是相对的，不可能达到绝对严密的程度。一般仓库密封有以下几种形式。

①不同介质的密封。由于介质不同，密封可以分为大气密封、干燥空气密封、充氮密封和去氧密封等。

a. 大气密封。大气密封就是将封存的物品直接在大气中密封，其间隙中充满大气，密封时基本保持密封时的大气湿度。

b. 干燥空气密封。干燥空气密封是在密封空间内充入干燥空气或放置吸湿剂，使空气干燥，防止物品受潮。干燥空气的相对湿度应在10％～50％。

c. 充氮密封。是指在密封空间内充入干燥的氮气，造成缺氧的环境，减少氧的危害。

d. 去氧密封。去氧密封是在密闭空间内放入还原剂，吸收空气中的氧，造成缺氧的环境，为封存物品提供更有利的条件。

②不同范围的密封。按照密封的范围不同，可分为整库密封、小室密封、货垛密封、货架密封、货箱密封和单件密封等。

a. 整库密封。对储存批量大、保管周期长、进出不频繁和整进整出的物品，可进行整库密封。整库密封时，地面可采用水泥沥青、油毛毡等制成防潮层隔潮，墙壁外涂防水砂浆、内涂沥青和油毛毡，库内做吊平顶，门窗边缘使用橡胶条密封，在门口可用气帘防潮。留作检查出入的库门，应加装两道门，有条件的可采用密闭门。

b. 小室密封。对于储存数量不大、保管周期长、要求特定保管条件的货物，可采用小室密封。即在库房内单独隔离出一个小的房间，将需要封存的货物存入小室内，然后将小室密封起来。

c. 货垛密封。对于数量较少、品种单一、形状规则而长期储存的货物，可按货垛进行密封。未经干燥处理的新仓库，里面的物品在储存时也必须实行分垛密封保管。货垛密封所用的密封材料，除应具有良好的防潮、保温性能外，还应有足够的韧性和强度。在密封过程中，先用塑料薄膜或苫布垫好底，然后再将货垛四周围起，以较少气候变化对商品的影响。

d. 货架密封。对于数量少、品种多、不经常收发、要求保管条件高的小件货物，可存入货架，然后将整个货架密封起来。

e. 货箱(容器)密封。对于数量很少，动态不大，需要在特殊条件下保管，且具有硬包装或容器的货物(如精密仪器仪表、化工原料等)，可按原包装或容器进行密封。可封严包装箱或容器的缝隙，也可以将货物放入塑料袋内，然后用热合或黏合的方法将塑料袋封口，放入包装箱内。

f. 单件密封。对于数量少、无包装或包装损坏、形状复杂、要求严格的精加工制品，可按单件密封。最简便且经济的方法是用塑料袋套封，也可用蜡纸、防潮纸或硬纸盒封装。

总之，仓库密封保管的形式要根据物品养护的需要，结合气候情况与储存条件，因地制宜，就地取材，灵活运用。不过，密封只有控制库房温度的作用，而没有调节的作用。密封是相对的，当出现不适宜温湿度的情况，还必须进行调节。所以，只靠密封一种措施不能达到使库房温湿度适宜的目的，必须和其他措施相结合。

【小知识】

密封应注意的几个问题

1. 密封物品的质量要求

密封前，要认真检查物品的质量和含水量是否正常，如果发现商品的含水量过高，有生霉、生锈、虫蛀或有其他变质现象，要经过降湿、除霉、除锈、灭虫等处理，使物品质量恢复到正常后，方可密封。

2. 密封时间的选择

要根据物品的性质来确定密封的时间。怕潮易霉的物品，宜在梅雨季节到来之前密封；怕热易熔的物品，应在较凉爽的季节进行密封；怕冻物品，应在气温较高时进行密封；怕干裂的物品，应在干燥期到来之前进行密封。

3. 密封后的检查

物品密封后，要定期进行检查。因为密封只是相对的，不能完全隔绝空气对物品的影响。在检查中，若发现物品本身和包装有异状，或温度、湿度不适宜时，应及时采取措施予以补救，以保护物品的质量。

(3)除湿。

空气除湿是利用物理或化学的方法，将空气中的水分除去，以降低空气湿度的一种有效方法。除湿通常与密封配合，当梅雨季节或阴雨天，当库内湿度过高，不适宜物品的保管，而库外湿度也过大，不适宜进行通风散潮时，可以进行除湿。

除湿的方法主要有：利用冷却方法使水汽在露点温度下凝结分离；利用压缩法提高水汽压，使之超过饱和点，成为水滴而被分离除去；使用吸附剂吸收空气中的水分。

①冷却法除湿。这种方法是利用制冷的原理，将潮湿空气冷却到露点温度以下，使水汽凝结成水滴分离排出，从而使空气干燥的一种方法，也称为露点法。

②吸湿剂吸湿。这种除湿方法是最常用的方法之一，可分为静态吸湿和动态吸湿。

a. 静态吸湿。这种方法是将固体吸湿剂，静止放置在被吸湿的空间内，使其自然与空气接触，吸收空气中的水分，达到降低空气湿度的目的，常用的有生石灰、氯化钙和硅胶。

静态吸湿的最大特点是简便易行，不需要任何设备，也不消耗能源，一般仓库都可采用，是目前应用最广泛的除湿方法。它的缺点是吸湿比较缓慢，吸湿效果不够明显。

b. 动态吸湿。这种方法是利用吸湿机械强迫空气通过吸湿剂进行吸湿。吸湿机的工作过程是：当库内的潮湿空气从吸尘泡沫塑料或金属网过滤到蒸发器，由于蒸发器表面温度比空气的露点温度低，这样空气中多余的水汽就会凝结成水滴流进接收器里，再经排水管排出。由此不断循环，就能使空气中的含水量降低。而被冷却的干燥空气，经加热后相对湿度降低，再经过离心机送进库内，当相对湿度达到要求时，就可以停机。除湿机具有体积小、重量轻、吸湿快、效率高、不污染库存物等优点。机器的底部装有胶轮可以自由进行移动，使用方便，接上电源就可以工作。

吸湿机在温度 27 ℃、相对湿度为 70%时，一般每小时能吸收 3.4 千克水分。这种吸湿机背面还附有可供拆装的新鲜空气风口，可与室内空气混合经吸湿后再送入库内，以便保持库内一定量的新鲜空气。出风口可根据使用要求，装接送风管道。

(4)气幕隔潮。

气幕俗称“风帘”，是利用机械鼓风产生强气流，在库门口形成一道气流帘子。其风速大于库内外空气的流速，可以阻止库内外空气的自然交换，从而防止库外热潮空气进入库内。气幕由气幕筒与自动门两部分联装而成。当自动门的电动机启动时，通过罗拉链牵引库门开启，同时也带动气幕筒的鼓风电动机；当自动门关闭时，同时也切断气幕筒的电源而停止鼓风，即启门鼓风、闭门息风。

(5)空气调节自动化。

空气调节自动化，简称空调自动化。它是借助于自动化装置，使空气调节过程在不同程度上自动地进行，其中包括空调系统中若干参数的自动测量、自动报警和自动调节等。自动调节装置是由敏感元件、调节器、执行及调节机等，按照一定的连接方式组合起来的。

【小知识】

蔬菜的仓储养护

高档花果类、根茎类和叶类蔬菜，必须先用诺福杀菌保鲜剂按(1∶100)～(1∶600)的比例先处理，然后尽快进入冷藏库进行保鲜储存。如西兰花、西芹、紫甘兰、苦瓜、山药，等等。

产生热量较大的蔬菜必须先把诺福杀菌保鲜剂按 1∶400 的比例进行冰水处理，先将水槽盛满 0 ℃诺福杀菌保鲜的冰水后，再将蔬菜全部浸入该冰水中，使其蔬菜降温到 7 ℃～8 ℃，然后取出沥干水分，再进入蔬菜冷库保存。如玉米、毛豆、四季豆、无茎豆、藤菜等。

对来货箱有冰瓶的，为了防止冰瓶温度过低(过低也会导致商品冻伤)，应收货后及时将箱内商品取出，在箱底部内平铺一层 7～8 厘米冰块，用纸板与冰层隔离后，在上面逐一放入商品，再在商品上用纸板或放一层报纸，最后再放一层冰块。如豇豆、苦瓜、云南无茎豆、云南四季豆等。

叶类菜收货后，必须及时喷洒诺福杀菌保鲜剂的冰水后再进入蔬菜冷库保存。

经处理后的蔬菜，进入蔬菜冷库必须用保鲜袋包装防止水分蒸发。

其他种类的蔬菜，应先把来货倒出散放，进行敞开通风存放，并进行喷洒诺福杀菌保鲜剂的冰水或加盖已经降温处理的盖布进行降温处理，并在过夜时段每一小时喷洒一次冰水降温保鲜。如青椒、茄子、葱蒜苗、西红柿(未熟)、土豆、芋头、南瓜、冬瓜、牛蒡等。

总之，蔬菜的仓储养护要注意保持鲜度，具体要做到：保持叶菜类的直立保藏；有切口的蔬菜，切口应朝下；避免冷风直吹蔬菜，否则蔬菜容易失去水分而枯萎；在商品上覆盖吸水性好的麻制厚布，亦可使用报纸进行遮盖。

(三)库存物储存保养的其他方法

1. 金属制品防锈除锈

锈蚀是金属材料和制品在环境介质的作用下发生化学或电化学反应所引起的破坏现象。习惯上所说的锈蚀通常是指金属在大气中的锈蚀，金属防锈除锈也是库存物养护的重要内容。

(1)除锈。

新出厂的金属材料及制品，在一般情况下不易生锈，但若一旦生锈，锈蚀速度会逐渐加快。所以，金属锈蚀后，应及时除锈，以防进一步加快锈蚀。除锈时，应根据金属材料及制品的锈蚀程度、精密度、价值、形状和批量等不同情况，采取相应的除锈方法。

①物理方法除锈。物理方法除锈是利用机械摩擦除去锈层的方法，又分为人工除锈和机械除锈。其中，人工除锈也称手工除锈，是靠人工使用钢丝刷、砂纸和砂布等打磨锈蚀物表面，除掉锈蚀层的方法，其劳动强度大、劳动条件差、除锈效率低，需要花费较多工时，因此只适用于数量少或无法使用机械除锈的情况；机械除锈是指利用专门的机械设备进行除锈的方法，主要有旋转摩擦轮除锈法、滚筒除锈法和喷砂除锈法等，具有劳动效率高、操作简单的特点，适用于量大，对精度要求不高的金属制品除锈。

②化学方法除锈。化学方法除锈是利用酸或碱溶液与金属表面锈蚀产物发生化学变化，将锈蚀产物溶解除掉的方法，最广泛采用的化学除锈法是酸洗法。酸洗法依靠酸与金属锈蚀产物发生化学作用，使不溶性的锈蚀产物变成可溶性的物质，脱离金属表面溶入溶液中，以此达到除锈的目的。常用的无机酸有硫酸、盐酸、硝酸、磷酸和氯氟酸等。

(2)防锈。

金属除锈是一种不得已的措施，因此，仓储保管应以预防为主，加强金属材料和金属制品的储存保养更具有重要意义。对金属材料和金属制品的防锈方法很多，有些在生产过程中就应予以考虑，具体方法有：

①一般措施。

a. 防水防潮，保持干燥。在露天存放的金属材料和设备，主要应预防大气降水(雨、雪、霜、露、雾等)的直接侵蚀，做好下垫上苫；存入料棚的金属材料主要应防止漏雨；金属库房应保持干燥，其相对湿度应控制在临界湿度以下，因此可综合采用通风、密封和吸湿等方法。

b. 避免库内温度的急剧变化。库内温度的变化直接影响大气的饱和湿度。如果库内温度骤然下降，就有可能出现结露现象，因此应尽量缩小库内外温度和库房内昼夜温差。

c. 尽量避免有害气体的影响。有害气体主要是工业废气，虽然很难避免，但可以采取一些措施减小其危害程度。如果仓库是露天料场，应与产生工业废气的工厂、车间、铁路干线、锅炉房和浴池等保持一定的距离；库房应具有较好的密封性；保管场所应处于有害气体源的上风处等。

d. 防尘除尘，搞好卫生。金属材料上落尘会加速金属的锈蚀，防尘主要是通过对物资的苫盖和密封，除尘主要使用的是除尘器。

e. 文明装卸，防止机械损伤。新出厂的金属材料，特别是新轧制的钢材，表面有一层氧化膜，有一定的防护作用。在装卸搬运过程中，应注意文明装卸，保持保护膜不受损坏。

②喷涂缓蚀防护层。

从金属锈蚀的原理可知，金属锈蚀主要是电化学腐蚀，而电化学腐蚀直接与周围环境有关。为了破坏电化学腐蚀的条件，可在金属表面喷涂缓蚀防护层，将金属与大气在某种程度上隔离开来，起到防锈蚀的作用。常用的防护层有防锈油脂、气相缓蚀剂和可剥性塑料等。

为了保证仓储质量，除了温度、湿度、通风控制外，仓库应根据货物的特性采取相应的保管措施。如对货物进行油漆，涂刷保护涂料，除锈、加固、封包、密封等，发现虫害及时杀虫，释放防霉药剂等针对性保护措施。必要时采取转仓处理，将货物转入具有特殊保护条件的仓库，如冷藏。

2. 库存物的防霉与防虫

(1)防霉。

由于糖类、蛋白质、油脂和有机酸等物质是微生物生长繁殖所必需的营养物质，因此，凡是生物制品(如植物的根、茎、叶、花、果及其制品，动物的皮、毛、骨、肌体、脏器及其制品)，在适宜于菌类生长的条件下，都易发生霉变。矿产品、金属物本身虽不会发霉，但如沾染污垢或有以生物为原料制成的附件、配件，在一定条件下，菌类也会生长。一般仓库中，主要有以下库存物容易生霉：棉麻、纸张等含纤维素较多的物品；鞋帽、纸绢制品(含浆糊、浆料)等含淀粉的物品；皮毛、皮革、丝毛织物等含有蛋白质较多的轻纺类物品；鱼肉蛋乳及制品等含蛋白质较多的物品；烟酒糖茶、干鲜果菜等多种有机物质的物品。

霉腐微生物的生存必须有一定的外界条件，否则就不能生存。因此，要用科学的方法保管物品，使腐霉生物得不到适宜的生存条件。

①影响霉腐微生物生存的外界条件。

a. 水分和空气湿度。当湿度与霉腐微生物自身的要求相适应时，霉腐微生物就生长繁殖旺盛，反之，则处于休眠状态或死亡。部分商品的安全水分与相对湿度要求的参考数据见表 5-8。

表 5-8　部分商品安全水分与相对湿度要求参考数据表

商品名称	安全水分/%	相对湿度/%	商品名称	安全水分/%	相对湿度/%
棉花	11～12	85 以下	皮鞋、皮箱	14～18	60～75
棉布	9～10	50～80	茶叶	10 以下	50 以下
针棉制品	8 以下	50～80	木耳	12～14	65～80
毛织品	9～10	50～80	机制白砂糖	0.1～1	80 以下

b. 温度。根据微生物对温度的适应能力，可将其分为低温性微生物、中温性微生物和高温性微生物。每一类型微生物对温度的要求分为最低生长温度、最适宜生长温度和最高生长温度。超过最低生长温度或最高生长温度的范围，其生长会滞缓或停止。

c. 日光。日光对于大多数微生物的生长都有影响。多数霉腐微生物在日光直射下 1～4 小时即会大部分死亡，所以库存物大都是在阴暗的地方才容易霉腐。

d. 溶液浓度。多数微生物不能在浓度很高的溶液中生长。因为浓度很高的溶液能使菌细胞脱水，造成质壁分离，使其失去活动能力甚至死亡。

e. 空气成分。多数霉腐微生物特别是霉菌，要在有氧条件下才能正常生长，在无氧条件下不形成孢子。二氧化碳浓度的增加不利于微生物的生长，如果改变库存物储存的空气成分，如使二氧化碳逐渐增加，氧逐渐减少，那么微生物的活动能力就要受到限制，甚至死亡。

②防治。

a. 化学药剂防霉。化学药剂能灭杀和抑制霉菌，其主要机理是使菌体蛋白质变性、沉淀、凝固，破坏菌体正常的新陈代谢，降低菌体细胞表面的张力，改变细胞膜的通透性，改变细胞的破裂或分解。在实际应用过程中，这些防霉腐药剂应该是低毒的，要有较强的适用性。

b. 气调防霉腐。霉腐微生物的呼吸代谢都离不开空气、水分和温度这三个因素，只要有效地控制其中的一个因素，就能达到防止库存物发生霉腐的目的。气调防霉腐的方法就是利用这样的原理，根据库存物的不同性能，正确地运用密封、降氧等方法，调控好库内温度、湿度和氧气含量。

【小知识】

反季节水果的新鲜秘籍：气调保鲜储藏技术(CA)

气调保鲜，顾名思义，是利用控制气体比例的方式来达到储藏保鲜的目的。气调保鲜技术是通过调整环境气体来延长食品储藏寿命的技术，其基本原理为：在一定的封闭体系内，通过各种调节方式得到不同于正常大气成分的调节气体，抑制导致食品变败的生理生化过程及微生物的活动。

气调保鲜技术的关键在于调节气体。另外，在选择调节气体组成与浓度的同时，还必须考虑温度和相对湿度这两个十分重要的控制条件。不仅要注意他们的单独影响，尤其须重视由各种条件组成的环境总体的综合影响。

不同品种的苹果需要不一样的存储环境，例如，对低温较为敏感的蜜糖脆苹果，采摘后不能立即置于寒冷的环境之中，而富士苹果不适宜在二氧化碳含量较高的环境中存放。

在气调储藏室中，温度、氧气、二氧化碳和湿度水平都有专门设定，以形成最佳的苹果储存环境。简单来说，气调保鲜技术就是让苹果进入睡眠状态。

CA 技术的出现使苹果在收获后保鲜时间更长久。对于不同品种的苹果来说，温度和气体的设定也不同。目前，CA 存储技术应用非常普遍，人们在淡季杂货店看到的几乎每个苹果都受到过 CA 技术的影响。

资料来源：反季节水果的新鲜秘籍：气调保鲜贮藏技术(CA)，国际果蔬报道[EB/OL]，https://guojiguoshu.com/article/4573，2018-12-11/2023-04-30.

c. 低温防腐霉。多数含水量大、易发生霉腐的生物性物品，如鲜肉、鲜鱼、水果和蔬菜等，长期保管时多采用低温防腐霉的方法。这种方法既可以抑制生物性库存物的呼吸、氧化，又可以抑制霉腐微生物的代谢与生长繁殖。

低温分为冷藏和冷冻两种。冷藏温度一般为 3 ℃～5 ℃，霉菌生长在该温度下受到极大的抑制，但并非死亡，适用于含水量大且不耐冷的食品，如水果、蔬菜等。冷冻温度一般在零下 12 ℃以下甚至更低，在此温度下，霉菌多数死亡，适用于耐低温的食品，如肉类、鱼类等。

d. 干燥防霉腐。干燥防霉腐就是通过减少仓库环境中的水分和库存物本身的水分，使霉腐微生物得不到生长繁殖所需要的水分。目前，主要采用晒干或红外线干燥等方法对粮食、食品等进行干燥保藏。

e. 加强仓储管理。首先，加强入库验收。易霉物品入库，应检验其包装是否潮湿，库存物本身的含水量是否超标，易霉商品在保管期间应特别注意勤加检查，加强保护；其次，选择合理的储存场所。易霉库存物应尽量安排在空气流通、光线较强、比较干燥的库房，并应避免与含水量大的物品储存在一起；再次，合理堆码，下垫隔潮，库存物堆垛不应靠墙靠柱；最后，做好日常的清洁卫生。仓库里积尘就能够吸潮，容易使菌类寄生繁殖。

对于已经发生霉腐但可以救治的商品，应立即采取措施，以免霉腐继续繁殖，造成严重损失。救治发生霉腐的库存物，根据库存物的性质可选择晾晒、加热消毒、烘烤、熏蒸等方法。

(2)防虫。

容易虫蛀的库存物主要是一些营养成分含量较高的动植物加工制成的商品，包括毛丝织品与毛皮制品、竹藤制品、纸张及纸制品、烟叶、卷烟和干果等。仓库害虫在其生活过程中，不但破坏库存物的组织结构，致使商品发生破碎和孔洞，而且还排泄自身的各种代谢废物玷污物品，影响库存物的质量和外观，更严重的会产生有毒物质或传播疾病，如腹泻、呕吐等。

因此，仓库中发生虫蛀如不及时采取措施进行灭杀，则会造成严重的损失。

①杜绝仓库害虫的来源。

杜绝仓库害虫的来源和传播，要做好：库存物原材料的杀虫、防虫处理，在流通过程中要进行严格的检验，发现问题时应禁止调运或采取措施；入库前的虫害检查和处理，入库前要对物品进行仔细检查，如检查包装周围的间隙是否有虫茧形成的絮状物、排泄物和蛀粉等，开包检查时也可通过翻动敲打物品，观察有无蛾类飞动；仓库的环境卫生及设备用具的卫生消毒。

②药物防治。

就是利用有毒的化学药剂，引起害虫内部组织细胞破坏产生病理变化，最后使全部生理机能丧失，直至死亡。比如，通过喂毒、醋杀熏蒸等作用来杀灭害虫。药物防治是当前防治害虫的主要措施，常用的药剂有驱避剂、杀虫剂和熏蒸剂。

仓库害虫的防治方法除了药物防治外，还有高、低温杀虫，缺氧防治，辐射防治以及各种全盛激素杀虫等。

●●●● 本章小结

本章首先介绍了库存物的变化，库存物包括质量变化和价值变化，其中质量变化包括物理机械变化、化学变化和生理生化变化及其他生物引起的变化，库存物的变化必然会引起损耗，库存物的这些变化和损耗与内在因素和外在因素之间的关系。其次重点介绍了库存物养护的方法，包括作业过程控制法、温湿度控制法、金属防锈法和防霉防虫法等，要求学生重点掌握库存物变化的基本原理和库存物的养护方法，并能够在仓储管理中灵活运用。

【案例分析】

京东生鲜仓储管理

京东的生鲜冷库对温控的要求复杂。在京东昆山生鲜冷库基地，根据库存物不同的温控要求，细分成了 3 个冷库。

冷冻库：－18 ℃

冷冻库的温度是智能恒温的，每个库中还放置专用温度计做显示。冷冻库存放的都是需要低温保存的食品，比如进口牛羊肉、海鲜、速冻点心等，都分门别类存储在货架上。在最底层的货架上专门存放爆款产品，既降低分拣工作麻烦的同时，也降低了产品的损耗。

冷藏库：0 ℃～4 ℃

冷藏库的温度设定在 0 ℃～4 ℃，这里存放着苹果、橙子等需要低温保存的水果。不过，并不是所有水果都适合存放在这里。比如杨梅、蓝莓，以及水蜜桃、草莓等，采用的就是产地直采模式，即买家下单后，由产地直接采摘并快递到买家手中，以此来尽可能缩短水果运输的时间。

可见冷藏库中存放的都是一些保鲜期相对长一些又可以承受一定挤压的水果。包装精细、讲究，包装盒中通常都有隔离槽，避免水果因挤压而腐烂变质。

当然，冷藏库也不能给水果独享，一些鲜肉、奶制品等也是在冷藏库中存放的。比如，同样是进口肉类，澳洲产的牛排存放在冷冻库，而另一款牛腩则存放冷藏库。“不同的肉类有不同保存条件，否则容易造成营养流失。”管理员介绍。

控温区：10 ℃～15 ℃

这个仓库的商品种类更为丰富，常见的巧克力、鸡蛋、热带水果等都存放在这个库里。另外，冰激凌也存放在控温区，当然都放在特制的冰柜中。

不过，不管是哪个库，除了相关温控的要求外，冷库对商品保存也都有严格的规定。比如，供应商用冷藏车运输进库前，仓库管理员都会用测温枪去测试冷藏车内的温度是否符合产品保存所需要的温度。以水果为例，管理员还会按照一定标准对其进行挑选，排除磕伤、腐坏、残次的情况，以此来保证品质。

此外，每一款商品都有各自不同的保质期，这些都会在仓储系统中一一对应，并设定锁定期。比如，某款肉制品的保质期为 10 天，那么锁定期可能设置在 5 天，即库存超过 5 天，这批肉就不会被批准出仓，从而确保商品的质量。

思考：结合本章内容，说一说京东是如何进行生鲜品的仓储管理的。

练习与思考

一、单项选择题

1. 在梅雨季节或阴雨天，采用的商品温湿度的控制方法是(　　)。

A. 密封　　B. 通风　　C. 吸潮　　D. 烘干

2. 主要用于刀具、轴承及汽车、自行车零件的防锈方法是(　　)。

A. 涂油防锈　　B. 涂漆防锈　　C. 造膜防锈　　D. 气相防锈

3. 下列材料不能作为密封材料的是(　　)。

A. 防潮纸　　B. 塑料薄膜　　C. 油毡纸　　D. 稻谷壳

4. 主要用于瓦木工具、农具、炊具的防锈方法是(　　)。

A. 涂油防锈　　B. 涂漆防锈　　C. 造膜防锈　　D. 气相防锈

5. 棉、麻、丝等纤维织品，长期日晒会发生褪色现象，这是由于织品的纤维材料被(　　)。

A. 化合　　B. 分解　　C. 氧化　　D. 挥发

二、多项选择题

1. 由商品的生理生化或其他生物引起的库存物变化有(　　)。

A. 呼吸作用　　B. 发芽　　C. 虫蛀　　D. 后熟作用

2. 库存物发生损耗的原因主要有(　　)。

A. 物品本身的理化性质　　B. 自然因素

C. 人为因素　　D. 储存期

3. 仓库质量变化的外在因素，可分为(　　)两大类。

A. 自然因素　　B. 货物的物理性质

C. 货物的机械性质　　D. 人为因素

4. 气调防腐霉的方法有(　　)。

A. 涂油　　B. 涂漆　　C. 密封　　D. 降氧

5. 商品质量变化的类型有(　　)。

A. 物理、机械变化　　B. 化学变化

C. 生化变化　　D. 自然变化

6. 商品常见的物理、机械变化有(　　)等。

A. 挥发　　B. 溶化　　C. 辐射　　D. 渗漏

7. 引起商品变质的主要原因是(　　)。

A. 潮湿　　B. 温度　　C. 干燥　　D. 灰尘　　E. 通风

8. 下列商品的质量变化中，属于化学变化的有(　　)。

A. 熔化　　B. 化合　　C. 老化　　D. 挥发　　E. 发芽

9. 下列商品的质量变化中，属于物理变化的有(　　)。

A. 熔化　　B. 化合　　C. 老化　　D. 挥发　　E. 发芽

10. 影响库存物品质的自然因素包括(　　)。

A. 温度、湿度　　B. 有害气体

C. 日光、雨露尘土杂物　　D. 虫鼠雀害、自然灾害等

三、判断题

1. 库存物常见的物理变化有化合、分解、氧化、聚合、老化、风化、陈化等形式。(　　)

2. 粮食、水果、蔬菜、鲜鱼、鲜肉、鲜蛋等有机体库存物，在储存过程中受到外界条件的影响和其他的生物作用，往往会发生呼吸、发芽、胚胎发育、后熟、霉腐、虫蛀等变化。(　　)

3. 习惯上人们所讲的锈蚀常常是指金属在大气中的锈蚀。(　　)

4. 仓库温度的控制既要注意库房内外的温度，也要注意库存物本身的温度。(　　)

5. 在绝对湿度和气压不变的情况下，气温降低，空气当中的水蒸气的含量达到饱和的状态，此时的温度称为露点。露点常常比气温高。(　　)

四、简答题

1. 简述库存物保养的基本原则。

2. 空气湿度的表示方法有哪几种？这些方法各自的含义是什么？

3. 对仓库进行温度和湿度控制的方法有哪些？

4. 简述金属除锈的方法。

5. 如何防止库存物发生霉腐？

五、应用题

1. 某仓库为某存货人储存一批皮革及其制品，请你帮助该库进行货物储存安排，并回答下列问题：

(1)该种商品在储存中会发生怎样的变化？

(2)这种商品应如何进行储存保管？

2. GKL 连锁超市集团租用了 XY 公司的库房放方便面、饼干等纸箱装干货，货物存储现状描述如下：货物外包装箱上有灰尘；温度控制表记录的温度最高为 45 ℃，最低为

−7 ℃；湿度计显示记录为75％左右；仓库日常检查中发现一些小虫子，并发现老鼠痕迹；仓库的窗户很多，阳光能够直接照射到存储的货物上面。

根据材料回答下列问题：

(1)请根据以上描述，说出该仓库中影响产品质量的因素。

(2)针对这些现象提出解决方法。

课后实践

请对当地某企业库存物保养的现状进行调研，并结合所学知识对该企业库存物保养中存在的问题提出合理化建议。

第六章

库存控制

●●●● 学习目标

本章主要介绍了库存的基本概念、分类及库存控制的含义。要求通过本章的学习理解库存及库存控制的含义和分类，了解库存的作用及库存合理化的内容，掌握传统的库存控制方法(定量订货法和定期订货法及经济订货批量模型)，掌握现代库存管理技术(ABC 分类库存管理法、MRP 技术)以及几种新型的库存管理策略(JIT 库存管理法、供应商管理库存 VMI、联合库存管理 JMI)。

【案例导入】

某机械公司仓库数量决策

某机械公司是一家以机械制造为主的企业，该企业长期以来一直以满足顾客需求为宗旨。为了保证供货，该公司在美国本土建立了 500 多个仓库。但是仓库管理成本一直居高不下，每年大约有 2 000 万美元。所以该公司聘请一调查公司做了一项详细调查，结果为：以目前情况，如果减少 202 个仓库，则会使仓库管理总成本下降 200 万～300 万美元，但是由此可能会造成供货紧张，销售收入也可能会随之下降 18%。

资料来源：仓储案例集．豆丁网[EB/OL]．2016-02-16/2019-12-11.

思考：如果你是该企业总裁，你是否会根据调查公司调查的结果来减少仓库数量？为什么？如果不这样做，你又如何决策？

第一节 库存控制概述

中央财经委员会第八次会议专门研究了畅通国民经济循环和现代流通体系建设问题，特别强调，流通体系在国民经济中发挥着基础性作用，构建新发展格局，必须把建设现代流通体系作为一项重要战略任务来抓。要统筹推进现代流通体系硬件和软件建设，发展流通新技术新业态新模式，要加快建立储备充足、反应迅速、抗冲击能力强的应急物流体系。

现代仓储作为物流体系中的重要一环，数字化、智能化、信息化已成为必然趋势。但制造企业用工成本的不断增加，为降低物流成本提出新的要求。据中国物流与采购联合会每年公布的全国物流运行情况通报数据显示，仓储成本在物流总成本中占比达到30%以上，库存持有成本作为仓储成本的主要构成项目之一，其水平高低在很大程度上影响着仓储成本甚至是物流总成本的高低。因此，对库存水平进行科学控制、合理优化，有利于推进现代物流提质、增效、降本。

一、库存的含义及种类

库存"Inventory"是指处于储存状态的商品，即某段时间内持有的存货或是作为今后按预定的目的使用而处于闲置或非生产状态的物料。在生产制造企业，库存包括原材料、产成品、备件、低值易耗品以及在制品；在商业流通企业，库存一般包括用于销售的商品以及用于管理的低值易耗品。库存是仓储的基本功能。它除了进行商品的储存和保管外，还具有整合需求与供给，保持物流系统中各项活动顺利进行的功能。企业为了能够及时满足内部生产及客户的进货需求，就必须要经常保持一定数量的原材料库存和商品库存。配送中心为了满足客户的配送要求，也必须预先储存一定数量的商品。若存货不足，不能及时满足供货需求，则会造成企业生产供应中断，或向客户供货的不及时，以及由此带来的供应链断裂、丧失市场占有率和失去客户等损失。而任何库存都需要一定数量的维持保管费用，同时还存在由于商品积压和损坏而带来的库存风险。因此，在库存管理中既要保持合理的库存数量，防止缺货和库存不足而给企业带来损失，又要避免库存水平过高，发生不必要的库存费用，而给企业带来仓储成本的上升。

按照不同的分类标准，库存可分为以下几种。

1. 按生产过程分类

(1)原材料库存：是指企业已经购买，但尚未投入生产过程的存货。

(2)在制品库存：是指经过部分加工，但尚未完成的半成品存货。

(3)产成品库存：是指已经制造完成并正等待装运发出的存货。

2. 按库存所处状态分类

(1)在库库存：指存储在企业仓库中的库存，是存货的主要形式。

(2)在途库存：指生产地或储存地之间的库存，这些物资或正在运载工具上，处于运输状态，或者在中途临时储存地，暂时处于待运状态。如果运输距离长，运输速度慢，在途库存甚至可能超过在库库存。

3. 按存货目的分类

(1)经常库存：经常库存也叫周转库存，是为了满足两次进货期间市场的平均需求或生产经营的需要而储存的货物。存货量受市场平均需求、生产批量、运输中的经济批量、资金和仓储空间限制、订货周期、货物特征等多种因素的影响。

(2)安全库存：指为防止需求波动或订货周期的不确定而储存的货物。安全库存与市场需求特性、订货周期的稳定性密切相关。市场需求波动越小或需求预测准确，订货周期确定，所需的安全库存越少。如果企业能对市场作出完全准确预测、订货周期固定，可以不必保有这部分库存。

(3)促销库存：在企业促销活动期间，一般会出现销售量一定幅度的增长，为满足这类预期需求而建立的库存，称为促销库存。

(4)投机性库存：指以投机为目的而储存的物资。对一些原材料，如铜、黄金等，企业购买并储存的目的常常不是为了经营，而是为了作价格投机。

(5)季节性库存：是指为满足具有季节性特征的需要而建立的库存，如水果等农产品以及空调、冬季取暖用煤、夏季防汛产品。

二、库存的作用

在实际经济生活中，商品的流通是动态和静态并存的，而作为静态表现形态的库存是商品流通的暂时停滞，是商品流通的必需条件，“没有储存就不会有商品流通”。因此，库存在商品流通中具有重要的作用。

1. 调节供需矛盾，消除生产与消费之间的时间差异

不同的产品，其生产和消费情况是不同的。有些产品的生产时间相对集中，而消费则是均衡的；有些产品生产是均衡的，而消费则是不均衡的。如粮食的季节收获，均衡消费；夏凉商品的均衡生产，集中消费。这些都表明，生产与消费之间，供给与需求之间，在一定程度上存在着时间上的差别。为了维护正常的生产秩序和消费秩序，尽可能地消除供求之间、生产与消费之间这种时间上的不协调性，库存起到了调节作用，它能够很好地平衡供求关系，生产与消费关系，缓冲供需之间的矛盾。

2. 保持生产活动的连续性和稳定性

在生产经营活动中，制订生产经营计划，提出原材料供给计划、供应商发运货物、运输、检验、进行生产直到把货物送到消费者手中，每个环节都需要一定的时间。如果没有库存，就可能造成由于原材料供应脱节等而导致生产的中断和波动，如果备有存货，就能保持生产的稳定性和连续性。

3. 降低产品成本、实现规模经济效益

生产、运输都需要一定的规模才能有效益，必需的库存有助于实现生产、采购和运输的规模经济效益。运输成本的特性决定了大型运输工具可以实现较低的单位运输成本，而大批量的生产则可以降低制造成本，大批量的采购则可以从供货商那里得到优惠，所有这些对总成本的降低都无疑有着积极的作用。

4. 缓解供应链各个环节上，上下游企业之间的供需矛盾

保持合理的原材料和产成品库存，可以消耗或避免因上游供应商原材料供应不及时而

在需要进行紧急订货时增加的物流成本，也可以消除或避免下游销售商由于销售波动进行临时订货而增加的物流成本。

在了解库存带来的积极的作用的同时，我们还应了解不合理库存带来的负面作用，现代化的物流企业应当尽量减少库存。

第一，库存加大会占用企业资金，增加成本，延缓资金周转速度，影响企业经济效益。在市场经济环境下，企业间竞争日趋激烈，降低成本已成为企业管理中的重要环节。超量的库存会占压大量的资金，成为企业背负的沉重包袱。另外，企业为满足市场不断变化的需求，不断研发新的产品、品种、花色，产品的经营流通周期越来越短，一些过时的产品也会造成库存的积压，使一些企业不堪重负。据统计，一些生产厂商库存资金已占总资金的30%以上，而批发商、零售商的库存比例更高，达到50%以上。

第二，超量的库存会加大物流管理的困难。库存量越大无疑给仓储设施、仓储管理、运输管理带来的压力越大，从而加大这方面的投入。因此，通过减少库存、降低物流成本，追求最大的经济效益，已成为现代物流企业追求的重要目标。

第三，超量的库存会掩盖产品质量上的缺陷，也会影响产品开发的过程。有些产品生产出来不是立即投入使用，而要经过或长或短的存储，生产中的质量问题就与仓储保管问题相混淆，不利于及时判断质量问题产生的原因并得到及时纠正。同时，由于产品库存积压，资金流动不畅，还会影响企业研发新产品、新品种步伐，不利于产品的更新换代。

三、库存控制

在谈到所谓“库存控制”的时候，很多人将其理解为“仓储管理”，这实际上是个很大的曲解。

传统的狭义观点认为，库存控制主要是针对仓库的物料进行盘点、数据处理、保管、发放等。这只是库存控制的一种表现形式，或者可以定义为实物库存控制。那么，如何从广义的角度去理解库存控制呢？库存控制(Inventory Control)应该是为了达到公司的财务运营目标，特别是现金流运作，通过优化整个需求与供应链管理流程(Supply Chain Management Processes，DSCMP)，合理设置ERP控制策略，并辅之以相应的信息处理手段、工具，从而实现在保证及时交货的前提下，尽可能降低库存水平，减少库存积压与报废、贬值的风险。从这个意义上讲，实物库存控制仅仅是实现公司财务目标的一种手段，或者仅仅是整个库存控制的一个必要的环节；从组织功能的角度讲，实物库存控制主要是仓储管理部门的责任，而广义的库存控制应该是整个需求与供应链管理部门，乃至整个公司的责任。

为什么直到现在还有很多人对库存控制的理解仅仅局限于实物库存控制呢？以下几方面的原因是不可忽视的。

第一，我们的企业不重视库存控制。特别是那些效益比较好的企业，只要有钱赚，就很少有人去考虑库存周转的问题。库存控制被简单地理解为仓储管理，除非到了资金紧张的时候，才可能有人去关注库存问题，而结果也往往是很简单，或者是因为采购买多了，或者是归于仓储部门的工作没有做好。

第二，ERP的误导。一些企业简单地将进、销、存软件称之为ERP，认为企业使用了所谓的ERP就可以降低库存，似乎库存控制就靠软件就可以搞定。这实际上就是把简单的仓储管理功能定义为“库存控制”或者“库存管理”。

第三，对市场预期销售判断严重超实。由于市场是时刻在变化的，但是由于对市场销售判断远远超过了实际的市场销售量，就会由于产品不能及时销售出去而造成库存。对于这一点只有在长期销售中总结经验，对市场的预判切忌过“左”或过“右”。

因此，从广义的角度理解库存控制，其重点应该包括以下几点。

(1)库存控制的根本目的。我们知道，所谓世界级制造的两个关键考核指标(KPI)就是：客户满意度以及库存周转率，而这个库存周转率实际上就是库存控制的根本目的所在。

(2)库存控制的手段。库存周转率的提高，单单靠所谓的实物库存控制是远远不够的，它应该是整个需求与供应链管理这个大流程的输出。这个大流程除了包括仓储管理这个环节之外，更重要的部分还包括：预测与订单处理，生产计划与控制，物料计划与采购控制，库存计划与预测本身，以及成品、原材料的配送与发货的策略，甚至包括海关管理流程，等等。而伴随着需求与供应链管理流程的整个过程，则是信息流与资金流的管理。也就是说，库存本身是贯穿于整个需求与供应管理流程的各个环节，要想达到库存控制的根本目的，就必须控制好各个环节上的库存，而不是仅仅管理好已经到手的实物库存。

(3)库存控制的组织结构与考核。既然库存控制是整个需求与供应链管理流程的输出，要实现库存控制的根本目的就必须要有一个与这个流程相适应的合理的组织结构。直到现在，我们可以发现，很多企业只有一个采购部，采购部负责管理仓库。这是远不能适应库存控制要求的。从需求与供应链的管理流程分析，我们知道，采购与仓储管理都是典型的执行部门，而库存的控制应该以预防为主，执行部门是很难去“预防库存”的。原因很简单，他们的考核指标在很大程度上是为了保证供应(生产、客户)。如何根据企业的实际情况，建立合理的需求与供应链管理流程，从而设置与之相应的合理的组织结构，是一个值得我们很多企业探讨的问题。

四、库存管理

库存管理的主要目的是用最低的费用、适宜的地点和适宜的时间获得适当数量的原材料、消耗品、半成品和最终产品。在实际生产经营过程中，由于某种原因和一些人为因素，常常导致企业库存增加，这就需要制定合理的库存管理目标，利用现代科学手段，提高库存管理水平。

为了搞好库存管理，首先应弄清库存增加的原因，如由于设计部门计划不周全、技术不成熟、不完善造成对物料所需数量的把握上出现误差，或由于产品设计上的缺陷造成成品的积压；由于营业部门对未来的市场变动预测不准确造成的订货变更、延期或中止等；由于制造厂商的计划出现偏差等原因，造成搬运等待、加工等待等现象发生，使生产制造工程延迟，在制品或半成品出现增加；由于管理人员的管理水平低下造成库存增加等。

上述情况说明，库存增多的因素是多方面的，降低库存不仅是库存管理部门的责任，更需要企业各个部门的协调配合。因此，库存管理的主要任务如下。

(1)合理有效地运用资金。

(2)以最低的库存量促进销售活动。

(3)及时准确把握库存状况。

(4)降低库存费用。

(5)把握适量的库存量。

(6)缩短采购时间。

(7)力求实现作业的安定化。

(8)物料搬运合理化。

(9)防止仓储物品腐化变质。

(10)科学地使用仓库面积等。

五、库存合理化

库存合理化就是指以最经济的方法和手段从事库存活动，并发挥其作用的一种库存状态及其运行趋势。具体来说，库存合理化包含以下内容。

1. 库存设施及库存技术合理化

库存设施是指用于库存的基础设备；库存技术是指对库存物资进行有效维护和保养的方法。实践证明，库存基础设施数量不合理或技术水平落后，就会影响库存功能作用的有效发挥，也会增加储存物资的成本而影响库存的整体效益。因此，库存基础设施的配置和库存技术的采用，应以能够有效地实现库存职能，满足生产和消费需要为基准，以达到合理化的要求。

2. 组织管理科学化

库存的组织管理科学化是指存货数量应保持在合理的限度之内，货物存储的时间应短，货物周转速度应快，既能满足生产和消费的需要，又不能出现缺货现象。

3. 库存结构合理化

合理的库存结构是指在总量上和存储时间上，库存物资的品种和规格的比例关系基本上是协调的。在社会化大生产条件下，为了发展规模经济和提高生产、流通的经济效益，库存适当集中应当是库存合理化的一个重要标志。因为，库存适当集中，除了有利于采用机械化、现代化方式进行各种操作外，更重要的是，它可以在降低存储费用和运输费用以及在提供保供能力等方面取得优势。

第二节　ABC 分类库存管理法

企业的库存空间和资金都是有限的。要使这些有限的空间和资金取得最大的效益，加强货物的结构管理是非常重要的。对于大量的库存品种，库存管理部门依照每种物品的重要性进行必要的分类，这可以从资金占用方面更好地控制库存。ABC 分类管理法是库存管理中常用的方法。

一、ABC分类管理法简介

ABC分类管理法是1951年由管理学家戴克首先倡导的，是经济学中帕雷托原理在库存管理中的应用。它将库存的物资按照品种数和一定期间内的消耗金额分为A、B、C三类进行管理，是一种存货分类管理方法。

二、ABC分类管理法的基本原理

ABC分类管理法是以帕雷托曲线分析法为理论基础的。帕雷托曲线分析法是意大利经济学家帕雷托发明，用以表示财富分配的不平等和不均衡程度的一种方法。他在研究人口和收入的规律时，发现占人口比重不大的少数人的收入占总收入的大部分，而大多数人的收入却占总收入中很小的一部分。帕雷托用图像把人口和收入的关系表现出来，这就是"帕雷托曲线"。后来人们把这种分析法归纳为"关键的少数和次要的多数"这样一句话，也有人称之为"20—80"理论，也就是说20%的关键因素一般能带来80%的结果，并把这一方法推广到其他领域，发展成为人们所说的ABC分类管理法。

库存管理工作是相当复杂的，在众多的库存物资中，每一种物资的比重和管理方法并不相同。根据"20—80"管理法则，库存物资中的一般规律是：仅占总品种数20%的物资，其消耗的金额却占了总金额的80%，我们把这类物资命名为A类物资；占总品种数20%～30%的物资，其消耗的金额占总金额的15%，我们把这类物资命名为B类物资；占总品种数50%～60%的物资，其消耗的金额占总金额的5%，我们称这类物资为C类物资。

从ABC分类管理法的原理可以看出，在库存管理上只要对20%的物资进行重点管理就可以解决80%的库存问题。如果企业先对物资进行分析，再采用ABC分类管理法对不同类别的库存进行管理，将使库存管理更加高效。ABC分类管理法的关键就是分清"关键的少数和次要的多数"，抓住"关键的少数"是降低存货水平和进行库存管理的关键。

三、ABC分类管理法的步骤

ABC分类管理法的步骤主要如下。

第一步：资料收集及记录。

库存管理部门在卡片上将库存货物按品种记录其供应金额，如表6-1所示。

表6-1　库存控制卡

库存品名		调查时间	
年供应金额		调查结果	
调查者			

第二步：排列。

把卡片按照供应金额大小顺序排列，计算出累计供应金额对年总供应金额的百分比，具体算法如表6-2所示。

表 6-2 ABC 分类计算表

品种	年供应金额/万元	累计供应金额/万元	累计供应金额百分比/%	品种累计数百分比/%
YH-1 型	210	210	70	10
YH-2 型	30	240	80	20
YH-3 型	25	265	88.3	30
YH-4 型	12	277	92.3	40
YH-5 型	8	285	95	50
YH-6 型	6	291	97	60
YH-7 型	3	294	98	70
YH-8 型	3	297	99	80
YH-9 型	2	299	99.7	90
YH-10 型	1	300	100	100
总计	300	—	—	—

第三步：分类。

按照表 6-2 中的累计供应金额百分比和品种累计数百分比进行分类。

品种累计数百分比不超过 20%的货物，累计供应金额占全部累计供应金额的 80%，如 YH-1 型、YH-2 型货物，称为 A 类；品种累计百分比占 50%，累计供应金额占全部累计供应金额 5%的 YH-6 型～YH-10 型货物，称为 C 类；介于 A 类和 C 类之间的 YH-3 型、YH-4 型和 YH-5 型三种货物，称为 B 类。

第四步：绘制 ABC 分析图。

ABC 分析图的绘制以品种累计数百分比为横坐标，以累计供应金额百分比为纵坐标，按照 ABC 分类计算表中提供的数据，在坐标图上取点，并连接各点形成的曲线，则绘成 ABC 分析图，如图 6-1 所示。

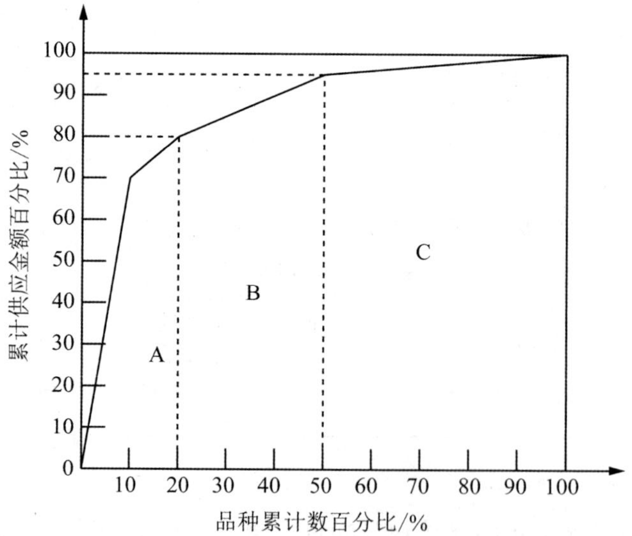

图 6-1 ABC 分析图

四、对各类物资的管理

对各种库存货物进行分类以后，库存管理部门就可以针对每种货物的不同类别施以相应的库存管理，以此来促进物流的合理化，降低物流成本。

1. A 类货物的库存管理

A 类货物库存品种不多，但占用资金量很大，若想在资金利用方面取得更好的经济效益，库存管理部门必须对其实行精确的定期库存控制。对 A 类库存货物，需要有详细的进出库记录，经常检查库存情况，精心做好货物存储工作，随时提供准确的库存信息，进行严格控制，在满足企业内部需要和客户需要的前提下，维持尽可能低的经常库存量和安全库存量。

在库存配置上，应把 A 类货物储存在靠近客户的配送中心，客户一发生订货就能马上送到客户手上，以便提供及时优质的服务。

2. B 类货物的库存管理

对于 B 类库存货物的控制，库存管理部门可以用定期库存控制，也可通过定量库存控制，库存的数量可以按照各种具体情况来决定。

3. C 类货物的库存管理

C 类库存品种多，但占用资金较少，用比较简单的订货点法进行控制即可。在库存配置上，可以经常性地放置在工厂仓库中加以控制。

第三节　确定性需求库存控制

一、经济订货批量法

所谓经济订货批量法(Economic Order Quantity，EOQ)，就是使库存总成本达到最低的订货数量，它是通过平衡订货成本和储存成本两方面得到。当订货成本和储存成本达到均衡时，库存总成本最低。

(一)库存控制模型中的费用构成

库存控制模型中的费用主要包括如下几种。

1. 储存保管费用

储存保管费用即储存成本，是指企业为保持存货而发生的成本，包括存储设施的成本、仓储费、搬运费、保险费、折旧费、占用资金的利息及被存储物资发生变质损坏等支出的费用。储存成本可以分为固定成本和变动成本两部分，其中固定成本与存货数量的多少无关，变动成本与存货数量的多少有关。因此储存成本为：

$$\begin{aligned}\text{储存成本}&=\text{固定储存成本}+\text{变动储存成本}\\&=\text{固定储存成本}+\frac{\text{单位产品年变动储存成本}\times\text{每次订货数量}}{2}\text{。}\end{aligned}$$

即

$$TC_c=F_1+\frac{K_cQ}{2}\text{。}$$

式中，TC_c——储存成本；

F_1——固定储存成本；

K_c——单位产品年变动储存成本；

Q——每次订货数量，即订货批量。

2. 订货费用

订货费用即订货成本，是指企业为了实现一次订货而支出的各种费用的总和，如差旅费、通信费、手续费、办公费及跟踪订单的成本等。它包括两部分，一部分是与订货次数无关的固定费用，另一部分是与订货次数有关的变动费用。因此订货成本为：

$$\begin{aligned}\text{订货成本} &= \text{订货固定成本}+\text{订货变动成本}\\ &= \text{订货固定成本}+\text{每次订货变动成本}\times\text{订货次数}\\ &= \text{订货固定成本}+\frac{\text{每次订货变动成本}\times\text{年需求量}}{\text{每次订货数量}}\text{。}\end{aligned}$$

即

$$TC_a = F_2 + \frac{K_a D}{Q}\text{。}$$

式中，TC_a——订货成本；

F_2——订货固定成本；

K_a——每次订货的变动成本；

D——年需求量；

Q——每次订货数量，即订货批量。

3. 缺货费用

缺货费用即缺货成本，是指由于存货不能满足生产经营活动的需要而造成的损失，如停工损失、延期交货损失、失销损失、失去客户的损失、商誉损失、紧急采购额外支出等。因此缺货成本为：

$$\begin{aligned}\text{缺货成本} &= \text{单位缺货成本}\times\text{缺货数量}\times\text{订货次数}\\ &= \text{单位缺货成本}\times\text{缺货数量}\times\frac{\text{年需求量}}{\text{每次订货数量}}\text{。}\end{aligned}$$

即

$$TC_s = K_s SN = K_s S \times \frac{D}{Q}\text{。}$$

式中，TC_s——缺货成本；

K_s——单位缺货成本；

S——缺货数量；

N——订货次数；

D——年需求量；

Q——每次订货数量，即订货批量。

在上述各项费用中，订货固定成本、每次订货的变动成本、年需求量、固定储存成本、单位产品年变动储存成本等都是相对固定的常数，唯有每次订货数量是一个变数，且是一个最关键的因素，订货成本、储存成本、缺货成本等都会随着每次订货数量的变化而变化。因此，只有确定出最佳的每次订货数量，才能达到库存总成本最小的目标。所以，确定经济订货批量是非常重要的。

(二)经济订货批量的基本模型

经济订货批量基本模型的假设条件：商品需求量均衡、稳定；年需求量为固定常数；企业能够及时补充存货，不考虑缺货成本；集中到货；存货单价不变，不考虑现金折扣和数量折扣。

则　　库存总成本=储存成本+订货成本，

即　　$TC = TC_c + TC_a$

$$= F_1 + \frac{K_c Q}{2} + F_2 + \frac{K_a D}{Q}。$$

在上述公式中，F_1、F_2 相对固定，可以暂不考虑，所以库存总成本的大小完全由订货变动成本和变动储存成本决定，而其中每次订货批量是最关键的因素，库存总成本与订货批量之间的关系如图 6-2 所示。

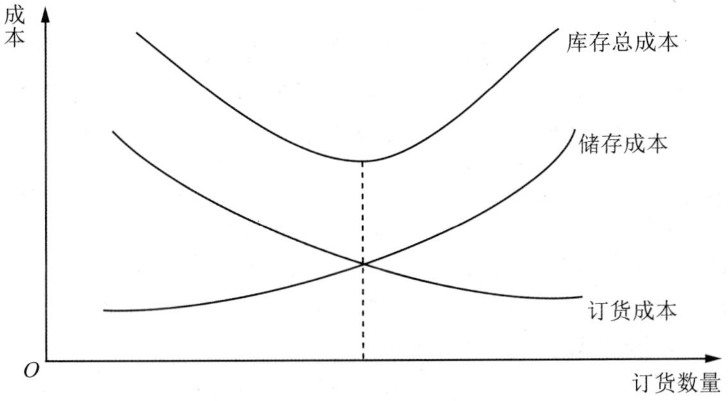

图 6-2　经济订货批量模型

从图 6-2 可以看出，储存成本随订货数量增加而增大，订货成本随订货数量增加而减少，只有当订货成本和储存成本均衡时，库存总成本才会最小。因此，根据

$$\frac{K_c Q}{2} = \frac{K_a D}{Q},$$

得出经济订货批量公式为

$$Q^* = \sqrt{\frac{2K_a D}{K_c}}。$$

根据经济订货批量公式，还可以推算出以下公式：

每年最佳订货次数

$$N^* = \frac{D}{Q^*},$$

最佳库存总成本　　$TC^* = \sqrt{2DK_a K_c}$。

例 6-1　某公司 A 商品年销售量为 40 000 台，该产品的单位储存成本为 40 元/台，一次订货成本为 2 000 元，要求计算：

(1)经济订货批量 Q^* 和最佳订货次数 N^*；

(2)最佳库存总成本 TC^*。

解：经济订货批量

$$Q^*=\sqrt{\frac{2\times 2\ 000\times 40\ 000}{40}}=2\ 000(\text{台})。$$

最佳订货次数

$$N^*=\frac{40\ 000}{2\ 000}=20(\text{次})。$$

最佳储存总成本

$$TC^*=\sqrt{2\times 40\ 000\times 2\ 000\times 40}=80\ 000(\text{元})。$$

二、定量订货法

(一)定量订货法的概念

定量订货法是指当库存量下降到预定的最低库存量(订货点)时，按规定数量(一般以经济批量 EOQ 为标准)进行订货补充的一种库存控制方法。它主要依靠控制订货点和订货批量两个参数来控制订货进货，达到既最好地满足库存需求，又能使总费用最低的目的。

(二)定量订货法的基本原理

定量订货法的原理是：预先确定一个订货点 Q_k 和订货批量 Q^*，在销售过程中，随时检查库存，当库存下降到 Q_k 时，就发出一个订货批量 Q^*，一般取经济批量 EOQ(Economic Order Quantity)。库存量的变化如图 6-3 所示。

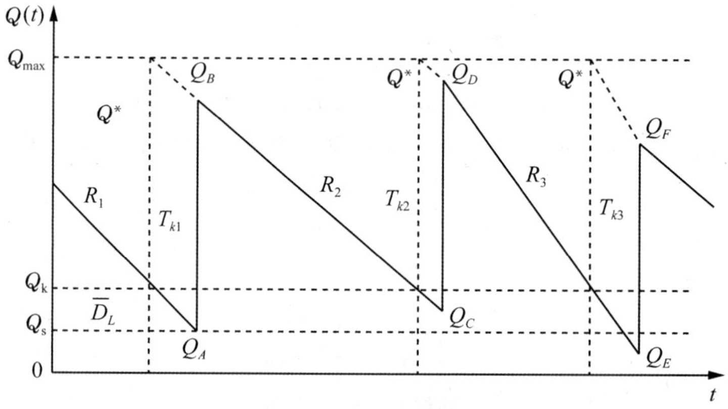

图 6-3 定量订货法下库存量的变化

图 6-3 是定量订货法下库存量变化的一般情况，每一阶段库存下降的速率 R 和订货点的时间间隔都是随机变量，即 $R_1\neq R_2\neq\cdots\cdots\neq R_n$，$T_{k1}\neq T_{k2}\neq\cdots\cdots\neq T_{kn}$。在出库的第一阶段，库存以 R_1 的速率下降，当库存下降到 Q_k 时，就发出一个订货批量 Q^*，此时的名义库存增加了 $Q_{\max}$，达到 $Q_{\max}=Q_k+Q^*$，进入第一个订货提前期 T_{k1}，在 T_{k1} 内库存继续以 R_1 的速率下降至 Q_A 点时，新订货物到达，此时 T_{k1} 结束，实际库存为 $Q_B=Q_A+$

Q^*。在出库的第二阶段，库存以 R_2 的速率下降，并且假设 R_2 小于 R_1，这样导致库存的消耗周期要长于第一阶段，当库存下降到 Q_k 时，又发出一个订货批量 Q^*，这时的名义库存又上升到 $Q_{max}=Q_k+Q^*$，进入第二个订货提前期 T_{k2}，在 T_{k2} 内库存继续以 R_2 的速率下降到 Q_C 点，第二批订货到达，T_{k2} 结束，实际库存又升高了 Q_D 点，实际库存为 $Q_D=Q_C+Q^*$。在出库的第三阶段，库存以 R_3 的速率下降，且假设 $R_3>R_1>R_2$，因此会导致 T_{k3} 结束时库存量下降到 Q_E 点，这时动用了安全库存 Q_S，第三批订货到达时实际库存上升到 $Q_F=Q_E+Q^*$，很明显，这时的实际库存比 Q_B 点和 Q_D 点的实际库存都低。

通过对图 6-3 的分析，我们可以得出以下结论：

(1)订货点 Q_k 包括两部分：第一部分为 Q_s 安全库存，第二部分为 $\overline{D_L}$ 即各订货提前期内销售量的平均值。

(2)在整个库存变化中所有的需求量得到满足，没有缺货现象，但第三阶段的销售动用了安全库存 Q_s，如果 Q_s 设定太小的话，则 T_{k3} 期间的库存曲线会下降到横坐标线以下，出现负库存，即出现缺货。因此安全库存的设置是必要的，它会影响库存的水平。

(3)由于控制了订货点 Q_k 和订货批量 Q^*，使得整个系统的库存水平得到了控制，名义库存 Q_{max} 不会超过 Q_k+Q^*，实际最高库存 Q_B，Q_D，Q_F 不会超过 $Q_k+Q^*-\overline{D_L}$。从而使库存费用得到控制。

(三)定量订货法控制参数的确定

在定量订货法的实施过程中，关键在于两个控制参数的确定，即订货点 Q_k 和订货批量 Q^*。

1. 订货点的确定

在定量订货法中，发出订货时仓库里该品种保有的实际库存量叫作订货点。影响订货点的因素有三个：订货提前期、平均需求量、安全库存。根据这三个因素就可以简单地确定订货点。它是直接控制库存水平的关键。计算公式如下：

订货点 Q_k =(平均需求量×订货提前期)+安全库存。

例 6-2 假设某企业 A 商品的安全库存为 150 件，平均每日需要量为 50 件，订货提前期为 8 天，确定该企业 A 商品的订货点。

解：根据公式计算如下：

订货点=(50×8)+150=550(件)。

2. 订货批量的确定

订货批量就是一次订货的数量。它直接影响库存量的高低，同时也直接影响物资供应的满足程度。在定量订货法中，对每一个具体的品种而言，每次订货批量都是相同的，通常是以经济批量作为订货批量。

经济批量可参考前面介绍过的经济批量订货法。

(四)定量订货法的优缺点及适用范围

定量订货法使得物流企业库存控制的操作过程变得简单易行，订货点、订货批量一经确定，企业的收货、验收、保管和批发等工作就可以利用现成的规格化器具和结算方式来进行，可节省搬运、包装等方面的工作量；同时，可充分发挥经济订货批量的作用，使平均库存量和库存费用最低。但这种订货法也有它的局限性，如需要花费较大的人力和物力随时进行盘存；订货模式过于机械；订货时间不能预先确定，不便于进行严格的管理等。这种方法适合于订购单价便宜，且不便于少量订购的物品，如螺栓、螺母等；需求预测较困难的维修物料；品种数量繁多、库存管理工作量大的物品；计算清点较为复杂的物品及需求总量比较平稳的物品。

三、定期订货法

(一)定期订货法的概念

定期订货法就是按照预先确定的订货时间间隔进行订货补充的一种库存控制方法。它主要通过控制订货周期和最高库存量来达到控制库存的目的。只要订货周期和最高库存量控制合理，就可能实现既保障需求、合理存货，又节省库存费用的目标。

(二)定期订货法的基本原理

定期订货法的原理是：预先确定一个订货周期 T 和最高库存量 Q_{max}，在销售过程中，周期性地检查库存，根据最高库存量、实际库存、在途订货量和待出库商品数量，计算出每次订货批量，发出订货指令，组织订货。其库存量的变化如图 6-4 所示。

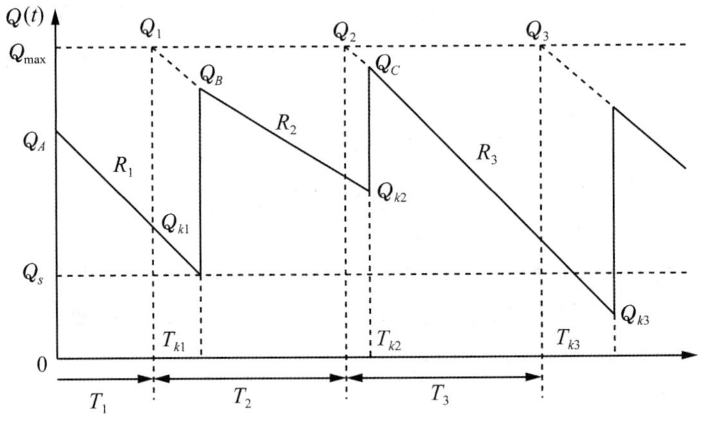

图 6-4 定期订货法下库存量的变化

图 6-4 是定期订货法下库存量变化的一般情况，每一个订货周期内库存下降的速率和订货提前期不同，但订货周期 T(即订货间隔期)都是相同的，即 $R_1 \neq R_2 \neq \cdots\cdots \neq R_n$，$T_{k1} \neq T_{k2} \neq \cdots\cdots \neq T_{kn}$，$T_1 = T_2 = \cdots\cdots = T_n$。在第一个周期，库存以 R_1 的速率下降，因为预先确定了订货周期 T，也就是规定了订货时间，所以，到了订货间隔期 T_1 结束时，无论库存还有多少，都要发出订货，即当库存由 Q_A 点降至 Q_{k1} 点时，就要结合在途货物和待出库货物数量，发出一个订货批量 Q_1，使名义库存上升到 Q_{max}，然后进入第二周期。在第二个周期，随着订货提前期 T_{k1} 的结束，所订货物到达，实际库存上升到 Q_B 点。这

一阶段库存以 R_2 的速率下降，经过一个订货间隔期 T_2 后，库存由 Q_B 点下降至 Q_{k2} 点，这时又要发出一个订货批量 Q_2，使名义库存上升到 Q_{max}，进入第三周期。在第三周期，随着订货提前期 T_{k2} 的结束，所订货物到达，实际库存上升到 Q_C 点，这一阶段库存又以 R_3 的速率下降，经过一个订货间隔期 T_3 后，库存又由 Q_C 点降至 Q_{k3} 点，此时再发出一个订货批量 Q_3，名义库存又回到 Q_{max}。

(三)定期订货法控制参数的确定

在定期订货法的实施过程中，关键在于以下参数的确定。

1. 订货周期的确定

订货周期就是订货间隔期，实际上就是定期订货法的订货点。它与定量订货法的订货间隔期不同，定量订货法的订货间隔期可能互不相等，但定期订货法的订货间隔期都是相等的。订货间隔期的长短直接决定了最高库存量和库存水平的高低，因而也就决定了库存费用的多少。所以订货间隔期不能太长，否则会使库存费用过高；也不能太短，订货间隔期太短会增加订货次数，而使订货费用增加，进而增加库存总成本。一般情况下，用经济订货周期作为定期订货法的订货周期。计算公式如下：

$$T^*=\sqrt{\frac{2K_a}{K_cD}},$$

式中，T^*——经济订货周期；

K_a——每次订货成本；

K_c——单位商品年储存成本；

D——单位时间内库存商品需求量(销售量)。

2. 最高库存量的确定

定期订货法的最高库存量应该以满足$(T+T_K)$期间的需求量为依据，所以我们可以以$(T+T_K)$期间的库存需求量为基础，考虑到随机发生的不确定库存需求，再设置一定的安全库存，这样我们就可以简化地求出最高库存量了。其计算公式是：

$$Q_{max}=\overline{R}(T+\overline{T_k})+Q_s,$$

式中，Q_{max}——最高库存量；

$\overline{R}$——$(T+\overline{T_K})$期间的库存需求量平均值；

T——订货周期；

$\overline{T_k}$——平均订货提前期；

Q_s——安全库存量。

3. 订货量的确定

定期订货法每次的订货数量是不固定的，订货批量的多少都是由当时的实际库存量的大小决定的，考虑到订货点时的在途到货量和已发出出货指令尚未出货的待出货数量，每次订货的订货量的计算公式是：

$$Q_i=Q_{max}-Q_{ki}-I_i+B_i,$$

式中，Q_{max}——最高库存量；

Q_i——第 i 次订货的订货数量；

Q_{ki}——第 i 次订货点的实际库存量；

I_i——第 i 次订货点的在途到货量；

B_i——第 i 次订货点的待出货数量。

例 6-3 某企业 B 种物资的平均每月需求量为 750 件，单位储存成本 1 元/件，每次订货成本 1 500 元，订货提前期为 15 天，安全库存 150 件，请计算该企业经济订货周期和最高库存量。若该企业在实施定期订货策略后，某次订货时检查发现，现有库存量为 200 件，已订货但尚未到达的货物为 500 件，已经销售尚未发货的货物 280 件，问该次订货时的订货量应是多少？

解：

$$T^* = \sqrt{\frac{2K_a}{K_c D}} = \sqrt{\frac{2\times 1\ 500}{750\times 1}} = 2(\text{月}),$$

$$Q_{\max} = \overline{R}(T+\overline{T_k}) + Q_s = 750\times(2+0.5)+150 = 2\ 025(\text{件}),$$

$$Q_i = Q_{\max} - Q_{ki} - I_i + B_i = 2\ 025-200-500+280 = 1\ 605(\text{件})。$$

(四)定期订货法的优缺点及其适用范围

采用定期订货法可以合并出货，减少订货费；可以避免定量订货法每天盘存的做法，减少了工作量，提高了工作效率；库存管理的计划性强。但定期订货法也有其局限性，如由于($T+T_k$)期间较长，因此需要设置较大的安全库存量；由于每次订货的批量不固定，无法制定出经济订货批量，因而运营成本较高，经济性较差。这种方法一般适用于企业需要严格管理的重要货物。

第四节 随机性需求库存控制

一、随机性需求库存管理的关键因素——安全库存

在实际库存管理中，由于顾客的多样性等原因，导致了需求的随机性，同时，由于受到上游企业的生产状况、运输情况等因素的影响，导致补充货物的过程也是随机的。为了不影响库存供应的中断，面对这种需求及供应的随机性，只有通过设立安全库存来解决。

安全库存，又称保险库存，是为了防止不确定因素(订货期间需求增长、到货期延误等)引起的缺货而设置的一定数量的库存。这部分库存量过高，可以避免缺货带来的损失，但会增加物资的储存保管费用，反之，保管费用降低，但有可能造成较大的缺货损失。为此，安全库存量的合理设置，是随机性库存管理的关键因素。

如果每一期间的需求是一定的，不会出现变动，则没有设置安全库存的必要。但是，

市场需求和生产现场的消费在大多数情况下会出现波动，补充库存的交货期也会出现或提前或延迟的现象。此外，生产过程出现的破损，仓库台账上出现的记账误差以及物料计算差错等都会导致库存与需求发生偏差。安全库存正是为了避免出现库存不足和过剩，对库存进行适当管理的需要而设置的。

二、安全库存的确定

安全库存确定的根据是建立在数理统计理论基础之上的。安全库存越大，出现缺货的概率越小，库存的满足率越高。库存满足率是现货供应满足用户的程度。避免出现缺货是库存管理的目标，但是作为库存的一部分，安全库存与库存量的大小有直接关系。安全库存过高，虽库存的满足率高了，但会导致剩余库存的出现，带来库存成本的增加，是非常不经济的。但安全库存过低，又容易导致出现缺货，从而带来缺货成本的增加。为此，安全库存与缺货概率或库存满足率之间要寻求一个平衡点。根据有关数据的统计分析，安全系数与缺货概率或库存满足率之间的对应关系如表 6-3 所示。

表 6-3　安全系数表

缺货概率/%	50	45	40	35	30	25	20
库存满足率/%	50	55	60	65	70	75	80
安全系数值	0	0.13	0.26	0.39	0.54	0.68	0.84
缺货概率/%	16	15	10	5	4	3	2.3
库存满足率/%	84	85	90	95	96	97	97.7
安全系数值	1.00	1.04	1.28	1.65	1.75	1.88	2.00
缺货概率/%	2	1	0.8	0.13	0.01	0.00	
库存满足率/%	98	99	99.2	99.87	99.99	100	
安全系数值	2.05	2.33	2.40	3.00	3.08	3.09	

安全库存是在平均提前期需求量 $\overline{D_L}$ 之上附加的一个保险富余量，其数值等于标准偏差 σ_D 与安全系数 Z 的乘积，其基本模型为：

$$
\begin{aligned}
Q_s &= Z\sigma_D \\
&= Z\sqrt{\overline{T_k}\sigma_R^2 + \overline{R}^2\sigma_T^2},
\end{aligned}
$$

式中，Q_s——安全库存量；

Z——满足一定顾客服务水平下的安全系数值，可由安全系数表查出；

σ_D——订货提前期需求量的标准偏差；

$\overline{T_k}$——订货提前期的平均值；

σ_T——订货提前期的标准偏差；

$\overline{R}$——需求速率的平均值；

σ_R——需求速率的标准偏差。

对于安全库存的计算，可以考虑顾客需求量和订货提前期两个因素。

1. 当需求量变化，提前期固定时

假设需求的变化情况服从正态分布，由于提前期是固定的数值，因而可以根据正态分布图，直接求出在提前期内需求分布的均值和标准差，或通过直接的期望预测，以过去提前期内的需求情况为依据，确定需求的期望均值和标准差。在这种情况下，安全库存量的计算公式为：

$$Q_s = Z\sigma_R\sqrt{T_k}。$$

例 6-4 某钢材销售公司，过去 12 周，每周销售的钢材分别是 162、173、167、180、181、172、170、168、167、174、170 和 168 吨。如果它们服从正态分布，订货提前期固定为 1 周，一次订货费用 200 元，1 吨钢材保管 1 周需要保管费 10 元。要求计算在 90% 的库存满足率下的安全库存量、订货点及订货批量。

分析：该题的需求速率是一个随机变量，订货提前期是一个常量。

解：R 的平均值：$\overline{R} = \dfrac{\sum_{i=1}^{12} R_i}{12} = 171$（吨）。

R 的标准偏差：$\sigma_R = \sqrt{\dfrac{\sum_{i=1}^{12}(R_i - \overline{R})^2}{12}} = 5.23$（吨）。

订货提前期 $T_k = 1$ 周，由库存满足率 $P = 0.9$，查安全系数表得 $Z = 1.28$。

所以安全库存量：$Q_s = 1.28 \times 5.23\sqrt{1} = 6.69$（吨）。

订货点：$Q_k = 1 \times 171 + 6.69 = 177.69$（吨）。

订货批量：$Q^* = \sqrt{\dfrac{2 \times 200 \times 171}{10}} = 82.7$（吨）。

即在 90% 的库存满足率下的安全库存量为 6.69 吨，订货点为 177.69 吨，订货批量为 82.7 吨。

2. 当需求量固定，提前期发生变化时

当提前期内的顾客需求情况固定不变，提前期的长短随机变化时，安全库存量的计算类似于需求量变化，提前期固定的情况，不同的是提前期内的需求量是通过不变需求量与提前期的标准差相乘求出的。此时，安全库存量的计算公式为：

$$Q_s = ZR\sigma_T。$$

例 6-5 在例 6-4 中，如果钢材的周需求量为固定常数 171 吨，提前期是随机变化的，而且服从均值 1 周，标准偏差 0.2 的正态分布，要求计算 95% 的库存满足率下的安全库存量。

分析：该题的订货提前期是一个随机变量，需求量是一个常量。

解：根据题意：$R = 171$，$\sigma_T = 0.2$，由库存满足率 $P = 0.95$，查安全系数表得 $Z = 1.65$。

安全库存量：$Q_s = 1.65 \times 171 \times 0.2 = 56.43$（吨）

即在 95% 的库存满足率下的安全库存量为 56.43 吨。

3. 当需求量和提前期都随机发生变化时

在现实工作中，多数情况下订货提前期和需求量都是随机变化的，此时，假设顾客的需求和订货提前期是相互独立的，则安全库存量的计算公式为：

$$Q_s = Z\sqrt{\overline{T_k}\sigma_R^2 + \overline{R}^2\sigma_T^2}\text{。}$$

例 6-6　在例 6-4 中，假设需求量和提前期是相互独立的，而且它们的变化均严格服从正态分布，周需求量满足均值为 171 吨，标准偏差为 5.23 的正态分布。提前期满足均值为 1 周，标准偏差为 0.2 的正态分布，要求计算 95%的库存满足率下的安全库存量。

分析：该题的订货提前期和需求量都属于随机变量。

解：根据题意：$\overline{R}=171$，$\sigma_R=5.23$，$\overline{T_k}=1$，$\sigma_T=0.2$，由库存满足率 $P=0.95$，查安全系数表得 $Z=1.65$。

安全库存量：$Q_s - 1.65\sqrt{1\times 5.23^2+171^2\times 0.2^2}=57.09$(吨)。

即在 95%的库存满足率下的安全库存量为 57.09 吨。

第五节　相关性需求库存控制——MRP

一、MRP 简介

MRP(Material Requrements Planning，MRP)，中文含义为"物料需求计划"。它是一种工业制造企业内的物资计划管理模式，根据产品结构各层次物品的从属和数量关系，以每个物品为计划对象，以完工日期为时间基准倒排计划，按提前期长短区别各个物品下达计划时间的先后顺序。MRP 的目标是围绕物料转换组织制造资源，实现按需要的准时生产。

(一)MRP 的产生

MRP 是于 20 世纪 60 年代由美国生产管理与计算机专家奥立佛 · 怀特(Oliver W. Wight)在对 20 多家企业进行研究后提出来的，IBM 公司首先在计算机上实现了 MRP 处理。由于运用 MRP 不需要高深的理论和复杂的数学方法，因而得到美国生产与库存管理协会的大力推广，并迅速在美国及其他发达国家制造企业的物料采购中得到了广泛应用。据统计，进入 21 世纪，美国已有 2/3 的制造企业采用了 MRP 系统。由于计算机具有强大的计算功能和信息储存能力，使人们对生产经营管理的能力大大加强，即由原来对产品的管理进入到以零部件为对象的管理，实现了对企业制造资源的准确计算，避免了库存管理中的盲目性，做到了准时生产，并取得了显著的经济效益。我国企业在 20 世纪 80 年代后也在逐步推广使用。

(二)MRP 的发展

MRP 的发展大体经历了初期 MRP、闭环 MRP 和 MRPⅡ三个阶段。

1. 初期 MRP 阶段

MRP 得到广泛应用之前，企业通常采用的物料库存控制计划与控制方法是定期库存控制法和定量库存控制法。它们主要用于独立需求的物料控制，即该项目需求与其他需求无关时才有效，一般面向消费市场的产成品库存属于独立需求库存。但对企业而言，许多产品的需求往往是具有相关性的。所谓相关性是指对一种产品的需求和对另一种产品的需求是相互联系的，即对一种产品需求的数量和时间与其他变量存在一定相互关系，可以通过一定数学关系推断出来。一般地，制造产成品的原材料或零部件库存就属于相关需求库存。比如，汽车企业生产汽车，生产多少辆即产品需求波动受市场影响，而不受其他库存的影响，这类库存问题属于独立需求库存，往往通过预测分析，建立库存模型如订货点模型来进行有效管理。而生产一辆汽车所需的零部件是固定的，比如一辆汽车需要四条轮胎，它们之间的关系是确定的，生产 100 辆汽车就需要 400 条轮胎，对轮胎以及其他零部件的需求就属于相关需求库存问题。用传统的订货点法来处理制造过程中的这类相关需求问题就存在很大的盲目性，会造成大量原材料及在产品库存。而 MRP 很好地解决了这一问题。其出发点是根据对成品的需求，计算出对构成成品的原材料、零部件的相关需求，进而安排出零部件的生产进度和采购日期。初期 MRP 系统流程图如图 6-5 所示。

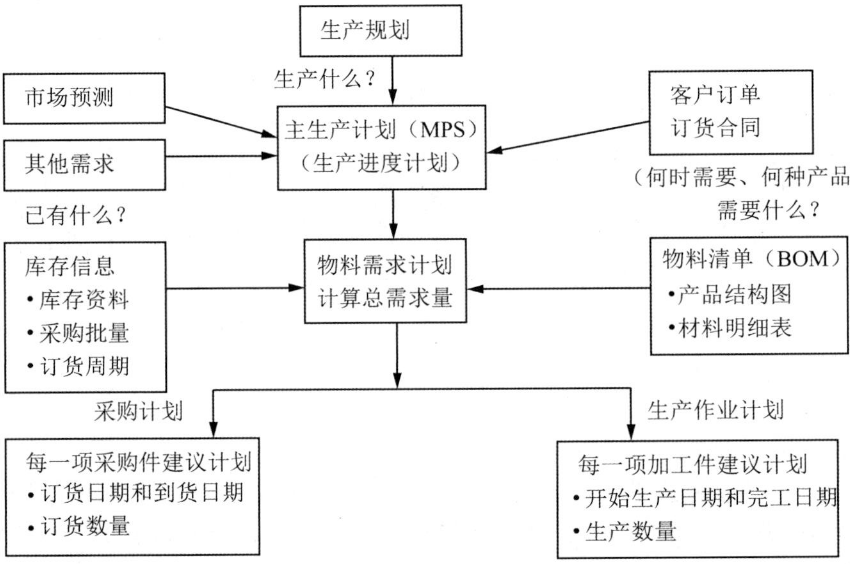

图 6-5 初期 MRP 系统流程图

从图 6-5 可以看出，主生产计划将产品结构进行分解，得出所需零部件、原材料的总需求量计划，再用总需求量、库存信息、计划期内各零部件的采购或在制品情况等数据进行计算，得出各零部件和原材料的净需求量，以及零部件、原材料的生产作业计划和采购计划。

初期 MRP 能根据有关数据计算出相关物料需求的准确时间和数量，对制造企业的物料管理有着重要的作用。但是初期 MRP 还不够完善，它缺乏对完成计划所需各种资源进行计划与保证的功能，也缺乏对计划实施情况的反馈信息及调整计划的功能。因此，初期 MRP 主要用于采购，涉及的只是企业与市场的界面，没有深入企业生产管理的核心中去。

2. 闭环 MRP 阶段

在初期 MRP 的基础上，由于引进了资源计划与保证功能，有利于安排生产，执行监控与反馈等功能，这就形成闭环 MRP 系统。闭环 MRP 系统流程图如图 6-6 所示。

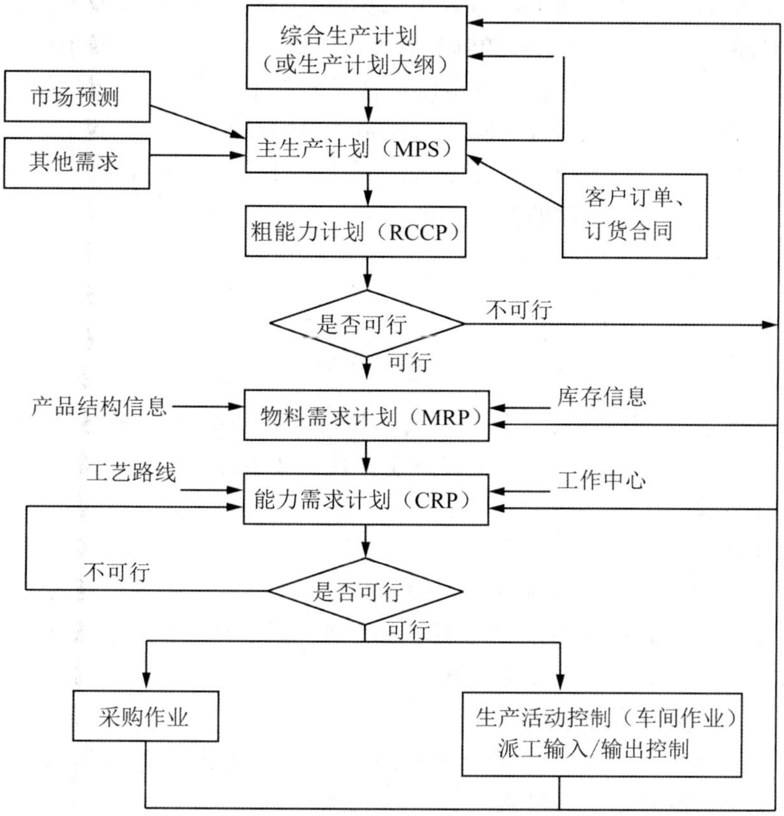

图 6-6 闭环 MRP 系统流程图

在图 6-6 中，首先，它是从综合生产计划(或生产计划大纲)开始的，是对综合生产计划的分解和细化。综合生产计划是对企业未来较长一段时间(年、季、月)内拥有的资源和需求之间的平衡所作的概括性设想，是根据企业所拥有的生产能力和需求预测对企业未来较长一段时间(月、旬、周)内的产出内容、产出量、劳动力水平、库存状况等问题所作的决策性描述。其次，制订主生产计划(MPS)方案，它是一个反复试行的过程。当一个方案制订出来以后，需要与粗生产能力计划、能力需求计划等进行平衡，若生产能力不能满足生产计划的需求，应根据能力调整计划，同时收集生产(采购)活动的执行结果及外界环境变化的反馈信息作为制订下一周期计划(或调整计划)的依据。由于增加了上述功能，使之形成了"计划——执行——反馈"的生产管理循环，因此，对企业生产过程可以进行有效的计划与控制。

3. MRPⅡ阶段

闭环 MRP 系统的出现，使生产活动方面的各种子系统得到了统一，但不够完善。因为企业管理中，生产管理是一个方面，所涉及的主要是物流，而与物流密切相关的还有资金流，这在许多企业重视有财会人员另行管理的，就有可能造成了资料的重复录入与存储，甚至造成资料的不一致性。在 20 世纪 80 年代，随着闭环 MRP 的推广，美国生产管理学者首次提出一种综合的解决方案。认为不仅要对企业的物料进行管理，还要对企业的所有内部资源(即人力、财务、物料、设备、能源、时间等)进行全面的管理。并对 MRP 赋予新的含义，即制造资源计划(Manufacturing Resources Planning)。为了与物料需求计划的简称 MRP 相区别，故将制造资源计划称为 MRPⅡ。其中，将时间作为一种资源是因为任何活动都需要消耗时间，物流、资金流都受时间因素的约束，市场竞争也是要争取产品的上市时间。由于这些内部制造资源计划都是以“信息”形式表现，因此通过信息的集成就可能对企业的有限制造资源进行周密的规划、合理的利用，利用信息技术来实现 MRPⅡ的管理模式，实现对企业生产经营的全面管理。

【小知识】

MRPⅡ简介

MRPⅡ是一种先进的现代企业管理模式，目的是合理配置企业的制造资源，包括财、物、产、供、销等因素，以使之充分发挥效能，使企业在激烈的市场竞争中赢得优势，从而取得最佳经济效益。

一、MRPⅡ的原理

MRPⅡ的基本思想就是把企业作为一个有机整体，从整体最优的角度出发，通过运用科学方法对企业各种制造资源和产、供、销、财各个环节进行有效地计划、组织和控制，使他们得以协调发展，并充分地发挥作用。

二、MRPⅡ管理模式的特点

MRPⅡ的特点可以从以下几个方面来说明，每一项特点都含有管理模式的变革和人员素质或行为变革两方面，这些特点是相辅相成的。

1. 计划的一贯性与可行性

MRPⅡ是一种计划主导型管理模式，计划层次从宏观到微观、从战略到技术、由粗到细逐层优化，但始终保证与企业经营战略目标一致。它把通常的三级计划管理统一起来，计划编制工作集中在厂级职能部门，车间班组只能执行计划、调度和反馈信息。计划下达前反复验证和平衡生产能力，并根据反馈信息及时调整，处理好供需矛盾，保证计划的一贯性、有效性和可执行性。

2. 管理的系统性

MRPⅡ是一项系统工程，它把企业所有与生产经营直接相关部门的工作联结成一个整体，各部门都从系统整体出发做好本职工作，每个员工都知道自己的工作质量同其他职能的关系。这只有在“一个计划”下才能成为系统，条块分割、各行其是的局面应被团队精神所取代。

3. 数据共享性

MRPⅡ是一种制造企业管理信息系统，企业各部门都依据同一数据信息进行管理，任何一种数据变动都能及时地反映给所有部门，做到数据共享。在统一的数据库支持下，按照规范化的处理程序进行管理和决策。改变了过去那种信息不通、情况不明、盲目决策、相互矛盾的现象。

4. 动态应变性

MRPⅡ是一个闭环系统，它要求跟踪、控制和反馈瞬息万变的实际情况，管理人员可随时根据企业内外环境条件的变化迅速作出响应，及时调整决策，保证生产正常进行。它可以及时掌握各种动态信息，保持较短的生产周期，因而有较强的应变能力。

5. 模拟预见性

MRPⅡ具有模拟功能。它可以解决“如果怎样……将会怎样”的问题，可以预见在相当长的计划期内可能发生的问题，事先采取措施消除隐患，而不是等问题已经发生了再花几倍的精力去处理。这将使管理人员从忙碌的事务堆里解脱出来，致力于实质性的分析研究，提供多个可行方案供领导决策。

6. 物流、资金流的统一性

MRPⅡ包含了成本会计和财务功能，可以由生产活动直接产生财务数据，把实物形态的物料流动直接转换为价值形态的资金流动，保证生产和财务数据一致。财务部门及时得到资金信息用于控制成本，通过资金流动状况反映物料和经营情况，随时分析企业的经济效益，参与决策，指导和控制经营和生产活动。

以上几个方面的特点表明，MRPⅡ是一个比较完整的生产经营管理计划体系，是实现制造业企业整体效益的有效管理模式。

二、MRP运行

(一)MRP的原理

MRP始于最终产品的时间进度安排，再由它转换为特定时间生产产成品所需部件、组件以及原材料的时间进度安排。因此，设计MRP等于回答了三个问题：需要什么，需要多少，以及何时需要？

MRP的基本原理是：由主生产进度计划(Master Production Schedule，MPS)、主产品结构文件(Bill Of Materials，BOM)和产品库存文件(Product Inventory File，PIF)逐个地求出主产品所有零部件的生产时间和生产数量。把这个计划叫作物料需求计划。其中，如果零部件靠企业内部生产，须根据各自生产时间长短来提前安排投产时间，形成零部件投产计划；如果零部件需要外购，则要根据各自的订货提前期确定提前发出各自订货的时间、订货数量，形成采购计划。按照这个投产计划进行生产和按照采购计划进行采购，就可以实现所有零部件的出产计划，从而不仅能够保证产品的交货期，而且还能够降低原材料的库存，减少流动资金的占用。其基本原理如图6-6所示。

(二)MRP的工作步骤

1. MRP的输入信息

MRP系统有多种输入信息，其中三种最主要的信息是主生产进度计划、产品结构信息(物料清单)、库存状态信息。

(1)主生产进度计划(MPS)。

主生产进度计划是指总的生产进度计划，表明每种物品需要的数量和需要的时间。它是MRP系统最主要的输入信息，也是MRP系统的主要依据。主生产进度计划的计划周期一般以周为单位，所以计划周期可以由若干个1周的计划期组成。主生产进度计划是根据最终物品的市场预测需要量和客户的订单编制的。主生产进度计划驱动整个物料需求计划系统，它描述了最终产品需要何时生产、何时装配、何时交货。它必须是一项现实的生产计划，也就是说必须与现有的产能相一致。如表 6-4 所表示的某企业的主生产进度计划。该生产进度计划表明，A 产品的计划产量为：第一周 40 件，第二周 15 件，第三周 30 件，第五周 60 件，第七周 50 件；B 产品的计划产量为：第二周 50 件，第六周 80 件，第八周 30 件。

表 6-4　最终产品 A 的主生产进度计划

产量/件	周次							
	1	2	3	4	5	6	7	8
产品 A	40	15	30		60		50	
产品 B		50				80		30

(2)产品结构信息(BOM)。

产品结构信息也称为物料清单，它包含生产最终产品所需的每种零部件和装配件的资料。因此，每件产成品都有自己的物料清单。图 6-7 所示为以树形结构图的形式列出的产品 A 的物料清单。

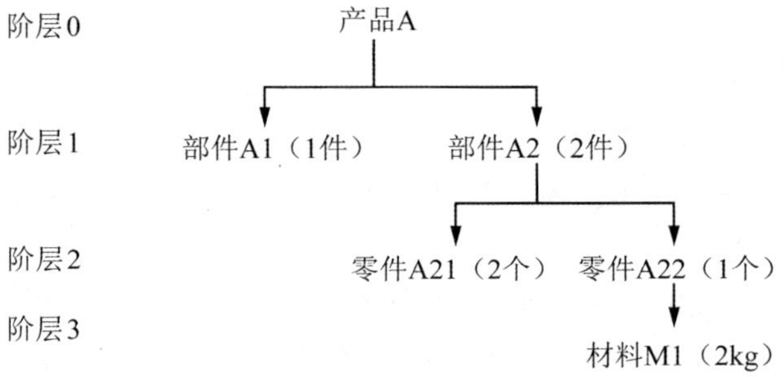

图 6-7　产品 X 的树形结构物料清单示意图

以上物料清单列示出了产品 A 使用哪些原材料、零部件，以及它们的需用数量(在括号中标明)，是逐步加工装配组成的。图中按照加工程序分为各个阶层。阶层 0 代表最终产品 A，它是计算阶层 1 所需部件 A1 和 A2 的主项目；而部件 A2 又是计算阶层 2 所需零件 A21 和 A22 的主项目；相应地，零件 A22 又是计算阶层 3 所需材料 M1 的主项目。在企业同时生产多种产品的情况下，同一种原材料或零部件可能为生产多种产品共同使用，这就应先按各种产品生产数量和物料清单分阶层计算所需的各种原材料、零部件的数量，然后再按各种原材料和零部件的品名分别汇总计算它们的总需要量。

(3)库存状态信息(PIF)。

库存状态信息也叫库存状态文件，它包含各个品种在系统运行提前期初库存量的静态资料，但它主要提供并记录 MRP 运行过程中实际库存量的动态变化过程。主要参数包括：

①总需求量。它是指主产品及其零部件在每一周的需要量。其中主产品的总需要量与主生产进度计划一致，而主产品零部件的总需要量根据主产品出产进度计划和主产品结构

文件推算得出。

②计划到货量。它是指已经确定在指定时间到达的货物数量。它不包括本次 MRP 运行生成的生产任务单和采购任务单中的产品。这些产品由“计划接受订货量”来记录。

③库存量。它是指每个周末库存物资的数量。

库存量＝本周初(上周末)库存量＋本周到货量(计划到货量及计划接受订货之和)－本周需要量

④净需求量。它是指系统需要外界在给定的时间内提供的给定的物料的数量。这是物资资源配置需要回答的主要问题。不是所有零部件每一周都有净需求，只有缺货的周才发生净需求量。所谓缺货，就是本期期初(上期期末)库存量加上本期计划到货量小于本期的总需求量。

本周净需求量＝本周总需求量－本周周初库存量－本周计划到货量

⑤计划接受订货量。它是指为满足净需求量的要求，而计划从外界接受订货的数量和时间。一般情况下，计划接受订货量应等于净需求量。

⑥计划发出订货量。它是指发出采购订货单进行采购或发出生产任务单进行生产的数量和时间，一般情况下它在数量上等于计划接受订货量，时间上比计划接受订货量有一个提前期。

例如，表 6-5 为产品 A 的库存文件。其生成过程为根据主产品进度计划和到货计划(第 1、3、5、7 周计划到货 20、20、45、60 件)，再输入产品 A 的 MRP 运行前的期初库存量 30 件，这就是关于产品 A 的 MRP 输入的全部信息。

全部信息输入完毕后，MRP 系统会自动计算出各周的库存量、净需求量、计划订货数量和计划发出订货量。

表 6-5 最终产品 A 的库存文件

项目：产品 A(0 级)	周次							
提前期：1 周	1	2	3	4	5	6	7	8
总需要量	40	15	30		60		50	
计划到货量	20		20		45		60	
现有库存量	10	0	0	0	0	0	10	10
净需求量	0	5	10	0	15	0	0	0
计划接受订货	0	5	10		15			
计划发出订货	5	10		15				

2. MRP 的输出信息

MRP 系统能够向管理者提供相当多的输出信息。通常分为主报告和二级报告。

(1)主报告。

主报告通常向管理者提供有关生产、存货的计划与控制信息，主要包括计划订单的时间进度安排信息，它向管理者指明了未来订单的数量和时间；授权执行计划订单的订单发布信息；计划订单的时间和数量变化信息或取消订单的信息等。

(2)二级报告。

二级报告主要是指向管理者提供的业绩控制、计划工作与例外报告等信息。主要包括评价 MRP 系统运作状况的业绩控制报告；对未来存货需求进行预测的计划工作报告；唤起人们对重大差异提起注意的例外报告等。

(三)MRP 的运行实例

某玩具厂生产某种电动塑料玩具，该玩具主体由五个相同的塑料制品构成，中间镶嵌一个小型电动机起制动作用。2006 年 9 月收到两份订单：一份要 200 个，一份要 500 个。在当前时间进度安排中，200 个单位的订单应于第四周开始发货，500 个单位的订单则于第七周开始发货。塑料部分由企业自制，制作过程为 1 周，电动机需要外购，订货提前期为 2 周。组装玩具需要 1 周。第 1 周计划到货数量是 40 个电动机，另外，企业现有塑料制品库存 100 个。请按照配套批量订货的方法进行 MRP 系统运行。

该 MRP 系统运行步骤如下。

1. 制订主生产进度计划

主生产进度计划如表 6-6 所示。

表 6-6 电动塑料玩具主生产进度安排

周数	1	2	3	4	5	6	7
数量				200			500

2. 绘制产品结构图

该产品结构如图 6-8 所示。

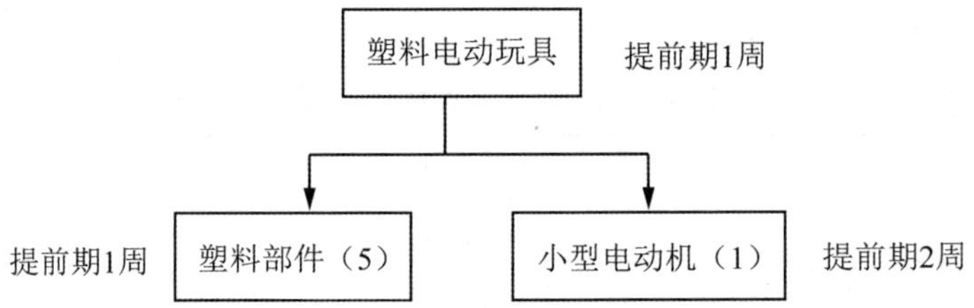

图 6-8 塑料电动玩具产品结构图

3. 利用主生产进度计划，求解产品总需求，计算净需求

主生产进度计划显示在第 4 周开始需要运送 200 个产品，而在第 4 周开始时既没有计划到货量，也没有库存量，因此净需求也是 200 个单位，即第 4 周的计划接受数量为 200 个塑料电动玩具。由于该产品的装配周期为 1 周，这就意味着该产品的计划发出订货时间(开始组装时间)是在第 3 周开始时。运用同样逻辑，500 个单位的订单需要在第 6 周开始时组装，这样才能保证在第 7 周运送出去。

在第 3 周开始时 200 个产品的计划发出订货，是指在第 3 周开始时必须要得到 1 000 个塑料制品部件和 200 个小型电动机。由于第 1 周计划到货数量是 40 个电动机，并有塑料制品库存 100 个，所以第 3 周开始时的净需求是 160 个电动机和 900 个塑料制品。由于电动机的订货提前期为 2 周，所以该厂商必须在第 1 周开始时订购 160 个电动机；同样，由于塑料制品的生产周期为 1 周，该厂商必须在第 2 周开始时就要组织生产塑料制品部件，以保证在第 3 周开始时产品组装能够顺利进行。

在第 6 周开始时 500 个产品的计划发出订货，是指在第 6 周开始时必须要得到 2 500 个塑料制品部件和 500 个小型电动机。由于没有预期持有量，所以第 6 周开始时的净需求是 500 个电动机和 2 500 个塑料制品。由于电动机的订货提前期为 2 周，所以该厂商必须在第 4 周开始时订购 500 个电动机；同样，由于塑料制品的生产周期为 1 周，该厂商必须在第 5 周开始时就要组织生产塑料制品部件，以保证在第 6 周开始时产品组装能够顺利进行。该产品的 MRP 时间进度安排如表 6-7 所示。

表 6-7 塑料电动玩具 MRP 时间进度安排表

周数		1	2	3	4	5	6	7
塑料电动玩具（提前期 1 周）	总需求				200			500
	计划到货量							
	现有库存量							
	净需求				200			500
	计划接受订货				200			500
	计划发出订货			200			500	
1 倍								
电动机（提前期 2 周）	总需求			200			500	
	计划到货量			40				
	现有库存量							
	净需求			160			500	
	计划接受订货			160			500	
	计划发出订货	160			500			
5 倍								
塑料制品部件（提前期 1 周）	总需求			1 000			2 500	
	计划到货量							
	现有库存量			100				
	净需求			900			2 500	
	计划接受订货			900			2 500	
	计划发出订货		900			2 500		

第六节 几种新型库存控制法

一、适时生产库存控制法——JIT

(一)JIT 的产生

JIT 是 Just In Time 的缩写，直译为“正好准时”。如将其与库存管理和生产管理联系起来，则含有“准时到货”的意思。它的产生缘于1973年爆发的全球石油危机及由此所引起的日益严重的自然资源短缺，这对于当时靠进口原材料发展经济的日本冲击最大。生产企业为提高产品利润，增强公司竞争力，在原材料成本难以降低的情况下，只能从物流过程寻找利润源，降低由采购、库存、运输等方面所产生的费用，这一思路最初由日本丰田汽车公司提出并应用，并取得了意想不到的效果。随后，其他许多日本公司也采取这一技术，为日本经济的发展和崛起作出了重要贡献。

日本企业的崛起，引起西方企业界的普遍关注。西方企业家追根溯源，认为日本企业在生产经营中采用JIT技术和管理思想，是其在国际市场上取胜的基础。因此，20世纪80年代以来，西方经济发达国家十分重视对JIT的研究和应用，并将它用于生产管理、物流管理等方面。至今，JIT管理体系的应用已经被视为具有世界领先地位的企业成功之关键。

(二)JIT的核心思想

JIT是一种生产方式，其基本思想可概括为“在需要的时候，按需要的量生产所需的产品”。也就是通过生产的计划和控制及库存的管理，追求一种无库存，或库存达到最小的生产系统。其核心思想就是削减库存，直至实现零库存，同时又能使生产过程顺利进行。这种观念本身就是物流功能的一种反映，而JIT应用于物流领域，就是指要将准确的商品以准确的数量在准确的时间送到准确的地点，这里的“准确”就是“Just”的意思，既不多也不少、既不早也不晚，正好按需要送货，这样就可以取消库存。这当然是一种理想化的状况，在多品种、小批量、多批次、短周期的消费需求的压力下，生产者、供应商及物流配送中心、零售商们需要调整自己的生产、供应、流通流程，按下游的需求时间、数量、结构及其他要求组织好均衡生产、供应和流通，这就要求作业内部采用看板管理等一系列手段来削减库存，合理规划物流作业，无论是生产者、供应商还是物流配送中心或零售商，均应对各自的下游客户的消费需要做精确的预测，否则就用不好JIT，因为JIT的作业基础是假定下游需要是固定的，即使实际上是变化的，但通过准确的统计预测，也能把握下游需求的变化。

JIT对减少库存提出了一种新的思路：把库存看成一条河，库存中存在的问题看成河底的石头，河水深时，要搞清石块必须要潜入水底，如果减少水量，石块就会自动显现出来。因为JIT实现的是适时适量生产，所以没有多余的材料被采购入库，也没有多余的在制品被加工生产，工序间的在制品库存几乎接近于零，工序间不设置仓库，前一道工序加工结束后，立即转入下一工序，装配线与生产加工几乎同时进行，产品被一件一件地连续生产出来。

在原材料库存控制方面，若仅考虑价格与成本之间的关系，按照传统的库存控制策略，就可能考虑批量采购带来的价格折扣等方面的优惠，从而大量购入。而JIT管理在采购时不仅考虑价格与费用之间的关系，还必须考虑许多非价格的因素，如与供应商建立良好的关系，利润分享且相互信赖，以减少由于价格的波动对企业带来的不利影响。选择能按质、保量提供货物的供应商，保证JIT生产的有效运行，才能真正有效地利用JIT管理的优势，有效地控制库存，从根本上降低库存。

(三)JIT的特点

在JIT生产方式倡导以前，世界汽车生产企业包括丰田公司均采用福特式的“总动员生产方式”。即一半时间人员和设备、流水线等待零件，另一半时间等零件一运到，全体人员总动员，紧急生产产品。这种方式造成了生产过程中的物流不合理现象，尤其以库存积压和短缺为特征，生产线要么不开机，要么一开机就大量生产，这种模式造成了严重的资源浪费。而JIT的出现很好地解决了这种状况，达到了消除库存，优化生产物流，减少浪费的目的。

1.JIT生产系统的特点

JIT生产系统与传统的生产系统相比主要有以下特点。

(1)生产流程化。传统生产系统是一种生产由前向后推动式的生产系统，即由原材料仓库项第一个生产程序供应原材料，把它们加工成在产品、半成品转入第一生产程序的在产品、半成品仓库，然后再由此仓库向第二个生产程序供应半成品，进行深加工，如此向后推移，直到制成成品转入产成品仓库，等待销售。在传统生产系统中，大量原材料、在产品、产成品的存在，必然导致生产费用的占用和浪费。而JIT生产系统则与此相反，它是由需求拉动产品的生产，因此，JIT系统也成为拉动式生产系统。企业以订单的要求为出发点，即要求企业由后向前全面安排生产，后一道生产程序决定前一道生产程序的内容，JIT系统要求企业的供、产、销各环节紧密配合，大大降低了库存，从而降低成本，提高了生产的效率和效益。

(2)生产均衡化。JIT生产系统的均衡化是指将一周或一日的生产量按分秒时间进行平均，所有生产流程都按此来组织生产，这样一条流水线上每个作业环节单位时间必须完成多少作业就有了标准定额，所有环节都按标准定额组织生产，因此要按此生产定额均衡地组织物料的供应、安排物品的流动。因为JIT生产方式的生产是按周或按日平均了的，所以与传统的大生产、按批量生产的方式不同，JIT的均衡化生产中没有批次生产的概念。

2.JIT采购的特点

JIT生产方式作为一种管理思想，在库存控制方面主要应用在采购管理中，由此形成了一种较为先进的采购模式——准时化采购。这种方式的基本特点是：它能够在恰当的时间、恰当的地点、以恰当的数量、恰当的质量提供恰当的物品；不但可以减少库存，还可以加快库存周转，缩短提前期，提高进货质量，取得令人满意的交货效果等。具体体现在以下几方面。

(1)单源供应，供货质量有保证。单源供应是JIT采购的基本特点之一。传统的采购模式一般是多头采购，供应商的数目相对较多，且合作期较短；而JIT采购模式多采用单源供应。从理论上看，采用单源供应比多头供应源要好。一方面，对供应商的管理方便，利于供应商获得规模效应，也利于降低采购成本；另一方面，有利于供需之间建立长期稳定的合作关系，供货质量比较有保证。但是，单源供应也存在风险，如供应商可能会因为意外原因中断货源，以及供应商缺乏竞争意识等。同时，由于单源供应会使企业对供应商依赖过重，因而不能形成竞争性采购价格。

(2)综合评价供应商，与供应商合作关系稳定。在传统采购模式中，供应商一般是通过价格竞争选择的，供应商与客户之间是短期合作关系，当发现供应商不适合时可以随时通过市场竞标的方式重新选择供应商。但在JIT采购模式下，供应商和用户之间是长期稳定的合作关系，供应商的合作能力将直接影响企业的长期经济利益。因此，对供应商的要求较高，在选择供应商时，要对其进行综合评价。综合评价就不能单纯以价格作为评价标准，而是要以质量作为最重要的评价标准，这种质量不单指产品质量，还包括工作质量、交货质量、技术质量等。

(3)交货准时。JIT采购模式的一个重要特点就是交货准时，这是实施精确生产的前提条件。交货准时取决于供应商的生产与运输条件。作为供应商来说，为了保证自己能够准时交货，供应商同样应采取JIT的生产方式，以提高生产过程中的准时性。同时，供应商对运输问题也不能忽视，因为它决定了准时交货的可能性。特别是全球的供应链系统，运输过程较长，有时还需要经过不同运输方式的运输衔接和中转，因而有效的运输计划和管理是准时交货的保证。

(4)小批量采购。小批量采购是JIT采购模式的又一个基本特征。JIT采购与传统采购模式的一个重要区别在于JIT生产方式是小批量生产，因此采购的物资也是小批量的。从另一个角度看，由于企业生产对原材料和外构件的需求是不确定的，而JIT采购又旨在消除原材料和外构件的库存，所以，为保证准时，按质按量供应所需物资，小批量采购是必然的。对于小批量采购带来的成本增加的问题，可以采用混合运输、代理运输等方式来解决。

(5)对供需双方的信息要求高度共享。JIT采购模式要求对供需双方的信息高度共享，以保证供需信息的准确性和实时性。由于双方的战略合作关系，企业生产计划、库存、质量等各方面的信息都应该及时进行交流，以便出现问题时能够及时处理。同时，现代信息技术的发展为有效的信息交流提供了强有力的支持，信息交流变得方便、快捷、安全。

(四)JIT的实施

前面已经讲过，JIT系统是一种拉动式生产系统。企业以订单的要求为出发点，即要求企业由后向前全面安排生产，后一道生产程序决定前一道生产程序的内容，因此，也就决定了JIT的实施原理如下。

(1)产品生产按照生产流程，各工序之间紧密配合，严格按生产进度时间表规定的生产节拍进行。

(2)根据市场需要，以最终产品的生产数量为基础，拉动各有关工序的生产活动，按生产流程的相反方向，计算逐道工序每天需要的零部件和材料的品名与数量。

(3)上道工序严格按下道工序的需要进行生产，并准时按完成的在制品交下道工序。因此，在各道工序上，最多有一天的在制品库存或甚至等于零。

(4)外购零部件和材料严格按各工序需用数量，由协作厂和供应商在每天开工前准时送达指定的生产线。因此，在各道工序，外购零部件和材料最多有一天的库存，甚至等于零。

实行JIT库存管理方法，企业内物资流通和产品生产流程在时间和数量上同步进行，密切配合，使原材料、零部件、在制品和产成品的库存减少到最低限度，几乎接近于零。

看板管理是JIT管理的主要方式。看板管理的特点是：从生产过程的最后一道工序开始，按反生产流程，一道工序一道工序地向前追溯，直到第一道工序。严格按照既定的时间和需要的原材料及零部件数量，控制整个生产过程的在制品流转。在这一过程中，利用看板(传递信息的媒介物如卡片、指示板等)作为工具。看板有多种形式，有在厂内使用的生产看板和领料看板；有在订货厂和供货厂商之间运行的外协看板。领料看板上有使用零部件的下道工序到上道工序领取看板所记载的零部件名称和数量。生产看板记载上道工序所需要生产的在制品名称和数量，一目了然，以此控制生产流程，使整个生产过程准时化，并使原材料、零部件和在制品等库存降到最低限度甚至几乎等于零，从而降低资金成本，获得良好的经济效益。

二、供应商管理库存——VMI

流通环节中的每一个部门都是各自管理各自的库存，零售商、批发商、供应商都有各自的库存，各个供应链环节都有自己的库存控制策略。由于各自的库存控制策略不同，因此不可避免地产生需求的扭曲现象，即所谓的需求放大现象。近年来，在国外出现了一种新的供应链库存管理方法——供应商管理库存(Vendor Managed Inventory，VMI)。这种库存管理策略打破了传统的各自为政的库存管理模式，体现了供应链的集成化管理思想，适应市场变化的要求，是一种新的有代表性的库存管理思想。供应商管理库存是供应商等上游企业基于其下游客户的生产经营、库存信息，对下游客户的库存进行管理与控制的库存管理思路。

(一)VMI的基本思想

传统地讲，库存是由库存拥有者管理的。因为无法确切知道用户需求与供应的匹配状态，所以需要库存，库存设置与管理是由同一个组织完成的。这种库存管理模式并不总是最优的。例如，一个供应商用库存来应付不可预测的或某一用户不稳定的(指分销商或批发商)需求，用户也设立库存来应付其不稳定的内部需求或供应链的不确定性。虽然供应链中每一个组织独立地寻求保护其各自的利益不受意外干扰是可以理解的，但却是不可取的，因为这样做的结果影响了供应链的优化运行。供应链的各个不同组织根据各自的需要独立运作，导致库存重复建立，因而无法达到供应链全局的最低成本，整个供应链系统的库存会随着供应链长度的增加而发生需求扭曲。VMI库存管理系统就能够突破传统的条块分割的库存管理模式，以系统的、集成的管理思想进行库存管理，使供应链系统能够获得同步化的运作。该策略的关键措施主要体现在以下几个原则中。

1. 合作性原则

合作性原则也称合作精神，在实施该策略时，相互信任与信息透明是非常重要的，供应商和用户(分销商、批发商)都要有较好的合作精神，才能够相互保持较好的合作。

2. 互惠原则

VMI的实施关键不是在于成本如何分配或由谁来支付的问题，而是在于减少成本的问题。通过该策略的实施使供应商和零售商双方的成本都得到降低是其根本目的。

3. 目标一致性原则

合作双方在实施VMI时，都要明白各自的责任，在观念上达成一致的目标。如库存放在哪里，什么时候支付，是否要管理费，要花费多少管理费等问题都要明确体现在框架协议中。

4. 连续改进原则

框架协议的不断修正可以使供需双方能够利益共享并消除浪费。

(二)VMI 的主要特征

实施 VMI 策略，其主要特征如下。

(1)管理责任和决策主体转移。用户的库存管理和费用由供应商承担。

(2)销售活动延迟。由于用户(分销商、批发商)的库存由供应商管理，其所有权属于供应商，只有当存货被用户(分销商、批发商)使用时商品销售才真正实现。

(3)信息共享。供应商能够及时获取用户库存及需求信息，并负责对用户的产品需求进行预测分析。

(三)VMI 的优点

VMI 与传统的库存管理方法相比，具有以下优点。

(1)由供应商掌握库存，用户不需要占用库存资金，不需要增加采购、进货、检验、入库、出库、保管等一系列工作，可以集中更多的资金、人力、物力用于提高自身的竞争力，进而为整个供应链(包括供应商)创造一个更加有利的局面。

(2)供应商通过网络共享用户的需求信息，削弱了"牛鞭效应"，从而减少了安全库存。

(3)提高了资源的利用率，减少了浪费及非增值活动，提高了生产和运输的效率。因为供应商拥有用户的库存信息和补货决策权，所以供应商能够预先对生产和运输能力进行计划安排，防止能力过剩与不足，同时可以采取灵活的补货策略使补货与生产、运输能力相协调。当生产能力不足而运输能力比较充足时，可采取低订货点补货策略，实行多批次小批量配送；反之，则采取高订货点补货策略，实行少批次大批量配送。

(4)降低交易成本。在 VMI 模式下，供需双方是基于互信的合作伙伴关系，用户将其库存的补货决策权完全交给供应商，从而减少了传统补货模式下的协商、谈判等事务性工作，大大节约了交易费用。

(四)VMI 的实施方法

实施 VMI 策略要改变订单的处理方式，建立基于标准的托付订单处理模式。首先，供应商和批发商一起确定供应商的订单业务处理过程所需要的信息和库存控制参数，然后建立一种订单的标准处理模式，如 EDI 标准报文，最后把订货、交货和票据处理各个业务功能集成在供应商一边。

对供应商来讲，库存状态是否透明是实施 VMI 的关键。供应商应能够随时跟踪和检查到销售商的库存状态，从而快速地响应市场的需求变化，对企业的生产(供应)状态做出相应的调整。为此需要建立一种能够使供应商和用户(分销商或批发商)的库存信息系统透明连接的方法。供应商管理库存的策略可以分以下几个步骤实施。

1. 建立顾客情报信息系统

要想有效地管理销售库存，供应商必须能够获得顾客的有关信息。通过建立顾客的信息库，供应商能够掌握需求变化的有关情况，把由批发商(分销商)进行的需求预测与分析功能集成到供应商的系统中来。

2. 建立销售网络管理系统

供应商要很好地管理库存，必须建立起完善的销售网络管理系统，保证自己的产品需求信息和物流畅通。为此，首先必须保证自己产品条码的可读性和唯一性；其次要解决产品分类、编码的标准化问题；最后要解决商品存储运输过程中的识别问题。目前已有许多企业开始采用 MRPⅡ或 ERP 企业资源计划系统，这些软件系统都集成了销售管理的功能。通过对这些功能的扩展，可以建立完善的销售网络管理系统。

3. 建立供应商与分销商(批发商)的合作框架协议

供应商和分销商(批发商)一起通过协商，确定处理订单的业务流程以及控制库存的有关参数(如再订货点、最低库存水平等)、库存信息的传递方式(如 EDI/Internet)等。

4. 组织机构的变革

对于 VMI 的实施，组织机构的变革很重要。因为 VMI 策略改变了供应商的组织模式。过去一般由会计、经理处理与用户有关的事情，引入 VMI 策略后，在订货部门产生了一个新的职能，即负责用户库存的控制、库存补给和提高服务水平。一般来说，以下的情况适合实施 VMI 策略：零售商或批发商没有 IT 系统或基础设施来有效管理他们的库存；制造商实力雄厚并且比零售商市场信息量大；有较高的直接存储交货水平，因而制造商能够有效地规划运输。

(五)VMI 的支持技术

VMI 的支持技术主要包括 ID 代码、EDI/Internet、条码等。

1. ID 代码

供应商要有效地管理用户的库存，必须对用户的商品进行正确识别，为此要对供应链商品进行编码，通过编码来获得商品的标志。

ID 代码与供应商的产品数据库相连，以实现对用户商品的正确识别。目前国外企业已经建立了应用于供应链的 ID 代码分类标准系统，如 ENA-13(UPC-12)、ENA-14(sec-14)、SSCC·18 以及位置码等，我国也建有关于物资分类编码的国家标准，我们可参考使用。

作为供应商，应尽量使自己的产品按照国际标准进行编码，以便用于库存中对本企业的产品进行快速跟踪和分拣。因为用户(批发商或分销商)的商品多种多样，有来自不同的供应商的同类产品，也有来自同一供应商的不同产品。实现 ID 代码标准化有利于采用 EDI 系统进行数据交换与传送，提高了供应商对库存进行管理的效率。目前国际上通行的商品代码标准是国际物品编码协会(ENA)和美国统一代码委员会(UCC)共同编制的全球通用的 ID 代码标准。

2. EDI/Internet

EDI 是一种在处理商业或行政事务时遵从的公认的标准。那么它是如何应用到 VMI 方法体系中，如何实现供应商对用户的库存管理呢？

供应商要有效地对用户(分销商、批发商)的库存进行管理，采用 EDI 进行供应链的商品数据交换，是一种安全可靠的方法。为了能够实现供应商对用户的库存进行实时地测量，供应商必须每天都能了解用户的库存补给状态。因此采用基于 EDIFACT(Electronic Data Interchange For Administration Commerce and Transport)标准的库存报告清单能够提高供应链的运作效率，每天的库存水平(或定期的库存检查报告)、最低的库存补给量都能自动地生成，这样大大提高了供应商对库存的监控效率。

分销商(批发商)的库存状态也可以通过EDI报文的方式通知供应商。在VMI管理系统中，供应商一方有关装运与发票等工作都不需要特殊的安排，主要的数据是顾客需求的物料信息记录、订货点水平和最小交货量等，需求一方(分销商、批发商)唯一需要做的是能够接受EDI订单确认和配送建议，以及利用该系统发放采购订单。

3. 条码

条码是ID代码的一种符号，是对ID代码进行自动识别且将数据自动输入计算机的方法和手段，条码技术的应用解决了数据录入与数据采集的“瓶颈”，为供应商管理用户库存提供了有力支持。

条码是目前国际上供应链管理中普遍采用的一种技术手段。为有效实施VMI管理系统，应该尽可能地使供应商的产品条码化。条码技术对提高库存管理的效率是非常显著的，是实现有效库存管理的保证。

4. 连续补给程序

连续补给程序是将零售商向供应商发出订单的传统订货方法，变为供应商根据用户库存和销售信息决定商品的补给数量。这是一种实现VMI管理策略的有力工具和手段。为了快速响应用户“降低库存”的要求，供应商通过和用户(分销商、批发商或零售商)建立合作伙伴关系，主动提高向用户交货的频率，使供应商从过去单纯地执行用户的采购订单变为主动为用户分担补充库存的责任，在加快供应商响应用户需求的同时，也使用户方减少了库存水平。

三、联合库存管理——JMI

(一)JMI的含义

联合库存管理(Joint Managed Inventory，JMI)是一种在供应商管理库存(Vendor Managed Inventory，VMI)的基础上发展起来，上游企业和下游企业权力责任平衡且风险共担的库存管理模式。JMI体现了战略供应商联盟的新型企业合作关系，强调了供应链企业之间的互利合作关系。联合库存管理是解决供应链系统中，由于各节点企业的相互独立库存运作模式导致的需求放大现象，是提高供应链同步化程度的一种有效方法。联合库存管理强调供应链中各个节点同时参与，共同制订库存计划，使供应链过程中的每个库存管理者都从相互之间的协调性角度进行考虑，使供应链各个节点之间的库存管理者对需求的预期保持一致，从而消除需求变异放大现象。任何相邻节点需求的确定都是供需双方协调的结果，库存管理不再是各自为政的独立运作过程，而是供需连接的纽带和协调中心。

联合库存管理把供应链系统管理进一步集成为上游和下游两个协调管理中心，库存连接的供需双方从供应链整体的观念出发，同时参与、共同制订库存计划，实现供应链的同步化运作，进而部分消除了由于供应链环节之间的不确定性和需求信息扭曲现象导致的供应链的库存波动，如图6-9所示。

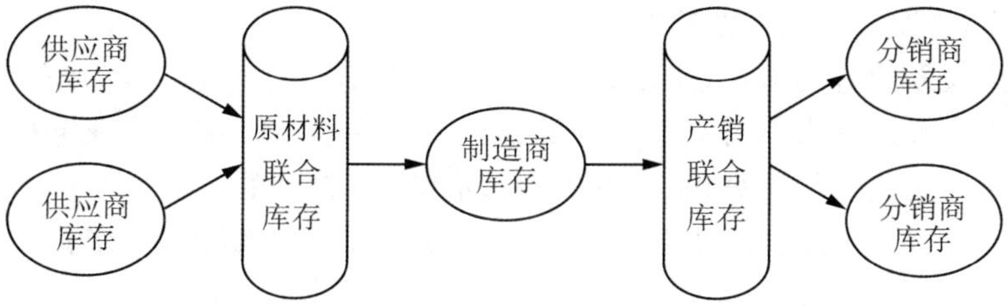

图 6-9　联合库存管理模型

(二)JMI 的优点

JMI 模式与传统的库存管理模式相比，具有以下优点。

(1)为实现供应链的同步化提供了条件和保证。

(2)减少了供应链中的需求扭曲现象，降低了诸多不确定因素的影响，提高了供应链的稳定性。

(3)库存作为供需双方信息交流和协调的纽带，可以暴露供应链管理中的缺陷，为改进供应链管理水平提供了依据。

(4)为实现零库存管理、JIT 采购以及精细供应链管理创造了条件。

(5)进一步体现了供应链管理的资源共享和风险分担的原则。

(三)JMI 的实施过程

1. 建立供应链协调管理机制

为了发挥联合库存管理的作用，供应链各方应建立供应链协调管理的机制，建立合作沟通的渠道，明确各自的责任，为联合库存管理提供有效的保证机制。只有管理机制协调，才能进行有效的库存管理。建立协调的管理机制，应从以下几方面着手。

(1)建立供应链共同目标。要建立联合库存管理模式，首先供应链各方必须本着互惠互利的原则，建立共同的合作目标。因此，要理解供需双方在市场目标中的共同之处和冲突点，通过协商形成共同的共赢目标。

(2)建立联合库存的协调控制方法。联合库存管理中心担负着协调供应链各方利益的角色，起到协调整个供应链的作用。联合库存管理中心需要确定库存优化的方法，包括库存如何在多个需求商之间调节与分配、库存的最大量和最低库存水平、安全库存的确定、需求的预测等。

(3)建立利益的分配激励机制。要有效运行基于协调中心的库存管理，必须建立一种公平的利益分配制度，并对参与协调库存管理中心的各个作业、各级供应部门进行有效的激励，防止机会主义行为，增加协作性和协调性。

2. 建立信息沟通渠道

为了提高整个供应链需求信息的一致性和稳定性，减少由于多重预测导致的需求信息扭曲，应增加供应链各方对需求信息获得的及时性和透明性。整个供应链通过构建库存管理网络系统，使所有的供应链信息与供应链各方的管理信息同步，提高供应链各方的协作效率，降低成本，提高质量。为此，应建立一种信息沟通的渠道或系统，以保证需求信息在供应链中的畅通和准确。可以将条码技术、扫描技术、POS 系统和 EDI 集成起来，并且要充分利用 Internet 的优势，在供应链中建立畅通的信息沟通桥梁和联系纽带。

3. 发挥第三方物流系统的作用

为更好地实现联合库存，可借助第三方物流(Third Party Logistics，TPL)。TPL 也称物流服务提供商，这是由供需双方以外的物流企业提供物流服务的业务模式，把库存管理部分功能代理给第三方物流公司，使企业更加集中于自己的核心业务，增加了供应链的敏捷性和协调性，提高了服务水平和运作效率。第三方物流系统起到了供应商和用户之间的桥梁作用，可以为企业提供很多好处。

4. 选择恰当的联合库存管理模式

联合库存管理有以下两种模式。

(1)集中库存模式。即各个供应商的零部件都直接存入核心企业的原材料库中，变各个供应商的分散库存为核心企业的集中库存。集中库存要求供应商要按核心企业的订单或订货看板组织生产，产品完成时，立即实行小批量多批次的配送方式直接送到核心企业的仓库中补充库存。在这种模式下，库存管理的重点在于核心企业根据生产的需要，保持合理的库存量，既要满足需要，又要使库存总成本最低。

(2)无库存模式。即供应商和核心企业都不设立库存，核心企业实行无库存的生产方式。供应商直接向核心企业的生产线上连续地、小批量地、多批次地补充货物，并与之实行同步生产和同步供货，从而实现在需要的时候把所需要的品种和数量的原材料送到需要的地点的操作模式。这种准时化供货模式，由于完全取消了库存，所以效率最高、成本最低。同时，这种模式对供应商和核心企业的运作标准化、配合程度、协作精神要求也高，操作过程要求也高，而且两者的空间距离不能太远。

(四)实施 JMI 时需注意的问题

联合库存管理是解决供应链系统中独立库存模式导致的需求放大现象，改善供应链的供应水平和运作效率，以及提高供应链同步化程度的一种有效方法。实行联合库存管理，建立适应新形势的物资供应运行机制，将是库存管理今后几年的发展方向。但是，企业在应用 JMI 时需要注意以下问题。

(1)要清楚地认识到 JMI 模式并非适合所有生产企业，企业要根据自己的实际生产经营状况进行选择。

(2)要意识到推行 JMI 过程中企业会面临许多问题。例如，当材料供应商在制造商工厂附近建立库存时，其物流成本将比直接向制造商发货高得多，当供货量达不到一定规模时，供应商不会赞同采取这种方式。

(3)要认识到 JMI 是一种管理思想，是对企业工作流程的调整。企业在实施 JMI 前，应对企业职工进行相应的培训，改变职工以前的管理观念和工作方法，提高职工的素质，为企业顺利实施 JMI 提供保证。

(4)要重视分销商的角色转变。在实施 JMI 后，库存由供应商管理，分销商不再拥有库存，传统分销商不复存在。分销商作为服务合作网络中的一员，它将协助供应商管理产品库存。由于分销商不再掌握仓库，可以省去以前投入库存上的精力和风险，便于更有效地承担市场开发和营销的功能，使供应链更加完整和顺畅。传统分销商向服务提供商的角色转变对 JMI 的成功运行是一种有力支持。

(5)要注意保证零售商每日销售数据和库存数据的准确性也是 JMI 正确运行的基础。

●●●● 本章小结

本章首先介绍了库存的基本概念、作用、分类及库存控制和库存管理的含义，要求对库存及库存控制有基本的认识。随后重点介绍了库存控制的原理和方法，要求重点掌握ABC分类库存管理法和确定性需求库存控制中的经济订货批量模型、定量订货法、定期订货法以及随机性需求控制中的有关安全库存量的确定；接着介绍了相关库存控制方法——MRP技术及几种新型库存管理技术，包括JIT库存管理法、供应商管理库存和联合库存管理等。要求学生重点掌握这些方法的基本原理，并能够在仓储管理中灵活运用。

【案例分析】

某公司的困惑

某公司目前拥有355名全日制员工，直接从事三种产品A、B、C的生产。最终装配在公司主厂房附近的一个经过改造的库房中进行。

这一天对该公司总裁来说是一个阴沉的日子。他坐在办公室中望着壁炉里的余灰，希望能够理清自己的思绪。这时，传来了轻轻的敲门声。“这肯定又是一件令人头疼的事，夜猫子进宅，无事不来。”他发着牢骚。

进来的是市场部总监。“由于我们在管材的订货上落后了，因而一个主要的客户刚刚取消了一大宗产品A订单。我的销售人员出去为客户解决棘手的问题，而我们的生产经理却不能提供这种产品。”

在过去的几个月里，该公司的运作有些不太稳定。库存水平很高，库存成本已经占了很大的资金比重，然而与此同时却存在货物短缺。这就导致推迟送货、客户抱怨与取消订货。为了解决问题，往往要过度地加班，增加费用的支出。

总裁在第二天召开了一个会议，这次会议的目的就是为获得公司当前所面临问题的相关信息，并为找到解决方案做一些基础准备工作，参加这次会议的除了总裁本人与总监外，还有生产与库存主管、采购主管以及会计主管。

这次会议持续了一个早晨，参加者都很直率而且讨论热烈。

生产与库存主管说：“市场预测经常不能使我们正常工作。我们经常不得不赶着生产这种或那种产品以满足目前的需求，这就迫使我们常常遇到加班问题，从而导致人工费用的增加。”

总监说：“现在生产量太低，我们需要大量的产品库存。假设我们有这些商品。我们的销售人员就能卖出20%的产品。”

会计主管说：不可以！我们的库存已经处于一种不合适的高水平。我们承担不起保管费用。况且现在技术发展这样快，生产出来的产品如果卖不出去很快就会过时，从而形成更多的库存积压，占用更多的资金。”

“……”

会议结束时，总裁掌握了大量的信息，但是并没有具体的规划。

思考：

如果你是总裁，应该怎样做才能解决公司的危机？

练习与思考

一、单项选择题

1. 定量订货法是指当库存量下降到预定的最低库存量时，按规定数量进行订货补充的一种库存控制方法。这个规定数量一般是指(　　)。

A. 订货点　　B. 经济订货批量　　C. 最高库存量　　D. 安全库存量

2. 在定量订货法中，对每一个具体的品种而言，每次订货批量都是(　　)。

A. 相同的　　B. 不同的

C. 可以相同也可以不同　　D. 不定

3. 定期订货法下(　　)是相同的。

A. 库存下降的速率　B. 订货提前期　　C. 订货间隔期　　D. 订货批量

4. 某物资实行定期订货法，其订购周期为 30 天，订货提前期为 10 天，每日需要量为 20 吨，安全库存量为 200 吨，订购之日实际库存量为 450 吨，在途货运量为 100 吨，则订购批量应为(　　)吨。

A. 600　　B. 550　　C. 450　　D. 400

5. 关于经济订货批量模型描述不正确的是(　　)。

A. 订购费用固定　　B. 产品单价固定

C. 存储费用根据平均存储水平确定　　D. 产品的需求波动性较大

6. 用于防止和减少因订货期间需求率增长或到货延误所引起的缺货而设置的储备称为(　　)。

A. 流通库存　　B. 周转库存　　C. 季节性储备　　D. 安全库存

7. "关键的少数和次要的多数"是指(　　)库存控制方法的基本原理。

A. 定量订货法　　B. 定期订货法

C. ABC 分析控制法　　D. JIT 库存管理方法

8. (　　)货物应列为 A 类货物。

A. 品种不多，资金占用量大　　B. 品种多，资金占用量小

C. 品种多，资金占用量大　　D. 品种不多，资金占用量小

9. 下列属于相关需求的是(　　)。

A. 客户订购的产品　　B. 科研试制需要的样品

C. 售后维修需要的备品备件　　D. 半成品、零部件、原材料需求

10. 已知某产品 A 的生产结构图如图 6-10 所示，则要生产一个产品 A 需要(　　)个零部件。

A. 3　　B. 5　　C. 6　　D. 9

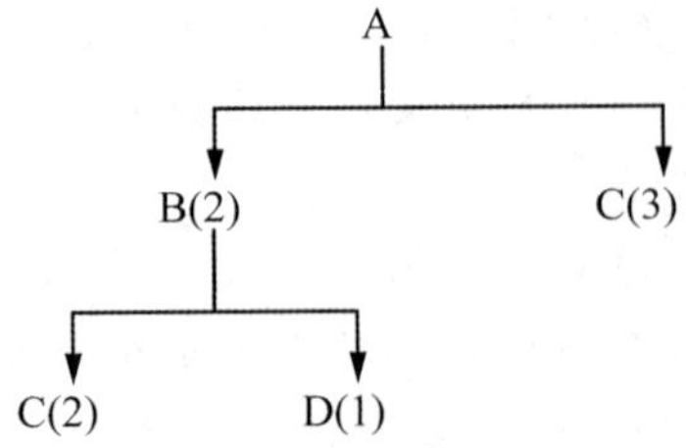

图 6-10　A 产品的生产结构图

11.“主产品结构文件”的英文符号是(　　)。

A. MRP　　B. MPS　　C. BOM　　D. PIF

12. 产品结构信息又可以称作(　　)。

A. 库存信息　　B. 主报告　　C. 二级报告　　D. 物料清单

13. 实施 VMI 策略，其主要特征是(　　)。

A. 信息共享　　B. 零库存管理　　C. 独立库存　　D. 提高资源利用率

14. 可以解决相关需求库存问题的技术是(　　)。

A. ABC 分析法　　B. MRP 技术　　C. JIT 库存管理法　　D. VMI 策略

二、多项选择题

1. 按存货目的分类，库存可以分为(　　)。

A. 经常库存　　B. 安全库存　　C. 促销库存

D. 投机性库存　　E. 季节性库存

2. 库存控制模型中的费用主要包括(　　)。

A. 储存保管费用　　B. 订货费用　　C. 缺货费用

D. 配送费用　　E. 运输费用

3. 在定量订货法中，影响订货点的因素有(　　)。

A. 订货提前期　　B. 最高库存量　　C. 平均需求量

D. 安全库存量　　E. 经济订货批量

4. 定期订货法的控制参数包括(　　)。

A. 订货周期　　B. 最高库存量　　C. 订货批量

D. 订货点　　E. 订货提前期

5. 下列属于库存控制的基本方法有(　　)。

A. 定量订货法　　B. 定期订货法　　C. ABC 分析控制法

D. 节约里程法　　E. JIT 库存管理方法

6. MRP 系统有多种输入信息，其中最主要的信息是(　　)。

A. 主生产进度计划　B. 产品结构信息　　C. 库存状态信息

D. 主报告　　E. 二级报告

7. 供应商管理库存实施的原则包括(　　)。

A. 合作性原则　　B. 重要性原则　　C. 互惠原则

D. 目标一致性原则　E. 连续改进原则

8. 联合库存管理可以采取(　　)。

A. 集中库存模式　　B. 分散库存模式　　C. 无库存模式

D. 零库存模式　　E. 经济库存模式

三、判断题

1. 库存合理化就是指库存成本最低。　　(　　)

2. 缺货的概率、库存的满足率与安全系数之间均成正比关系。　　(　　)

3. 经济订货批量就是指订货成本最小时的批量。　　(　　)

4. MRP 主要用于独立需求的物料控制，即该项目需求与其他需求无关时才有效。

(　　)

5. JIT 的核心思想就是削减库存，直至实现零库存，同时又能使生产过程顺利进行。（　　）

6. 联合库存管理是解决供应链系统中，由于各节点企业的相互独立库存运作模式导致的需求放大现象，是提高供应链同步化程度的一种有效方法。（　　）

四、计算题

1. 某仓库 A 商品年需求量为 36 000 件，订货提前期为 10 天，该商品的单位年保管费为 4 元/件，每次订货成本为 80 元。要求计算：

(1)确定该商品的订货点和经济订货批量。

(2)确定最佳订货次数和最佳储存总成本。

2. 某企业某种物资的平均每月需求量为 400 件，单位储存成本为 1 元/件，每次订货成本为 1 800 元，订货提前期为 15 天，安全库存为 180 件，请计算该企业经济订货周期和最高库存量。若该企业在实施定期订货策略后，某次订货时检查发现，现有库存量为 400 件，已订货但尚未到达的货物为 800 件，已经销售尚未发货的货物为 580 件，问该次订货时的订货量应是多少？

3. 某企业有以下 10 种商品的库存，如表 6-8 所示，为了对这些库存商品进行有效的控制和管理，该企业打算根据商品的总金额进行分类。请用 ABC 分类法将这些商品分为 A、B、C 三类。

表 6-8　10 种库存商品统计表

商品编号	单价/元	需求量/件	商品编号	单价/元	需求量/件
A	1	100	F	0.5	300
B	8	1 200	G	1.5	60
C	1	290	H	2	620
D	2	140	I	4	50
E	1	270	J	3	500

4. 已知产品 A 的资料如图 6-11 所示，要求完成该产品的 MRP 的相关计算，填表 6-9、表 6-10 即可。

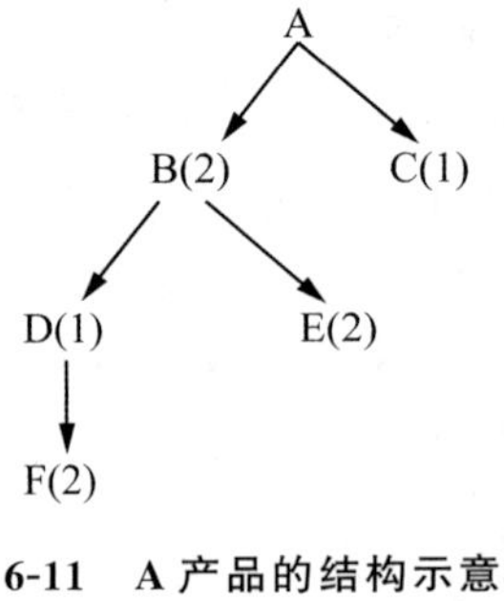

图 6-11　A 产品的结构示意图

表 6-9　A 产品及其零部件需求量计算表

名称	现有库存量/个	总需求量/个	实际需求量/个
A	35	100	

续表

名称	现有库存量/个	总需求量/个	实际需求量/个
B	25		
C	5		
D	40		
E	64		
F	33		

表 6-10 部件 C 的 MRP 采购订货计算表(订货提前期 2 周)

时间/周	1	2	3	4	5	6	7
总需要量/个			30		15		20
计划到货量/个	20						
现有库存量/个	5						
净需求量/个							
计划接受订货							
计划发出订货							

5. 某木器厂生产百叶窗，该产品由 4 个木制板条部分和 2 个框架构成。2019 年 9 月收到两份订单：一份要 100 个，一份要 300 个。在当前时间进度安排中，100 单位的订单应于第四周开始发货，300 单位的订单则于第七周开始发货。木制板条部分由企业自制，制作过程为 1 周，框架需要外购，订货提前期为 2 周。组装百叶窗需要 1 周。第 1 周计划到货数量是 40 个框架，另外企业现有木制板条库存 100 个。请按照配套批量订货的方法进行 MRP 系统运行。

五、简答题

1. 库存的含义是什么？其分类有哪些？
2. 库存的作用是什么？
3. 如何理解广义的库存控制？
4. ABC 分类管理法的基本原理是什么？
5. 什么是定量订货法？什么是定期订货法？各有哪些优缺点？
6. MRP 的基本原理有哪些？
7. JIT 在库存管理中的核心思想是什么？
8. JIT 采购与传统采购相比有哪些特点？
9. 供应商管理库存策略和联合库存管理策略各有什么优点？

●●●● 课后实践

请对当地某企业库存控制情况进行调研，并结合所学知识对该企业库存控制方法提出合理化建议。

第七章
仓库安全管理

学习目标

本章内容主要介绍了有关仓储安全管理的知识。学生通过学习可以了解仓储安全管理的意义和任务，理解仓库消防安全管理、仓库作业安全管理、仓库治安管理以及危险品管理的重要性；掌握仓库消防安全管理、仓库作业安全管理、仓库治安管理以及危险品管理的方法和措施。

【案例导入】

某仓库化工原料燃烧起火

某日傍晚，湖北省某市工业区附近的一家化工原料仓库突然发出一声闷响，随后黑烟滚滚，瞬间火焰冲天。消防部门人员及时赶到现场，组织进行扑救，但由于不明着火原因，习惯性用水扑救，火势越来越大。此时，抢救人员立即停止用水扑救，采取其他办法，经过 24 小时，火势方被扑灭。这一天，午后倾盆大雨下至傍晚，发现火情的人员反映，火势是从原料仓库内堆放着复合脱氧剂(用作钢水脱氧)的地点开始的。此次事故造成 50 吨脱氧剂被烧毁，一栋库房坍塌，经济损失严重。

经查，造成这起事故的原因如下：一是事故的直接原因，复合脱氧剂(主要成分为电石，含量约 50%以上)在库房漏雨情况下和水发生反应，生成乙炔并放出大量热。生成的大量气体、热量积聚在堆放的脱氧剂中不能及时排走。当热量大于乙炔的自燃点 305 ℃后，导致脱氧剂燃烧，进而引燃库房。二是抢救人员赶赴现场时，在不明着火原因的情况下，盲目用水扑救，犹如火上加油，扩大了火势。这是造成整栋库房被烧毁、加重经济损失的主要原因。

资料来源：孙家庆，杨永志. 仓储与配送管理[M]. 北京：中国人民大学出版社，2016.

思考：该仓库在安全管理方面存在哪些问题？

第一节　仓库安全管理的意义和任务

一、仓储安全管理的意义

仓库是商品高度集中的重要基地，也是广大仓储职工进行各种仓储作业的场所。做好商品的养护工作，确保商品安全，是仓储职工的基本职责，也是使仓储的商品进行正常流通的基本保证。同时，不断改善劳动条件，保护职工在生产中的安全和健康，防止事故和职业病，是现代化仓储管理的重要原则之一。党的二十大报告提出：推进国家安全体系和能力现代化，坚决维护国家安全和社会稳定。在提高公共安全治理水平中特别强调：要坚持安全第一、预防为主；推进安全生产风险专项整治，加强重点行业、重点领域安全监管；提高防灾减灾救灾和重大突发公共事件处置保障能力，加强国家区域应急力量建设。国家《"十四五"现代物流发展规划》也特别提出，要坚持总体国家安全观，提高物流安全治理水平，完善应急物流体系，提高重大疫情等公共卫生事件、突发事件应对处置能力，促进产业链供应链稳定。

现代化仓储不仅要具备现代化的劳动手段，即具有先进的设备和技术，而且要实行文明生产。这就要求在仓储生产过程中不仅要保持库容整洁，有良好的劳动环境和生产秩序，而且要有各项安全规程和制度，以保证职工、设备及储存物资在储运过程中的安全。在物资储运过程中，客观上存在着一些不安全的因素，如在装卸搬运笨重物资时，有被碰撞的危险；在操作电器设备时，有触电的危险；在搬运或储放危险品时，有中毒、爆炸等危险。一旦发生事故，将可能造成人员伤亡和物资的大量损失。因此，做好仓库的安全管理工作直接影响企业的生存和发展，是仓储的首要任务，也是每个工作人员的基本职责。仓储管理必须十分重视发现、分析和消除仓库物资管理过程中的各种安全隐患，保护仓库中的人、财、物不遭受破坏、损失，并在一定条件下取得最佳的经济效益和社会效益。

二、仓储安全管理的内容和任务

仓储安全主要包括库房、机械设备、商品、人身、作业等多项内容，仓储安全管理的基本任务可归结为：建立、健全安全生产的各种规章制度并坚决贯彻执行，防止各种事故的发生；提高警惕，严防不法分子破坏，确保仓库、职工的安全。从这个基本任务出发，具体有下列几方面的工作。

1. 建立、健全安全生产责任制和各项安全保卫制度

安全生产责任制和各项安全保卫制度是加强安全管理的重要措施。安全生产责任制应落实到各级人员，主要负责人对本单位的安全生产工作全面负责。安全生产责任制一般有安全操作规程、危险品仓库安全操作制度等；安全保卫制度主要有门卫制度、执勤制度、交接班制度等。

在建立和健全各种安全制度的同时，要加强平时的检查，监督执行情况，及时发现并消除隐患，确保安全。针对安全事故，实行生产安全事故责任追究制度，依照《中华人民共和国安全生产法》和有关法律、法规的规定，追究生产安全事故责任人员的法律责任。

2. 保证仓储安全生产的投入，完善安全生产条件，加强仓储安全技术工作

在物资储运过程中，为防止和消除伤亡事故，保障职工安全和减轻繁重体力劳动，必须对仓储安全生产给予充分的投入，进行安全生产科学技术研究，推广应用安全生产先进技术，提高安全生产水平。如需采用新工艺、新技术或者使用新设备，必须了解、掌握其安全技术特性，采取有效的安全防护措施，并对从业人员进行专门的安全生产教育和培训。

3. 加强对有关安全生产的法律、法规和安全生产知识的宣传，提高职工的安全生产意识

充分发动和依靠全体职工是切实做好仓储安全工作的必由之路。为此，从业人员必须具备必要的安全生产知识，熟悉有关的安全生产规章制度和安全操作规程，掌握本岗位的安全操作技能。没有经过安全生产教育和安全生产知识培训不合格的从业人员，不得上岗作业。

4. 提高警惕，严防不法分子破坏，坚决有力打击一切破坏活动

仓库内储存着大量物资，这往往成为不法分子的攻击目标。为此，必须提高广大职工的警惕性，积极做好必要的防护措施，确保仓库安全。一旦发生偷窃、纵火等事故，仓库应立即与公安部门联系，争取早日破案。

第二节　仓库消防安全管理

一、仓库消防管理措施

仓库消防管理的方针是“预防为主、防治结合”。仓库的消防管理工作包括仓库建设时的消防规划、消防管理组织、岗位消防责任、消防工作计划、消防设备配置和管理、消防检查和监督、消防日常管理、消防应急、消防演习等。

仓库消防管理的具体措施如下。

1. 普及防火知识

坚持经常性的防火宣传教育，普及消防知识，不断提高全体仓库职工对火灾的警惕性，每个职工都应学会基本的防火、灭火方法。

2. 遵守《建筑设计防火规范》

新建、改建的仓库要严格遵守《建筑设计防火规范》的规定，不得擅自搭建违章建筑，也不得随意改变建筑物的使用性质。仓库的防火间距内不得堆放可燃物品，不得破坏建筑物内已有的消防安全设施、消防通道、安全门、疏散楼梯、走道等，要始终保持畅通。

3. 易燃、易爆的危险品仓库必须符合防火、防爆要求

凡是储存易燃、易爆物资的危险品仓库，进出的车辆和人员必须严禁烟火；危险品应专库专储，性能相抵触的物资必须分开储存和运输，专库须由专人管理，防止剧烈震动和撞击。易燃、易爆危险品仓库内，应选用不会产生电火花的开关。

4. 电气设备应始终符合规范的要求

仓库中的电气设备不仅安装时要符合规定要求，而且要经常检查，一旦发现绝缘损坏要及时更换，不应超负荷，不应使用不合规格的保险装置。电气设备附近不能堆放可燃物

品，工作结束应及时切断电源。

5. 明火作业须先经消防部门批准

若需电焊、气割、烘烤取暖、安装锅炉等，必须经有关的消防部门批准，才能动火工作。

6. 配备适量的消防设备和火灾报警装置

根据仓库的规模、性质、特点，配备一定数量的防火、灭火设备及火灾报警器，按防火、灭火的要求，分别布置在明显和便于使用的地点，并定期进行维护和保养，使之始终保持完好状态。

7. 遇火警或爆炸应立即报警

如遇仓库发生火情或爆炸事故，必须立即向当地公安消防部门报警。

二、仓库火灾

（一）仓库火灾原因

引起火灾的三要素是：可燃物、助燃物、着火源。仓库中储存有各种物资，是火灾三要素中的可燃物，空气中存在的大量的氧气为火灾三要素中的助燃物，只要有着火源，仓库就非常容易发生火灾。因此，分析引起仓库火灾的原因，关键在于找出引起仓库火灾的着火源。

1. 明火

是指一种明显的火焰（或火星及灼热的物体），具有较高的温度并释放一定的热量。仓库中的明火主要有打火机、火柴、吸烟、烧荒、施放烟花爆竹、施工中电焊、气焊，等等。

2. 雷电

许多仓库地处山区，特别是地处多雷地区的仓库，雷电是引起仓库火灾的重要原因。雷电的危害主要表现为直接雷击、雷电感应和雷电波。

3. 静电

两种不同物质相互摩擦或其他原因，导致了一个物体上电子转移到另一个物体上，就要产生静电。在储存易燃、易爆危险物品的场所，如弹药库、油库等，静电荷的火花放电，就会引起火灾爆炸。

4. 电气

电气引起火灾的原因主要有短路、超负荷、接触电阻过大、火花和电弧、熔断器、开关插销、照明灯具，电动机、架空配电线路和火灾爆炸场所未按规定安装防爆电气装置等。

5. 自燃

有些自燃点较低的物质，在储存的过程中，会发生自燃，引起火灾。

6. 爆炸

在仓库中，储存的可燃气体或蒸气与空气混合达到爆炸极限，通过火源发生爆炸，引起火灾爆炸事故。弹药库内储存的爆炸性物质，接触火源、受热、通电、撞击、摩擦等，也非常容易引起爆炸。

除以上火灾原因外，如遇人为破坏等其他因素，也可能会引起火灾的发生。

(二)仓库火灾特点

1. 仓库火灾容易发生，且损失较大

仓库物资储存集中，大部分是易燃易爆物品，一旦遇到着火源，极易发生火灾。仓库发生火灾不仅造成库存物资付之一炬，而且还会对仓库建筑、设备、设施等造成破坏，引起人身伤亡。据统计，我国有许多火灾发生在仓库，且引起的损失较大。例如，据《2002年中国火灾统计年鉴》记载，2001年8月13日，广州市松洲螺溪经济发展公司仓库发生火灾，烧毁库房一座，建筑面积1 000平方米，直接财产损失359.26万元。2001年9月1日，沈阳市大龙洋石油有限公司储油罐区发生火灾，造成1人死亡，8人受伤，直接财产损失285.25万元。

2. 火势蔓延迅速，受害面广

储存可燃物的仓库，一旦发生火灾，往往由于储存物资过多，火势发展较快，蔓延迅速，危及面广，并会产生很高的温度，使库房、设备等均受影响甚至损坏。一般物资仓库燃烧中心温度往往在1 000 ℃以上，而化学危险物品(如汽油等)着火的温度更高。高温不仅使火势蔓延速度加快，还会造成库房、油罐的倒塌，在库外风力影响下，形成一片火海。爆炸品仓库、化学危险品仓库等还极易引起爆炸。

3. 仓库火灾扑救困难

由于库内物资堆放数量较大，发生火灾后，物资燃烧时间长，加之许多仓库远离城区，供水和道路条件较差，仓库消防设备设施不足，消防力量有限，这就增加了扑救的难度；库房平时门窗关闭，空气流通较差，发生不完全燃烧，产生大量烟雾，影响消防人员的视线和正常呼吸，加之发生火灾后，库房内堆垛物资倒塌，通道受阻，也给扑救造成困难。

三、仓库防火知识

火灾是由于燃烧的三要素——可燃物、助燃物、着火源——共同作用才能发生，缺少任何一个要素都不能形成火灾，防火工作就是要使这三要素隔离，不让它们互相发生作用。

(一)防火的方法

1. 控制可燃物

所谓控制可燃物就是通过减少或者不使用可燃物、将可燃物质进行难燃处理来防止火灾。如仓库建筑采用不燃材料建设，使用难燃电气材料等；易燃货物使用难燃包装，用难燃材料苫盖可燃物等。此外，及时通风可使可燃气体及时排出，经常洒水可减少可燃物扬尘等也是控制可燃物的方法。

2. 隔绝助燃物

所谓隔绝助燃物就是对于易燃品，通过采取封闭、抽真空、充装惰性气体、不燃液体浸泡等方式，或表面涂刷不燃漆、不燃涂料的方式，使易燃物不与空气直接接触，以防止燃烧。

3. 消除着火源

所谓消除着火源就是通过在仓库内避免着火源的出现，来达到防火的目的。由于仓库内不可避免地会储藏可燃物，而隔绝空气的操作需要较高的成本，所以仓库防火的核心就是防止着火源。消除着火源也是灭火的基本方法。

（二）仓库防火措施

1. 设置消防组织

仓库的消防组织应按国家的有关规定，并根据仓库规模、存储货物的数量和性能以及周围环境、气候等因素确定。一般应设置以下组织。

(1)防火安全领导机构。

其任务是执行有关消防法规和上级部门的指示，按分级管理的原则制定本仓库的有关消防安全制度和相应规章，划分责任，明确各自职责，向职工普及防火安全知识，及时消除火灾隐患。

(2)专职消防队伍。

根据仓库规模、存储货物的特性和数量等确定专职消防人员的配备。大型仓库应建立专职的消防队伍。专职消防队伍的职责是：在防火安全机构的领导下，负责向职工宣传防火安全知识，检查防火安全情况，严格控制火源，积极消除隐患，经常性地进行消防演习以提高消防技能。专职消防人员不得擅自离开岗位。

(3)职工义务消防组织。

是在企业防火安全领导机构的领导下，由本企业职工组成的一支兼职消防队伍。参与消防的职工应对本企业库场情况比较熟悉，并具备必要的消防知识。

2. 备齐消防设备

用于仓库消防安全的设备主要有：

(1)给水、蓄水、抽水设备。

水可以用来扑救建筑物和一般货物的火灾。当仓库无自来水设备，且水源又远离仓库的情况下，仓储企业应修建蓄水池，以备消防之用。有自来水设备的仓库，应根据仓库的大小配置消防栓，其设置间距应保证在任何点上均能有两个消防水管参与灭火。

(2)消防设备和器材。

在仓库区域内应布置消防设备和器材。消防设备包括：水塔、水泵、水池、消防供水管道、消防栓、消防车、消防泵等。消防器材包括：各类灭火器、砂箱、水桶、消防斧、钩、铣等。消防器材应根据分散配置与集中安放相结合的原则配备，特别是在各库门处安放。外部消火栓应沿道路设置，要靠近十字路口，两个消火栓之间距离不应超过 100 米，距房屋墙壁不少于 5 米，距道路不超过 2 米。没有消防水道的仓库，一般应配置蓄水池和与建筑高度相应的水泵或喷水车。各种消防器材的使用应根据货物的性质进行选择才能起到应有的效果。

3. 仓库建筑与电器安装要符合规范要求

仓库建筑应严格按照《建筑防火通用规范》(GB 55037—2022)的要求，不得违章随意改变建筑结构或使用性质；电器设备安装应符合规范要求，不得在电器设备附近放置易燃物品，工作结束应及时关闭电源，不允许超负荷使用电器，对避雷、防静电装置要定期进行检查。

4. 严格对库区及仓库的管理

库区内严禁烟火，对危险品的储存应设置专门仓库，并与其他库区隔离；仓库内不得在防火安全间距内堆放易燃物品，保证消防通道的畅通，保证消防安全设施和设备的正常使用；对于仓库内的火源必须经消防安全部门检查批准后，设置相应的防火安全设施，并设专人进行管理。

5. 提高员工的防火意识

对企业员工必须进行经常性的防火安全教育，普及防火、灭火知识，提高员工的防火意识。

四、仓库灭火知识

灭火是在可燃物已经发生燃烧时，为终止燃烧所采取的行为与措施。

(一)灭火方法

1. 冷却法

冷却法是指将燃烧物的温度降低到燃点以下，使之不能汽化，从而阻止燃烧。常用的冷却方法可以采用大量冷水、干冰来降温，以使燃烧物的温度降到燃点以下。

2. 窒息法

窒息法是指通过采用封闭、遮盖等方法，使着火附近的氧气含量减少，使燃烧不能继续。常用的窒息方法有封闭窒息法，如将燃烧间密闭；充注不燃气体窒息法，如充注二氧化碳、水蒸气等；不燃物遮盖窒息法，如用黄沙、惰性泡沫、湿棉被等覆盖着火物灭火。

3. 隔绝法

隔绝法是指通过将可燃物减少、隔离等方法，来达到灭火的目的。当发生火灾时，可将未着火的货物立即搬离着火现场或进行隔离，以避免火势扩大。将货物隔绝是灭火的基本原则，它一方面可减少货物受损，另一方面能够有效地控制火势。因此，当发生火灾时，首要的工作就是将火场附近的可燃物搬离或用难燃材料进行隔离。

4. 化学抑制法

化学抑制法是指将多种化学物质喷洒在燃烧物上，通过其与燃烧物之间产生的化学反应，产生降温、绝氧等效果，从而达到灭火的目的。

5. 综合灭火法

综合灭火法是指将以上各种灭火方法结合起来使用。火灾的危害性极大，而且当火势凶猛时，基本无法控制。因此，一旦发生火灾，各种能够灭火的方法都要及时采用，以提高灭火能力。如封闭库房和库外喷水降温可同时进行，搬离火场附近货物的隔绝法和释放灭火剂同时进行等。

在共同使用多种灭火方法时，要注意避免所采用的灭火方法之间的互相干扰，降低灭火效果。如采用泡沫灭火时，不能同时用水冲，除非有大量的水源要代替不足的泡沫；酸性灭火剂不能与碱性灭火剂共同使用。另外还得防止造成人员伤害，如释放惰性气体时，必须先把现场人员撤离。

（二）灭火器和灭火剂

灭火器是一些轻便的容器，内装灭火的药物为灭火剂。发生火灾时，使用灭火器内的灭火剂扑灭火源是最方便快捷的灭火方法。灭火器是应急灭火的最重要的灭火器材，应布置在仓库的各个出入口附近位置。

灭火器根据容器内盛装的灭火剂不同，分为清水灭火器、泡沫灭火器、二氧化碳灭火器、干粉灭火器、"1211"灭火器等。不同的灭火器有针对性地使用，才能起到安全灭火的目的。

1. 清水灭火器

清水灭火器是指灭火剂为水的灭火器。水是最常用的灭火剂，水的灭火作用是水滴遇热迅速汽化，在蒸发时吸收大量的热量，起到显著的冷却作用，以降低燃烧区温度和隔断火源，并在不溶于水的液体表面形成不燃层，起到隔绝空气的作用；对能溶于水的液体起稀释作用，从而扑灭火灾。

但是水能导电，因此，清水灭火器不适合于扑救电器装置的火灾。对和水能起化学反应放出可燃气体和大量热量以及遇水分解产生有毒气体的物品，如遇水燃烧物品、某些氧化剂以及某些毒品不能用水扑救。比重比水轻的易燃液体，如汽油、甲苯等，它们能浮在水面，可能形成喷溅、漂流，扩大火灾，所以也不宜用水扑救。

用于灭火的水，主要有两种：一是密集水流，二是雾状水流。密集水流是通过加压的水，构成强有力的密集水流，才能喷射到较远的地方去，能冲到燃烧表面的内部，摧毁正在燃烧分解的物质，使燃烧迅速停止，因而适用于扑救普通火灾。雾状水流是用喷雾装置或喷雾水枪，将水流分散成粗细不同的水雾。它的喷射面广，吸热量大，对扑救室内和近距离火灾最为合适。对于化学危险品来讲，雾状水流主要用来扑救可燃气体、粉状易燃固体和氧化剂（忌水物质除外）以及流散在地上，面积不大，厚度不超过 3～5 厘米的易燃液体火灾。

2. 泡沫灭火器

泡沫灭火器内的灭火剂为泡沫，分为化学泡沫和空气泡沫两种。由于泡沫比较轻，且富有黏性，因此在喷射出去后，可覆盖在可燃物的表面，吸收热量，降低温度，形成隔绝层，使燃烧停止。

化学泡沫是指用硫酸铝和碳酸氢钠的水溶液与发泡剂相互作用而形成的膜状气泡群。泡沫的质量，要求发泡倍数（即形成泡沫的容积与泡沫粉和水混合的容积比）不低于 5.5 倍。泡沫持久性（即泡沫体积破坏 20%的时间）不少于 25 分钟。

空气泡沫是指由一定比例的泡沫液、水和空气，经过水流的机械作用，相互混合而成。泡沫的比重为 0.11～0.16，泡沫体积微细、黏稠、稳定性好，能在着火的火面上迅速流散，组成浓厚的覆盖层，达到灭活的作用。

泡沫灭火器是扑救油类火灾有效的灭火器材。但是它不能施救乙醇、丙酮、醋酸等能使泡沫消失的化学危险品。

3. 二氧化碳灭火器

二氧化碳灭火器又称干冰灭火器，是以二氧化碳为灭火剂的灭火器材。二氧化碳是一种无色无嗅的不燃气体，不导电，对火场的破坏性很小，其灭火原理就是利用液态的二氧化碳在汽化时大量吸热，造成可燃物的降温冷却，以及二氧化碳本身的窒息作用来达到灭火的目的。因此，它是一种良好的灭火剂。

二氧化碳灭火器可用于扑救电器火灾，小范围的油类火灾，某些忌水性物质(如电石)和气体的燃烧。但二氧化碳对人体同样具有窒息作用，因此在使用时要特别注意防冻和防窒息，以免对人员造成伤害。二氧化碳灭火器不宜扑救金属钠、钾、镁粉、铝粉等造成的火灾，因为它和这些金属物质会发生化学反应。

4. 干粉灭火器

干粉灭火器是指以碳酸氢钠、碳酸氰钾或磷酸铵盐类等干燥、易流动、不燃、不结块的粉末为主要灭火剂的灭火器材。这些干粉具有斥水性和自由流动性，主要对火场起覆盖窒息的作用，同时还能减少燃烧液体的流动性。干粉在使用后也容易清洁，不污染燃烧物，对扑救易燃液体和轻金属的火灾效果很好。

5.“1211”灭火器

“1211”灭火器是指以卤代烷 1211 为灭火剂的灭火器材。“1211”即二氟一氯一溴甲烷，一种无色透明的不燃绝缘液体，通过氮气高压存储在高压钢瓶内。使用时对着着火物释放，通过降温、隔绝空气、形成不燃覆盖层，达到灭火的目的。其灭火效率极高，比二氧化碳灭火剂高约 3～4 倍，通常只留下极少的残留物，对火场破坏较小。在具有爆炸性气体存放的仓库或容器里，只要充灌“1211”的比例占到该爆炸性气体容积的 6.75%，就能够起到抑制爆炸的作用。这类灭火器特别适合于油类火灾、电器火灾、有机溶剂、精密仪器、纸张、文物档案等火灾的扑救。但由于“1211”在高温中会产生一定的有毒气体，因此已被逐步限制使用。

6. 沙土

对于小面积火灾，使用沙土覆盖灭火是一种有效的手段。由于沙土本身惰性、不燃，较为沉重，具有较好的覆盖镇压能力，因此特别适合于氧化剂、酸碱性物质、遇水燃烧物质的灭火，同时沙土能吸附液体，阻止液体流动，也是扑灭液体火灾的重要材料。

(三)灭火器的选用

不同类型的灭火器适用于不同类型的火灾，下面针对一些常见的火灾提出可采用的灭火器选用方法。

对于普通火灾，可采用清水灭火器进行降温冷却，达到灭火目的。但对于忌水物质，如布、纸等应尽量减少水渍所造成的损失。对珍贵图书、档案等应使用二氧化碳灭火器、卤代烷 1211 灭火器、干粉灭火器灭火，效果更好。

对于可燃液体造成的火灾，首先应切断可燃液体的来源，同时将燃烧区容器内可燃液体排至安全地区，并用水冷却燃烧区可燃液体的容器壁，减慢蒸发速度；及时使用大剂量泡沫灭火器、干粉灭火器将液体火灾扑灭。

对于可燃气体造成的火灾，首先应关闭可燃气体阀门，防止可燃气体发生爆炸，然后选用干粉灭火器、卤代烷 1211 灭火器、二氧化碳灭火器灭火。

对于电器火灾，首先应关闭电源，防止带电扑救，然后选用卤代烷 1211 灭火器、干粉灭火器、二氧化碳灭火器来灭火效果会更好，因为这三种灭火器的灭火药剂具有良好的绝缘性能，不会发生触电伤人的事故。

对于镁、铝、钠、钾等轻金属火灾，不宜用清水灭火器。因为镁、铝燃烧时温度非常高，水和其他普通灭火剂是无效的，钠和钾与水反应会放出大量热和氰，会促进火灾更加猛烈。因此，对于这类火灾，应使用特殊的灭火剂，如干砂等。

五、仓库消防管理

仓库中存放着大量物资，属于消防重地，一旦发生火灾，将会造成人员伤亡和巨大的经济损失。为此，仓库必须加强消防管理，将消防安全工作贯彻到仓储的各个岗位和全部活动中，防患于未然。仓库消防管理应重点从以下几方面进行。

1. 储存管理

储存管理主要包括如下方面。

(1)每个仓库必须规定储存限额，仓库内物品存放要分类、分堆，堆垛与堆垛之间应当留出必要的通道，主要通道的宽度一般不应少于 2 米。根据库存物品的不同性质、类别确定垛距、墙距、柱距、梁距。

(2)能自燃的物品、化学易燃物品与一般物品及性质互相抵触和灭火方法不同的物品，必须分库储存，并标明储存物品的名称、性质和灭火方法。且将能自燃的物品和化学易燃物品的堆垛布置在温度较低、通风良好的场所，设专人定时测量温度。

(3)遇水容易发生燃烧、爆炸的化学物品，不得存放在潮湿和容易积水的地点。受阳光照射容易燃烧、爆炸的化学物品，不得在露天存放。

(4)化学易燃物品的包装容器应当牢固、密封，一旦发现破损、残缺、变形和物品变质、分解等情况时，应当立即进行安全处理。

(5)易燃、可燃物品在入库前，应当由专人负责检查，对可能带有火险隐患的物品，应当先存放到观察区，经检查确无危险后，方能入库和归垛。

(6)储存易燃和可燃物品的仓库及露天堆垛附近，不准进行试验、分装、封焊、维修、动用明火等可能引起火灾的作业。如因特殊需要进行这些作业，必须事先经仓库防火负责人批准，并采取安全措施，调配专职或义务消防队员进行现场监护，备有充足的灭火器材。作业结束后，应当对现场进行认真检查，切实查明未留火种后，方可离开现场。

(7)库房内不准设办公室、休息室，不准住人，不准用可燃材料搭建隔层。在库房或露天堆垛的防火间距内，不准堆放可燃物品或搭建货棚。

(8)库房内一般不应当安装采暖设备，如物品防冻必须采暖，可用暖气采暖。散热器与可燃物品堆垛应当保持安全距离。

(9)库区和库房内要经常保持整洁。对散落的易燃、可燃物品和库区的杂草应当及时清除。用过的油棉纱、油抹布，沾油的工作服、手套等用品，必须放在库房外的安全地点，妥善保管或及时处理。

2. 装运管理

装运管理主要包括如下方面。

(1)装卸化学易燃物品，必须轻拿轻放，严防振动、撞击、重压、摩擦和倒置。不准使用能产生火花的工具，不准穿带钉子的鞋，并应当在可能产生静电的设备上，安装可靠的接地装置。

(2)进入易燃、可燃物品库区的蒸汽机车和内燃机车，必须装置防火罩，蒸汽机车要关闭风箱和送风器，并不得在库区停留和清炉。仓库应当有专人负责监护。

(3)进入库区的汽车、拖拉机必须戴防火罩，不准进入库房。进入库房的电瓶车、铲车，必须有防止打出火花的安全装置。运输易燃、可燃物品的车辆，一般应当将物品用苫布苫盖严密，随车人员不准在车上吸烟。

(4)对散落、渗漏在车辆上的化学易燃物品，必须及时清除干净。库房、站台、货场装卸作业结束后，应当彻底进行安全检查。

(5)各种机动车辆在装卸物品时，排气管的一侧不准靠近物品。各种车辆不准在库区、库房内停放和修理。

3. 电源管理

电源管理主要包括如下方面。

(1)库房内一般不宜安装电器设备。如果确需安装，应当严格按照有关电力设计技术规范和有关规定进行，并由正式电工进行安装和维修。

(2)储存化学易燃物品的库房，应当根据物品的性质，安装防爆、隔离或密封式的电器照明设备。

(3)各类库房的电线主线都应当架设在库房外，引进库房的电线必须装置在金属或硬质塑料套管内，电器线路和灯头应当安装在库房通道的上方，与堆垛保持安全距离，严禁在库房门顶架线。

(4)库房内不准使用碘钨灯、日光灯、电熨斗、电炉子、电烙铁、电钟、交流收音机和电视机等电器设备，不准用可燃材料做灯罩，不应当使用超过40瓦以上的灯泡。灯头与物品应当保持安全距离。

(5)库区及库房内不宜架设临时电线。如确需架设临时电线，必须经仓库防火负责人批准。使用临时电线的时间不应当超过半个月，到期及时拆除。

(6)库区的电源应当设总闸和分闸，每个库房应当单独安装开关箱。开关箱应当设在库房外，并安装防雨、防潮等保护设施。

(7)在库区及库房内使用电器机具时，必须严格执行安全操作规程。电线要架设在安全部位，免受物品的撞击、砸碰和车轮碾压。

(8)电器设备除经常检查外，每年至少应当进行两次绝缘摇测，发现可能引起打火、短路、发热和绝缘不良等情况时，必须立即进行修理。禁止使用不合规格的保险装置。电器设备和电线不准超过安全负荷。库房工作结束时，必须切断电源。

4. 火源管理

火源管理主要包括如下方面。

(1)库区内严禁吸烟、用火，严禁放烟花、爆竹和信号弹。在生活区和维修工房安装和使用火炉，必须经仓库防火负责人批准。

(2)金属火炉距可燃物不应当小于1.5米。在木质地板上搭设火炉，必须用隔热的不燃材料与地板隔开。

(3)金属烟囱距可燃墙壁、屋顶不应当小于70厘米，距可燃屋檐不应小于10厘米，高出屋檐不应小于30厘米。烟囱穿过可燃墙、窗时必须在其周围用不燃材料隔开。

(4)不准用易燃液体引火。火炉附近不准堆放木片、刨花、废纸等可燃物。不准靠近火炉烘烤衣物和其他可燃物。燃着的火炉应有人负责管理。从炉内取出的炽热灰烬，必须用水浇灭后倒在指定的安全地点。

5. 消防设施管理

消防设施管理主要包括如下方面。

(1)仓库区域内应当按照《建筑防火通用规范》的规定，设置消防给水设施，保证消防供水。每栋独立的库房至少要配备4个消防水桶，挂于明显位置，不许挪作他用。

(2)库房、货场应当根据灭火工作的需要，备有适当种类和数量的消防器材设备，并布置在明显和便于取用的地点。一般情况下，每个库房配备的灭火器不得少于2个，应悬挂在库外墙上，离地面高度不超过1.5米。远离取暖设备，防止日光直射。消防器材设备附近，严禁堆放其他物品。

(3)消防器材设备应当有专人负责管理，定期检查维修。对火火器应每隔15天检查一次，注意药料的完整和出口的畅通。灭火器的部件每半年要检查一次，每年要换药一次。

(4)寒冷季节要对消防储水池、消防水桶、消火栓、灭火器等消防设备采取防冻措施。

(5)储存液体燃料库附近必须配有干燥清洁的河沙，用木箱或桶装好，标明"消防用沙"。

(6)仓库必须备有准确可靠的报警信号系统，一旦发生火灾，能够迅速报警，以便及时组织扑救。

第三节　仓储作业安全管理

一、仓库安全生产的重要性

仓库安全生产是仓储安全管理的重要环节，随着仓库功能的不断扩大，仓库作业项目的不断增加，仓储作业场地的复杂多变，机械作业与人力作业并重，各种增值服务的增加等仓储作业的特点，决定了仓库作业安全已经构成仓库生产过程中引起人们高度重视的重要问题。因为，仓库在用电、对运输工具装卸货物、出入库搬运、堆垛上架、拆垛取货等方面及操作机械设备等作业过程中都存在安全操作问题。在具体作业中，不论是人工操作还是机械操作，一旦违反操作规程，疏忽大意，都会导致事故的发生。轻者受皮肉之苦，重者丧失性命，同时会造成物品的经济损失，对企业和职工都会带来极大的不利。因此，加强库场安全生产是非常重要的。

二、仓库安全生产管理

仓库安全生产涉及货物的安全、作业人员的人身安全、作业设备和仓库设施的安全等。这些安全事项都是仓库安全的责任范围，所造成的损失都是100%由仓库承担。因此，仓库要特别重视安全生产管理，特别是安全生产的预防管理，避免发生安全生产事故。

(一)树立安全生产意识

为了使企业能在激烈的市场竞争中保持不败，仓储企业让职工保持清醒的头脑，树立安全生产意识，在生产操作过程中注意安全生产，少出安全事故也是非常重要的。为此，应做好以下工作。

1. 强化安全生产意识

企业对职工进行经常性的安全生产方面的教育，使职工时刻绷紧安全生产这根弦，从思想上重视安全生产，从行动上体现安全生产。

2. 加强职工培训，提高操作技能

职工操作技术水平的提高，可以有效地降低安全事故的发生。因此，企业对仓库作业的操作工人进行岗位培训和定期技能考核，既可以提高企业的生产效率，更重要的是可以大大提高劳动的安全性，避免操作事故的发生。

3. 提高仓储设备的技术水平

通过提高仓储设备的技术水平，更多地采用机械设备和自动控制装置等，都是可以减少人工直接装卸、搬运，提高安全生产效率的最主要的方法。例如，现代自动化立体仓库的使用，就使作业的安全性大大提高。

4. 认真执行安全操作规程

仓储生产的安全操作规程是经过实践检验能有效减少事故发生的规范化的生产操作方法。因此，在生产中应予以严格执行，并对不遵守安全生产操作规程的行为进行严肃处理。

(二)加强劳动保护

劳动保护是为职工改善劳动条件，提高生产的安全性，减轻劳动强度，保护劳动者的身心健康所采取的相应措施和有关规定。一般应做好以下工作。

1. 加强职工思想教育，树立劳动保护意识

职工劳动保护意识包括劳动者在生产中自我保护的意识和生产组织者对劳动者身心安全提供保护的意识。这需要通过加强对职工及生产组织者进行劳动保护的思想教育，明确加强劳动保护是为了安全操作，对企业和职工个人都有利。只有树立了牢固的劳动安全意识，劳动者和生产组织者才能重视安全措施，并重视按照安全生产操作规程组织生产。

2. 成立劳动保护组织

劳动保护组织机构的成立是为了在组织上保证劳动保护工作的落实。劳动保护组织应采取专业管理和群众自我管理相结合的方法，既发挥专业机构的作用和监督性，又调动群众的自我保护意识和自觉性。

3. 制定劳动保护规章制度

劳动保护制度化既可以保证劳动安全措施的稳定性和公平性，也可以使劳动保护纳入企业管理的法制化轨道。同时还有利于劳动保护的宣传和教育，增强劳动保护意识。

4. 不断改进劳动保护措施，及时总结经验

定期制订有关劳动保护措施的计划，随生产环境和条件的变化不断改进劳动保护措施，及时总结和交流劳动保护工作的经验，以便更好地进行劳动保护。

(三)加强仓库的安全作业管理

仓库作业是仓库生产的重要环节，也是仓库安全生产的重要组成部分。应从以下几方面加强仓库的安全作业管理。

1. 重视作业人员的资质管理和业务培训

对参加仓库作业的新职工和转岗的职工，应进行仓库安全作业教育，对所从事的作业进行安全作业和操作培训，确保熟练掌握岗位的安全作业操作技能和规范。从事特种作业的员工必须经过专门培训并取得相应的作业资质，方可进行作业，且仅能从事其资格证书限定的作业项目操作，不能混岗作业。

2. 制定各作业的安全操作规章制度

仓库的各项作业都有其规范的操作程序和步骤，执行的认真与否决定了仓库作业安全性的高低，因此，必须通过制度化的管理，要求仓库各项作业严格按照规范进行操作，不得违章作业，以保证各项作业的操作规范能得以有效和充分地执行，保证管理制度的效果。

3. 抓好设备的安全管理

根据众多的资料分析，仓库安全生产事故往往同设备不良或者操作不当有关。设备质量存在问题或者不注意日常的维护，就会埋下事故隐患。因此，仓库应该加强设备管理，坚持以维护为主，检修为辅的原则，抓好设备的维护保养工作，保证设备的经常完好。如果对装卸等设备只管使用，不注意维护检修，甚至为了片面追求高的作业量，不惜拼设备，让设备超负荷运转或带“病”作业，往往会不可避免地发生事故，这种做法必须坚决予以纠正。

4. 重视货物装卸与搬运过程中的安全

货物在仓库的装卸与搬运过程中往往是容易发生事故的环节，必须根据货物尺寸、重量、形状来选用合理的装卸、搬运设备，严禁超高、超宽、超重、超速以及其他不规范操作。不能在库房内检修机械设备。在狭小通道、出入库房或接近货物时应减速鸣号。

5. 开展安全操作竞赛，提高操作技术水平

开展多种多样的安全操作竞赛，不仅能够提高职工的安全操作技术水平，还可以更好地促进职工学习业务的自觉性，增强职工严格执行操作规范，树立安全生产的意识。

三、仓库安全操作的基本要求

(一)人力操作基本要求

1. 人力作业仅限于轻负荷作业

男职工人力搬运货物每件不超过 80 千克，距离不超过 60 米；集体搬运时每个人的负荷不超过 40 千克；女职工人力搬运货物不超过 25 千克。

2. 尽可能采用人力机械作业

在人力操作中能够采用人力机械作业的应尽量采用人力机械作业，但人力机械承重也应在限定的范围，如人力绞车、滑车、拖车、手推车等承重不应超过 500 千克。

3. 在安全作业环境下进行操作

人力操作应在安全的作业环境下进行，作业前应使作业人员清楚明白作业要求，让员工了解作业环境，指明危险因素和危险位置。

4. 使用合适的作业工具，按要求穿戴防护用具

作业人员应按要求穿戴相应的安全防护用具，使用合适的作业工具进行作业，采用安

全的作业方法，不采用自然滑动和滚动、推倒垛、挖角、挖井、超高等不安全作业，人员在滚动货物的侧面作业。注意人员与操作机械的配合，在机械移动作业时人员需避开。

5. 适当安排工间休息

操作工人每作业 2 小时应至少要休息 10 分钟，每作业 4 小时要有 1 小时的休息时间，并合理安排生理需要时间。

6. 专人进行现场操作指挥和安全指导

在作业集中的时间和地点，应有专人在作业现场严格按照安全操作规范进行操作指挥和安全指导。作业人员应避开不稳定货垛的正面，塌陷、散落的位置，运行设备的下方等不安全位置；在作业设备调位时应暂停作业；发现安全隐患时应及时停止作业，待安全隐患消除后方可恢复作业。

(二)机械安全作业基本要求

1. 选用合适的机械、设备进行作业

尽可能采用专用机械设备进行作业，或者使用专用工具。使用通用设备，必须满足作业需要，并进行必要的防护，如货物绑扎、限位等。

2. 保持设备的良好状态

仓库设备不得带“病”作业，特别是设备的承重机件，更应无损坏，符合使用的要求。仓库机械设备应在允许的负荷范围内进行作业，决不允许超负荷运行。危险品作业时还需降低 25%的负荷。

3. 专人指挥

仓库采用机械设备作业时要有专人、采用规定的指挥信号、按作业规范进行指挥。

4. 汽车装卸时注意保持安全间距

在使用汽车进行货物装卸时，必须注意保持安全间距，汽车与堆物距离不大于 2 米，与滚动物品距离不得小于 3 米。多辆汽车同时进行装卸时，直线停放的前后车距不得小于 2 米，并排停放的两车侧板距离不得小于 1.5 米。汽车装载应固定稳妥，绑扎牢固。

5. 移动吊车须停放稳定后方可作业

仓库中许多作业需要使用吊车、叉车等设备进行操作，移动吊车必须在停放稳定后方可进行下一步作业，叉车不得直接叉运压力容器和未包装货物。移动设备在载货时需控制行驶速度，不得高速行驶。货物不能超出车辆两侧 0.2 米，禁止两车共载一物。

6. 载货移动设备上不得载人运行

载货移动设备上，如叉车、吊车等不得载人运行，否则非常容易造成安全操作事故。

第四节 仓库治安保卫管理

一、治安保卫管理的重要性

治安保卫工作是仓储管理的重要组成部分，通过治安保卫管理，能够防范、制止恶性侵权行为、意外事故对仓库及仓储财产的侵害和破坏，维护仓储环境的稳定，预防和制止违反治安管理的行为和犯罪活动，消除治安灾害隐患，确保各项仓储工作的正常进行，保护国家、集体的财产和职工的生命、财产安全。同时，治安保卫管理也是仓库履行仓储合同义务的组成部分，是降低和防止经营风险的手段。治安保卫管理制度的内容包括建立健全治安保卫管理组织，建立健全治安保卫管理制度，落实各项治安防范措施等。

二、治安保卫管理组织

仓库的法定代表人或主要负责人为仓库的治安保卫责任人，为治安保卫管理的领导，同时还要有仓库最高领导中的一员分管负责，由其领导建立仓库治安保卫的完整组织。

治安保卫组织，通常分为保卫组织、警卫组织和群众性治安保卫组织。为了顺利开展治安保卫工作，仓储部门应当根据实际情况，按照精干高效、运转灵活的原则设立保卫机构，或者配备专职、兼职保卫工作人员，从而形成仓储安全网。下面对三种保卫组织形式做简要介绍。

1. 保卫组织

仓库保卫机构是在仓库党政的领导下进行工作，业务上受到当地公安机关和上级保卫部门的领导。其主要任务是对仓库的商品、设备和人员的安全全面负责，严防灾害和偷盗性事故的发生。保卫机构要与公安、劳动、供电、交通运输、防汛、防震、卫生等部门加强联系，及时交换安全信息，接受他们的指导；对警卫守护人员进行经常性的业务技术教育；对员工进行安全方面的讲座和业务技术训练；定期或不定期地举行安全操作表演；调查、登记、处理、上报有关案件等。

2. 警卫组织

仓库警卫工作的重点是负责仓库日常的警戒防卫。其任务是：掌握出入仓库的人员情况；禁止携带易燃、易爆等危险物品入库；核对出库物资是否与出库单相符，并承担日夜轮流守护库场的职责，谨防盗窃与破坏等事故的发生；在仓库发生人为或自然灾害时，要负责仓库的防护、警戒工作。

仓库负责警卫工作的人员有两类，一类是守护员或护仓员，一般为专职；另一类是经济警察，他们受企业和公安部门的双重领导，可配有武器。在大型仓库和特种仓库内常配备这类经济警察。

3. 群众性治安保卫组织

群众性治安保卫组织是指在仓库党政领导及保卫部门的指导下的治安保卫委员会或治安保卫小组。其成员既有仓库领导，也有职工群众，并在各班、组设立安全保卫员。它的基本任务是：利用各种方式对仓库职工和四邻居民进行治安保卫宣传教育，协同警卫人员做好保卫和防火工作，协助维护单位的治安秩序和保卫要害的安全，劝阻和制止违反治安管理法规的行为。

三、治安保卫管理制度

治安保卫工作是仓储企业长期性的工作，必须贯彻预防为主、确保重点、打击犯罪、保障安全的方针，坚持“谁主管，谁负责”和“奖惩结合、奖罚分明”的原则。为此，必须采取制度性的管理措施，通过规章制度来确定工作要求、行为规范，明确岗位责任。

库场需要依据国家法律法规，结合库场治安保卫的实际需要，以保证仓储生产高效进行、实行安全仓储、防止治安事故的发生为目的，坚持以人为本的思想，科学地制定治安保卫规章制度。既不能违反法律规定，也不能侵害人身权或者其他合法权益。

治安保卫管理制度既有独立的规章制度，如防火安全管理制度、仓储设施管理制度、门卫值班制度、重要物品安全管理制度等，也有合并在其他制度中的，如仓库管理员职责、办公室管理制度等。下面简单介绍其中的几种。

1. 防火安全管理制度

在仓储安全管理工作中，防火是重点，保证商品安全又是防火的中心。为此，各级各类仓储管理人员及治安保卫管理人员必须熟悉各种仓储物品的性能、引起火灾的原因和各种防火、灭火方法，并采取各种防范措施，以保证仓库的安全。

2. 仓储设施管理制度

仓储设施是进行仓储工作的必要条件。完善的仓储设施管理制度，能保证仓储业务活动的正常进行，避免意外事故的发生，同时也有利于仓储经营取得最大的经济效益。

3. 门卫、值班、巡逻、守护制度

门卫是仓库的咽喉，必须严格人员、货物的出入管理。传达人员及值班警卫人员要坚守岗位，尽职尽责，对外来人员必须进行验证、登记，及时报告可疑情况，以防意外发生。

4. 重要物品安全管理制度

根据ABC管理法的理论，仓储物资可根据一定的指标分为A、B、C三类，其中对A类物资应重点对待。从安全角度看，危险品、高价值物资应重点防护、重点管理，以免造成人身伤亡和重大的经济损失。

5. 安全岗位责任制度

明确安全管理责任一直是安全生产管理的重点，也是保障安全生产的基础。仓储部门或企业应根据收发、保管、养护等具体业务特点，确定每个岗位的安全责任，并与奖惩挂钩。通过认真贯彻执行安全观为责任制度来加强职工的责任感，堵塞工作中的漏洞，保证仓储工作秩序有条不紊，确保仓库安全。

6. 要害部位安全保卫制度

要害部位是安全防护的重点，因此，必须建立健全要害部位安全保卫制度。在要害部位设置安全技术防范措施。要害部门或者要害岗位，不得录用和接受有犯罪记录的人员。

7. 机动车辆安全管理制度

机动车辆管理也是治安保卫管理的一个重要方面。外单位的车辆不得随意进入，因业务需要必须进入的，必须履行必要的手续，如登记、换证等，且必须做好防火、防爆等保护措施。严格仓库自由车辆的使用制度，做到安全用车，避免灾害事故的发生。

8. 外来务工人员管理制度

目前大量企业的从业人员是外来务工人员，不同程度地存在着安全素质偏低的问题。仓储部门或企业在赋予这些外来务工人员安全生产权利的同时，必须向他们明确安全岗位责任制度，要求他们作为企业的一员，必须严格遵守安全规程和规章制度，服从管理，接受培训，提高安全技能，及时发现、处理和报告事故隐患和不安全因素。只有充分重视和发挥人在仓储活动中的主观能动性，最大限度地提高从业人员的安全素质，才能保证不安全因素和事故隐患降到最低限度，预防和减少人身伤亡。

9. 治安防范的奖惩制度

认真落实治安防范的奖惩工作直接关系到安全岗位责任制度能否有效运行。因此，必须对治安防范工作做得好的部门或个人，及时给予表扬、奖励，对工作不负责任而发生事故和问题的部门或个人，坚决给予批评或处罚，并及时上报有关部门报告奖惩情况。

四、治安保卫工作的内容

为了预防和制止违反治安管理的行为和犯罪活动，消除治安灾害隐患，确保各项仓储工作的正常进行，治安保卫管理应突出做好下列工作。

1. 开展宣传教育，增强职工法制观念

开展社会主义法制和治安保卫工作的宣传教育，增强职工群众的法制观念和自觉维护本企业治安秩序的意识是治安保卫工作的重要内容，同时，还应加强警卫人员的思想道德品质及业务学习，邀请当地公安部门派员讲授有关专业知识和协助军事训练，以提高其军事素质。

2. 对仓库大门和要害部门进行守卫

仓库大门是仓库与外界的连接点，是仓库地域范围的象征，也是仓储承担货物报关责任的分界线。大门守卫是维持仓库治安的第一道防线，主要负责开关大门，限制无关人员、车辆进入，接待入库办事人员并实施身份核查和登记，禁止入库人员携带火源、易燃易爆物品入库，检查入库车辆的防火条件，指挥车辆安全行驶、停放，登记入库车辆，检查出库车辆，核对出库货物和物品放行凭证，并收留放行凭证，查问和登记出库人员携带的物品，特殊情况下可查扣物品，封闭大门。

对于危险品仓库、贵重物品仓库、特殊品仓库等要害部门，需要安排专职守卫看守，限制无关人员接近，防止破坏和盗窃。

3. 加强巡逻检查

由专职保卫人员不定时、不定线、经常地巡视整个仓库区的每一个位置，加强仓库的巡逻检查。巡逻检查一般安排两名保安人员同时进行，携带保安器械和强力手电筒，查问可疑人员，检查各部门的防卫工作，关闭确实无人的办公室、仓库门窗、电源，严禁消防器材挪作他用，检查仓库内有无异常现象，停留在仓库过夜的车辆是否符合规定等。巡逻检查中发现不符合治安保卫制度要求的情况，要及时采取相应措施处理或通知相应部门处理。

4. 有效利用防盗的设施设备

仓库防盗设施大至围墙、大门，小到门锁、防盗门、窗，都应根据法规和治安保卫的需要设置和安装。仓库具有的防盗设施如果不加以有效利用，就会失去其防盗的作用，不能实现其防盗目的。承担安全设施操作的仓库员工也应按制度要求，有效使用配置的防盗设施。

仓库使用的防盗设备除了专职保安人员使用的警械外，主要有视频监控设备、自动报警设备、人工报警设备等，仓库应按规定使用所配置的设备，专人负责操作管理及定期检查设备的完好情况，确保设备的有效运作。

5. 加强治安检查

治安责任人应经常检查治安保卫工作，督促照章办事。治安检查实行定期检查和不定期检查相结合的制度，班组每日检查、部门每周检查、仓库每月检查，及时发现安全漏洞及不安全隐患，采取有效措施及时消除。

6. 对突发事件采取治安应急

治安应急是仓库发生治安事件时，采取紧急措施，防止和减少事故所造成的损失的制度。治安应急需要制定应急预案，明确应急人员的职责、发生事件时的信息信号的发布和传递规定，并经常地演练来保证实施。

第五节 危险品管理

一、危险品的概念与分类

危险品又称为危险化学品、危险货物，是指在流通中，由于本身具有的燃烧、爆炸、腐蚀、毒害及放射线等性能，或因摩擦、振动、撞击或温湿度等外界因素的影响，能够发生燃烧、爆炸或使人畜中毒、表皮灼伤，以致危及生命，造成财产损失等危险性的商品。在运输、装卸和储存过程中，由于危险品容易造成人身伤亡和财产损毁，属于需要特别防护的一类货物。主要有化工原料、化学试剂及部分医药、农业杀虫剂、杀菌剂等。

(一)危险品的分类及特性

《国际海运危险货物规则》(又称《国际危规》)将包装危险货物分为 9 类。

1. 第 1 类——爆炸品

爆炸品是指在外界作用下发生剧烈的化学反应，瞬间产生大量的气体和热量，使周围压力急剧上升，引发爆炸的物质和物品。

按爆炸的危险性和爆炸品在火中的变化分为：

第 1.1 类——有整体爆炸危险的物质和物品。

第 1.2 类——有迸射危险但无整体爆炸危险的物质和物品。

第 1.3 类——有燃烧危险和较小爆炸或(和)较小迸射危险，但无整体爆炸危险的物质和物品。

第 1.4 类——重大危险的物质和物品。

第 1.5 类——极不敏感的物质，但有整体爆炸危险。

第 1.6 类——无整体爆炸危险的极不敏感的物品。

其中，第 1.1 类危险性最大，第 1.6 类危险性最小。

特性为：化学爆炸性、燃烧性、毒性和窒息性等。

2. 第 2 类——气体：压缩、液化和加压溶解气体

气体：压缩、液化和加压溶解气体是指在 50 ℃时蒸气压力大于 300 千帕或在 20 ℃和 101.3 千帕的标准压力下完全呈气态，经压缩或降温加压后，储存于耐压容器或特制的高绝热耐压容器或装有特殊溶剂的耐压容器中的物质。

具体分为三类：

第 2.1 类——易燃气体。如氢气、甲烷、乙炔等。

第 2.2 类——非易燃、无毒气体。如氧气、压缩空气、氮气、二氧化碳等。

第 2.3 类——有毒气体。如氯气、氨、硫化氢等。

特性为：易燃性、物理爆炸性、麻醉性、毒性和窒息性等。

3. 第 3 类——易燃液体

易燃液体是指闭杯闪点不高于 60 ℃(相当于开杯试验 65.6 ℃)时放出易燃蒸气的液体、混合液体、含有溶解固体的溶液或悬浮溶液。

按包装类分为三类：

包装类Ⅰ：如乙醛、二硫化碳、乙醚等。

包装类Ⅱ：如汽油、乙醇、苯等。

包装类Ⅲ：如松节油、酒精饮料等。

特性为：爆炸性、易燃性、毒害性、挥发性、麻醉性、窒息性和易积聚静电性等。

4. 第 4 类——易燃固体、易自燃物质和遇水放出易燃气体的物质

易燃固体、易自燃物质和遇水放出易燃气体的物质。

具体分为三类：

第 4.1 类——易燃固体和受摩擦可以引起燃烧的固体，自反应及相关物质。如赤磷、硫黄、赛璐珞等。

第 4.2 类——易自燃物质。如活性炭、黄磷、鱼粉等。

第 4.3 类——遇水放出易燃气体的物质。如电石、磷化氢、钠、钾等。

特性为：爆炸性、易燃性、毒害性、腐蚀性和污染性等。

5. 第 5 类——氧化剂和有机过氧化物

氧化剂是指处于高氧化态，具有强氧化性，易分解并放出氧和热量的物质。包括含有过氧基的无机物，其本身不一定可燃，但能导致可燃物的燃烧，能与松软的粉末状可燃物组成爆炸性混合物，对热、震动或摩擦较敏感。

有机过氧化物是指分子组成中含有过氧基的有机物，其本身易燃易爆，极易分解，对热、震动或摩擦极为敏感。

具体分为两类：

第 5.1 类——氧化物质(剂)。如硝酸钠、高锰酸钾、过氧化氢、漂白粉等。

第 5.2 类——有机过氧化物。如氧化苯酰、过氧化二碳酸二苯甲脂等。

特性为：毒性、腐蚀性和强氧化性等。

6. 第 6 类——有毒物质和感染性物质

有毒物质是指如吞咽、吸入或皮肤接触易于造成死亡、严重伤害或损害人体健康的物质。

感染性物质是指已知或一般有理由相信含有病原体的物质。所谓病原体，是指已知或有理由相信会使人或动物患感染性疾病的微生物或微生物重组体。

具体分为两类：

第 6.1 类——有毒物质(剂)。如吞咽、吸入或皮肤接触易于造成死亡、严重伤害或损害人体健康的物质。如氰化钠、苯胺、砷及其化合物等。

第 6.2 类——感染性物质。

特性为：毒性、感染性等。

7. 第 7 类——放射性物质

放射性物质是指能自原子核内部自行放出人体感觉器官不能察觉的射线的物质。

特性为：放射性等。

8. 第 8 类——腐蚀品

腐蚀品是指化学性质非常活泼，若与人畜或其他物品接触，在短时间内能造成明显破坏的固体或液体物质和物品。如硝酸、硫酸、氢氧化钠等。

特性为：腐蚀性、易燃性、氧化性和毒害性等。

9. 第 9 类——杂类危险货物和物品

杂类危险货物和物品是指在运输中呈现的危险性不包括在上述八类危险品中的物质和物品。如干冰、蓖麻籽、自行充气救生设备等。

【小知识】

《国内危规》与《国际危规》分类的区别

《水路包装危险货物运输规则》(简称《国内危规》)依据国家标准《危险货物分类和品名编号》(GB 6944—2005)和《危险货物品名表》(GB 12268—2005)，将危险货物分为 9 大类、26 项。在大类上，与《国际危规》基本相同。在小项上与《国际危规》的差异在于：

(1)第 1 类爆炸品中，《国际危规》有 1.6 类，而《国内危规》没有。

(2)第 3 类易燃液体中，《国际危规》未细分，而《国内危规》分了三个小类。

(3)第 8 类腐蚀品，《国际危规》未细分，而《国内危规》分了三个小类。

(4)第 9 类杂类，该类在《国际危规》和《国内危规》中名称一样，但小类内容差别很大，只有不包括在第 1～8 类的危险品相同，《国际危规》在本类中包括了加温运输的液态和固态物质，还有海洋污染物。而《国内危规》中，除“干冰”一种货物外，其他均为另行规定的物品。

《国内危规》根据各种危险货物的危险程度又划分为一级和二级危险货物，而《国际危规》没有分级。在《国内危规》中的一级和二级危险货物的划分情况如下：

(1)第 1 类、第 2 类、第 5.2 类、第 6.2 类、第 7 类均为一级危险货物。

(2)第 3 类、第 4 类、第 5.1 类、第 6.1 类、第 8 类分为一级和二级危险货物。凡是品名编号后三位小于 500 的，为一级危险货物；凡是品名编号后三位大于 500 的，为二级危险货物。

资料来源：孙家庆，杨永志. 仓储与配送管理[M]. 北京：中国人民大学出版社，2016.

(二)危险品管理制度与法规

国家对危险品实施严格的管理，采取相应管理部门审批、发证、监督、检查的系列管理制度。包括经济贸易管理部门的经营审批；公安部门的通行证发放；质检部门的包装检验发证；环境保护部门的监督管理；铁路、民航、交通等部门的运输管理；卫生行政部门的卫生监督；工商管理部门的经营管理等。对于政府部门依法实施的监督检查，危险化学单位不得拒绝、阻挠。

危险品管理采取依法管理的原则，严格根据法规的规定和国家标准实施管理。涉及危险品仓储和运输的管理法规有：《危险货物品名表》(GB12268—2012)、《(危险货物分类和品名编号)》(GB6944—2012)、《危险化学品安全管理条例》，各种运输方式的《危险货物运输规则》，以及环境保护法、消防法的相关规范和其他安全生产的法律和行政法规等，涉及国际运输的危险货物还需要执行《国际海运危险货物规则》。

(三)危险品的分级、包装和标志

根据危验货物的危险程度，各类危险品划分为一级和二级危险品。危险性大的为一级危险品，危险性小的为二级危险品。危险品的分级在品名编号中由后3位数字的顺序号表示，顺序号小于500的为一级危险品，顺序号大于500的为二级危险品。

危险品的包装是危险品安全的保障，主要作用在于保证危险品不受损害和外界影响，保持危险品的使用价值；防止危险品对外界造成损害，避免发生重大危害事故；形状规则的包装方便作业和便于堆放储存；固定标准的包装确保危险品的单元数量限定，等等。

危险品的包装要经过规定的性能试验和具有检验标志，具有足够的强度，没有损害和变形，封口严密等。包装应使用与危险品不相忌的材料，按包装容器所注明的使用类别盛装危险品。

危险品的外包装上需要有明确、完整的标志，包括危险品的包装标志、储运图示标志、收发货标志，具体有包装容器的等级、编号，危险品的品名，收、发货人，重量尺度，运输地点，操作指示，危险品的危险性质，等级的图示等。

二、危险品仓库

(一)危险品仓库的类型

我国把危险品仓库按其隶属和使用性质分为甲、乙两类。甲类是那些商业仓储业、交通运输业、物资管理部门的危险品仓库，这类仓库往往储量大、品种复杂，且危险性较大。乙类是指那些企业自用的危险品仓库。

如按仓库规模，又可分为三级：库场面积大于9 000平方米的为大型仓库，面积在550～9 000平方米的为中型仓库，550平方米以下的为小型仓库。

(二)危险品仓库的库区布局

危险品仓库由于其储存的货物具有危险性，故一般设在郊区的较空旷地带，且位于常年主导风的下风处，并避开交通干线。

危险品仓库库区在布置上应严格按照公安部颁布的《建筑防火通用规范》要求，设置防火安全距离。大、中型甲类仓库和大型乙类仓库与邻近居民点和公共设施的间距应大于150米，与企业、铁路线间距大于100米，与公路间距应保持大于50米。在库区内，库房间防火间距根据货物特性取20～40米，小型仓库的防火间距在12～40米。易燃商品最好储存在地势较低的位置，桶装易燃液体应存放在库房内，对于危险品储罐的布置可参考有关油品储罐的要求。

(三)危险品的仓库管理

危险品仓库管理的一般要求同其他货物仓储管理相同。这里我们仅讨论危险品仓储管理中的一些特殊要求。

1. 货物入库

仓库保管员应对货物按交通运输部颁发的《危险货物道路运输规则》要求进行抽查，做好相应的记录，并在货物入库后的 2 天内应对其验收完毕。货物存放应按其性质分区、分类、分库存储。对于不符合危险品保管要求的应与货主联系拒收。

在入库验收方法上，主要是采用感官验收为主，仪器和物理化学验收为辅。在验收程序上，可按以下步骤进行。

①检验货物的在途运输情况，检查是否发生过混装。

②检查货物的外包装上是否沾有异物。

③对货物包装、封口和衬垫物进行验查，看包装标志与运单是否一致，容器封口是否严密，衬垫是否符合该危险品运输、保管的要求。

④货物本身质量的检查，看是否有变质、挥发、变色或成分不符等问题。

⑤提出对问题的处理意见，对属于当地的货物，以书面形式提出问题和改进措施，并退货。若为外地货物，又无法退回的，又是一般问题不会产生危险的，可向货主提出整改意见，对于会影响库场安全的货物则应置于安全地点进行观察，待问题解决后方可入库。

2. 货物保管

对于危险品货物应实行分类分堆存放，堆垛不宜过高，堆垛间应留有一定的间距，货堆与库壁间距要大于 0.7 米。对怕热、怕潮、怕冻物品应按气候变化及时采取密封、通风、降温和吸潮等措施。

危险品仓库实行定期检查制度，两次检查的时间不宜超过 5 天；对检查中发现的问题应及时以“问题商品通知单”的形式上报仓库领导。仓库保管员需要保持仓库内的整洁，特别是对残余化学物品应随时清扫。对于残损、质次、储存久的货物应及时向有关单位联系催调。

3. 货物出库

一次提货量超过 0.5 吨时，要发出库证明，交运输员陪送出场。仓库保管员应按先进先出的原则组织货物出库，并认真做好出库清点工作。

4. 送货

车辆运送时，应严格按危险品分类要求分别装运，对怕热怕冻的货物需按有关规定办理。

三、危险品的储存

(一)危险品储存的基本要求

危险品储存一般包括如下基本要求。

(1)储存危险品必须遵照国家法律、法规和其他有关规定。

(2)危险品必须储存在经公安部门批准设置的专门的危险品仓库中，经销部门自管仓库储存危险品及储存数量必须经公安部门批准。未经批准不得随意设置危险品储存仓库。

(3)危险品露天堆放，应符合防火、防爆的安全要求，爆炸物品、一级易燃物资、遇湿燃烧物品、剧毒物资不得露天堆放。

(4)储存危险品的仓库必须配备有专业知识的技术人员，其库房及场所应设专人管理，管理人员必须配备可靠的个人安全防护用品。

(二)危险品分类储存要求

1. 爆炸品的储存

爆炸品的储存要求主要包括如下方面。

(1)库房要求。

根据爆炸品的特殊性质，储存爆炸品的库房必须远离居民区，建在人烟稀少的地方，半地下仓库是最好的。库房的内外布局和建筑结构的设置要确保储存库区的安全。库房的消防制度必须严格，消防器具齐全，全天有专业人员进行倒班制巡逻，库内严禁烟火。

(2)入库要求。

爆炸品入库前工作人员要仔细核对货物的规格、数量与入库证件是否相符；逐件检查包装是否完整。

(3)分区储存。

点火器材和起爆器材及其他爆炸品要按照类别分库储存，不可同库存放。库房地面一般应垫 10 厘米高的枕木，货物堆垛整齐

(4)库房温度、湿度的控制与调节。

储存爆炸品的库房温度必须低于 30 ℃，最佳相对湿度是 75%以下，切不可高于 80%。仓库内安置温度计和干湿计以定时观察记录。

(5)装卸、搬运安全操作。

专人装卸、专人搬运、专人押运。装卸作业中轻拿轻放，安全堆放，现场应设有“禁止烟火”的明显标志。爆炸品不可与其他货物混装，更不可和与爆炸品性质相悖的货物混装。严禁烈日暴晒、受潮。

2. 压缩气体和液化气体的储存

经压缩储藏于受压容器中的压缩气体或液化气体都有受热膨胀的特性。如果其膨胀的压力大于容器所能承受的限度或容器因撞击而受损，就会引起爆炸，造成燃烧。有些气体还具有毒害腐蚀和助燃等性质。所以，在这类危险品的储存工作中要把握好每一个环节。

(1)入库要求。

入库验收时，首先检查气瓶上的涂色、品名是否与入库单相符，安全帽是否完好，瓶壁腐蚀程度、有无凹陷以及损坏现象，然后脱去安全帽，检查是否漏气。

(2)保管与养护。

易燃气体不得与助燃气体、剧毒气体共同储存；易燃气体和剧毒气体不得与腐蚀性物质混合储存；氧气不得与油脂混合储存。液化石油气储罐区应布置在通风良好且远离明火或火花的露天地带，不宜与易燃、可燃液体储罐同组布置，更不应设在一个土堤内。压力卧式液化气罐的纵轴不宜对着重要建筑物、重要设备、交通要道及人员集中的场所。储存气瓶的仓库应为单层建筑，设置易揭开的轻质屋顶，地坪可用沥青砂浆混凝土铺设，门窗

都向外开启，玻璃涂以白色。库温不宜超过 35 ℃，有通风降温措施。瓶库应用防火墙分隔为若干单独分间，每一个分间都有安全出入口。瓶库的最大储存量应按有关规定执行。

(3)安全搬运。

压缩气体和液化气体需要专库专存。库房建筑应具有隔绝热源的能力，注意通风，使库房保持干燥。地坪应光滑，不易于在有摩擦时产生火花。库内应设干湿计，定时观测，做好记录。相对湿度应控制在 80%以下，防止气瓶锈蚀。库内温度最高不宜超过 32 ℃。夏季气温过高时，可在早晚采用通风降温。库内照明禁用明火工具，应采用防爆照明或电池灯具。库与库之间的距离应不少于 20 米，库房与生活区之间的距离应不少于 50 米。储存气体的库房周围不可堆放任何可燃材料。储存易燃易爆气体的库房应设置避雷装置。压缩气体和液化气体必须与爆炸物品、氧化剂、易燃物品、自燃物品、腐蚀性物品隔离。库内搬运气瓶应备有安装橡胶轮的专用小车，并将装瓶槽木架固定在小车上，搬运时应把气瓶的安全帽拧紧并向上安放。每个气瓶要有两个橡胶圈套在上面，防止搬运过程中发生撞击。如果有人工搬运，必须两人抬，但不得用手搬，更不准单人用肩扛、背或在地上滚动、拖拉，注意轻拿轻放。运输时瓶应平放，瓶口朝一个方向，不可交错堆放，且空隙应填紧，防止摇动撞击发生危险。运输工具上应有明显的“危险”标记。气瓶堆放时，应放在专用架上，保持平稳，直立存放，切勿倒置。

(4)加强保管检验。

除每日应有一次定时检查外，还要经常查看气瓶有无漏气和堆放不稳等情况。进入毒气瓶库时，应先将库房通风，并戴好面具。如发现漏气，一般应采取下列措施。

①要了解是什么气体，并根据气体性质做好相应的人身防护，人应站在上风头向气瓶泼冷水，使之降温，然后将阀门拧死。

②将气瓶浸入冷水池或石灰水池中，使之吸收，以避免作业环境受到污染，然后再拧紧阀门。如果气阀失控，最好将其浸入石灰水中，不仅可以冷却降压，而且可以使大量毒气溶解在石灰水中。

(5)消防措施。

仓库根据所存放气体、液体的性质和消防方法的不同，配备相应的消防器材和用具。最主要的是采用雾状水的消防方法。消防人员应备有防护用具，防止中毒，并且注意扑救时不要站在气瓶的尾部，以防爆炸伤害。

3. 易燃液体的储存

(1)入库要求。

此类货物入库前需要在验收室或指定的安全地点进行验收，验收时周围不可存放会与易燃液体产生反应的氧化剂、酸类等货物，同时验收地点应配备专用的消防器材，以防不时之需。

易燃液体的验收应以检验为主，在需要时可使用适当的仪器对货物的燃、沸点和受热膨胀程度等进行测试，以便仓储保管。对桶装的物品在夏季要特别注意有无膨胀及破裂渗漏，并注意留有安全空隙。瓶装物品的内外包装要牢固，内外封口要严密有效。

(2)库房要求。

易燃液体在常温下易挥发、沸点低，因此要储存于阴凉低温的库房内。此类货物的库房可以是地上、地下或半地下的，但不可是铁顶库或露天库房，应远离市区人多的地方，库内安装自动报警系统和自动灭火系统。乙醚、二硫化碳、石油醚等极易燃烧的货物应储存于低温库内，库内安装通风设备，照明系统使用防爆灯。苯、乙醇和各种漆类稀释剂等存放于一般库房内即可。由于易燃液体易挥发，库房的周围不可出现明火，以防挥发气体产生爆燃。储存易燃液体的仓库不可同时存放氧化剂和强酸等性质不同并能够相互反应或消防方法不同的物品。货物的堆垛要稳固，桶装液体垛高一般为 2～3 桶，其他形式包装的货垛也不宜太大、太高，垛高以 2.5 米为宜。

仓储期间，易燃液体产生燃烧事故，库内温度过高是主要原因之一，因此加强易燃液体仓库的温度控制是一项重要的工作。尤其是在夏天，存放低沸点易燃液体的库房要特别注意降温问题。虽然湿度对于易燃液体影响不大，但如湿度过大，会造成金属包装生锈，氯或氟硅烷类物品吸湿后，能够分解并产生腐蚀性、刺激性的气体，所以也必须做好防潮工作。

(3)消防安全。

易燃液体发生燃烧时火势迅猛，有可能发生爆炸，应及时了解和掌握着火液体的品名、比重、水溶性以及有无毒害、腐蚀、沸溢、喷溅等危险性，以便采取相应的灭火和防护措施。火灾发生时首先要切断火势蔓延的途径，控制燃烧范围。小面积(一般 50 平方米以内)液体火灾，一般可用雾状水扑灭。用泡沫、干粉、二氧化碳、卤代烷(1211、1301)灭火一般更有效。大面积液体火灾则必须根据其相对密度(比重)、水溶性和燃烧面积大小选择正确的灭火剂扑救。比水轻又不溶于水的液体(如汽油、苯等)，用直流水、雾状水灭火往往无效，可用普通蛋白泡沫或轻水泡沫灭火。用干粉、卤代烷扑救时，灭火效果要视燃烧面积大小和燃烧条件而定，最好用水冷却罐壁。比水重又不溶于水的液体(如二氧化碳)起火时可用水扑救，水能覆盖在液面上灭火，用泡沫也有效。用干粉、卤代烷扑救时，灭火效果要视燃烧面积大小和燃烧条件而定，最好用水冷却罐壁。具有水溶性的液体(如醇类、酮类等)虽然从理论上讲能用水稀释扑救，但要使液体闪点消失，水必须在溶液中占很大的比例。这不仅需要大量的水，也容易使液体溢出流淌，而普通泡沫又会受到水溶性液体的破坏(如果普通泡沫强度加大，可以减弱火势)，因此，最好用抗溶性泡沫扑救。用干粉或卤代烷扑救时，灭火效果要视燃烧面积大小和燃烧条件而定，也需用水冷却罐壁。

4. 易燃固体、易自燃物品和遇湿易燃物品的储存

(1)入库要求。

易燃固体、易自燃物品燃点低、性质不稳定，易受外界影响而燃烧，因此在入库时应仔细检查货物与包装有无异状和损坏；遇湿易燃物品应在验收室或远离库房的安全地点进行验收，认真检查内外包装有无雨淋水湿情况，内外包装是否完整牢固。上述验收地点必须保持清洁卫生，并备有相应的消防安全设施，若发现货物和包装有问题，要及时处理，不得将隐患带入库房。

(2)保管与养护。

储存易燃固体或易自燃物品的库房不宜过大，库与库之间应有一定的安全距离，要阴凉、干燥，便于通风和密封，有放热、隔热措施。防止日光曝晒和辐射热，严禁明火照明。严格掌控库房的温湿度，货物储存堆垛时要注意下垫或做成防潮地坪。

装卸易燃固体、易自燃物品要保证轻拿轻放，不可使用铁制工具作业，不可发生碰

撞、滚动。搬运时不得与氧化剂、强酸、强碱、爆炸性物品混运。经常检查库内易燃固体的安全性，如发现问题，及时采取措施。

存放遇湿易燃物品的库房必须干燥，严禁露天，严防漏水、漏雨、漏雪现象。保证下水道通畅，在暴雨或潮汛来袭时库房不受影响。库房周围不可存放盐酸、硝酸等散发酸雾的物品，遇湿易燃物品更不可与含水物、氧化剂、酸、易燃物或灭火方法不同的货物同库存放。库房内放置干湿计，定时检查、记录湿度，库内相对湿度控制在75%以下，最高不可超过80%。同时还要定期对存放货物进行检查。

(3)消防安全。

易燃固体着火，绝大多数可以用水扑救，尤其是湿的爆炸品和通过摩擦可能起火的固体以及丙类易燃固体等均可用水扑救，就近可取的泡沫、二氧化碳、干粉等灭火器也可用来应急。对于金属元素等粉末火灾，不可用水施救，也不可用二氧化碳施救。因为这类物质着火时，可产生相当高的温度，高温可使水分子或二氧化碳分子分解，从而引起爆炸或使燃烧更加猛烈。

易自燃物品起火时，一般可用水灭火，也可用干砂土和二氧化碳、干粉等灭火。三乙基铝、铝铁溶剂与水能发生作用产生易燃气体，会加大燃烧的火力和速度，所以当它们燃烧时，不能用水灭火，可用干砂土、干粉等。

遇湿易燃物品燃烧应用干粉、二氧化碳、卤代烷扑救，只有金属钾、钠、铝、镁等个别物品用二氧化碳、卤代烷无效，钾、钠、铝、镁轻金属发生火灾，最好用石墨粉、氯化钠以及专用的轻金属灭火剂扑救。固体遇湿易燃物品应用水泥、干砂土、干粉、硅藻土和蛭石等覆盖。水泥是扑救固体遇湿易燃物品火灾比较容易得到的灭火剂。对遇湿易燃物品中的粉尘如镁粉、铝粉等，切忌喷射有压力的灭火剂，以防止将粉尘吹扬起来，与空气形成爆炸性混合物而导致爆炸发生。

5. 氧化剂和有机过氧化物的储存

(1)入库要求。

仔细检查货物与入库单是否相符，包装是否符合安全要求。

(2)保管与养护。

各类氧化剂和有机过氧化物的性质不同，有些不能相互接触，消防扑救方法各异，因此应合理分类分库存放。这类货物要保存于阴凉的地方，不能接触高温，故要远离烟火和热源，与酸类、还原性物质、易燃固体、水以及其他有机物隔离。但过氧化二苯甲酰储存时要用水作稳定剂，其含水量不低于30%。

储存氧化剂和有机过氧化物的库房温湿度要随时测量、记录。针对各物资对温湿度的不同要求，随时采取措施进行适当地调节，以保证货物的质量。

(3)消防安全。

由此类物质引起的火灾一般用水扑救。但碱金属过氧化物着火时，不宜用水，要用二氧化碳灭火器或干砂土扑救。有爆炸危险时，要戴防护面具。若处理量大时，要穿耐热防护衣。

6. 毒害品的储存

(1)入库要求。

毒害品入库前首先检查是否有与其性质相抵触的物品混运，有无雨淋、水浸、污染，包装是否符合要求，数量是否准确无误。

一般采用感官验收，必要时可进行理化检验。

(2)库房要求。

毒害品可存于普通砖木结构库房，地坪要抹光，门窗要严密、遮光，能分解、散发毒性气体，要专库独立隔离储存，通风良好，并设毒气净化装置。有条件的库房可安装机械通风排毒设备，以保持库内空气清洁。储存此类物品的库房温度应该低于 32 ℃，相对湿度应在 80%以下，因为有的剧毒品易于挥发，温度过高会加速其挥发，导致库内空气中的毒气浓度过大而发生中毒事件。

按毒害品的性质将其分库保管，一定要与酸类和酸性物质隔离存放。毒害品的包装要严密，不可出现渗透现象。堆码高度要符合规定，不宜过高。

7. 放射性物品的储存

(1)入库要求。

放射性物品存入库房前必须严格检查物品及包装，做好防护措施。在条件允许的情况下，可以检查放射剂量，以便入库后的保管和人员防护。

(2)保管与养护。

仓库应干燥、通风、平坦，要画出警戒线，并采取一定的屏蔽防护，远离其他危险物品或货物、人员、交通干线等，严格执行防护检查等管理制度。库房墙壁厚度不少于 50 厘米，内壁和天花板应用拌有石粉的混凝土抹平，门窗应覆盖铅板，地面应光滑无缝隙以便清扫和冲洗，并采取一定的屏蔽防护。库内应有下水以及渗井，防止外溢扩散，库内要保持清洁，避免湿度过大损坏包装。

存放过放射性物品的地方，应在卫生部门指派的专业人员的监督指导下进行彻底清洗，否则不得存放其他物品。操作人员必须做好个人防护，轻装轻卸，严禁肩扛、背负、摔掷、碰撞。

(3)消防安全。

操作人员工作完毕必须洗澡更衣，防护服应单独清洗。当放射性物品着火时，切不可使用消防用水扑救，以防造成更大面积的污染，可使用雾状水进行施救，消防人员要配备防护用品，以免受到沾染。如果人体沾到放射性物品，要立即用肥皂水彻底清洗。

8. 腐蚀品的储存

(1)入库要求。

入库商品必须附有生产许可证和产品检验合格证，进口商品必须附有中文安全技术说明书。对商品外观、内外标志、容器包装及衬垫进行感官检验。验收在库外安全地点进行。检查液体商品有无异状、挥发、沉淀、杂质，固体商品有无变色、潮解、溶化等现象。

(2)保管与养护。

库房应是阴凉、干燥、通风、避光的防火建筑。商品避免阳光直射暴晒，远离热源、电源、火源，库房建筑及各种设备要符合规定。按腐蚀品不同类别、性质、危险程度、灭火方法等分区分类储存，性质相抵触的禁止同库储藏。如储存发烟硝酸、溴素、高氯酸的库房应是低温、干燥通风的一、二级耐火建筑；溴氢酸、氢碘酸要避光储存。

(3)消防安全。

腐蚀品着火，可用雾状水、干砂土、泡沫、干粉扑救。但氯乙酸等酸性腐蚀品不能用水流扑救，因为密集水流会使酸液发热沸腾，四处飞溅，伤害人员。

四、危险品的应急处理

危险品仓库内储存着大量的易燃、易爆或有毒的危险品，一旦发生事故，若不及时处理，就会给国家和人民造成巨大损失。因此从事危险品储存的企业应该使每一位员工熟练掌握如何处理危险品事故。

(一)应急措施

当发生危险品事故时，应该首先采取一些应急措施，以减少损失和人员伤害，具体内容如下。

(1)迅速撤离非必要人员，隔离危险品区并禁止人员进入。

(2)让人员离开低洼地，在上风口处停留。

(3)拨打救助电话，请求应急支援。

(4)如发生水污染，应及时通知有关单位采取措施。

(二)具体措施

现场人员要首先通过危险品标签、包装标志或依据货运票据、标签或包装箱上的名称确定危险品的名称，然后根据危险品事故的性质和处理要求采取相应处理措施。

1. 发生火灾

(1)小火——使用干化学剂、二氧化碳、喷射水或常规泡沫剂。

(2)大火——喷射水、雾剂或常规泡沫。

(3)如无危险，将容器移出火灾区。

(4)面临火焰的容器，向各边洒冷水直至火完全熄灭。

(5)针对存货区大面积火灾，使用无人操纵的水龙带支架或监控喷管；如不能采取此法，则撤离火灾区，任其燃烧。

2. 发生溢流或泄漏

(1)阻断引燃源，在危险区内禁止吸烟、出现火苗及火焰。

(2)可燃物(木、纸、油等)须远离溢出物。

(3)切勿触及溢出物或在溢流区行走。

(4)小量溢流——用沙或其他不燃的材料渗入溢流物中，将之放入容器内以便日后处理。

(5)大量溢流——在液体溢流区远方构筑围堤防护，以备日后处理。

3. 人工急救

(1)伤员移至空气新鲜处，请求派遣急救医护人员。伤员如已停止呼吸，应进行人工呼吸，如呼吸困难，应输氧。

(2)如已触及危险品，立即用流动的水冲洗皮肤或眼睛，至少 15 分钟。

(3)脱下在现场受污染的衣服、鞋并加以隔离。

(4)使伤员保持安静和体温正常。

本章小结

本章主要介绍了仓储安全管理方面的知识。在仓储活动中，客观存在着一些不安全的因素，仓储管理必须十分重视仓储安全管理。仓储安全主要包括库房安全、机械设备安全、物品安全、人身安全等多项内容。仓储安全管理一方面要建立、健全安全生产的各项规章制度并坚决贯彻执行，另一方面要提高警惕，严防不法分子破坏。仓储安全管理主要包括仓库消防安全管理、仓库作业安全管理、仓库治安管理以及危险品管理等方面。为确保仓储安全管理的有效进行，仓储部门或企业必须贯彻预防为主，确保重点、保障安全的方针，同时加强企业职工的安全意识教育，制定各岗位安全保障规章制度，加强安全管理，避免安全事故的发生。

【案例分析】

天津市滨海新区某仓库火灾事件

2018 年 10 月 28 日 17 时 25 分左右，位于滨海新区大港经济开发区的某储运有限公司天津分公司大港仓库发生火灾，过火面积 23487.53 平方米，事故未造成人员伤亡，直接经济损失约 8944.95 万元人民币。

调查查明：2018 年 10 月 28 日该公司 5 号仓库 501 仓间西墙北数第 3 根与第 4 根立柱之间内上方的视频监控系统电气线路发生故障，产生的高温电弧引燃线路绝缘材料，燃烧的绝缘材料掉落并引燃下方存放的润滑油纸箱和塑料薄膜包装物。2018 年 10 月 28 日 17 时 29 分，位于门卫室内的火灾自动报警联动控制柜发出火灾报警信号，显示 5 号库 1 区编号为 015003 的感烟探测器报警，但当值保安听到报警后未及时做出处置，直至 17 时 49 分值班保安才进入仓库查看。由于火灾发生时自动消防设施设置在手动模式上，导致自动喷水灭火系统和防火卷帘未启动，致使火势蔓延成灾，将 4 号仓库及 3 号仓库烧毁。经鉴定，此次火灾事故造成的直接经济损失为 8944.95437 万元。经天津市应急管理局认定，本次火灾是一起责任事故，认为该公司在此次火灾事故中应负以下责任：

1. 仓库场所用电安全管理不到位，未对视频监控系统电气线路进行定期检查、检测；

2. 违规设置建筑消防设施控制状态，将自动喷水灭火系统和联动控制的防火卷帘等防火分隔设施设置在手动控制状态；

3. 将门卫室保安员作为消防控制室值班员，事故发生时，2 名值班人员均无证上岗；

4. 未及时消除上述火灾隐患。

思考：

1. 案例中“10.28”仓库火灾发生的直接原因是什么？造成的损失有多大？

2. 案例中“10.28”仓库火灾事故的主要教训是什么？谈谈你对这次火灾事故的一些看法？

3. 结合所学知识，谈谈如何防患于未然？

4. 提出你对现代仓库防火管理的合理化建议。

某市火灾事故统计

某中型城市在2010年至2020年的十年中，共发生经济损失在1万元以上的仓库重大火灾24起，损失达568万多元。在这24起火灾中，自燃火灾10起，违章用火8起，电器使用不当引起火灾4起，外来烟花和原因不明各1起。其中18起发生在节假日和夜间，大多是无人值班；6起发生在上班时间，损失相对较小。

思考：

1. 从上述统计中，你认为仓库防火最重要的是防止哪一类火灾？

2. 对仓库火灾应如何预防？

练习与思考

一、单项选择题

1. 仓库的治安保卫责任人必须是仓库的(　　)。

A. 法定代表人　　B. 管理员　　C. 普通职工　　D. 职工代表

2. 电器装置的火灾不适合于用(　　)扑救。

A. 干粉灭火器　　B. 清水灭火器　　C. 二氧化碳灭火器　D. 泡沫灭火器

3.(　　)能吸附液体，阻止液体流动，也是扑灭液体火灾的重要材料。

A. 二氧化碳　　B. 干粉　　C. 泡沫　　D. 沙土

4. 仓库中堆垛与堆垛之间应当留出必要的通道，主要通道的宽度一般不应少于(　　)。

A. 1米　　B. 2米　　C. 5米　　D. 10米

5. 库房内不准使用碘钨灯、日光灯、电熨斗、电炉子、电烙铁、电钟、交流收音机和电视机等电器设备，不准用可燃材料做灯罩，不应当使用超过(　　)以上的灯泡。

A. 15瓦　　B. 25瓦　　C. 40瓦　　D. 60瓦

6. 每栋独立的库房至少要配备(　　)消防水桶，应挂于明显位置，不许挪作他用。

A. 1个　　B. 2个　　C. 3个　　D. 4个

7. 仓库机械设备应在允许的负荷范围内进行作业，决不允许超负荷运行。危险品作业时还需降低(　　)的负荷。

A. 20%　　B. 25%　　C. 30%　　D. 35%

8.(　　)上不得载人运行，否则非常容易造成安全操作事故。

A. 载货移动设备　　B. 机动车辆　　C. 作业设备　　D. 仓库设施

9.(　　)是指那些企业自用的危险品仓库。

A. 甲类　　B. 乙类　　C. 丙类　　D. 丁类

10. 危险品仓库由于其储存的货物具有危险性，故一般设在郊区的较空旷地带，且位于常年主导风的(　　)处，并避开交通干线。

A. 下风　　B. 上风　　C. 风口　　D. 中间

二、多项选择题

1. 仓储安全主要包括(　　)等多项内容。

A. 库房安全　　B. 机械设备安全　　C. 商品安全　　D. 人身安全

E. 作业安全

2. 治安保卫组织通常分为(　　)。

A. 保卫组织　　B. 群众性组织

C. 警卫组织　　D. 群众性治安保卫组织

E. 自发性组织

3. 制定治安保卫管理制度必须(　　)。

A. 要依据国家法律法规　　B. 结合库场治安保卫的实际需要

C. 坚持以人为本的思想　　D. 不能侵害人身权或者其他合法权益

E. 既有独立的规章制度，也有合并在其他制度中的

4. 燃烧的三要素是(　　)。

A. 可燃物　　B. 助燃物　　C. 着火源

D. 电源　　E. 货物

5. 灭火的方法主要有(　　)。

A. 冷却法　　B. 窒息法　　C. 隔绝法

D. 化学抑制法　　E. 综合灭火法

6. 仓库作业安全涉及(　　)。

A. 货物的安全　　B. 作业人员的人身安全

C. 作业设备的安全　　D. 仓库设施的安全

E. 管理组织的安全

7. 国家对危险品实施严格的管理，采取相应管理部门(　　)的系列管理制度。

A. 审批　　B. 发证　　C. 监督

D. 检查　　E. 验收

8. 危险品的外包装上需要有明确、完整的标志，包括(　　)。

A. 危险品的包装标志　　B. 储运图示标志

C. 收发货标志　　D. 仓库名称

E. 仓库类型

三、判断题

1. 库房内一般不宜安装电器设备。(　　)

2. 仓库操作工人每作业 2 小时应至少要有 1 小时的休息时间。(　　)

3. 仓库作业中男、女职工人力搬运货物每件均不超过 80 千克，距离不超过 60 米。(　　)

4. 消防器材设备应当有专人负责管理，定期检查维修。(　　)

5. 各种机动车辆在不影响仓库作业的情况下，可以在库房内停放和修理。(　　)

6. 库房内一般不应当安装采暖设备，如物品防冻必须采暖，可采取任何采暖设施。(　　)

7. 二氧化碳灭火器适用于各种原因造成的火灾。(　　)

8. 危险品的分级在品名编号中由后 3 位数字的顺序号表示，顺序号小于500的为一级危险品，顺序号大于500的为二级危险品。(　　)

四、简答题

1. 简述仓储安全管理的意义和作用。
2. 简述治安保卫管理的重要性。
3. 为顺利开展治安保卫工作，仓储部门或企业应建立哪些治安保卫制度？
4. 不同类型的火灾可采用哪些应对的方法？
5. 仓库防火工作可从哪几方面开展？
6. 如何加强仓库的安全作业管理？
7. 什么是危险品？包括哪几类？
8. 简述危险品仓库管理的特殊要求。

课后实践

请对当地仓库安全事故进行调研，并结合所学知识对该事故进行分析，提出仓储安全预防措施。

第八章
配送概述

学习目标

通过本章的学习，要求了解配送的含义、特点、要素；掌握典型配送业务的一般流程；掌握配送的基本类型；掌握配送的四种基本模式；能进行配送模式的选择与应用。

【案例导入】

京东无人配送站投入使用，无人物流时代到来？

随着无人智慧配送站的广泛应用，将更有效地解决城乡“最后一公里”的配送难题。2018 年，京东自主研发的全球首个无人智慧配送站在陕西西安落成并投入使用。

京东无人智慧配送站面积 14.4 平方米、高 3.6 米，可存储至少 28 个货箱，具有 1 个发货箱，能存放 1 辆终端无人车并为其充电。

该配送站运行时，无人机将货物送到无人智慧配送站顶部，并自动卸下货物。货物将在内部实现自动中转分发，从入库、包装，到分拣、装车，全程 100％由机器人操作，最后再由配送机器人完成配送。

“末端无人机、无人车是解决城乡‘最后一公里’配送难题的重要手段，无人智慧配送站则成为两者互相连接、实现全程无人配送的中转站，是解决末端配送无人化的重要一环。”京东集团副总裁、×事业部总裁肖军介绍，京东无人智慧配送站适用于城乡山区等多种环境，兼备自提、退换货、收发件等服务，随着无人智慧配送站的广泛应用，帮助城乡山区等地区的用户更有效地解决城乡“最后一公里”的配送难题。

京东方面表示，无人机、无人车、无人仓是京东智慧物流的三大支柱，“2017 年‘6.18’以来，京东无人机已在宿迁、西安实现日常运营，两个月内完成了数千单配送任务，飞行里程近2万千米。京东无人车也已在北京、杭州、西安的多所高校开始运营，而智能机器人更是早已在不同仓储物流中心投入使用。”

物流无人化的竞争正在全面铺开。京东已与阿里巴巴、苏宁一起，相继亮出了自己的“无人仓”，亚马孙、敦豪DHL、顺丰快递等都在推出无人机配送业务。

2017年8月初，京东宣布在江苏昆山启用无人分拣中心，其最大特点是从供包到装车，全流程无人操作。同时，阿里旗下的菜鸟网络也宣布，自己打造的中国最大机器人仓库已在广东惠阳投入使用。

物流无人化的最大优势是提高效率，降低成本。据京东方面介绍，目前京东无人仓的存储效率是传统横梁货架存储效率的5倍以上。京东昆山无人分拣中心的分拣能力可以达到9 000件/小时，供包环节的效率提升了4倍，在同等场地规模和分拣货量的前提下，每个场地可节省人力180人。无人机则能够将传统人工配送的时间缩短数倍甚至数十倍，物流成本也随之降低。

菜鸟网络也表示，过去的传统仓库，消费者下单之后，拣货员需要跑步到货架前，将货物拣出。由于一个订单往往有几件、几十件货物，拣货员需要在仓库内多次跑动，通常每小时只能拣货100多件。现在，拣货员与机器人搭配后，每小时的拣货量比以前提升了3倍多。

物流无人化是未来发展的趋势，融合了目前几乎所有的热点技术，也是目前物流业最佳的竞争手段之一。

但目前来看，现阶段物流无人化的成本远高于人工成本，各大企业还无法将无人机、无人仓进行大规模商用，目前的概念离成熟运用和系统集成还有很大差距。

思考：你认为目前实现无人配送的阻碍因素有哪些？

第一节 配送的基础知识

一、配送的含义

配送的概念原本是从日语中直接引用到我国流通界来的，用最通俗的话来说就是既配又送。“配”包括了货物的分拣和配货活动；而“送”则包括各种送货方式和送货行为。在日本学术界，日本文部省审定的教材中将配送定义为“最终将物品按指定的日期安全准确交货的输送活动”；日本日通研究所《物流手册》将配送定义为“面向城市和区域范围内，对需要者进行的运输”；而日本政府发布的1985年权威性的工业标准中则将配送定义为“把货物从物流结点交到收货人处”的交货行为。

根据国家技术监督局颁布的中华人民共和国国家标准《物流术语》(GB/T 18354—2001)中的定义，配送是指：“在经济合理区域范围内，根据用户要求，对物品进行拣选、加工、包装、分割、组配等作业，并按时送达指定地点的物流活动。”

配送通过集中零散库存，增强库存调节功能，降低全社会总的库存水平，从而实现资源的优化配置，降低物流成本；企业从社会化配送服务中不仅可以获得专业化程度较高的物流服务，而且还有利于建立合理的库存结构和运输结构。随着物流业的不断发展，配送已成为物流的一个重要环节，并逐步发展成一项综合性、增值性的物流活动。

二、配送的特点

配送是在整个物流过程中的一种既包含集货、储存、拣货、配货、装货等一系列狭义的物流活动，也包括输送、送达、验货等以送货上门为目的的商业活动，它是商流与物流紧密结合的一种综合的、特殊的，也是物流过程中的关键环节。从配送的定义可以得出，配送活动具有以下几个基本特点。

1. 配送是物流活动的组合体，是“配”和“送”的有机结合

配送不是单纯指短距离的运输和输送，还包括其他物流作业活动，是以“配”为重点的物流活动组合体，是备货、储存、分拣、配组、配载、包装、装卸等物流作业活动在小范围内的整合，并且“配”的功能在配送活动中已显示出愈来愈重要的作用。而在配送过程中包含的那部分运输，处于“二次运输”“支线运输”“终端运输”的位置，只是完成配送业务的重要保证而已，并非配送业务的精髓所在。

2. 配送的全过程必须有现代化技术和装备的支持与保证

物流配送面对的是成千上万的供应厂商、零售商和消费者以及瞬息万变的市场，这就决定了必须要有现代化的配送设施和完善的配送网络，才能做物流配送，进而才能做大规模物流配送，从而提高商品流通的速度，使物流创造“第三利润”变成现实。在物流配送的各环节，会用到诸多的配送技术和设备，如电子标签拣货系统、自动分拣系统、自动化立体仓库、GIS技术、GPS技术，由于现代化技术和装备的采用，使配送在规模、水平、效率、速度、质量等方面远远超过以往的送货形式。

3. 配送是一种专业化的分工方式，体现的是规模优势和资源优化

以往的送货形式只是作为推销的一种手段，多为配合商品的销售。而配送是一种专业化方式，是大生产、专业化分工在流通渠道领域的体现。企业从社会化配送服务中不仅可以获得专业化程度高的物流服务，而且还有利于建立合理的库存结构和运输结构，提高物流设施、设备的利用率和工作效率，实现全社会物流资源的合理利用，使物流活动更加科学化、合理化；配送环节通过整合零散库存，增强库存调节功能，降低全社会总的库存水平，从而实现资源的优化配置，降低物流成本。

4. 配送以用户要求为出发点，体现共同受益的原则

在配送的定义中必须强调“按用户的订货要求”，说明了用户的主体地位。因此，配送企业或组织在观念上必须明确“用户第一”“质量第一”的思想，从用户的利益出发、按用户要求进行配送的活动。也就是说，配送组织者不能光从本企业利益出发而不考虑用户的利益，而应以用户利益作为配送服务的出发点，在满足用户利益基础上取得本企业的利益。特别是专职的配送企业不能利用配送损伤或者控制用户，不能利用配送作为部门分割、行业分割、割据市场的手段。在配送过程中，配送企业须完全按用户要求(包括品种搭配、数量、时间等方面)进行配送，并且以最合理的方式满足用户要求，在经济利益上体现共同受益的原则，达到配送与需求方双赢。

概念中“以最合理方式”的提法是基于这样一种考虑：过分强调“按用户要求”是不妥的，用户要求受用户本身的局限，有时实际上会损失自我或双方的利益。对于配送者讲，必须以“要求”为据，但是不能盲目，应该追求合理性，进而指导用户，实现共同受益的商

业原则。这个问题近些年在国外的研究著作也常被提到。

5. 配送活动不仅仅是物流活动的终结环节，而且是营销或促销活动的重要手段

准确而又稳定的配送活动可以保证供给的同时，最大限度地降低生产企业或流通企业的商品库存量，从而降低了销售总成本；集中而高效的配送活动可以在简化流通程序、缩短流量渠道的同时，提高物流系统本身的效率及服务水平，这是赢得客户的有效手段。

【小知识】

配送活动的特征

1. 配送是从物流据点至用户的一种特殊送货形式，是中转型送货，其起止点是物流据点至用户，通常是短距离少量货物的移动。

2. 从事送货的是专职流通企业，用户需要什么配送什么，而不是企业生产什么送什么。

3. 配送不是单纯的运输或输送，而是运输与其他活动共同构成的组合体，配送要组织物资订货、签约、进货、分拣、包装、配装等。

4. 配送是以供给者送货到户式的服务性供应，从服务方式来讲，是一种“门到门”的服务，可以将货物从物流据点一直送到用户的仓库、营业所、车间乃至生产线的起点或个体消费者手中。

5. 配送是在全面配货基础上，完全按用户要求，包括种类、品种搭配、数量、时间等方面的要求所进行的运送。因此，除了各种“运”与“送”的活动外，还要从事大量分货、配货、配装等工作，是“配”和“送”的有机结合形式。

三、现代配送的新特征

随着物流行业的发展，相比传统物流配送方式，现代配送模式发生了重大变化。受多种社会以及经济因素的影响，配送有了长足的发展，并且以高技术为支撑手段，形成了系列化、多功能的供货活动。现代物流配送的五大特征具体表现如下。

1. 物流配送区域国际化，配送区域进一步扩大

近几年，实施配送的国家已不再限于发达国家，许多次发达国家和发展中国家也按照流通社会化的要求实行了配送制，并积极开展配送。就发达国家而言，现代物流配送的活动范围已经扩大到了省际、国际和洲际。

2. 物流配送发展速度更快

配送的发展极为迅速，无论是配送的规模、数量，还是配送的方式、方法都得到了迅猛的发展。首先，配送中心数量和规模的增加；其次，随着配送货物数量增加，配送中心除了自己直接配送外，还采取转承包的配送策略。而且，在配送实践中，除了存在独立配送、直达配送等一般性的配送形式外，又出现了“共同配送”“即时配送”等配送方式。这样，配送方式就得到了进一步发展。

3. 物流配送技术提高

配送的技术水平不断更新，劳动手段日益先进，是成熟阶段配送活动的一个重要特

征。各种先进技术特别是计算机的应用，使物资配送基本实现了自动化，发达国家普遍采用诸如自动分拣、光电识别、条码等先进技术，并建立了配套的体系，配备了先进的设备，如无人搬运车、分拣机等，使配送的准确性和效率大大提高。有的工序因采用先进技术和先进设备，工作效率提高了5～10倍。

4. 物流配送集约化

现代物流配送的集约化程度明显提高，随着市场竞争日趋激烈以及企业兼并速度明显加快，配送企业的数量在逐渐减少。但是，总体的实力和经营规模却在增长，配送的集约化程度不断提高。

5. 服务质量提高

在激烈的市场竞争中，配送企业必须保持高质量的服务水平，否则就可能倒闭。配送服务质量可以归纳为准确和快速，即不出现差错并且供货周期短。

四、配送的要素

完整的配送活动一般包括集货、储存、分拣、配货、配装、配送运输、送达服务、流通加工等功能要素，具体如下。

1. 集货

集货是将分散的或小批量的物品集中起来，以便进行运输、配送作业。集货是配送的重要环节，为了满足特定用户的配送要求，有时需要从几家甚至数十家供应商处预订的货物集中，并将要求的货物分配到指定的容器或场所。集货是配送的准备工作或基础工作，它通常包括制订进货计划、组织货源、储存保管等基本业务。专业化流通机构组织货源时，集货工作可以由配送机构组织订货、购货、结算，同时承担进货验收、储存等其他物流活动，比如，商业批发配送机构的连锁超市配送中心，也就是配送机构实现商流与物流合一。也可以由配送机构只代理供方或需方商品的入库、验收、储存等物流活动，而采购、结算等商流活动由供需双方直接完成，即是商流和物流分离的模式，如由传统仓库发展而来的仓储配送中心即属于这一类。

2. 储存

配送中的储存有储备和暂存两种形态。

配送储备是按一定时期的配送经营要求，形成的对配送的资源保证。这种类型的储备数量较大，储备结构也较完善，视货源及到货情况，可以有计划地确定周转储备及保险储备结构及数量。配送的储备保证有时在配送中心附近单独设库解决。

另一种储存形态是暂存，是具体执行日配送时，按分拣配货要求，在理货场地所做的少量储存准备。由于总体储存效益取决于储存总量，所以，这部分暂存数量只会对工作方便与否造成影响，而不会影响储存的总效益，因而在数量上控制并不严格。

还有另一种形式的暂存，即是分拣、配货之后，形成的发送货载的暂存，这个暂存主要是调节配货与送货的节奏，暂存时间不长。

3. 分拣及配货

分拣及配货是配送不同于其他物流形式的有特点的功能要素，也是配送成败的一项重要支持性工作。分拣是将货物按品名、规格、出入库先后顺序进行分门别类堆放的作业。配货是使用各种拣选设备和传输装置，将存放的货物按客户要求分拣出来，配备齐全并进行必要的组合和集中，送入指定发货区(地点)。分拣和配货作业不可分割，二者一起构成了一项完整的作业。分拣及配货是完善送货、支持送货的准备性工作，是不同配送企业在送货时进行竞争和提高自身经济效益的必然延伸。所以，也可以说是送货向高级形式发展的必然要求。有了分拣及配货就会大大提高送货服务水平，所以，分拣及配货是决定整个配送系统水平的关键要素。

4. 配装

在单个用户配送数量不能达到车辆的有效载运负荷时，就存在如何集中不同用户的配送货物，进行搭配装载以充分利用运能、运力的问题，这就需要配装。

和一般送货不同之处在于，通过配装送货可以大大提高送货水平及降低送货成本，所以，配装也是配送系统中有现代特点的功能要素，也是现代配送不同于以往送货的重要区别之处。

5. 配送运输

配送运输属于运输中的末端运输、支线运输，和一般运输形态主要区别在于：配送运输是较短距离、较小规模、较高频率的运输形式，一般使用中小型汽车做运输工具。

与干线运输的另一个区别是，配送运输的路线选择问题是一般干线运输所没有的，干线运输的干线一般是唯一的运输路线，而配送运输由于配送用户多、地点分散，一般集中在城市内或城郊。由于城市交通路线较为复杂，存在空间和时间上的峰谷交替，因此，如何组合成最佳路线，如何使配装和路线有效搭配等，是配送运输的特点，也是难度较大的工作。

6. 送达服务

将配好的货物运输到用户还不算配送工作的完结，这是因为货物送达用户接货往往还会出现不协调，使配送前功尽弃。因此，要圆满地实现运到之货物的移交，并有效地、方便地处理相关手续并完成结算，还应当讲究卸货地点、卸货方式等。送达服务也是配送独具的特色。

7. 配送加工

是按照客户的要求所进行的流通加工。在配送活动中，配送加工这一功能要素不具有普遍性，但是往往是有重要作用的功能要素。主要原因是通过配送加工，可以大大提高用户的满意程度。

配送加工是流通加工的一种，但配送加工有它不同于一般流通加工的特点，即配送加工一般只取决于用户要求，其加工的目的较为单一。

五、配送的业务流程

配送业务组织一般是按照功能要素展开的，其基本流程如图 8-1 所示。

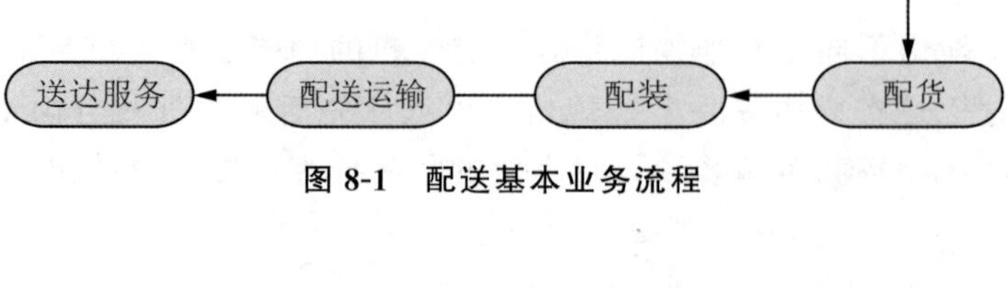

图 8-1 配送基本业务流程

具体到不同类型、不同功能的配送中心或物流结点的配送活动，其流程也可能有些不同，而且不同的商品，由于其特性不一样，其配送流程也会有所区别。

1. 日用商品的配送流程

一般的日用商品，也包括保质期较长、包装比较完善的普通食品，其包装独立，无须配送加工处理，如服装、百货、矿泉水、方便食品等，其配送过程见图 8-2。

图 8-2　一般食品类配送流程

2. 生鲜类食品的配送流程

生鲜食品，其保值期较短，尽量不经过储存环节，直接进入加工与配货环节，如海鲜产品、鱼类、肉类、果蔬类等，其配送过程见图 8-3。

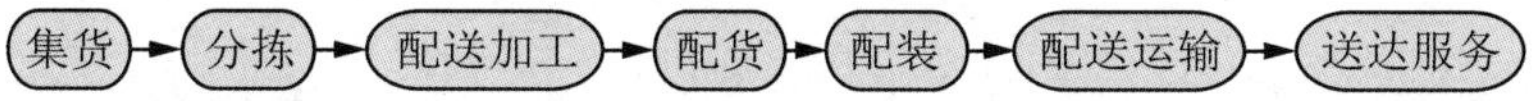

图 8-3　生鲜类食品配送流程

3. 金属制品配送流程

金属制品重量大、强度高、规格品种繁多。一般来说，这类物资的产需关系比较稳定，但是需求结构比较复杂。因此，金属制品配送一般包含配送加工环节。如果配送的金属制品规格符合用户需求，则无须进一步加工处理；而有些配送的金属制品品种单一、数量繁多，则不需经过分拣、配货、配装等环节，如图 8-4 所示。

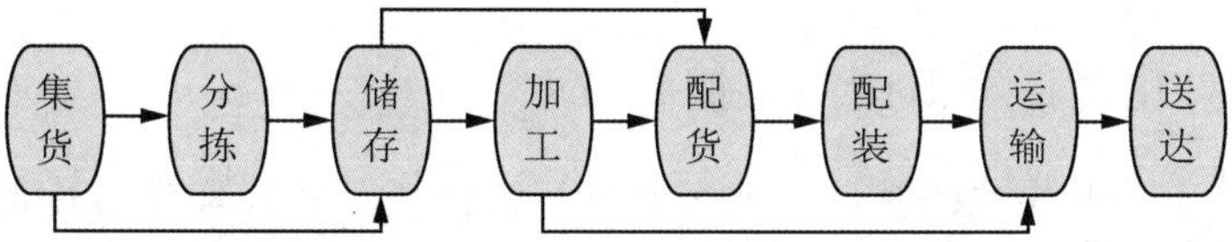

图 8-4　金属制品配送流程

4. 煤炭制品配送流程

煤炭制品的需求量大，需求范围广，消耗稳定，用户固定，此类产品储运是以散堆为主，很难与其他产品混装，因此无须分拣、配货环节，如图 8-5 所示。

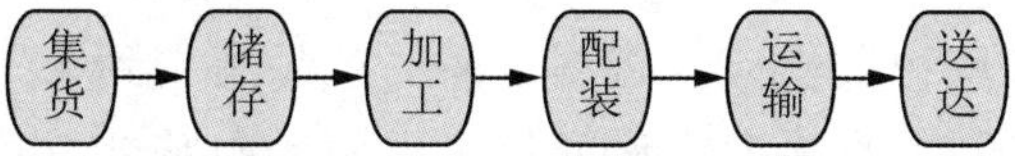

图 8-5　煤炭制品配送流程

5. 化工产品配送流程

化工产品的种类繁多，其共同特点是活性强，不同种类的产品不能混装、混存，其装载运输和储存须使用特制的容器、设备和设施。有些化工产品集货时以散装为主，配送时则需要进行分装加工，其配送流程见图 8-6。

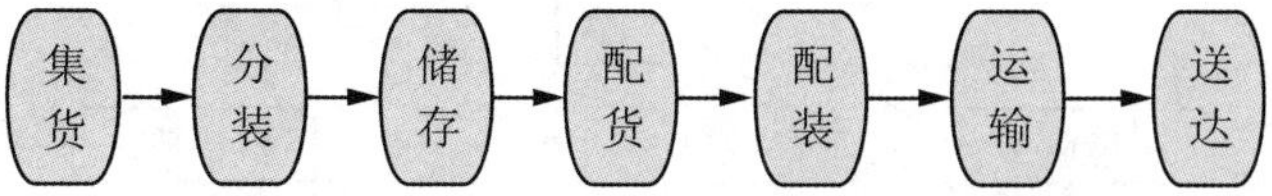

图 8-6　散装的化工产品配送流程

而有些则以小包装集货为主，也就不需要进一步分装加工了。其配送流程如图 8-7 所示。根据化工产品的特性，在配送环节对物品包装要严格把关，储存环境应妥善处理。

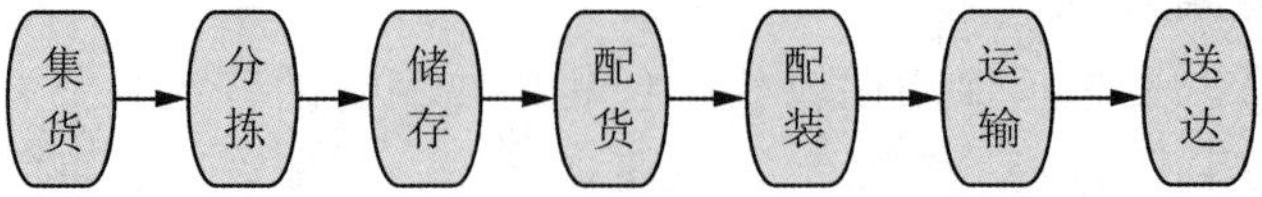

图 8-7　小包装的化工产品配送流程

第二节　配送的功能

在发达国家，配送不但广为实行，而且成为企业经营活动的重要组成部分，对优化经济结构、节约社会资源及充分发挥物流功能起到了巨大的作用。具体表现在以下几个方面。

一、推行配送有利于物流运动实现合理化

所谓物流合理化，就是使物流设备配置和一切物流活动趋于合理。具体表现为以尽可能低的物流成本，获得尽可能高的服务水平。

配送不仅能够把流通推上专业化、社会化的高度，更重要的是，它能以其特有的运动形态和优势调整流通结构，是物流运动达到规模经济，并以规模优势取得较低的运输成本。通过配送减少车辆的空驶，提高运输效率和经济效益，并能减少对空气的污染。

二、通过专业化配送降低成本、提高效率

专业化是高效率、低成本的基础，在企业进行销售活动实现实体分配时，如果不引入专业的渠道成员参与实体分配，则由于每个企业的经营范围、核心能力的不同，进行运作时必然使成本上升、效率下降。而引入专业化的配送，这类企业在完成配送时能够比非专业化配送更好地承担实体分配功能，从而把经济性引入企业的物流系统，实现高效率、低成本。

三、集中库存、简化交易

通过采用配送方式实现物资供应，将制造商的产品集中到某一点(如整合仓库)储存起来，当客户购买其产品时不是直接向生产商订货，而是向整合仓库订货，这样就可以大大降低交易次数，简化交易，既方便了客户，又降低了成本。如图 8-8 所示，零售商原来需要分别向 3 个制造商采购商品，交易次数为 9 次(3×3)，而采用配送方式，交易次数为 6 次。

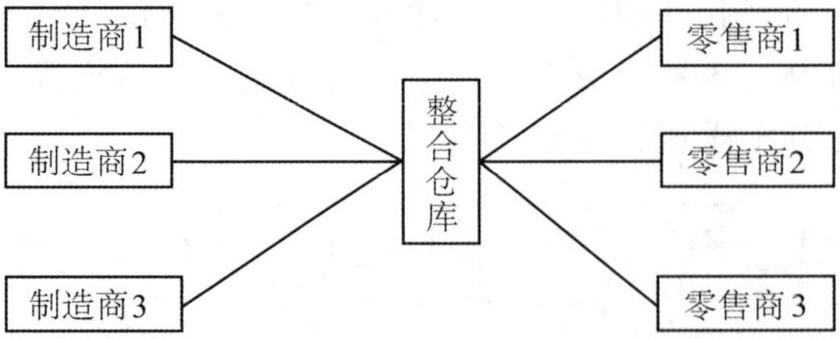

图 8-8　采用配送简化交易

四、向客户提供定制化服务、提高服务水平

由于每个客户的个性化特征不同，其经营、管理的实际情况不同，对供应商的要求也有所不同，配送能够按时按量、品种配套齐全地送货上门，一方面使用户免除了出差采购运输进货等劳役之苦，简化了手续，方便了用户，节省了成本，提高了效率；另一方面保障了物资供应，保障了企业生产和流通的正常进行，满足了人们生产生活的物资需要和服务享受。

五、完善运输和整个物流系统

采用配送作业方式，可以在一定范围内，将干线、支线运输与仓储等环节统一起来，使干线输送过程及功能体系得以优化和完善，形成一个大范围物流与局部范围配送相结合的、完善的物流配送体系。

近年来，由于科学技术的进步，运输工具的改善，使得干线运输在多种运输方式中都达到较高的水平，长距离、大批量的运输实现了低成本化。但是，在干线运输完成之后需要支线运输和小搬运来完成末端运输，这种支线运输及小搬运成了物流过程的一个薄弱环节。采用配送方式，将支线运输和小搬运活动统一起来，发挥灵活性、适应性和服务性的特点，使运输过程得以优化和完善。

六、提高末端物流的效益

采用配送方式，通过增大经济批量进货，又通过将各种商品的用户集中在一起统一进行发货，使末端物流经济效益得到提高。

例如，目前我国的快递行业，通过共同配送对于多品牌快递的场地、车辆、人员等资源的统一整合，解决当下末端网点配送环节的困难(包括车辆难、场地难、招工难等)，大幅度提升配送效率，提升单兵配送区域快件密度。在提升员工的派件收入的同时，又降低了员工的工作强度，最终使改善末端网点的经营状况有了显著的成果。对于消费者而言，相比传统的投递方式，通过共同配送，用户收件更集中，也更方便、更安全。

七、使企业实现低库存或零库存

利用配送减少和取消用户或企业的库存，主要是通过以下几种方式去实现的。

1. 以“多批次、少批量”的方式向用户配送货物

通常配送中心都是面向社会、面向众多用户配送货物的。由于配送企业的服务对象众多，所以，它能够集中各个用户的需求及统筹安排送货活动。这样，在凑整运输车辆、提高运输效率的基础上，配送主体可以做到大幅度地降低每个用户、每个批次的送货量，同时增加送货的次数，即开展“少批量、多批次”式的配送。

因以“少批量、多批次”的方式去供货和送货，每次运送的货物数量较少，故配送企业可以直接将货物运送到车间和生产线。又因配送企业送货次数频繁，故很容易使用户库存物资中的“经常性储备”数量缩减，以致少到趋向于零，从而呈现出零库存状态。

2. 用集中库存和增强调节功能的办法，有保障地向用户配送货物

在实践中，配送企业适当集中库存，增加库存物资的品种和数量，以此形成强大的调

节能力和服务功能，在形成这种优势的基础上，去开展配送活动，客观上将会大大提高配送服务的保险系数。与此相关，也自然地能打消用户的顾虑。显然，在这种有保障的配送服务体系的支持下，用户的库存也会自然日趋弱化。

3. 配送企业采用“即时配送”和“准时配送”方式向需求者供货

为了满足用户的特殊需要，实践中，配送企业常常以“即时配送”和“准时配送”方式进行供货和送货。由于“即时配送”和“准时配送”具有供货时间灵活、稳定，供货弹性系数大等特点，客观上能够紧密衔接供求及保障需要。在这种情况下，作为用户的生产者和经营者，因其库存压力大大减轻，必然会自动缩减自己的库存，甚至取消自己的库存。

综上所述，配送活动可以使企业实现低库存或零库存。需要强调的是，在众多实现零库存的方式中，配送是一种作用范围更广，影响面更大的运动方式。正如有人指出的，配送方式广泛适用于生产企业和商业企业，配送货物的品种是多种多样的。据此，以这种方式实现的零库存，其范围更大，稳定性更强。

此外，由于配送的运行方式是灵活而多样化的，因此，它能兼容其他生产方式的特点和优点(如即时、准时配送可显示出“看板供货”和“配套生产”等生产方式的某些特点和优点)。从这个意义上说，配送是一种能够改变企业库存结构的综合性的运行方式，依靠推行配送制去实现零库存，其前景是非常广阔的。

八、提高供应保证程度

生产企业自己保持库存来维持生产，会受到库存费用的制约，提高供应的保证程度很难，保证供应和降低库存成本存在二律背反问题。采取配送方式，由于配送中心的集中存货可以调节企业间的供需关系，同时集中存货的库存量大，降低了企业断货、缺货、影响生产的风险。

九、配送为电子商务的发展提供了基础和支持

有数据表明，我国的产品从生产到销往用户手中，95%的时间消耗在储存、装卸和运输等方面，物流的费用平均高达总成本的50%，一系列的数据表明我国在物流方面尚有提升空间，物流遇到电子商务，不可避免地将会成为电子商务的瓶颈问题。

电子商务＝网上信息传递＋网上交易＋网上结算＋物流配送，这个公式体现了完善的商务活动由信息流、商流、资金流和物流四个流动过程构成，通过互联网可以轻松地实现信息流、商流和资金流，完成信息传送或者商品所有权的转移，但是电子商务最重要的一环是实现实物的转移，这还必须依赖于物流。物流与其他商务活动的脱节，将会制约电子商务的有效运作，阻碍企业向客户提供最令人满意的服务，使顾客丧失对企业的信任，最终选择较为传统与保守的商务模式。因此，物流配送的成功与否，直接关系到电子商务的成败，是电子商务的一个重要衡量指标。

十、配送对于整个社会和生态环境起着重要的作用

配送可以节省运输车辆，缓解交通紧张状况，减少噪声、尾气排放等运输污染，为保护生态平衡、创造美好家园作出贡献。

第三节　配送的类型

在不同的市场环境下，为了满足不同产品、不同客户、不同的流通环境的要求，在配送组织活动过程中，可以采取不同的配送形式。

一、按实施配送的结点不同进行分类

（一）配送中心配送

配送中心配送的组织者是专职配送中心，规模比较大。其中有的配送中心由于需要储存各种商品，储存量也比较大；也有的配送中心专职组织配送，因此储存量较小，主要靠附近的仓库来补充货源。

由于配送中心专业性比较强，与用户之间存在固定的配送关系。因此，一般情况下都实行计划配送，需要配送的商品有一定的库存量，但是一般情况下很少超越自己的经营范围。

配送中心是专门从事货物配送活动的流通企业，经营规模较大，其设施和工艺结构是根据配送活动的特点和要求专门设计和设置的，故专业化、现代化程度高，设施和设备比较齐全，货物配送能力强，不仅可以远距离配送，还可以进行多品种货物配送，不仅可以配送工业企业的原材料，还可以承担向批发商进行补充性货物配送。

配送中心配送是配送的重要形式。从较为普遍实施配送的国家来看，作为配送主体形式的配送中心配送不但在数量上占主要部分，而且也作为某些小配送单位的总据点，因而发展较快。作为大规模配送形式的配送中心配送，其覆盖面较宽。因此，必须有一套配套的大规模实施配送的设施，比如配送中心建筑、车辆、路线、其他配送活动中需要的设备，等等。因此，其一旦建成便很难改变，灵活机动性较差，投资较高。这就导致了在实施配送初期很难大量建立配送中心。因此，这种配送形式有一定局限性。

（二）仓库配送

仓库配送是以一般仓库为据点来进行配送。它可以是把仓库完全改造成配送中心，也可以是在保持仓库原功能前提下，以仓库原功能为主，再增加一部分配送职能。

（三）商店配送

商店配送形式的组织者是商业或物资的门市网点，这些网点主要承担商品的零售，一般来讲规模不大，但经营品种却比较齐全。除日常经营的零售业务外，这种配送方式还可根据用户的要求，将商店经营的品种配齐，或代用户外订外购一部分本商店平时不经营的商品，与商店经营的品种一起配齐运送给用户。

这种配送组织者实力有限，往往只是零星商品的小量配送，所配送的商品种类繁多，但是用户需要量不大，甚至于有些商品只是偶尔需要，很难与大配送中心建立计划配送关系，所以常常利用小零售网点从事此项工作。

由于商业及物资零售网点数量较多、配送半径较小，所以比较灵活机动，可承担生产

企业非主要生产物资的配送以及对消费者个人的配送。可以说，这种配送是配送中心配送的辅助及补充的形式。

(四)生产企业配送

这类配送的主体是生产企业，尤其是进行多品种产品生产的企业。这些企业可以直接从本企业开始进行配送，而不需要将产品发运到配送中心进行配送，具有直接、避免中转的特点，所以在节省成本方面具有一定的优势。但这种配送方式多适用于大批量、单一产品的配送，不适用于多种产品“凑零为整”的配送方式，所以具有一定的局限性。

二、按配送商品的种类和数量多少进行分类

(一)单(少)品种大批量配送

一般来讲，对于工业企业需要量较大的商品，由于单独一个品种或几个品种就可达到较大输送量，可以实行整车运输，这种情况下就可以由专业性很强的配送中心实行配送，往往不需要再与其他商品进行搭配。由于配送量大，可使车辆满载并使用大吨位车辆。这种情况下，由于配送中心的内部设置、组织、计划等工作也较为简单，因此配送成本较低。

(二)多品种少批量配送

多品种少批量配送是根据用户的要求，将所需的各种物品(每种物品的需要量不大)配备齐全，凑整装车后由配送据点送达用户。

(三)配套成套配送

这种配送方式是指根据企业的生产需要，尤其是装配型企业的生产需要，把生产每一件所需要的全部零部件配齐，按照生产节奏定时送达生产企业，生产企业随即可将此成套零部件送入生产线以装配产品。

这种配送方式中，配送企业承担了生产企业大部分的供应工作，使生产企业可以专心致力于生产，与多品种、少批量的配送效果相同。

三、按配送时间和配送数量多少进行分类

(一)定时配送

定时配送是配送企业根据与用户签订的配送合同，按照事先约定的时间间隔进行配送的组织形式。每次配送的货物品种及数量可预先计划，也可临时根据客户的需求调整。如用户可通过电话或配送信息管理系统的指令输入所需商品品种及数量，配送中心或配送企业据此进行准备。可见，这种配送方式由于时间固定，双方均易于安排作业计划，即配送中心便于安排配送计划和配送调度，用户也便于安排接货和组织生产。但也可能由于配送货物品种和数量的临时性而增加管理和作业的难度。

【小知识】

定时配送的种类

1. 小时配

小时配即按照客户订货要求后，在1小时之内将商品送达。这种方式适用于一般消费者突发的个性化需求所产生的配送要求，也经常用作配送系统中应急的配送方式。

2. 日配

日配即在接到客户订货要求后，在24小时之内将商品送达。日配是定时配送中实行较为广泛的配送方式。一般而言，日配的时间要求大体上是：上午的配送订货，下午可送达；下午的配送订货第二天早上送达。这样就可以使用户获得在实际需要的前半天得到送货服务的保障。

广泛而稳定地开展日配方式，可使用户基本上不需保持库存，做到以配送日配方式代替传统的库存来实现生产的准时和销售经营的连续性(无缺货)。一般日配方式特别适合这些情况，如消费者追求新鲜的食品：水果、点心、肉类、蔬菜、鲜花、蛋类等；如客户是小型商店，随进随销，需要采取日配形式快速周转等；如库房条件限制，不可能保持较长时间的库存等；如有临时出现的配送要求等。

3. 准时配送

准时配送是实现配送供货与生产企业生产保持同步的一种方式。这种方式比日配方式和一般定时方式更为精细准确，配送组织过程也更加严密。这种配送方式每天至少一次，甚至几次，以保证企业生产之需，货物不需要在客户仓库中停留，而是直接运至生产现场，或在指定的时间直接送到指定的工位，可以绝对地实现零库存。

这种配送方式，对生产企业而言，即是供应商管理库存；对配送企业来说，需要依靠高水平的配送系统来实现。由于对时间和数量要求严格，因此，供需双方应建立起战略合作伙伴关系。这种形式较适合于装配型、重复生产的用户，其所需配送的货物是重复的、大量的，且变化大，因而往往是一对一的配送。

资料来源：秦英. 仓储与配送管理[M]. 北京：北京师范大学出版社，2018.

(二)定量配送

定量配送是指按规定的批量(或数量)在一个指定的时间范围内(对配送时间不严格限定)进行配送。定量配送由于配送品种和数量相对固定，备货工作相对简单，而且时间没有严格限制，所以，可以将不同客户所需的商品拼凑成整车，并且对配送线路进行合理优化，在一定时间范围内送达客户，从而节约运力，降低配送成本。而对于用户来讲，由于每次送达的货物数量是固定的，所以接货工作也易于组织，用户的生产和销售计划也易于与配送活动保持同步进行。不足之处在于，由于每次配送的数量保持不变，因此不够机动灵活，有时会增加用户的库存，造成库存过高或销售积压。

(三)定时定量配送

定时定量配送是按照所规定的时间、规定的商品品种和数量进行的配送。这种方式兼有定时配送和定量配送两种方式的特点，对配送企业的服务要求比较严格，管理和作业的难度较大，不太容易做到既与用户的生产节奏保持合拍，同时又保持较高的配送效率。实际操作较为困难。由于其配送计划性强，准确度较高，所以，相对来说比较适合于生产和销售稳定、产品批量较大的生产制造企业或大型连锁商场的部分商品的配送。

(四)定时定量定点配送

定时定量定点配送是指按照确定的周期、确定的商品品种和数量、确定的客户进行配送。这种配送形式一般事先由配送中心与客户签订协议，双方严格按协议执行。它有利于保证重点需要和降低企业库存，主要适用于重点企业和重点项目。

(五)定时定线路配送

定时、定线路配送是指在规定的运行路线上，制定到达时间表，按运行时间表进行配送，用户则可以按规定的路线站及规定的时间接货以及提出配送要求。这种配送方式一般由客户事先提出商品需求计划，然后按规定的时间和在确定的站点接收商品，也可将其称作班车配送或列车时刻表配送。这种配送方式对配送企业而言，有利于安排车辆运行及人员配备，配送成本较低，可以依次对多个用户实行共同配送，但车载量不足时，浪费运力。对用户而言，由于配送的时间和路线固定，可以根据需要有计划地安排接货，但由于配送时间和路线不变，不能实现门到门运输，给用户带来不便，因而对用户的适应性较差，灵活性和机动性不强。这种配送方法适用于铁路沿线工商企业物资配送。

(六)即时配送

即时配送是根据客户提出的时间要求和商品品种、数量要求及时地将商品送达指定的地点。即时配送可以满足用户的临时性急需，对配送速度、时间要求严格，因此，通常只有配送设施完备，具有较高管理和服务水平及作业组织能力、应变能力的专业化配送机构才能较广泛地开展即时配送业务。完善而稳定的即时配送服务可以使库房保持较低的库存水准，真正实现“准时制”生产和经营。但对配送企业来说，很难做到充分利用运力，配送成本较高。同时，由于这种配送形式完全按照用户的要求来进行，因而配送的计划性较差。一般在事故、灾害、生产计划突然变化或销售预测失误而导致销售即将断线的情况下采用。

目前，外卖在即时配送服务中占主导地位，据相关数据显示，90.2%的企业白领和81.7%的在校学生偏好在外卖上使用即时配送服务。外卖在即时配送服务中占主导地位，用户对外卖配送越来越高的要求也带动着即时配送市场的更新迭代和快速发展。

【案例 8-1】

2018 年我国即时配送物流行业模式分析

1. 饿了么：蜂鸟配送＋蜂鸟众包＋点我达，阿里旗下即时物流有望迎来一轮整合

饿了么物流目前以采取自营(蜂鸟配送)＋众包(蜂鸟众包)＋代理(点我达)三种模式为主，三种模式融合在一起，通过价格、管理系统来进行统一调度。由于饿了么覆盖的城市

比较多，管理难度较大，二三线城市主要靠代理商，因此代理商模式比例更大。

在阿里收购饿了么之后，其旗下的两个即时配送平台蜂鸟及点我达也很可能面临着整合。点我达是阿里系原先采用众包共享模式的即时物流服务提供商。点我达官网显示，截至目前，平台上的骑手超过200万人，日均订单量300万份。而蜂鸟配送官网显示，蜂鸟配送的骑手数超过300万人，日均订单量450万份。目前，立足于B端的点我达已深度参与到了阿里系成员的新零售体系中，与盒马鲜生、银泰、百联等均达成了不同程度的合作，已成为阿里与京东新达达交锋的利剑。目前，部分城市中蜂鸟众包的订单已经对接点我达平台。基于这一趋势，我们认为点我达很可能整合蜂鸟，以全方位提升决策、运营、服务效率并发力阿里新零售布局。

2. 美团外卖：美团专送＋加盟＋美团众包，众包抢单向派单过渡

美团外卖基于入驻商家与商品品类的多元化，采用“自建＋加盟代理＋众包”的运力组织形式，适应不同等级市场的需求。与饿了么类似，美团自营模式（美团专送）主要针对一二线城市及先发城市；代理加盟模式主要应用于三线城市及后发城市，以实现快速扩张；众包模式则适用各级别城市，以灵活调配订单峰谷时的运力。其中，美团众包目前订单分配方式以抢单为主。在抢单模式下，用户订单可能出现长时间无人接单的情况，且订单不一定能够分配到距离最近或路径最优的配送员手上，难以提高配送效率。派单模式则能够有效解决这类问题。为了提升用户体验，美团外卖正努力向派单模式转变。

3. 新达达：以众包模式适应京东体系高离散度订单

如上文所述，新达达主要包括众包物流业务及京东到家O2O业务。目前，新达达大部分运力采取整合社会闲置资源的众包模式，且以抢单为主，将每个城市划分成3千米×3千米的区域，根据每个区域的订单密度进行实时定价调整。与新达达对接的京东到家平台，餐饮外卖配送比例较低，其余品类较多，因此订单分布相对更为离散。通过众包运力，新达达能够更好地适应京东到家平台上较为离散的订单，保证配送效率。除了众包之外，新达达也在培养忠实配送员，以实现更好的配送质量。

资料来源：2018年我国即时配送物流行业模式分析：自建＋代理＋众包组合拳．观研报告网[EB/OL]．http://market.chinabaogao.com/lingshou/0H33515922018.html，2018-07-23/2023-4-26.

四、按经营形式不同进行分类

（一）销售配送

销售配送是指配送企业是销售性企业，或销售企业作为销售战略一环，进行的促销型配送，或者是和电子商务网站配套的销售型配送。这种配送的配送对象往往是不固定的，用户也往往是不固定的，配送对象和用户依据对市场的占有情况而定，配送的经营状况也取决于市场状况，配送随机性较强而计划性较差。各种类型的商店配送、电子商务网站配送一般都属于销售配送。用配送方式进行销售是扩大销售数量、扩大市场占有率、更多获得销售收益的重要方式。由于是在送货服务前提下进行的活动，所以也受到用户欢迎。

(二)供应配送

供应配送往往是针对特定的用户，用配送方式满足这特定用户的供应需求的配送方式。这种方式配送的对象是确定的，用户的需求是确定的，用户的服务要求也是确定的，所以，这种配送可以形成较强的计划性、较为稳定的渠道，有利于提高配送的科学性和强化管理。

(三)销售—供应一体化配送

销售—供应一体化配送是指对于基本固定的用户和基本确定的配送产品，销售企业可以在自己销售的同时，承担用户有计划供应者的职能，既是销售者同时又成为用户的供应代理人，起到用户供应代理人的作用。

第四节 配送模式

目前，较为公认的有四种典型配送模式，分别是自营配送模式、互用配送模式、第三方配送模式、共同配送模式，下面具体介绍。

一、自营配送模式

自营配送模式是指企业的配送部门完全由企业自身出资组织，配送业务完全由自身完成。企业通过自建物流中心，实现对内部各部门、场、店的物品供应，如图 8-9 所示。

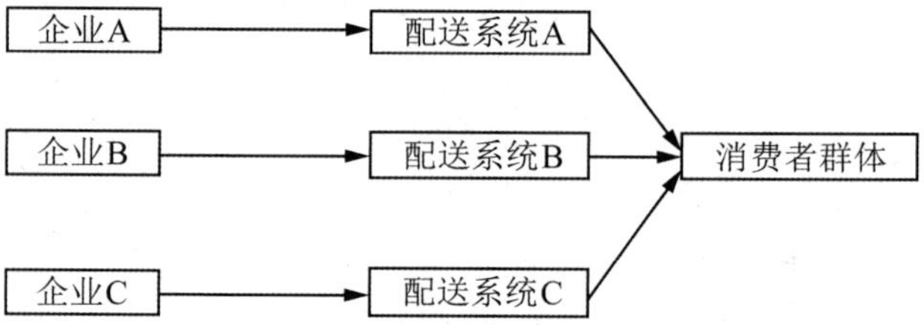

图 8-9 自营配送模式

一般情况下，规模较大的企业才有实力实现自营配送，其优缺点如下。

(一)自营配送模式的优点

1. 保证企业的稳定，提高企业的竞争力

企业采取自营配送模式，可以有效掌控其所在的供应链的各个环节，能够密切配合生产、销售等业务环节，可以有效地提高本企业的经营水平和管理层次，在一定程度上，保证了企业的稳定。

企业能够第一时间掌握最详尽的资料，包括企业内部的采购情况、制造和销售环节是否紧密联系在一起，原材料和产成品的性能、规格是否满足客户要求，供应商以及销售商的经营能力是否有所提高等一系列的信息。有了这些资料的支持，企业就可以对物流活动中各个环节进行有效地调节，在调节过程中及时发现问题及时采取应对措施，这样自身的经营战略也可以随之不断地做出调整，提高企业的竞争能力。

2. 提高物流作业效率，降低流通费用

自营配送模式使管理流程得到合理和有效地规划，物流作业效率得到大大地提高，并且流通费用也会随之减小。

采取自营配送模式还可以使物流与资金流、信息流、商流结合更加紧密，从而大大地提高物流作业乃至全方位的工作效率。

3. 将零库存、零距离和零营运资本的战略思想变为现实

企业采取自营配送模式，可以实现原材料和零配件采购、配送以及生产支持从战略上一体化，实现准时采购，增加批次，减少批量，调控库存，减少资金占用，降低成本，从而实现零库存、零距离和零营运资本，最终可以提高物流作业效率。

4. 使企业具备快速的反应能力和很强的灵活变通能力

对于采用自营物流配送模式的企业来讲，整个物流体系是企业内部重要的组成部分。物流体系的首要目标就是要为企业的生产经营服务。而企业的生产经营也需要密切配合和满足物流体系在时间和空间上的要求。对于采用自营物流模式的企业，他们具备了敏锐的应变能力和很强的灵活变通能力。

5. 与客户保持紧密关系，有利于维持客户忠诚度，树立企业形象

自营配送模式其中一项就是企业自己可以独立完成对产品的配送和售后服务，这样就使得企业在配送过程中直接与客户面对面接触，也就便于企业更加快速获得准确的客户反馈信息，同时也降低了客户信息被泄露的风险。自营配送还能为企业带来免费的自我宣传与推广的效果。他们通过自主掌握营销活动以最快的速度获取了最新的顾客和市场信息，并根据这些信息及时调整自身的战略方案。

(二)自营配送模式的缺点

1. 一次性的投入较大，占用资金较多，成本较高

物流体系涉及运输、仓储、包装等多个环节，建立物流系统的一次性投资较大，占用资金较多，对于资金有限的企业来说，物流系统建设投资是一个很大的负担。企业自营配送模式一般只服务于自身，依据企业自身物流量的大小而建立。而单个企业的物流量一般较小，企业物流系统的规模也较小，这就导致物流成本较高。

2. 核心业务会受到一定程度的影响

企业选择自营配送模式后，将会牵扯一部分精力在物流业务上，因此，其核心业务会受到一定程度的影响。在这种情况下，企业自营配送模式就等于迫使企业从事不擅长的业务活动，企业的管理人员往往需要花费过多的时间、精力和资源去从事辅助性的工作，结果是辅助性的工作没有抓起来，关键性业务也无法发挥出其核心作用。因此，这种模式有一定的风险。

3. 比较难对效益做出评估

物流成本就像一座冰山，冰山下面那一部分目前还没有被人们所认识和了解，因此对于物流费用这块还存在着很大的虚假性，企业很难核算自身的成本。并且由于许多自营配送的企业都规定各个职能部门自己进行独立的物流活动，不用将物流单独拿出来进行独立核算，这样就使得企业在计算产品的物流成本时困难重重，因此他们也就不能做出一个准确的效益评估。

自营配送模式是目前国内生产、流通或综合性企业(集团)所广泛采用的一种物流模式。企业(集团)通过独立组建物流中心，实现对企业内部各部门、场、店的物品供应。这种物流模式中糅合了传统的“自给自足”的“小农意识”，形成了新型的“大而全”“小而全”，造成了新的资源浪费。显然，这种模式还不能适应电子商务时代对物流的要求。但是就目前来看，在满足企业(集团)内部生产材料供应、产品外销、零售厂店供货或区域外市场拓展等企业自身需求方面却发挥了作用。

较典型的企业(集团)自营型模式，就是连锁企业的物流配送。大大小小的连锁公司或集团(如北京华联、沃尔玛、麦德龙等)基本上都是通过组建自己的物流中心，来完成对内部各场、店的统一采购、统一配送和统一结算的。

【案例 8-2】

以自营配送模式为主的亚马孙

亚马孙是全球最大的网上书店、音乐盒带商店和录像带店，其网上销售的方式有网上直销和网上拍卖，它的配送中心在实现其经营业绩的过程中功不可没。亚马孙有以全资子公司的形式经营和管理的配送中心，拥有完整的物流、配送网络。目前，它在美国、欧洲和亚洲共建立了 50 个配送中心，面积超过 500 万平方米。

亚马孙提供了多种送货方式和送货期限供消费者选择，对应的送货费用也不相同。送货方式有两种：一是以陆运和海运为基本运输工具的标准送货；二是空运。

二、互用配送模式

互用配送模式是几个企业为了各自利益，以契约的方式达到某种协议，互用对方配送系统而进行的配送模式。其优点在于企业不需要投入较大的资金和人力，就可以扩大自身的配送规模和范围，但需要企业有较高的管理水平以及与相关企业的组织协调能力，见图 8-10。

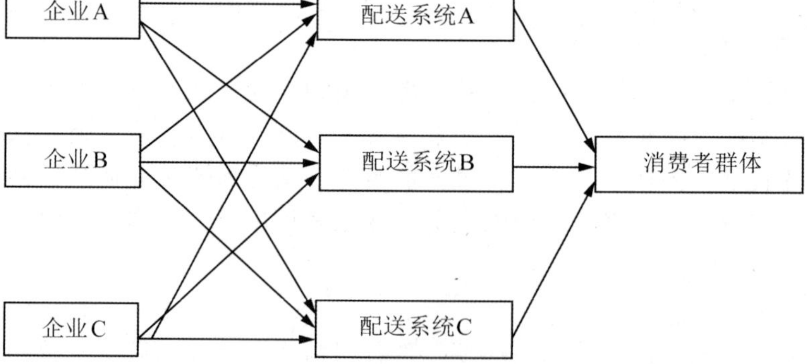

图 8-10 互用配送模式

互用配送模式的特点主要如下。

(1)互用配送模式下，企业以自身为核心，以提高自身业务水平和服务质量为宗旨，强化配送功能以达到非长期的营业目标。

(2)互用配送模式的合作对象既可以是经营配送业务的企业，也可以是非经营配送业务的企业。

(3)互用配送模式中的企业各自为政，因此合作期较短，稳定性较差。

互用配送模式取决于各自企业的物流信息网络是否完善，同时也和每个企业的沟通协调能力有着直接的关系。采用互用配送模式时，每个企业都以自身的利益为目标，很少考虑其他合作企业的配送效果，因此，在配送资源有限的情况下经常会出现恶性竞争甚至排挤的情况。在生产生活实践中，哪家企业的物流信息技术占优势，也就更容易利用配送系统中的资源。

三、第三方配送模式

第三方配送模式，也称外包型配送模式，是指交易双方或供需双方把自己需要完成的部分或全部配送业务，委托给第三方专业性的配送企业来完成的一种配送运作模式。

随着物流业的发展与完善，第三方配送模式已成为工商企业和网络企业进行货物配送的一个首选模式和主要发展方向。第三方配送利用现代物流技术与物流配送网络，依据与第一方(供应商)或第二方(需求者)签订的物流合同，以最低的物流成本，快速、安全、准确地为客户在特定的时间段，按特定的价格提供个性化的系列物流配送服务，如图 8-11 所示。

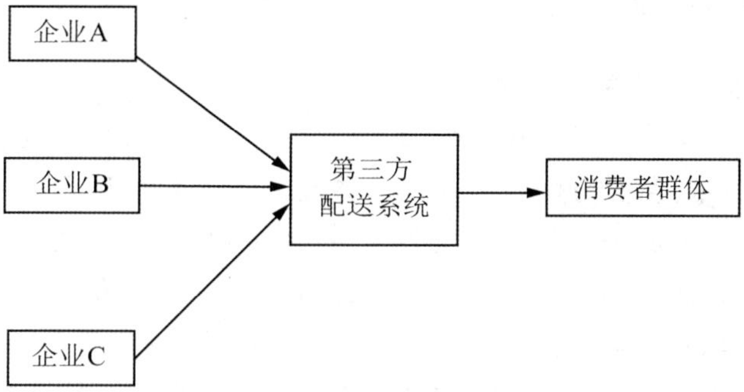

图 8-11　第三方配送模式

(一)第三方配送模式的优点

1. 提高配送效率

第三方配送企业可根据用户的需求情况，通过信息传递系统调整库存数量和结构，调节订货数量和结构，进而调整配送作业活动；而对于一些非程序的活动，可通过信息自动传递系统进行提示或预报，调节配送，提高信息的传输和配送效率。配送企业通过建立一套有效的计算机辅助决策系统，将一些程序化的活动利用计算机辅助决策系统来完成，提高决策效率。此外，基于网络的信息系统也可迅速有效地完成信息的交流、单证的传输以及提高配送过程中的支付效率。

2. 通过采用新的技术，用信息交换库存，使得配送成本降低

第三方配送企业利用现代网络信息技术，不仅使配送企业本身成本得到大幅度降低，

而且也为客户节约了成本。随着第三方配送的快速发展，将来也能降低整个社会的配送成本。在现代配送的情况下，有效地利用第三方配送企业现代信息技术及交易等优势，不仅节约了配送双方的库存成本，而且也能降低配送双方的结算成本及单证传输成本。

3. 企业采用了第三方配送，可以将全部精力放在核心业务上

任何一个企业的资源都不是无限大的，不可能把业务的方方面面都考虑得十分周全。为了使企业的资源可以得到最大化的利用，可以使企业发展得更好，就需要企业对于自身情况进行很好地评估，把资源都投入在自己核心业务中，而将自己不擅长不熟悉的物流等辅助事务委托给专业的第三方物流公司进行操作。

4. 企业通过减少在固定资产方面的投入，使得企业资本周转速度加快

由于第三方物流公司自身具备了先进的物流硬件和软件设施，企业之所以选择与第三方物流公司合作，就是可以将他们在物流方面的投资降低下来，为企业减轻资金的负担，可以让企业的资金周转更加灵活快速。

5. 第三方配送企业能根据用户的不同需求提供一对一的配送服务，更好地满足不同用户的配送需求

个性化服务在配送中的应用、推广和发展，将开创第三方配送服务的新时代。它不仅使普通的大宗配送业务得到发展，而且能够适应用户需求多样化的发展趋势和潮流。个性化服务的实现主要是通过共同筛选技术和神经网络匹配技术来进行的。

(二)第三方配送模式的缺点

1. 企业不能获得直接控制物流职能的权利

在企业将物流配送交予第三方物流公司之后，企业就应该明白他们现在不能直接掌握产品物流情况。假如在与第三方配送出现意见分歧时，就有可能完全不能控制商品的物流配送情况了，这样就会造成企业的客户服务水平进一步的降低。从另一方面讲，由于有外部服务商的存在，当企业内部出现问题时，不知道责任应该归谁负责，企业内部相互推卸责任，使得企业的运行效率降低。

2. 企业不确定是否可以一直保持很高的顾客服务的质量，对于维护与顾客的长期友好关系很不利

由于某些生产企业是利用第三方来帮助他们进行产品的配送与售后服务的，这样他们就没法直接接触客户，非常不利于他们建立长期稳定而又密切的客户关系；另外，由于采用第三方配送，可能使得企业的客户信息被泄漏的可能性大大提高。

3. 如果第三方配送企业经营出现问题了，有可能会殃及企业自身的经营

由于与第三方配送建立的是一种长期合作的关系，如果它在经营方面出现了异常，就可能波及企业的经营，但是如果想要和第三方配送企业解除合作关系，就可能会有一笔不小的费用产生，因为想要建立一份稳定的合作关系需要一段很长的磨合时间。

目前，这一配送模式正逐渐成为电子商务网站进行货物配送的一个首选模式和方向。它的服务内容包括设计物流系统、电子数据交换能力、报表管理、货物集运、信息管理、仓储、咨询、运费支付和谈判等。电子商务企业采用第三方物流方式对于提高企业经营效率具有重要作用。

四、共同配送模式

共同配送模式是物流配送企业之间为了提高配送效率以及实现配送合理化而相互进行协作或相互提供物流便利的联合配送形式。

共同配送的核心在于充实和强化配送的功能，提高配送效率，实现配送合理化和系统化。因此，作为开展共同配送的联合体成员，首先有共同目标、理念和利益，这样才能使联合体有凝聚力和竞争力，才能有利于共同目标和利益的实现。开展共同配送、组建联合体要坚持功能互补、平等自愿、互惠互利、协调一致的原则。

共同配送标准运作模式是：在核心企业(或调度中心)的统筹安排和统一调度下，各配送企业分工协作，联合行动，共同对某一地区或某些用户进行配送。其间，各个配送企业可以建造共同配送仓库，也可以共同利用已建成的配送中心及其他企业的配送设施和设备。实践证明，按照上述配送模式运作，不但可以做到利用距离用户最近的配送中心开展配送活动，从而大大降低物流成本，而且也有利于发挥配送企业的整体优势及缓解交通拥挤矛盾。当然，由于共同配送涉面较大，牵扯的单位较多，因此其组织工作的难度较大。在选择和实施这种配送模式时，不但必须建立起庞大的信息网络，而且更需要建立起有层次性的管理系统。显然，只有大型的专业流通组织才有能力、有条件组织这类活动。

在实际运作过程中，由于共同配送联合体的合作形式、所处环境、条件以及客户要求的服务存在差异，因此，共同配送的运作过程也存在较大的差异，互不相同。在电子商务的条件下，共同配送的运作过程较为典型，如图 8-12 所示。

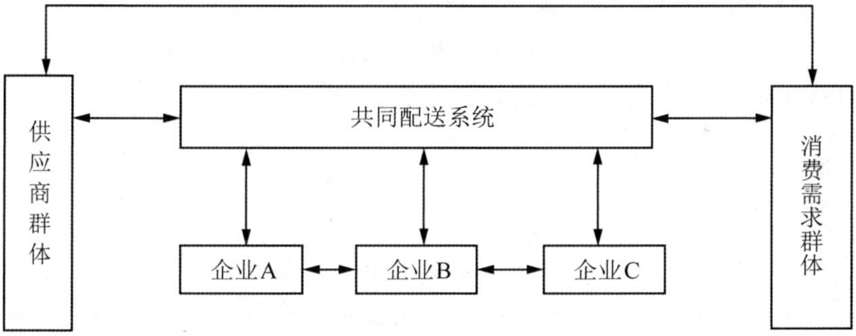

图 8-12　共同配送基本模式

(一)共同配送模式的优点

1. 物流资源得到优化配置

由于物流共同化发展使得共同配送这个概念产生了，使得物流活动分工与协作不断增多，物流结构得到不断地完善和调整，物流资源得到优化配置。现今许多国家正是看到了这些优势所在，因此都在积极向企业推行这种配送组织形式。

2. 降低了配送成本

由于共同配送使得企业的配送资源得到高效配置，使得配送企业功能上的不足得到弥补。这样企业的配送能力得到了提高，而且企业配送的规模也扩大了，但是配送成本却降低了。

在国外的物流领域，共同配送模式因为它独有的魅力，被很多企业所青睐并被广泛运用起来。英国著名的第三方物流商 Exel 的副总裁托马斯认为："我们之所以能够降低成本，是我们将人工、设备和设施费用分摊到了很多共享的客户身上。这些零散客户共享所带来的生意量和大客户所带来的生意量同样的大，使我们得以发挥物流的规模效益，从而节约成本，这些成本的节约又反过来可以使我们公司实施更加优惠的低价政策。"

(二)共同配送模式的缺点

1. 配送货物繁杂，客户要求不一致，难于管理

因为配送货物的种类多种多样，并且每一样货物都有自己的特点，客户对于配送也有自己不同的要求，这样就对共同配送提出很高的要求，使得它的难度被加大了。

2. 运作主体多元化，主管人员管理协调存在困难

在规模、商圈、客户、经营意识等方面，各个企业都有自己的认知和理解，因此他们之间就会存在很大的差距，这样共同配送就很难协调组织。毕竟每个货主对于货物的配送时间、配送地点、货物配送安全、配送数量都有不同的规定，因此就很难将这些要素统一规整起来。

3. 共同配送的利益分配和资源调度方面的问题重重

由于货主之间对于利益分配问题都有自己的想法和考虑，因此矛盾就随之产生了。但是共同配送的利益是在各货主之间进行分配的，而由于每个货主的客观标准不统一，这样就不可能做到真正的公平、合理的分配。

4. 在共同配送中，商业机密非常容易被泄露

由于有些货主不愿参加出于对自己商业秘密的保护考虑的活动，因此就有可能造成各个经营主体的商业秘密在共同配送中被泄露出去。

【小知识】

城市物流涉及范围很广，组织模式也各有不同，依据不同维度，可分为不同类型。例如，根据从事配送的主体不同，可分为商家自主配送和外包第三方配送；根据货物集中度的不同又可划分为供应商配送、集中配送和共同配送。后一种划分，其实并非独立的三种模式，而是城市配送演变发展所历经的三个阶段。

最初阶段是供应商配送。以商贸流通业为例，大大小小的供应商大多在城区外建立自己的仓库，各自成立专门的配送人员和车辆，每天将各自的货物分别送到城区内的各个商场超市，彼此之间各行其是，没有交叉。

中间阶段是集中配送。某一家商贸流通企业在自己的配送中心内集中处理所销售的不同货物，并配送到自己的不同门店。沃尔玛是采用这种模式的典型企业之一，也是最早通过配送中心将门店物流集中管理的零售商。目前沃尔玛绝大多数的货物，都是由供应商将货物运送到指定的配送中心，再由沃尔玛自己的运输团队将配送中心的货物分发到零售门店。

最终阶段就是实现共同配送，即由多个企业联合组织实施的配送活动。在集运中心内，对不同企业的货物进行整合，然后统筹安排配送时间、次数、路线和货物数量，再配

送到不同商贸零售企业的不同门店。共同配送模式可以对各商贸企业独立分散的配送进行整合，达到资源的优化配置和高效利用，同时保证了服务的规范性和可靠性。

共同配送是经过长期的发展和探索优化出的一种追求合理化配送的配送形式，在欧美一些国家已成为采用较广泛、影响面较大的一种先进的物流方式。此物流模式可以有效帮助缓解城市空气污染和交通拥堵等问题，提升城市形象，提高物流服务水平，减少缺货可能性，从而避免不必要的销售损失，降低“最后一公里”的配送成本，并提高物流提供商的专业化程度，从而促进城市物流产业升级。目前，中国各城市也都在大力倡导共同配送，但推行过程中有一些问题不容忽视。例如，不同的商品特点不同，对仓储、分拣、配送等各物流环节的要求也不一样，共同配送存在一定难度。此外，共同配送往往需要商品供应商、集运中心、大型商贸零售企业等各方面的联系与合作，由于国内各企业的规模、意识等方面存在差距，很难协调一致，也在一定程度上形成了阻碍。尽管问题众多，但共同配送作为一种理想状态的配送模式，无疑将是中国城市物流发展的总体趋势。

本章小结

通过对本章内容的学习，可以使学生们了解配送的含义、特征、基本要素、业务流程等基本相关知识；可以使学生了解配送的基本功能；可以使学生掌握配送的不同类型；掌握不同的配送模式以及每一种配送模式的优缺点。这些内容可以帮助学生们在以后的工作中结合实际正确地选择配送模式，以最大程度地降低配送成本、提高配送效益。

【案例分析】

末端物流配送+社会服务平台的“城市100”模式

1.“城市100”成立背景

随着电子商务迅猛崛起，伴随着快递业的快速发展，上下游客户的服务需求日益呈现出多样化、个性化趋势。而快递延误、丢失、损毁等情况时有发生，特别在校园末端配送环节，快递企业往往采取地摊式作业方式，不仅影响了周边环境，也增加了快递丢失或错投的机率。固定操作场地的缺失导致快递企业无法提供24小时的服务，从而限制了服务水平的提升。正是看到了“最后一公里”末端配送存在的不足，北京“城市100”物流末端配送理念应运而生，并于2011年12月20日正式挂牌营业，推出了针对末端的共同配送运营模式。

2.“城市100”共同配送运营模式

“城市100”公司以C2C快递和B2C配送为基础，以营业门店为载体，旗下拥有营业网点及门店150家，机动车辆200余台，员工2 000余人，业务区域实现北京全覆盖。共同配送业务主要由同行快递、电商配送、自提业务三大业务模块组成，日业务量超过万件。同行快递业务在具体运营过程中，由同行快递物流企业与“城市100”公司仓库或就近社区门店直接对接，达成合作协议后，快递物流企业将无法处理的快件包裹送到“城市100”公司仓库或就近社区门店，由物流配送社会服务平台进行统一安排配送，或可直接送到“城市100”社区门店，由社区的工作人员进行“二次投递”。通过“城市100”同行快递“二次投递”方式，快件送达效率更高、速度更快、时间更短。通常，如果单由一家快递企业负责将快件配送到底，快递员一天最多实现两次配送。一旦碰上“双11”、元旦和春节，业务量剧增，“问题件”大增，最后100米经常“卡”在社区或学校，配送效率很低，造成仓库货物积压，配送成本上升。而共同配送由于投递距离短，配送频率高，平均每天能配送五六次，平均3小时完成接件、分拨和投递，快件随时消化，紧急件最快15分钟送到。自“城市100”推出同行快递这项业务以来，已与北京地区的申通快递、中通快递、汇通快递等多家快递企业开展了深入合作。

电商配送业务主要利用“城市100”大型共同配送中心、社区网点和专业化配送人员，为诸如淘宝网、京东商城等客户企业提供仓储、配送、代收货款等增值服务，该业务已成为“城市100”新的利润增长点，且市场潜力巨大。与其他配送企业相比，“城市100”不仅拥有分布广泛的终端网点，而且还设有用于中转的大型共同配送中心，不仅能提供高质量的物流配送，还能缩短从网上交易到实物配送的周期。网上交易时消费者只需轻点鼠标下单，通过各电商企业和“城市100”的物流配送社会服务平台实现系统对接，平台接收到订单信息，将安排公司配送人员到电商企业的仓库提货，经过平台集中分拣，将分属不同区域的货物集中运输到各个社区门店，再由这些社区物流共同配送站进行具体配送。此外，“城市100”还拓展了水产网、鲜百味、青蔬园等新兴电商客户，提供水果蔬菜、生鲜速冻等生鲜配送服务。

自提业务，是“城市100”正在积极开拓的一项重点业务。网购便捷性一直以来都是消费者选择购物渠道的首要考虑因素，现有送货方式不是送上门就是送到单位，存在着包裹冒领、个人隐私泄露、搬运回家困难等情况。一旦碰到顾客不在家，快递员只得白跑一趟，并且还要另选时间进行再次配送，快递企业和客户都会感觉不方便。“城市100”的自提业务刚好可以满足这些客户的需求，如果消费者无法第一时间接收快件，可委托离自己最近的“城市100”门店代收，可以不受时间限制并自主决定上门取货时间。“城市100”的门店大多会营业到晚上10点，在一些人流量比较大的网点，甚至实现了24小时营业，这为社区老百姓、高校师生提供了很大便利。

3.“城市100”共同配送面临的问题

“城市100”共同配送目前还有一系列问题需要解决：一是在物流配送方面具体法律法规的缺乏。缺乏有针对性的物流配送法律法规的规范和扶持，使得一旦出现法律上存在空白的问题，公司只能自己想办法解决，费时又费力。二是配送门店成本问题。在人流最密集的社区和学校周边相关配套设施都已非常齐备，难以找到合适的配送站点和场地。花费很大精力找到的门店，随着房租的不断上涨，进一步推高门店建设成本。三是市场竞争激烈。加盟型和提供“门到门”服务的快递企业之间时常进行价格战，抢夺有限的物流配送资源，使得“城市100”公司难以通过提高货物配送价格转移不断上涨的经营成本。四是末端配送通行难、停车难。按照北京市相关规定，电动三轮车不准上路，而机动车停车费又很高，这些都严重影响了末端配送的效率。

4. 城市共同配送展望

城市发展共同配送、建设共同配送体系是一项长期的、系统的工程，对合理利用物流资源、提高配送效率、降低物流成本、缓解城市交通压力等方面意义重大。为加快城市共同配送发展，可以实行以下措施。

(1)完善物流配送法律法规。政府进一步完善在城市共同配送的运营模式和业务方面的法律法规，在车辆通行、税费等方面提供政策支持，实行政府主推、协会协调、企业主抓、市场化运作的模式，为城市物流共同配送创造良好的发展环境。

(2)加大城市共同配送设施改造力度。对现有物流配送中心实行“创建一批、改造一批、淘汰一批”，完善城市共同配送节点规划布局，引导物流企业加大对物流配送中心的更新改造，鼓励淘汰高耗能型配送中心。

(3)加强城市共同配送供应链体系建设。城市共同配送是一种集约化的物流配送模式，需要企业、配送公司、消费者之间精诚合作、求同存异、利益共享、风险共担，形成合力以规模化配送取胜。在实际操作中要做到公平、公开，以此保证整个体系的长期运行。

(4)加大发展软硬件设施和电子商务物流。支持企业改造升级现有物流配送软硬件设备，大力推进物联网技术、云计算、GPS实时监控等新技术在共同配送中的应用水平，重视电子商务化进程，提高物流配送服务水平和质量，降低物流配送成本。

思考：

1. 结合案例分析共同配送带来的好处。
2. 分析“城市100”共同配送面临的问题及解决办法。

练习与思考

一、单项选择题

1. 下列哪项不是配送的基本要素？(　　)

A. 集货　　B. 储存
C. 配送运输　　D. 信息处理

2. 下列哪种类型商品无须配送加工处理？(　　)

A. 日用商品　　B. 生鲜类食品
C. 金属制品　　D. 煤炭制品

3. 下列不适用于多种产品“凑零为整”的配送方式是(　　)。

A. 配送中心配送　　B. 仓库配送
C. 生产企业配送　　D. 商店配送

4. 下列配送成本较高、配送计划性较差的配送方式是(　　)。

A. 定时配送　　B. 即时配送
C. 定量配送　　D. 定时定量配送

5. 下列哪种配送模式容易导致企业间的恶性竞争？(　　)

A. 自营配送模式　　B. 互用配送模式
C. 第三方配送模式　　D. 共同配送模式

二、多项选择题

1. 现代配送的新特征主要表现在以下哪些方面？(　　)

A. 配送区域扩大　　B. 配送速度更快
C. 配送技术提高　　D. 配送服务质量提高

2. 按配送商品的种类和数量的多少进行分类可将配送活动分为(　　)。

A. 单(少)品种大批量配送　　B. 多品种少批量配送

C. 配套成套配送　　D. 定时配送

3. 按经营形式不同进行分类可将配送活动分为(　　)。

A. 生产配送　　B. 销售配送

C. 供应配送　　D. 销售—供应一体化配送

4. 第三方配送模式的优点包括(　　)。

A. 配送效率高　　B. 配送成本低

C. 企业可以很好地控制物流职能　　D. 企业资本周转快

5. 下列配送成本相对较低的配送模式包括(　　)。

A. 自营配送模式　　B. 互用配送模式

C. 第三方配送模式　　D. 共同配送模式

三、简答题

1. 配送的基本特点有哪些?

2. 配送的功能主要体现在哪几个方面?

3. 自营配送模式的优缺点有哪些?

4. 互用配送模式的特点主要有哪些?

5. 共同配送模式的优缺点有哪些?

课后实践

1. 请你选择一家大型超市进行实地调研，经过调研分析，了解其物品的配送方式，并根据具体情况，以完善其配送模式为目的，提出整改方案。

2. 请你选择一家生产企业进行实地调研，经过调研分析，了解其物品的配送方式，并根据具体情况，以完善其配送模式为目的，提出整改方案。

要求：请分组完成上述实践作业，每组 4 人左右，以组为单位提交书面方案。

第九章

配送作业管理

学习目标

通过本章学习，掌握配送中心基本作业管理，掌握配送中心订单作业、拣货与补货作业、配货与送货作业的流程和方法；熟悉订单管理的步骤、配货计划的编制；理解客户服务在配送管理中的作用。

【案例导入】

某生鲜食品加工配送中心的主要作业

某生鲜食品加工配送中心是我国国内目前设备最先进、规模最大的生鲜食品加工配送中心，其配送中心作业主要如下。

1. 订单处理

门店的要货订单通过联华数据通信平台，实时传输到生鲜配送中心，在订单上标明各商品的数量和相应的到货日期。

2. 配送计划制订

在得到门店的订单并汇总后，制订配送计划。计划内容包括：线路计划、批次计划、作业计划、配货计划等。

3. 商品检验

商品进货时先要接受订单的品种和数量的预检，预检通过方可验货，验货时需进行不同要求的品质检验、终端系统检验商品条码和记录数量。

4. 拣货作业

拣货作业采用播种方式，根据汇总单标识从各个仓位取货，取货数量为本批配货的总量，取货完毕后系统预扣库存，被取商品从仓库仓间拉到待发区。

5. 加工作业

加工车间人员根据加工批次加工调度，协调不同量商品间的加工关系，满足配送要求。

6. 配送作业

商品分拣完成后，都堆放在待发区，按正常的配送计划，这些商品在晚上送到各门店，门店第二天早上将新鲜的商品上架。一般一个门店的配送商品交接只需要5分钟。

思考：该生鲜食品加工配送中心为什么能实现"快与准"的配送服务？

第一节 配送作业流程

由于配送中心具有不同的类型、规模和特性，其运营涵盖的作业项目和作业流程也不完全相同，但其基本作业主要包括进货作业、搬运作业、储存作业、盘点作业、订单处理作业、拣货作业、流通加工作业、补货作业、配装出货作业、配送作业等。配送中心基本作业流程如图9-1所示。

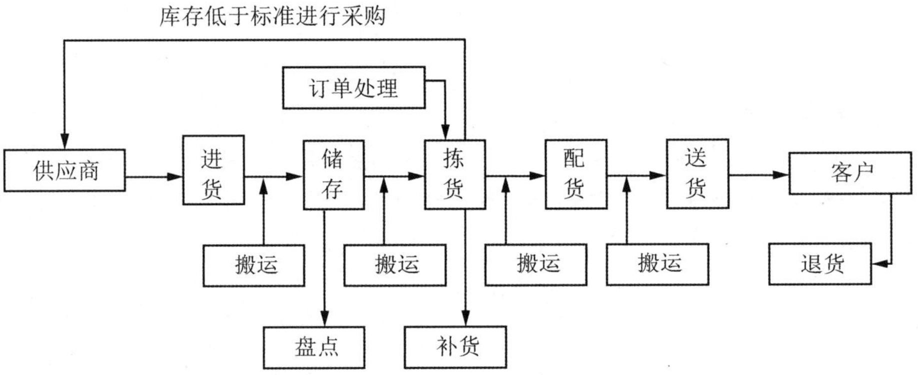

图9-1 配送中心基本作业流程

一、配送作业的一般流程

配送中心的基本作业流程大致如下：由供应货车到达仓库开始，经进货作业验证货品无误后，将货品储存入库。在库货品需要进行定期或不定期的盘点检查，确保产品质量和供应质量。当接到客户订单后，先将订单依其性质作处理，再按处理后的订单信息将客户订购货品从仓库中拣货。拣货过程中若发觉拣货区某货品剩余的存量过低，则由储区来补货，如果是整个储区的存量低于安全储备标准，便应向供应商采购进货。拣出的货品经配货作业即可准备出货，然后是将货品装车送到客户手中。

(一)进货作业

配送中心的进货作业主要包括进货作业计划、接货、验收入库三个环节。

1. 进货作业计划

进货作业计划制订的主要依据是需求订单、采购计划、库存情况等。进货作业计划的制订必须依据订单所反映的信息，掌握商品到达的时间、品类、数量及到货方式，尽可能准确预测出到货时间，以尽早做出卸货、储位、人力、物力等方面的计划和安排。进货作业计划的制订有利于保证整个进货流程的顺利进行，同时有利于提高作业效率，降低作业成本。

2. 接货

当供应商接到配送中心或用户发出的订单之后，会根据订单的要求组织供货，配送中心则需要进行相应的人力、物力准备工作。

3. 验收入库

商品到达配送中心后，由配送中心组织验收人员对到货商品进行检验，检验的内容包括数量、质量等。

(二)搬运作业

搬运作业是将不同形态的散装、包装或整体原料、半成品或成品，在平面或垂直方向加以起提、放下或移动，可能是要运送，也可能是要重新放置物料，而使货品能适时、适量移至适当的位置或场所存放。配送中心的每个作业环节都包含着搬运作业。

(三)储存作业

储存作业的主要任务是对将来要使用或者出货的物料进行保存，且要经常对库存物品进行检核控制，储存时要注意充分利用空间，还要注意存货管理。

(四)盘点作业

货品不断地进出库，在长期的积累下库存资料容易与实际数量产生不符，或者有些产品因存放过久，致使品质、功能受影响，难以满足客户的需求。为了有效地控制货品数量，需要对各储存场地进行盘点作业。

(五)订单处理作业

由接到客户订货开始到准备着手拣货之间的作业阶段，称为订单处理，包括有关客户订单的资料确认、存货查询、单据处理以及出货配发等。

(六)拣货作业

为了保证商品能够准时送到客户手中，满足客户的需要，配送中心要根据客户订单要求对储存的商品进行拣取归类作业。从地位和作用来说，分拣是配送中心整个作业流程的关键环节。

(七)流通加工作业

配送中心的流通加工主要是根据客户的要求进行的初加工活动。加工作业属于增值性经济活动，能够完善配送中心的服务功能。

(八)补货作业

补货作业是指将货品从保管区域移动到拣货区域，并做相应的信息处理。

(九)配装出货

为了充分利用载货车辆的容积和载重能力，提高运输效率，降低运输成本，配送中心要按照配送路线、客户分布情况等因素对配送商品进行合理配载作业。

(十)送货作业

送货是根据客户的要求，在准确的时间和准确的地点把商品送到客户手中的作业。送货作业是配送中心的最后一个作业环节，直接面对客户。

二、不同类型配送中心的作业流程

(一)集货配送中心的一般流程

集货配送中心是以中小件杂货配送为代表的配送中心流程。由于货种多，为了保证配送，需要有一定的储存量，属于有储存功能的配送中心。该中心对进货、分类、配货、配装的功能要求较高，但一般来讲，很少有流通加工的功能。集货配送中心的一般流程如图 9-2 所示。

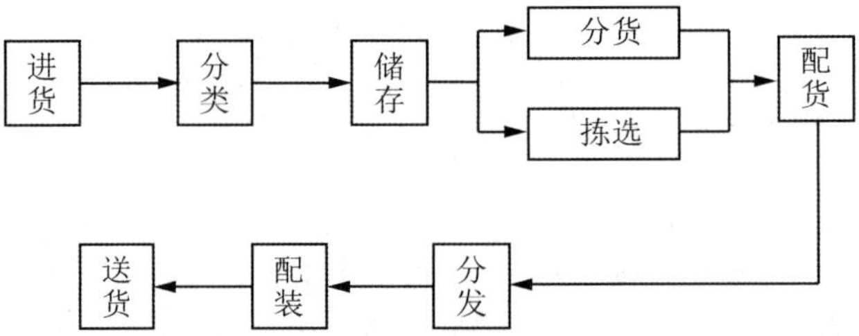

图 9-2　集货配送中心的一般流程

(二)不带储存库的配送中心流程

有的配送中心专以配送为职能，而将储存场所尤其是大量商品的储存场所转移到配送中心之外的其他地点，配送中心则只有为配送进行备货的暂存，而不具有大量储存的功能。货物暂存在配货场所，在配送中心不单独设储存区。不带储存库的配送中心流程图如图 9-3 所示。

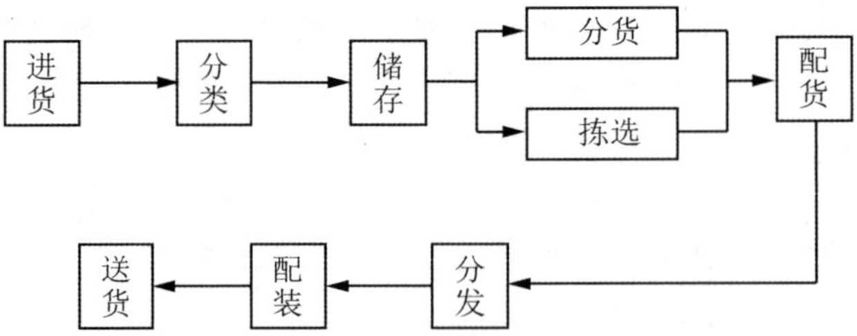

图 9-3　不带储存库的配送中心流程图

这种配送中心和前一类型配送中心的流程大致相同，主要工序及主要场所都用于理货、配货。其区别在于大量货物的储存区在配送中心外部而不在其中。没有集中储存的仓库，占地面积比较小，可以节省仓库、现代货架等设施和设备的巨额投资。

(三)加工配送型配送中心流程

加工配送型配送中心随着加工方式的不同，配送中心的流程也有区别。典型的加工配送型配送中心流程如图 9-4 所示。

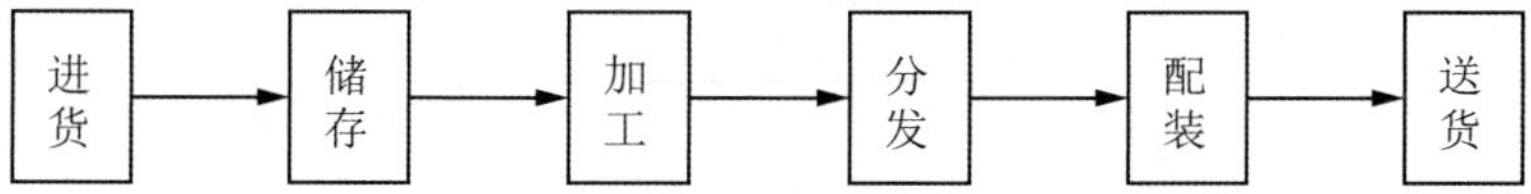

图 9-4　加工配送型配送中心流程图

这种配送中心流程的特点：以铁板、钢筋和玻璃为例，进货是大批量、少品种的产品，因而分类的工作不繁重或基本上无须分类存放，只是进行加工。与生产企业按标准、系列加工不同，一般是按用户要求即兴加工。因此，加工后的产品便直接按用户分放、配货。所以，这种类型的配送中心有时不单有分货、配货或拣选环节，在这种加工型配送中心，加工部分及加工后分放部分的工作是重点。有时，加工、分货、配货和拣货环节合并为一道工序。配送中心加工场地及加工后分放货物暂存区区域面积较大。

(四)批量转换型配送中心流程

批量转换型配送中心是将大批量、品种较单一的产品进货式转换成小批量发货式的配送中心。成型煤加工的煤炭配送便属于这种类型。这种配送中心的流程如图 9-5 所示。

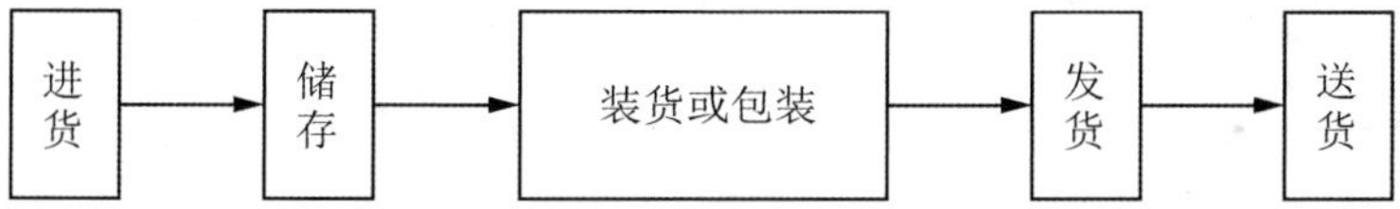

图 9-5　批量转换型配送中心流程图

这种配送中心流程十分简单，基本不存在分类、拣选、分货、配货、配装等工序。但由于是大量进货，储存能力较强，储存工序及装货和送货工序是其主要工序。

第二节　配送订单管理

配送中心从接到客户订货开始到准备着手拣货为止的作业阶段，称为订单处理。配送中心的配送活动以客户订单为依据，根据订单信息，对客户的分布、所订物品的品名、物品特性和订货数量、送货频率和其他要求等资料进行汇总和分析，以此确定所要配送的货物种类、规格、数量和配送的时间，最后由配送中心调度部门发出配送信息，如拣货单、出货单等。订单处理流程如图 9-6 所示。

订单处理的好坏是配送中心配送服务质量的重要保证。其中，订单的分拣和集合是订单处理过程的重要环节。改善订单处理过程，缩短订单处理周期，提高订单满足率和供货的准确率，提供订单处理全程跟踪信息，可以大大提高服务水平与客户满意度，降低库存水平和物流总成本。

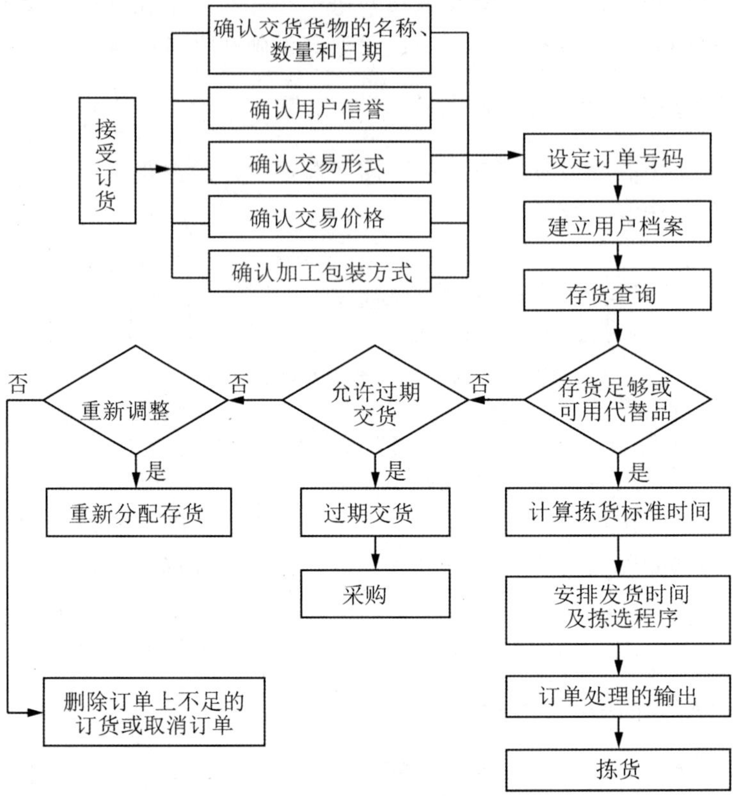

图 9-6 订单处理流程图

一、接受订货

接单作业是订单处理的第一步。随着现代科学技术的发展，接受客户订货的方式也由传统的人工下单、接单，逐渐改为以计算机甚至移动设备直接送收订单资料的电子订货方式。

(一)传统订货方式

1. 厂商补货

供应商直接将商品放在车上，一次给各订货方送货，缺多少补多少，这种方式常用于周转率较快的商品或新上市商品。

2. 厂商巡货，隔日送货

供应商派巡货人员前一天先到各客户处巡查需要补充的货物，隔天再予以补货。这样厂商可利用巡货人员为店铺整理货架、贴标或提供经营管理意见等的机会促销新产品或将自己的产品放在占优势的货架上。

3. 口头订货

订货人员以电话方式向厂商订货，但因客户每天需要订货的种类可能很多，数量也不尽相同，因而错误率较高。

4. 传真订货

客户将缺货资料整理成书面资料，利用传真机发给厂商。利用传真机可快速订货，但传送的资料常因品质不良而增加事后的确认作业量。

5. 邮寄订单

客户将订单表单，或订货磁片、磁带邮寄给供应商。目前，随着时代的发展，这种方式的邮寄效率及品质已经不能满足市场的需求。

6. 业务员跑单

接单业务员到各客户处推销产品，再将订单带回公司。

(二)电子订货系统(EOS)

电子订货，即采用电子传送方式取代传统人工书写、输入、传送的订货方式，它将订货资料由书面资料转为电子资料，通过通信网络进行传送，此系统即称为电子订货系统(Electronic Order System，EOS)。电子订货方式是一种传送速度快、可靠性及正确性高的订单处理方式，它不仅可大幅度提高客户服务水平，也能有效地缩减存货及相关成本费用。EOS 的基本框架如图 9-7 所示。

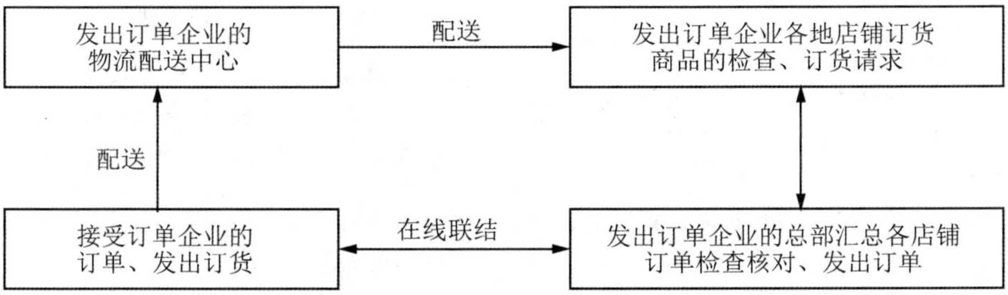

图 9-7　EOS 的基本框架图

1. 订货簿或货架标签配合手持终端机及扫描器

订货人员携带订货簿及手持终端机巡视货架，若发现商品缺货则用扫描器扫描订货簿或货架上的商品标签，再输入订货数量，当所有订货资料皆输入完毕后，再利用数据机将订货资料传给供应商。

2. 销售时点系统(Point of Sale，POS)

客户若有 POS 机，则可在商品库存系统里设定安全库存量，每进行一笔商品销售业务，计算机会自动扣除该商品库存，当库存低于安全存量时，即自动产生订货资料，将此订货资料确认通过电信网络传给供应商。

3. 订货应用系统

客户资讯系统里若有订单处理系统，就可将订货应用系统产生的订货资料经转换成与供应商约定的共同格式，再在约定时间将资料传送出去。

二、订单确认

(一)确认货物数量及日期

确认货物数量及日期就是对订货资料中的基本信息进行检查，如品名、数量、送货时间等是否正确或有无填写遗漏的情况，尤其当送货时间有误时，需与客户再次确认订单内容或更正送货时间。

(二)确认客户信息

不论订单是以何种方式传送至配送中心，配送系统都必须核查客户的财务状况，判断其是否具有此次订单的支付能力。通常做法是检查客户的应收账款是否已经超过其信用额度。在系统中，一般可以通过输入客户代号或客户名称进行查找，也可以通过输入订购项目资料进行查找。

(三)确认订单形态

配送中心虽有整合传统批发商的功能及高效率的物流信息处理功能，但在面对较多的交易对象时，仍需根据客户的不同要求采取不同的做法，在接受订货业务上，表现为具有多种订单的交易形态，所以，应对不同的客户采取不同的交易处理方式。不同的订单形态如表 9-1 所示。

表 9-1 不同的订单形态

订单类别	含义	处理方法
一般交易订单	接单后按正常的作业程序拣货、出货、送货、收款的订单	接到一般交易订单后，将资料输入订单处理系统，按正常的订单处理程序处理，资料处理完后进行拣货、出货、送货、收款等作业
现销式交易订单	与客户当场交易，直接给货的交易订单	在输入资料前就已把货物交给了客户，只需要记录交易资料即可
间接交易订单	客户向配送中心订货，直接由供应商配送给客户的交易订单	接到间接交易订单后，将客户的订货资料传给供应商由其代配。客户的送货单是自行制作或委托供应商制作的，应对出货资料加以核对确认
合约式交易订单	与客户签订配送契约的交易订单	对待合约式交易订单，应在约定的送货期间，将订货资料输入系统处理并设定各批次送货时间，以便在约定时期系统自动产生所需的订单资料出货配送
寄库式交易订单	客户因促销、降价等市场因素先行订购一定数量的商品，往后视需要再要求出货的交易订单	当客户要求配送商品时，系统查询客户是否有此种寄库商品，出货时要从商品的寄库量中扣除

(四)确认订货价格

同一种产品，因客户不同、订购量不同，配送中心给予的价格也会不同，输入价格时配送系统应加以检查。若输入的价格不符，系统应加以锁定，以便主管审核。

(五)确认加工包装

客户订购的商品是否有特殊的包装、分装或贴标等要求，或是有关赠品的包装等，资料系统都需要专门进行确认和记录。

三、设定订单号码

每一个订单都要有其单独的订单号码，号码由控制单位或成本单位指定，除了便于计算成本外，可用于制造、配送等一切有关工作，且所有工作说明单及进度报告均应附此号码。

四、建立客户档案

将客户状况详细记录，不但有益于当次交易的顺利进行，而且有益于以后合作机会的增加。客户档案应包括如下内容。

(1)客户名称、代号、等级形态；

(2)客户信用额度；

(3)客户销售付款及折扣率的条件；

(4)开发或负责此客户的业务员资料；

(5)客户配送区域；

(6)客户收账地址；

(7)客户点配送路径顺序；

(8)客户点适合的送货车辆形态；

(9)客户点卸货特性；

(10)客户配送要求；

(11)延迟订单(过了订货时间的订单)的处理方式(或办法)。

五、存货分配

(一)存货查询

存货查询就是要检查库存状况，是否能满足顾客订货条件。存货资料一般包括商品名称、号码、产品描述、库存量、已分配存货、有效存货及期望进货时间。如果缺货，则提供商品资料或在途信息，这些信息都有利于接单人员与客户协调解决办法，如是否改订替代品或允许延后出货等。

(二)存货分配

订货资料输入系统确认无误后，下一步就是如何将大量的订货资料最有效地汇总分类、调拨库存，以便后续的配送作业能有效地进行。存货的分配模式可分为单一订单分配及批次分配两种。

1. 单一订单分配

这种情况多为线上即时分配，也就是在输入订单资料时就将存货分配给该订单。

2. 批次分配

累计汇总数笔订单资料输入后，再一次分配库存。采用批次分配时，要注意订单的分批原则，即批次的分类方法。根据作业的不同，配送中心的分批原则也不尽相同，有如下几种划分方法，如表 9-2 所示。

表 9-2　订单分批的方法

订单分批的方法	说明
按接单时段	将整个接单时间划分为几个配送时段，把订单按接单先后顺序分为几个批次处理
按配送区域路径	将同一配送区域路径的订单汇总处理
按流通加工要求	将流通加工需求的订单汇总处理
按车辆要求	如果配送商品要用特殊的配送车辆(如低温车、冷冻车、冷藏车)或客户所在地、订货有特殊要求，可以汇总合并处理

(三)对分配后存货不足的处理

如果现有存货数量无法满足客户需求，客户又不愿意接受替代品时，则应按照客户意愿与配送中心政策来决定处理方式。其处理方式有以下几种。

(1)重新调拨；

(2)补送；

(3)删除不足额订单；

(4)延迟交货；

(5)取消订单。

六、订单资料处理输出

订单资料经由上述处理后，即可开始打印相关出货单据，开展后续配送作业，主要单据如表 9-3 所示。

表 9-3　出货单据类别

出货单据类别	说明
拣货单	拣货单是拣货的依据，应配合拣货策略及拣货作业方式来加以设计，打印时应考虑商品储位，依据储位前后相关顺序打印，以减少人员重复往返取货，同时拣货数量、单位也要详细确认标示
送货单	物品配送交货时，通常附上送货单据给客户清点查收。要确保送货单上的资料与实际送货相符，除了出货前的清点外，对于出货单据的打印时间以及一些订单异动情况，如缺货品种或缺货数量等，也必须打印注明
缺货资料	库存分配后，对于缺货的商品或缺货的订单资料，系统应提供查询或报表打印功能，以便工作人员处理

七、订单作业管理

(一)订单处理过程中应遵循的基本原则

1. 要使客户产生信赖感

客户订货的基础是产生信赖感。订单处理人员每次接到订单后在处理过程中都要认识到，如果这次处理不当将会影响下次订货。尤其是面对企业客户的采购，要明确订单处理工作是开展客户经营的重要组成部分，两者有密不可分的联系，要通过订单处理建立客户对产品和服务的信任感和认同感。

2. 尽量缩短订货周期

订货周期是指从发出订单到收到货物所需的全部时间。订货周期的长短取决于订单传递的时间、订单处理的时间以及货物的在途时间。这三方面的安排都是订单处理的内容。尽量缩短订货周期，将大大减少客户的时间成本，提高客户所获得的让渡价值，这是保证客户满意的重要条件。

3. 提供紧急订货

在目前以客户需求为导向的市场机制下，强调为客户服务，在紧要关头提供急需的服务，是与客户建立长期依赖关系的极为重要的手段。

4. 减少缺货现象

保持客户连续订货的关键之一是减少缺货现象的发生，特别是企业客户，工业原材料及零部件一旦缺货，会影响客户的整个生产安排，后果极为严重。此外，缺货现象是客户转向其他供货来源的主要原因，企业要想尽量地扩大市场，保持充足的供货是一个必要的前提条件。

5. 不忽略小批量订货客户

小客户的订货虽少，但也是大批买卖的前驱，而且大客户也有订购小批量的时候。对小客户的订单处理得当将会提高小客户的满意度，可能带来以后的大批量订购或持续订购。最重要的是，客户与企业建立了稳定而信任的供销关系，将为以后的继续订购打下良好的基础，企业的声誉也将因为小客户的传播而树立起来。因此，要在成本目标允许的范围内，尽量做出令小批量客户满意的服务。

6. 装配力求完整

配送中心提供的商品应尽量做到装配完整，以客户使用便利为原则。实在办不到时，也应采取便于客户自行装配的措施，如适当的说明或通过网上进行技术支持。

7. 提供对客户有利的包装

针对不同客户的货物应采取不同的包装，有些零售商品包装要适于在货架上摆放，有些要适于经销商及厂商开展促销活动，应以客户处理便利为原则。

8. 要随时提供订单处理的情况

配送部门要使客户能够随时了解配货发运的进程，以便预计何时到货，便于安排使用或销售。这方面的信息是巩固与客户关系的重要手段，也利于配送中心本身的工作检查。在暂时缺货的情况下，配送部门应主动及时地告知客户有关情况，做出适当的道歉与赔偿，以减少客户的焦虑感和不满。

(二)影响订单处理时间的因素

整个订单处理过程的众多要素都可能会影响订单处理的时间，因此掌握影响订单处理的因素，从而采取相应的措施，能够显著提高订单处理的效率和客户服务水平。常见的影响因素有以下几个。

1. 订单处理系统的技术水平

所采用的技术是否先进合理，很大程度上决定了订单处理的速度。

例如，订单处理系统中，传递订单信息所需的时间会因选用的传输方式不同而大不一样。销售人员收集、拣选订单后经邮寄传送所花费的时间可能最长，而各种形式的电子信息传输方法，如电话、电子数据交换、卫星通信等则是最快捷的。

又如，条码扫描技术对于准确、快速、低成本地录入订单信息尤为重要，与利用计算机键盘录入数据相比，条码扫描技术有显著的优越性，这也正是条码技术在零售、制造和服务行业应用日益广泛的原因。

2. 处理订单的先后顺序

按照订单收到的先后次序进行处理似乎对所有的客户更加公平，但它却可能延长订单的平均处理时间。当订单处理工作繁忙的时候，订单处理人员可能会先处理订货量小、相对简单的订单，而那些订货量较大的订单则被压到最后才处理，但这些大订单往往能为配送中心带来更多的利润。因此，从配送中心自身角度出发，应该把有限的时间、生产能力以及人力资源配置到更有利可图的订单上，让享有优先级的订单被优先处理，而对其他订单则稍后处理。

3. 并行处理与顺序处理

仔细安排订单处理流程中的各项工作能显著缩短订单处理的时间。如果依次完成各项工作，则订单处理总时间最长，如果几项工作同时进行，则总的订单处理时间就会缩短。

如仅仅做一个微小的改动，即将一份订单复制多份，这样销售人员在查看其中一份副本的同时可以进行订单信息转录和客户信用核查(并行处理)工作，从而缩短订单处理时间。

4. 订单履行的准确度

如果配送中心能够准确无误地完成客户订单处理过程，不产生任何错误，那么订单处理时间很有可能是最短的，尽管错误可能在所难免。但是如果配送中心将订单处理时间看成是经营管理的首要因素，就应该严格控制出错的次数。

5. 订单的批处理

在订单处理过程中，有不少配送中心是把订单收集成组，达到一定规模后进行批处理，这样做可以大幅度降低订单处理成本。但另一方面，握有订单直至达到一定批量时再处理则会增加订单处理时间，尤其是对那些先收到的订单来说，其等待的时间最长。

第三节　拣货与补货管理

一、拣货作业的概念

拣货作业是配送作业的中心环节。所谓拣货，就是依据顾客的订货要求或配送中心的作业计划，尽可能迅速、准确地将商品从其储位或其他区域拣取出来的作业过程。拣货作业在配送作业环节中不仅工作量大、工艺复杂，而且要求作业时间短，准确度高，服务质量好。因此，加强对拣货作业的管理非常重要。在拣货作业中，根据配送的业务范围和服务特点，即根据顾客订单所反映的商品特性、数量多少、服务要求、送货区域等信息，采取科学的拣货方式，进行高效的拣货作业，这是配送作业中关键的一环。

二、拣货作业的流程

(一)拣货资料的形成

拣货作业开始前，指示拣货作业的单据或信息必须先行处理完成。虽然一些配送中心直接利用顾客订单或公司交货单作为拣货指示，但因此类传票容易在拣货过程中受到污损而产生错误，无法正常指示产品储位，所以大多数拣货方式仍需将原始传票转换成拣货单或电子信号，使拣货员或自动拣取设备进行更有效的拣货作业。但这种转换仍是拣货作业中的一个瓶颈，因此，应利用 EOS 直接将订货信息通过计算机快速及时地转换成拣货单或电子信号。

(二)行走或搬运

拣货时，拣货作业人员或机器必须直接接触并拿取货物，这样就形成了拣货过程中的行走与货物的搬运。这一过程有两种完成方式。

1. *人—物方式*

人—物方式即拣货人员以步行或搭乘拣货车辆方式到达货物储存位置。这一方式的特点是货物处于静态储存方式，主要移动方为拣取者。

2. *物—人方式*

物—人方式和第一种情况相反，这种方式中，主要移动方是货物，拣取人员在固定位置作业，不必去寻找商品的储存位置。这种方式的特点是货物保持动态的储存方式(表 9-4)。

表 9-4 两种行走和搬运方式的比较表

类型	方法	特点
人—物方式	拣货人员以步行或搭乘拣货车辆方式到达货物储存位置	货物静止，移动方为拣取者
物—人方式	拣取人员在固定位置作业，不必去寻找货物的储存位置，主要移动是货物	货物处于动态，如轻负载自动仓储、旋转自动仓储等，拣取者静止

(三)拣货

拣货一般采取拣取与确认两个动作。拣取是抓取物品的动作，确认是确定所拣取的物品、数量是否与指示拣货的信息相同。通常对小体积、小批量、搬运重量在人力范围内且出货频率不是特别高的货品，采取手工方式拣取；对体积大、重量大的货物，利用升降叉车等搬运机械辅助作业；对于出货频率很高的货品则采用自动分拣系统进行拣货。

（四）分类与集中

配送中心收到多个客户的订单后，可以批量拣取。拣取完毕后再根据不同的客户或送货路线分类集中。

三、拣货作业的管理

（一）拣货方式的选择

1. 按订单拣取

按订单拣取又称“拣取式”“摘果法”或“人到货前式”拣取作业。按订单拣取是针对每一份订单，拣取者巡回于仓库内，按订单所列的商品及数量，将客户所订购的商品逐一从仓库储位或其他作业区中取出，然后集中的拣货方式。

(1)按订单拣取作业方法的优点。

①按单分拣，易于实施，而且配货的准确度较高，不易出错。

②对各客户的分拣相互没有约束，可以根据客户需求的紧急程度，调整配货先后次序。

③分拣完一个货单，货物便配齐，因此，货物可不再落地暂存，而直接装上配送车辆，这样有利于简化工序，提高作业效率。

④客户数量不受限制，可在很大范围内波动。分拣作业人员的数量也可以随时调节，在作业高峰时，可以临时增加作业人员，有利于开展即时配送，提高服务水平。

⑤对机械化、自动化没有严格要求，不受设备水平限制。

(2)按订单拣取作业方法的缺点。

①商品品种多时，拣货行走路径加长。

②拣货区域大时，搬运系统设计困难，拣货效率降低。

③少量多次拣取时，造成拣货路径重复，效率降低。

(3)按订单拣取作业方法适用范围。

①用户不稳定，波动较大，不能建立相对稳定的用户分货货位，难以建立稳定的分货线，在这种情况下宜于采取灵活机动的按单分拣作业方式，用户少时或用户很多时都可采取按单拣选方式。

②用户之间共同需求不多，需求差异很大，在这种情况下，统计用户共同需求，将共同需求一次取出再分给各用户；在既有共同需求，又有很多特殊需求的情况下，采取其他配货作业容易出现差错，而采取一票一拣方式就有利得多。

③用户需求的种类太多，增加了统计和共同取货的难度，采取其他方式配货时间太长，而利用按单分拣作业实际能起到简化作用。

④用户配送时间要求不一，采用按单分拣作业可有效地调整先后拣选的配货顺序，满足不同时间需求，尤其对于紧急的即时需求更为有效。

⑤一般仓库改造配送中心，或新建配送中心的初期，按单分拣作业方式可作为一种过

渡性的办法。

⑥网络经济时代出现的直接面向基本消费者进行配送的电子商务，需求的随机性太强，适合于采取按单分拣作业方式。

2. 批量拣取

批量拣取又称“分货式”“播种法”。批量拣取即把多张订单集合成一个批次，按商品品种汇总后再进行拣取，然后按客户或不同订单作为分类处理。

(1)批量拣取作业方法的优点。

①计划性较强。由于是集中取出共同需要的货物，再按货物货位分放，就需要在收到一定数量的订单后进行统计分析，安排好各客户的分货货位之后才能反复进行分货作业。

②由于是各客户的配送请求同时完成，可以同时开始对各客户所需货物进行配送，因此有利于车辆的合理调配，能合理规划配送路线，与按单分拣相比，可以更好地利用规模效益。

③可以缩短拣取时的行走搬运距离，增加单位时间的拣取量。

(2)批量拣取作业方法的缺点。

难度较高，与按单分拣相比错误率较高。对紧急订单无法做及时处理，必须等订单积累到一定数量时才能作批量拣取一次性的处理，从而会延长停滞时间。

(3)批量拣取作业方法适用范围。

①用户稳定且用户数量较多，可以建立稳定的分货线，在这种情况下宜于利用其稳定的优势规划和计划分货，可采用批量分拣作业方法。

②用户的需求有很强的共同性，需求的差异较小，需求数量可有差异，但种类相同，在这种情况下，可以统计用户的共同需求，集中取货分放给各用户，可提高效率。例如，一个食品配送中心，专给几十家宾馆配送，而配送种类又都是烟、酒、饮料、咖啡、小食品、粮食、面包等若干品种，采用批量分拣作业方法，比按几十家宾馆的需求一家一家地拣选，效率要高得多。

③用户需求的种类有限，易于统计，不至于使分货时间太长。

④用户配送时间的要求没有严格限制，可以采取批量分拣作业方法作业。

⑤力求高效率，降低成本，采取批量分拣作业方法较为有利。

⑥专业性强的配送中心，容易形成稳定的用户需求，货物种类有限，宜于采用批量分拣作业方法作业。

⑦商品连锁、服务业连锁、巨型企业内部供应配送，适合采用批量分拣作业方法。

3. 复合分拣

复合分拣是将按单分拣和批量分拣组合起来的拣货方式，即根据订单的品种、数量及出库频率，确定哪些订单适宜按订单分拣，哪些订单适宜批量分拣，然后分别采用不同的拣货方式。复合分拣是前两种典型方式的中间方式。

4. 拣货方式的确定

(1)按出货品种的多少及周转率的高低，确定分拣作业方式。

按当日 EN 值(订单货品数)及 IK 值(订单受订次数)的分布判断出货品种的多少和货品周转率的高低，确定不同作业方式的区间，如表 9-5 所示。

表 9-5 拣货方式选定对照表

出货品种数（EN 值）	货品重复订购频率(IK 值)		
	高	中	低
多	S+B	S	S
中	B	S+B	S
少	B	B	S+B

注：S 表示按单拣取；B 表示批量拣取。

其原理是：EN 值越大表示一张订单所订购的货品品种数越多，货品的种类越多越杂时，批量分拣时分类作业越复杂，采取按单拣选较好。相对地，IK 值越大，表示某品种的重复订购频率越高，货品的周转率越高，此时采取批量分拣可以大幅度提高拣取效率。

(2)按拣货策略运用组合表进行考核，决定采用何种拣选作业方式。

表 9-6 订单要素影响下的拣货策略运用组合表

要素				订单要素
一天订单数	一天订单的品种数	一张订单每一品种的重量	每一品种一天的订单数	
A	A	A	A	分为下列三种： (1)批量拣选用的订单； (2)按单拣选用的订单； (3)整合订单拣选用的订单
(100 件/日以上)	(1 000 种以上)	(2 千克以上)	(10 件/日以上)	
B	B	B	B	
C	C	C	C	
(100 件/日以下)	(1 000 品种以下)	(0.2～3 千克以下)	(3 件以下)	

注：A 表示多；B 表示中；C 表示少。

所以，采用何种拣货方式，主要看该拣货方式效率的高低，也就是何种拣货方式所耗费的总时间最短，且避免不必要的重复行走时间。

表中从左至右可以有多种组合形式，如 A—C—C—A，表示的是每日的订单数量很多，但订单的品种数很少，且一张订单的每一种数量也很少，但不断地被重复订购，所以可以将每一品种数加总合计，采取批量分拣，以减少重复行走分拣同一品种所消耗的时间。但也要考虑分拣完后的分类集中作业效率问题。在 C—A—A—C 形式中每天的订单数很少，但一天订单的品种数很多又不重复，且每一张订单的品种数也很少，此时适合采用单个订单方式分拣。

总的来说，按单拣取弹性较大，临时性的产能调整比较容易，适合订单大小差异较大、订单数量变化频繁、有季节性的货品配送中心。批量拣货作业方式通常采用系统化、自动化设备，较难调整拣选能力，适合订单大、变化小、订单数量稳定的配送中心。

【小知识】

全自动拆零拣选技术

拆零拣选作业是配送中心的核心业务形态之一。拆零作业广泛存在于医药、零售、图书、服装鞋帽、化妆品、烟草等行业领域的配送中心。拆零作业在不同的配送中心里所占比例有很大差异。例如，在以大卖场配送为主的零售业配送中心里，拆零作业占整个配送量的比例为5%～8%，但在B2C电子商务配送中心，其所占比例会高达99%！

不同于整件拣选，拆零作业耗时耗力，但以拣选数量作为衡量标准的效果却不好。在实际作业中，每天订单中拆零作业的单数往往高达数万甚至数十万，而折合箱数却很少。拆零拣选是导致配送中心作业成本上升的重要原因之一。正因如此，拆零拣选技术在配送中心中备受关注。如何提高拆零拣选效率，成为提高配送中心总体作业效率的关键因素。

全自动拆零拣选是拆零拣选技术中的重大发明，对拆零拣选技术的发展影响重大。目前在应用的全自动拆零方式种类较多。但总体归纳起来分为两种：一是以A字架为基本原理的自动拆零拣选技术，二是以堆垛机为基础的自动拆零拣选技术。目前，以A字架为基本原理的自动拆零拣选技术应用最为广泛。这种技术的组成部分包括：A字架储存装置；物料自动弹出装置；皮带输送系统；周转箱输送系统以及自动控制系统等。

由于客观条件的限制，全自动拆零拣选技术有其局限性：一是要求包装规范，且要求包装后的物品应有一定的刚度，不能有明显的变形；二是商品有一定抗摔撞能力，不易碎；三是产品体积不宜太大或太小。因此，A字架自动分拣系统主要适用于医药、化妆品、烟草等行业的拆零拣选，对于服装服饰、日用百货、图书等并不适合。此外，由于A字架受布局空间影响，拣选品种受限制，因此并不适应SKU数量太多的系统，如B2C等业务。

A字架拆零拣选系统的拣选能力取决于输送系统的速度。一般来说，一条拣选线每小时完成1 000个周转箱的拣选是没有问题的。这相当于电子标签系统下35～40人的工作能力，相当于传统拣选方式100～120人的拣选能力，由此可见其效率之高。

资料来源：尹军琪. 物流中心拆零拣选技术[EB/OL]. https://www.iyiou.com/analysis/20191029116565/，2019-10-29/2023-04-26.

(二)拣货单位的确定

1. 拣货单位

拣货单位是指拣货作业中拣取货物的包装单位，可分为托盘、箱和单件三种。一般而言，托盘是体积重量最大的拣货单位，其次是箱，最小的是单件。

(1)单件：单件商品包装成独立单元，以该单元为拣取单元，是拣货最小的单元。

(2)箱：由单件装箱而成，拣货过程以箱为拣取单位。

(3)托盘：由箱堆码在托盘上集合而成，经托盘装载后加固盘堆码，数量固定，拣货时以整只托盘为拣取单位。

此外，有些特殊物品，体积过大、形状特殊或必须特殊情况下作业的货物，如桶装液体、散装颗粒、冷冻食品等，拣货时以特定包装形式和包装单位为标准。

2. 拣货单位的确定

拣货单位通常由订单分析的结果决定，如果订货的最小单位是箱，则不需要以单件为拣货单位。库存的每一种货物都要根据实际情况选择合适的拣货单位，一种货物可能需要两种以上的拣货单位。

拣货单位可从商品特性、历史订单资料、订货单位合理化等资料分析进行确定。商品特性分类是指将必须分别储存处理的商品依其特性来分类，再由历史订单统计资料结合客户对包装单位的要求，与客户协商后将订单上的单位合理化。历史订单统计资料主要是算出每一出货品种以托盘为单位的出货数量，以及从托盘上以箱为单位拣取出货的数量，作为分拣包装单位设计的基础。将订货单位合理化，主要是避免过小的单位出现在订单中，过小的单位出现在订单时，必须进行合理整合，否则会增加作业量，并且引起作业误差。将合理化后的商品资料进行归类整理，最终确定拣货单位。

(三)拣货策略的制定

拣货策略是影响拣货作业效率的重要因素，对不同的订单需应采取不同的拣货策略。拣货策略包括分区、订单分割、订单分批、分类四个要素，这四者之间存在互动关系，在进行整体规划时，必须按照一定的决定顺序才能将其复杂程度降到最低。

图 9-8 是拣货策略运用的组合图，从左至右的图示顺序表示拣货系统规划时所考虑的一般次序，用箭头连接表示可以相互配合的策略方式，所以任何一条由左至右可通的组合链就表示一种可行的拣货策略。

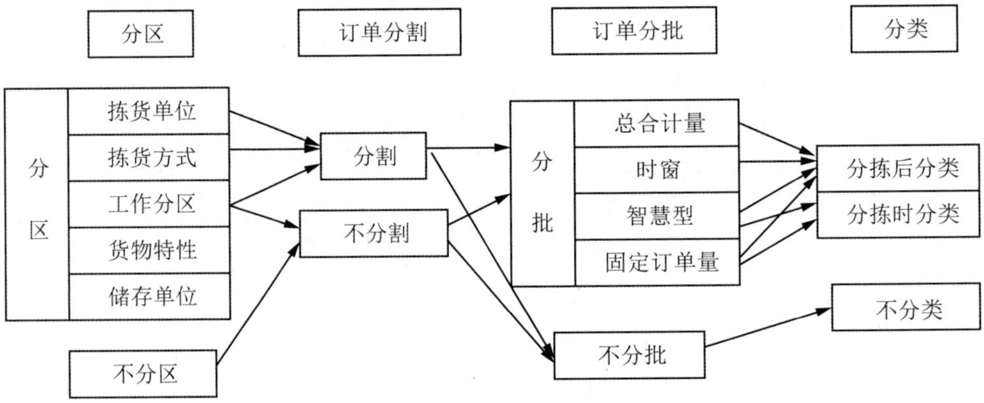

图 9-8 拣货策略运用组合图

1. 分区策略

分区策略就是将拣货作业场地做区域划分，按分区原则的不同，有以下四种分区方法。

(1)货物特性分区。

货物特性分区就是根据货物原有的性质，将需要特别储存搬运或分离搬运的货物进行区分，以保证货物的品质在储存期间保持一定。

(2)拣货单位分区。

将拣货作业区按拣货单位划分，如箱装拣货区、单件拣货区，或是具有特殊货物特性的冷冻品拣货区等。其目的是使储存单位与拣货单位分类统一，以方便分拣与搬运单元化，使拣货作业单纯化。一般来说，拣货单位分区所形成的区域范围是最大的。

(3)拣货方式分区。

在不同的拣货单位分区中，依拣货方法及设备的不同，又可细分为若干分区。分区的原则通常按商品销售的ABC分类而来。按各品种的出货量大小及拣取次数的多少，各做A、B、C群组划分，再根据各群组的特征，决定合适的拣货设备及拣货方式。这种方式可将作业区单纯化、一致化。

(4)工作分区。

在相同的拣货方式下，将拣货作业场地细分成不同的分区，由一个或一组固定的拣货人员负责拣取区域内的货物。这一策略的优点在于能减少拣货人员所需记忆的存货位置及移动距离，缩短拣货时间。同时，也可以配合订单分割策略，动用多组拣货人员在短时间内共同完成订单的拣取。

2. 订单分割策略

当订单上订购的货物品种较多，或是拣货系统要求及时、快速处理时，为使其能在短时间内完成拣货处理，可将订单分成若干子订单，交由不同拣货区域同时进行拣货作业。将订单按拣货区域进行分解的过程叫作订单分割。

订单分割一般是与拣货分区相对应的，对于采用拣货分区的配送中心，其订单处理过程的第一步就是要按区域进行订单的分割，各个拣货区根据分割后的子订单进行拣货作业，各拣货区子订单拣选完成后，再进行订单的汇总。

(1)按拣货单位分区的订单分割策略(见图9-9)。

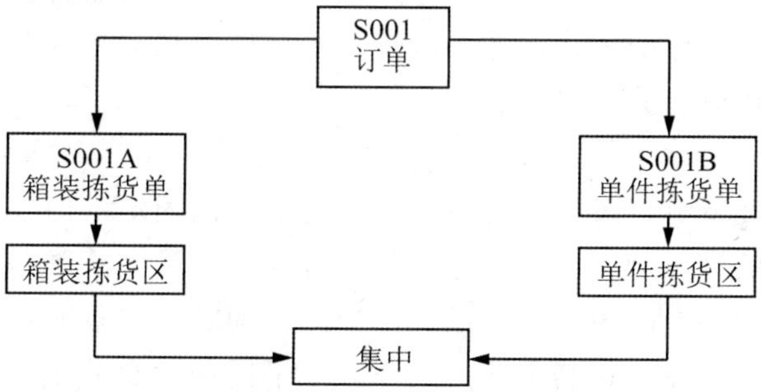

图9-9 按拣货单位分区的订单分割策略

(2)按拣货方式分区的订单分割策略(见图9-10)。

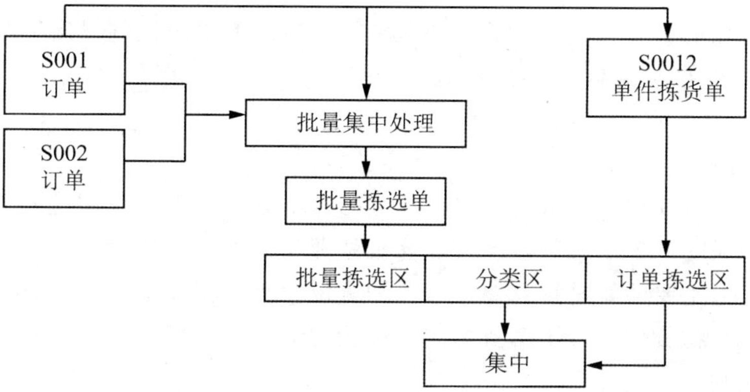

图9-10 按拣货方式分区的订单分割策略

(3)按工作分区的订单分割策略(见图 9-11)。

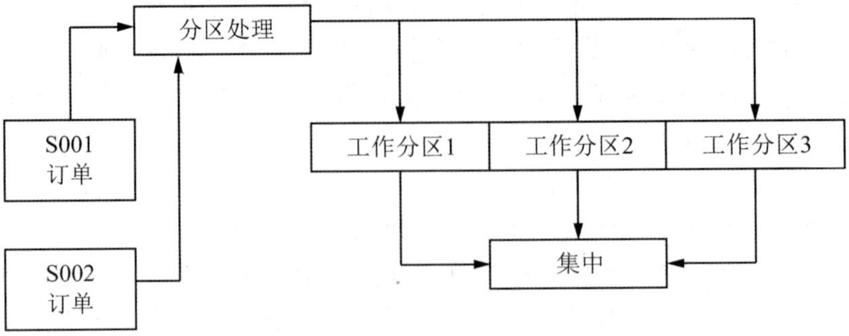

图 9-11 按工作分区的订单分割策略

3. 订单分批策略

订单分批是为了提高拣货作业效率而把多张订单集合成一批，进行批次分拣作业。若再将每批次订单中的同一商品种类汇总拣取，然后把货物分类至每一客户订单，则形成批量拣取，这样不仅缩短了拣货时的平均行走搬运距离，也减少了储位重复寻找的时间，进而提高了拣货效率。订单分批方式有以下四种。

(1)总合计量分批。

合计拣货作业前所有累积的订单中每一商品品种的总量，再按这一总量进行拣取。这样便可将拣取路径减至最短，同时也是储存区域较单纯化，但需要功能强大的分类系统来支持。此种方式适合周期性配送，例如，可将所有的订单在中午前收集，在下午做合计处理，次日一早再进行拣取、分类工作。

(2)时窗分批。

当客户要求紧急发货时，可利用此策略，开启短暂而固定的时窗为 5 分钟或 10 分钟，再将这一时窗中所有的订单做成一批，进行批量拣取。这一方式常与分区及订单分割联合运用，特别适合到达间隔时间短而平均的订单形态，同时订购量及种类不宜太多。各拣货分区利用时窗分批同步作业时，会因分区工作量不平衡和时窗分批分拣货量不平衡而产生作业等待的问题，因此如果能将作业等待的时间缩短，将大幅度提高拣货的产出效率。这种分拣方式适合密集频繁的订单，只能应付紧急插单的需求。

(3)固定订单量分批。

固定订单量分批按“先到先处理”的基本原则，当订单累积达到设定的数量时，开始进行拣货作业。这种方式偏重于维持较稳定的作业效率，且在处理速度上慢于时窗分批方式。

(4)智慧型分批。

订单输入计算机处理后，将拣取路径相近的订单分成一批。采用这种分批方式的配送中心通常将前一天的订单汇总后，经过计算机处理在当天产生拣货单据，速度较快。要做到智慧型分批，最重要的就是货物储存位置和货位编码的相互配合，使得订单输入货物编号后，就可凭借货物货位编号了解货物储存位置的情况，再根据拣选作业路径的特性，找出订单分批的法则。

4. 分类策略

当采用批量拣货作业方式时，拣货完后还必须进行分类，因此需要相配合的分类策略。其具体可分为以下两类：

(1)分拣时分类。

在分拣的同时将货物按各订单分类，这种分类方式常与固定量分批方式或智慧型分批方式共同使用。因此，需使用计算机辅助台车作为拣货设备才能加快分拣速度，同时避免错误发生。该方式较适用于少量多样的场合，且由于拣选台车不可能太大，所以每批次的客户订单量不宜过大。

(2)分拣后集中分类。

分拣后集中分类一般有两种分类方法：一是以人工作业为主，将货物总量搬运到空地上进行分发，而每批次的订单量及货物数量不宜过大，以免超出人员负荷；二是利用分类输送机系统进行集中分类，是较自动化的作业方式。当订单分割越细，分批批量品种越多时，越适合使用后一种方式。

(四)拣货信息的处理

拣货信息来自客户的订单，它是拣货作业规划设计中的重要一环。拣货信息的作用在于指导拣货作业的进行，使拣货人员正确而迅速地完成拣货工作。拣货信息的来源有传票、拣货单、拣货标签和条形码等。

1. 传票

这是直接利用订单或配送中心的交货单作为拣货指示根据。

2. 拣货单

把原始的用户订单输入计算机，进行拣货信息处理后，打印出拣货单。这种方式的优点是避免传票在拣货过程中污损，而且产品储位编号显示在拣货单上。

3. 拣货标签

用印有物品名称、位置、数量和价格等资讯的标签取代拣货单，贴标签方式取代了拣货单，数量等于拣取量，在拣取的同时贴标签于物品上，以作为确认数量。

4. 条形码

条形码是利用黑白两色条纹的粗细不同而构成不同的平行线条符号，代替商品货箱的码数字，贴在商品或货箱的表面，以便让扫描器来阅读，经过电脑解码，将线条符号转成数字号码，便于电脑运算。例如，利用条形码扫描器来读取表示货位编号的条形码后，即能轻易取得货物保管位置的信息。

5. 电子信息

在电子信息处理中，由计算机拣选信息处理程序将指令传给控制器，接着由控制器传出控制信号给机器使其动作，所以电子信息的处理偏重于软硬件的结合。常见的电子标签系统(ELS)、计算机辅助拣选系统(CAPS)及无线通信(RF)拣选系统即属于这种类型的应用。电子信息与前面几种拣选信息最大的差别是无纸化，因此拣选信息的传送可以迅速而准确，且可以做到及时控制和管理。

(五)拣货路径的规划

拣货路径管理是“人到货”拣货方式管理中的重要内容，其管理内容是确定拣选的顺序和拣选行走的路线，目的是在尽可能短的时间内完成拣货工作。

1. 影响拣货路径的因素

拣货路径的设计与拣货区域布局、拣货方式及策略、订单批量及货物种类、拣货设备等因素相关。

(1)拣货区域布局。

拣货区域中货架排列格局，货架长度、宽度、深度，巷道数量、宽度等都是影响拣货路径的重要因素。

(2)拣货方式及策略。

拣货方式、策略的应用就是确定拣货单上货物的拣选顺序，再由拣货员从其储位上取出，这决定了拣货员的行走路径。

(3)订单批量及货物种类。

订单批量及货物种类决定了在拣货过程中拣货方法、拣货策略等的应用。这间接影响着拣货员在拣货区的行走路线。

(4)拣货设备。

区域中的设备配置是拣货路径设计时考虑的因素之一，不同的拣货设备具有不同的应用条件，这决定了不同货物在拣选时采用不同的拣货设备，因而每种货物在拣货路径设计时都应该考虑拣货设备的因素。

2. 拣货路径的设计

为了提高仓库的效率，减少作业人员在仓库内的行程，需要精心设计拣货路径。无论采用何种拣货路径，均要考虑如何准确、快速、低成本地将货物拣出，同时还要考虑操作方便、缩短行走路径等问题。

(1)如果订单批量不大，品种不多，但货位分布较广时，可以避开不需拣选货位所在的通道，直接找到所需的货位进行拣选，如图 9-12 所示。

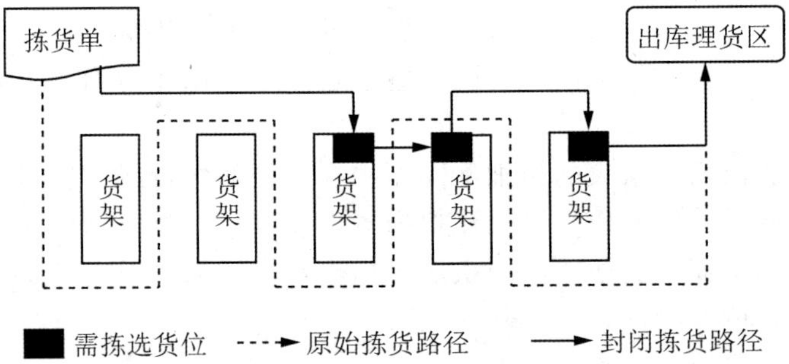

图 9-12　封闭式拣货路径

(2)如订单的批量大品种多，可以将订单分成多个拣选单，这些拣选单采用并联拣选的方法，同时进行拣货，如图 9-13 所示。

(3)如果订单批量不大，但是品种多，可以采用串联拣选的方法进行拣货，工作区中接力式拣选，就是这样一种拣货方法，如图 9-14 所示。

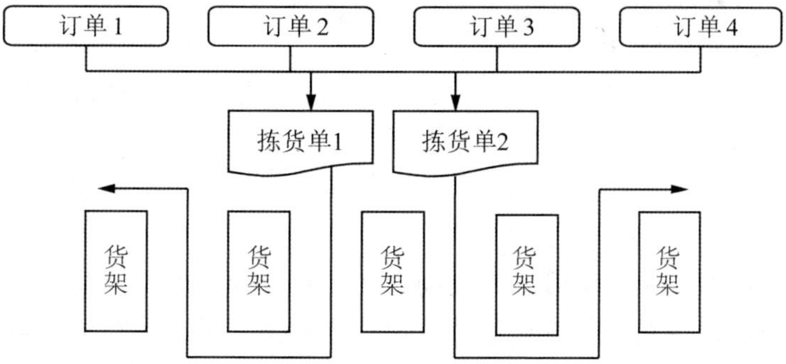

图 9-13　并联拣货路径

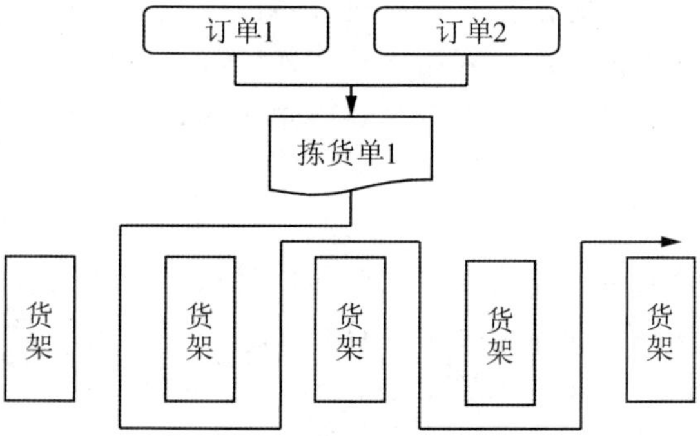

图 9-14　串联拣货路径

四、补货作业

补货作业是指当配送区域的配送物品发生短缺时，从物品保管区向配送作业区补充物品的物流活动。补货作业通常以托盘为单位，按订单(配送单)将物品从保管区移送到配送区，在补货作业的同时，完成补货作业的信息处理。补货作业的目的是保证配送区有货可配。

(一)补货方式

补货作业目的是确保商品能保质保量按时送到指定的拣货区，所以补货作业的设计必须满足两个前提，即确保有货可配和将待配商品放置在存取都方便的位置。通常，在配送中心里主要采用下列三种补货方式。

1. 整箱补货

由货架保管区补货到流动货架的动管区。这种补货方式的保管区为货架储存，动管拣货区为两面开放的流动货架拣货区，拣货员拣货之后把货物放入输送机并运到发货区。当动管区存货低于设定的标准时，则进行补货作业。这种补货方式由作业人员到货架保管区取货箱，用手推车运载货箱到动管区。这种方式较适用于体积小且少量、多样出货的货品。

2. 托盘补货

托盘补货是指以托盘为单位进行补货，把托盘由地板堆放保管区运到地板堆放动管区。拣货时把托盘上的货箱置于中央运送机送到发货区。当存货量低于设定标准时，立即补货。用堆垛机把托盘由保管区运到拣货动管区，也可以把托盘运到货架动管区进行补货。这种方式适用于体积大或出货量大的货品。

3. 货架上层—货架下层补货

这种补货是将货架的上层作为保管区，下层作为动管区，商品由货架上层向货架下层进行补货。

(二)补货时机

补货作业发生与否主要看动管区的货物存量是否符合需求，因此究竟何时补货要看动管区的存量，以避免出现在拣货中途才发现动管区货量不足需要补货而造成影响整个拣货区作业的情况。通常，补货时机有以下三种情况。

1. 批次补货

在每天每一批次货品拣取之前，经计算机计算所需货品的总拣取量，再查看动管拣货区的货品量，计算差额并在拣货作业开始之前一次性补足货品。这种"一次补足"的补货原则，比较适合于一天内作业量变化不大、紧急插单不多，或是每一批次拣取量大且事先掌握的情况。

2. 定时补货

将每天划分为若干个时段，补货人员在时段内检查动管区货架上的货品数量，如果发现动管区存量少于设定标准，便立即补货。这种"定时补货"的补货原则，较适合于分批拣货时间固定且紧急处理情况较多的配送中心。

3. 随机补货

这是一种指定专人从事补货作业的方式，这些补货人员随时巡视动管区的货品存量，当发现动管区存货量少于设定标准时，随时补货。这种"不定时补充"的补货原则，较适合于每批次拣取量不大、紧急插单较多，以至于一天作业量不易事前掌握的情况。

(三)补货时机决策

1. 现有存货水平检测

对现有存货水平的检测是配送中心补货系统工作的起点。具体来讲，对现有存货的检测主要有两种方法：定期检测和连续检测。定期检测是按照一定的周期对存货进行检查的方法，周期的具体确定可以依据实际情况而定，可以是几天、一周或一个月检测一次。连续检测要求存货管理者要连续记录存货的进出，每次存货处理后都要检测各产品的数量。

2. 确定订购点

订购点是补货系统的启动机制。在订购点补货系统中，只要现有库存水平低于指定的订购点，就立即发出补货指令。订购点的确定要考虑前置期库存需求以及安全库存的需要。订购点存货水平＝前置期内预计需求＋安全库存。换言之，订购点存货水平由两部分相加组成，一是在等待存货补充订购到达(前置期)期间满足预计顾客需求所需的足够存货；二是应付供需变化的保守存货(安全库存)数量。

3. 确定订货数量

订购点确定下来以后，补货系统还要决定订购的数量。订购数量的确定有多种方法，可以根据以往经验确定或按经济订货批量模型(EOQ)得出。在不同的补货系统中，订货数量可以是固定的，也可以是变动的。一般来讲，在固定周期订货条件下，订货周期是不变的，但订购点的现有存货水平可能是变动的，每次订货的数量也可能是变动的；固定批量订货正好相反，订购点的现有存货水平是固定的，即都处于订购点存货水平，每次订货量是固定的，订货周期却是变化的。另外，固定订货周期由于按期订货，所以在订货间隔期和前置期内可能发生缺货现象；固定批量订货由于随时控制库存水平，库存水平一旦达到订购点即发出订单，所以一般不会缺货。

4. 发出采购订单和进行补货作业

订购点和订货数量确定后，补货系统的最后一个程序是对需求补充库存的存货种类发出采购订单，进行补充库存的订货。另外，还要根据拣货作业的要求，对于拣货区需要补充的存货进行补充，也就是将存放在储存区的存货转移到拣货区。

(四)补货操作流程及注意事项

补货操作流程及注意事项主要包括如下几点。

(1)至拣货区观察商品缺货情况，按照从左至右、从上至下的顺序依次记录缺货商品情况，或从计算机查询订单与存货信息来计算缺货品种和数量。

(2)携带补货车至库存区，根据记录的缺货情况，查找库存区是否有货，根据记录的需补货数量将商品放在补货车中并推至动管区中的相关需补货区域。

(3)补货前，先确认货架是否清洁，如果货架卫生情况不好，需先清理货架卫生，然后再准备补货。

(4)补货时，要注意先进先出的原则。同时，如发现货架上有品质不好或残损商品，需第一时间下架，并及时告知上级主管进行处理。同时，补货时要注意货位清洁，保证商品干净整齐。

(5)补货后必须将排面拉齐，与第一个商品保持一条直线，以保证排面美观。

(6)补货完毕须将补货区域清理干净，将纸皮等剩余物品及补货剩余商品清理至相关区域，以保持排面的清洁整齐。

第四节　配送路线优化管理

党的二十大报告指出：要加快发展方式绿色转型，加快推动产业结构、能源结构、交通运输结构等调整优化。近年来，我国物流行业的配送量都在逐年上升，社会生产和人民生活离不开物流配送，选取合适的配送方法、规划合理的配送路线能降低物流配送成本，推进社会配送资源集约利用，实现绿色物流，形成绿色低碳的生产方式。

一、配送方法

配送中心按不同的标志有各种各样的配送方法，例如，按配送对象分类可分为企业对企业配送、企业内部配送、企业对消费者配送；按商品的种类和数量可分为少品种大批量配送、多品种少批量配送、配套配送；按配送的组织形式分类可分为集中配送、共同配送、分散配送、加工配送；按配送时间和数量分类可分为定时配送、定量配送、定时定量配送、定时定路线配送、定时定量定点配送、即时配送等。在不同的市场环境下，为了满足不同产品、不同企业、不同的流通环境的要求，在配送组织活动过程中，可以采取不同的配送形式来满足用户的需要。本节主要要求学生掌握按照配送时间和配送数量不同划分的几种配送方法，具体见第八章第三节。

二、配送路线确定的原则

无论采用哪种方法配送，都必须根据想要达到的明确目标及实现该目标的限制因素来确定配送线路的原则。根据配送的具体要求、配送企业的实力及客观条件来确定所要选择的目标。可供选择的目标有以下几个。

(1)效益最高。这种目标是指以企业的利润值尽可能大为目标。选择以效益最高为目标主要考虑的是当前效益，同时也兼顾长远效益。由于效益是企业各项经济活动的综合反映，单纯与配送路线建立联系并不能客观真实地反映对效益的确切影响，因此一般很少采用这一目标。

(2)成本最低。配送路线与配送成本之间有密切的关系，计算配送路线的送货成本相对效益目标而言要简化，具有可操作性，是比较实用且常用的选择目标。

(3)路程最短。如果成本与路程相关性较强，而和其他因素的相关性较小时，可以选它作为目标。

(4)吨公里最小。在“节约里程法”的计算中，一般采用这一目标。

(5)准时性最高。它是配送中心重要的服务指标，能够反映配送中心的作业服务水平。

(6)运力运用最合理。配送中心以选择合适的运力为目标来确定路线。

(7)劳动消耗最低。这种目标是指以最低的劳动消耗作为路线确定的目标，进而降低配送成本。

以上几个目标，路程最短、吨公里最小、劳动消耗最低都直接与成本相关，而准时性最高、运力运用最合理两项也间接地与成本有联系，且由于成本的降低最终也影响效益目标的实现，以成本为目标与以效益为目标事实上是相辅相成的，因此，成本控制在配送路线的选择与确定工作中，占有核心地位。

三、配送路线优化的约束条件

无论选择哪个目标或是实现哪个目标，都是有一定的约束条件的，只有在满足这些约束条件的前提下才能实现这些目标。一般在进行配送路线的选择时，有以下几个约束条件。

(1)满足所有收货人对货物品种、规格以及数量的要求；

(2)满足收货人对货物发到时间范围的要求；

(3)在允许通行的时间内进行配送，各配送路线的货物量不得超过车辆容积和载重量的限制；

(4)在已有送货运力资源允许的范围内。

四、配送路线优化方法

配送运输由于配送方法的不同，其运输过程也不尽相同，影响配送运输的因素很多，如车流量的变化、道路状况、客户的分布状况和配送中心的选址、道路交通网、车辆额载重量以及车辆运行限制等。配送线路是指各送货车向各个客户送货时所要经过的路线。配送路线合理与否对配送速度、成本、效益影响很大，配送线路设计就是整合影响配送运输的各因素，适时适当地利用现有的运输工具和道路状况，及时、安全、方便、经济地将客户所需的不同物资准确送达客户手中，以便提供优良的物流配送服务。最佳的配送路线设计应是根据不同客户群的特点和要求，达到车辆高效率运行而且所需车辆最少，运距最短，所需时间最少，配送成本最低。

确定配送路线一般可以采取各种数学方法和在数学方法基础上发展和演变出来的经验方法进行定量与定性分析，以下介绍数学计算法中确定配送路线设计的两种主要方法。

(一)最短路径设计

在配送线路设计中，当由一个配送中心向一个特定的客户进行专门送货时，追求的是最短配送距离，以节省时间，多装快跑，提高送货的时间效率，这主要是寻求物流网络中的最短路径的问题。其中使用标号法是确定两点间最短线路的常用方法。我们以例题来讲解标号法求最短路径的方法(如图 9-15)。

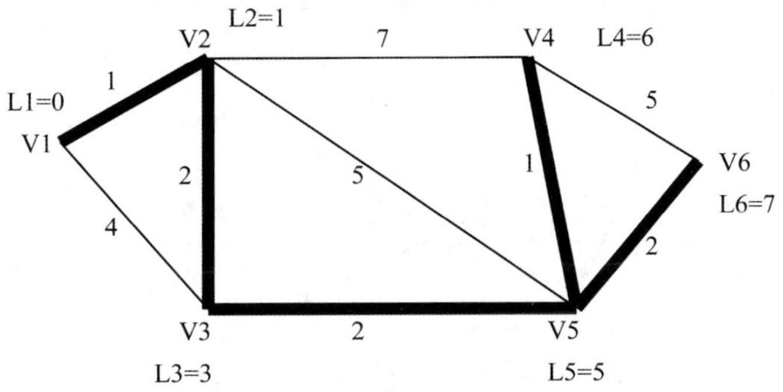

图 9-15　用标号法求最短路径

例 9-1　用标号法求图 9-15 中从 V1 到 V6 的最短路径，各区间距离见图示。

解：给定两个顶点集合，先设它们都是空集。

(1)从 V1 出发给 V1 标号 L1＝0；

(2)同标号点 V1 相邻的未标号点有 V2，V3，求其最短距：V1—V2 距离是 1，V1—V3 距离是 4；故给其中最小值 V2 标号：L2＝1；将[V1，V2]加粗。

(3)同标号点 V1，V2 相邻的未标号点为 V3，V4，V5，求其最短距：V1—V3 距离是 4，V2—V3 距离是 1＋2＝3，V2—V4 距离是 1＋7＝8，V2—V5 距离是 1＋5＝6；故给其中最小值 V3 标号：L3＝3；将[V2，V3]加粗。

(4)同标号点 V1，V2，V3 相邻的未标号点为 V4，V5，求其最短距：V2—V4 距离是 1＋7＝8，V2—V5 距离是 1＋5＝6，V3—V5 距离是 3＋2＝5；故给其中最小值 V5 标号：L5＝5；将[V3，V5]加粗。

(5)同标号点 V1，V2，V3，V5 相邻的未标号点为 V4，V6，求其最短距：V2—V4 距离是 1＋7＝8，V5—V4 距离是 5＋1＝6，V5—V6 距离是 5＋2＝7；故给其中最小值 V4 标号：L4＝6；将[V5，V4]加粗。

(6)同标号点 V1，V2，V3，V4，V5 相邻的未标号点为 V6，求其最短距：V4—V6 距离是 6＋5＝11，V5—V6 距离是 5＋2＝7；故给其中最小值 V6 标号：L6＝7；将[V5，

V6]加粗。

从上面分析和图示表明是从 V1 点出发到其他各点最短路，各点旁边的标号数字是从 V1 点到该点的最短路线长度。我们把它从 V1—V6 连成一线即 V1—V2—V3—V5—V6 为最短线路，最短距为 7。

(二)节约里程的线路设计

1. 节约里程法的基本思想

节约里程法的基本思路如图 9-16(1)所示，P 为配送中心所在地，A 和 B 为客户所在地，相互之间道路距离分别为 a，b，c。最简单的配送方法是利用两辆车分别为 A、B 客户配送；此时，如图 9-16(2)所示，车辆运行距离为 2a＋2b；然而，如果按图 9-16(3)所示改用一辆车巡回配送，运行距离为 a＋b＋c，如果道路没有什么特殊情况，可以节省车辆运行距离为(2a＋ab)－(a＋b＋c)＝a＋b－c＞0，这个节约量称为“节约里程”。

实际上如果给数个客户进行配送时，应首先计算包括配送中心在内的相互之间的最短距离，然后计算各客户之间的可节约运行距离，按照节约运行距离的大小顺序连结各配送地并规划出配送路线。下面举例说明节约法的求解过程。

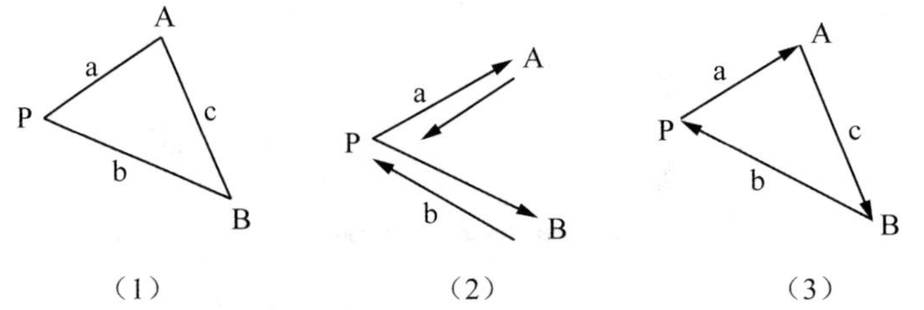

图 9-16 节约里程法

例 9-2 图 9-17 所示为一配送网络，P 为配送中心所在地，A～J 为客户所在地，括号内的数字为配送量，单位为吨，线路上的数字为道路距离，单位为千米。现有可以利用的车辆是最大装载量为 2 吨和 4 吨的两种厢式货车，并限制车辆一次运行距离在 30 千米以内。

解：(1)第一步：首先计算相互之间最短距离(用上面的最短路径法)，根据图 9-17 中配送中心至用户之间，用户与用户之间的距离，得出配送路线最短的距离矩阵，如图 9-18 所示。

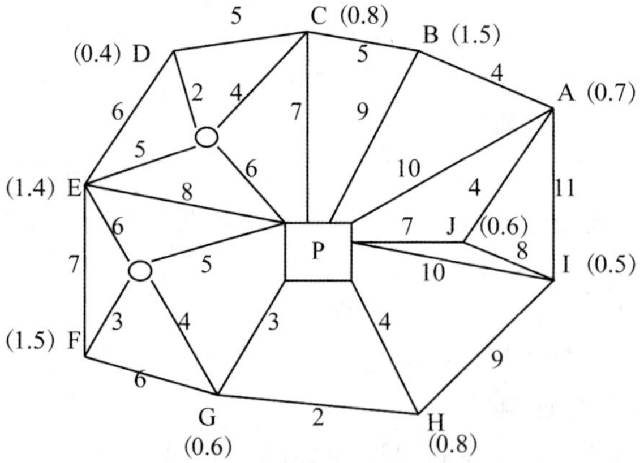

图 9-17 配送中心的配送网络图

	P										
A	10	A									
B	9	4	B								
C	7	9	5	C							
D	8	14	10	5	D						
E	8	18	14	9	6	E					
F	8	18	17	15	13	7	F				
G	3	13	12	10	11	10	6	G			
H	4	14	13	11	12	12	8	2	H		
I	10	11	15	17	18	18	17	11	9	I	
J	7	4	8	13	15	15	15	10	11	8	J

图 9-18 最短配送路线距离矩阵

(2)第二步：根据最短路径结果，计算出各用户之间的节约行程，如图 9-19 所示。例如：A～B 的节约距离：

P～A 的距离：a＝10

P～B 的距离：b＝9

A～B 的距离：c＝4

	A								
B	15	B							
C	8	11	C						
D	4	7	10	D					
E	0	3	6	10	E				
F	0	0	0	3	9	F			
G	0	0	0	0	1	5	G		
H	0	0	0	0	0	4	5	H	
I	9	4	0	0	0	1	2	5	I
J	13	8	1	0	0	0	0	0	9

图 9-19 配送路线节约里程

(3)第三步：对节约行程按从大到小顺序进行排列，如表 9-7 所示。

表 9-7 配送路线节约里程排序表

序号	连接点	节约里程	序号	连接点	节约里程
1	A—B	15	13	F—G	5
2	A—J	13	14	G—H	5
3	B—C	11	15	H—I	5
4	C—D	10	16	A—D	4
5	D—E	10	17	B—I	4
6	A—I	9	18	F—H	4

续表

序号	连接点	节约里程	序号	连接点	节约里程
7	E—F	9	19	B—E	3
8	I—J	9	20	D—F	3
9	A—C	8	21	G—I	2
10	B—J	8	22	C—J	1
11	B—D	7	23	E—G	1
12	C—E	6	24	F—I	1

(4)第四步：按照节约行程排列顺序(表 9-7)，组合成配送路线图。

①初始解：如图 9-20 所示，从配送中心 P 向各个用户配送，配送线路 10 条，总运行距离为 148 千米。需要 2 吨汽车 10 辆。

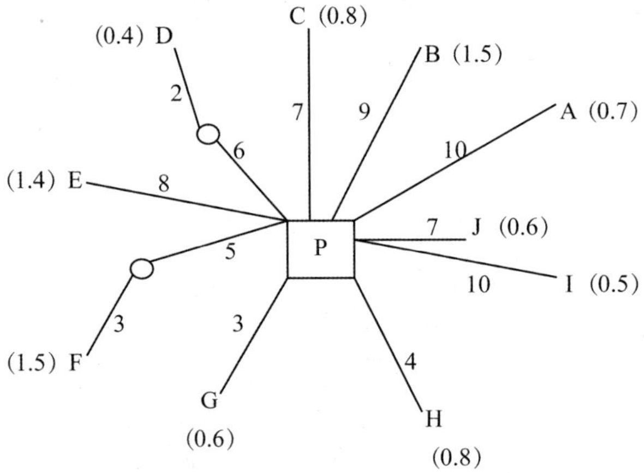

图 9-20 初始解

②二次解：按照节约行程的大小顺序连接 A—B、A—J、B—C，如图 9-21 所示，配送线路 7 条，总运行距离为 109 千米，需要 2 吨车 6 辆，4 吨车 1 辆。在图中可以看出，规划的配送路线Ⅰ，装载量为 3.6 吨，运行距离为 27 千米。

③三次解：按照节约行程大小顺序，应该是 C—D 和 D—E，C—D 和 D—E 都有可能连接到二次解的配送路线Ⅰ中，但是由于受车辆装载量和每次运行距离这两个条件的限制，配送路线Ⅰ不能再增加用户，为此不再连接 C—D，连接 D—E，组成配送路线Ⅱ，该路线装载量为 1.8 吨，运行距离为 22 千米。此时，配送路线共 6 条，总运行距离为 99 千米，需要 2 吨汽车 5 辆，4 吨汽车 1 辆。

④四次解：接下来的顺序是 A—I，E—F，由于将用户 A 组合到配送路线Ⅰ中，而且该路线不能扩充用户，所以不再连接 A—I；连接 E—F 并入到配送路线Ⅱ中，配送路线Ⅱ装载量为 3.3 吨，运行路线为 29 千米，此时，配送路线共有 5 条，运行距离为 90 千米，需 2 吨车 3 辆，4 吨车 2 辆。

⑤五次解：按节约行程顺序排列接下来应该是 I—J，A—C，B—J，B—D，C—E，但是，这些连接均由于包含在已组合的配送路线中，不能再组成新的配送线路。接下来可以

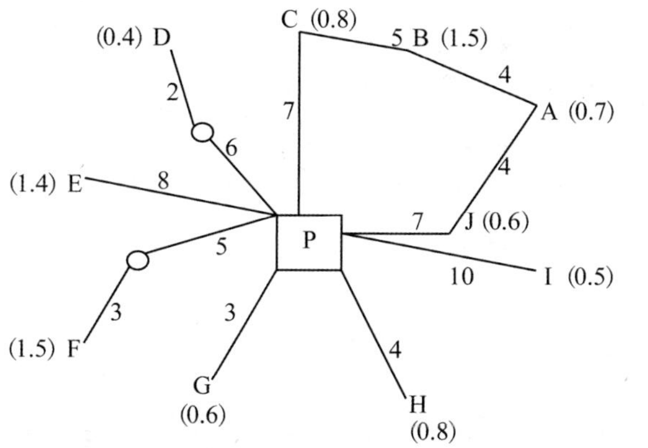

图 9-21　二次解

将 F—G 组合在配送Ⅱ中，这样配送路线Ⅱ装载量为 3.9 吨，运行距离为 30 千米，均未超出限制条件，此时，配送路线有 4 条，运行距离为 85 千米，需要 2 吨汽车两辆，4 吨汽车 2 辆。

⑥最终解：接下来的节约行程大小顺序为 G—H，由于受装载量及运行距离限制，不能再组合到配送路线Ⅱ内，所以不再连接 G—H，连接 H—I 组成新的配送路线Ⅲ，见图 9-22。

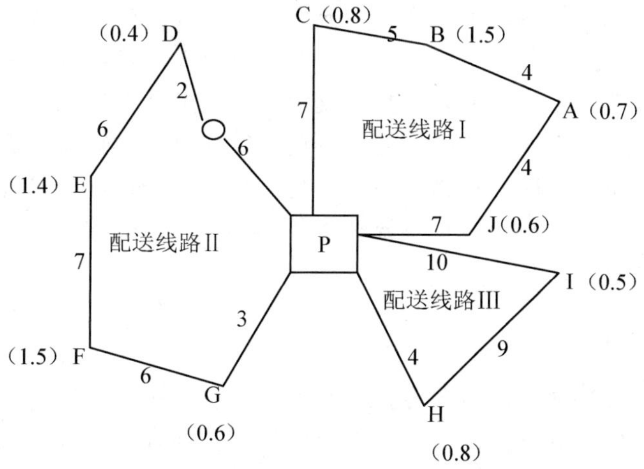

图 9-22　最终解

到此为止，完成了全部的配送路线的规划设计，共有 3 条配送路线，运行距离为 80 千米。需要 2 吨汽车 1 辆，4 吨汽车 2 辆。其中配送路线Ⅰ：4 吨车 1 辆，运行距离为 27 千米，装载量为 3.6 吨；配送线路Ⅱ：4 吨车 1 辆，运行距离为 30 千米，装载量为 3.9 吨；配送线路Ⅲ：2 吨车 1 辆，运行距离为 23 千米，装载量为 1.3 吨。

2. 节约里程法的注意事项

(1)适用于顾客需求稳定的配送中心。

(2)最终确定的配送路线要充分听取司机及现场人员的意见。

(3)各配送路线的负荷量尽量调整平衡。

(4)要充分考虑道路运输状况。
(5)不可忽视在送达用户后停留的时间。
(6)要考虑司机的作息时间及指定的交货时间。
(7)可利用计算机应用程序软件进行规划设计。

第五节 客户服务管理

一、产品配送与客户服务

客户服务是一切物流活动或供应链流程的产物，客户服务水平是衡量物流系统为客户创造时间和空间效应能力的尺度。客户服务水平决定了企业能否留住现有客户以及吸收新客户的能力。直接影响企业所占市场份额和物流成本，并最终影响企业的营利能力。

产品配送作为一种特殊的综合的物流活动，是在传统的送货基础上发展起来的。相比原材料物流，产品物流一般更加受到重视。第二次世界大战后对物流兴趣的产生与发展，首先是在产品物流上，其原因是产品中包含的价值量的提高和生产线的扩张而引起的相关存货成本的大大增加，以及高价值、大批量的运输需求的产生，导致运输成本的大大增加。

当然，工商企业也承受不了对原材料物流的忽视。在当今激烈竞争的商业环境下，工商企业注重管理与协调原材料物流与产品物流，以改进效率和增加效益。但许多公司仍然偏重产品物流系统，这是因为它所包含的成本及它对取得市场份额的重要性。正是通过产品物流系统，物流企业与工商企业客户直接发生接触，产品物流成为大部分客户满意或抱怨的发源地。所以，物流企业若不能有效地协调和管理原材料物流，那么产品物流就不能有效地运作。因此，不能将原材料物流与产品物流过程分开管理。目前很多物流企业对减少客户的备货周期，开发“拉式”存货系统和所谓“灵活”的制造方式，使原材料与产品物流的协调被视为关键的物流服务。

(一)客户服务的定义

客户服务就是将合适的产品或服务按照合适的状态与包装，以合适的数量和合适的成本费用，在合适的时间送到合适的客户的合适的地点，使客户的合适需求得到满足，价值得到提高的活动过程。其中，为合适客户以合适的方式提供合适的产品和服务，使客户实现合适的需求满足是客户服务的核心。

一般认为客户服务是公司区别自己的产品、保持客户、增加销售和提高利润的一种方法。客户服务的关键是理解与认识客户及他们的期望。客户服务可以用定量与定性方法来衡量，定性方法包括询问客户对所接受服务的意见。因此，客户服务应被看作营销战略不可分割的一部分，它可以帮助提高市场占有率与公司的利润。

总的来说，客户服务可以定义为，发生在买方、卖方以及第三方之间的一个过程，这个过程使交易的产品和服务实现增值。客户服务是对物流系统在创造时间与场所效应的表现程度的衡量，如及时地把恰当的产品运到恰当的地方。

客户服务既是一种活动，又是一种绩效水平和管理理念。把客户服务看作一种活动，是因为客户服务是企业与客户之间的一种互动，在这种互动中企业要有管理控制能力；把客户服务看作绩效水平，是指客户服务可以被精确衡量，并且可以作为评价企业的一个标准；把客户服务看作管理理念，则是强调营销以客户为核心的重要性和客户服务的战略性，其运行的基础就是供应链一体化。因此，客户服务就是以成本效益的方法为供应链提供重大增值利益的过程。客户服务水平对企业的市场份额、物流总成本，以及最终收益有直接影响，因此客户服务已成为供应链一体化设计与运作的重要的整合部分，是供应链一体化管理概念的重要内涵。

客户服务的目标就是通过客户关怀，为客户提供满意的产品和服务，满足客户个性化需求，在与客户的良好互动关系中培养客户的信任感。

(二)客户服务的作用

1. 在细分化市场营销时期，客户服务已成为企业进行市场竞争的手段之一

进入细分化市场营销阶段后，市场需求出现多样化和分散化，而且发展变化十分迅速。只有采取差别化策略才能使企业在激烈的竞争和市场变化中求得生存和发展，而客户服务是差别化营销的重要方式和途径。

2. 客户服务水准的确立对物流经营绩效具有重大影响

决定客户服务水准是构筑物流体系的前提条件，在物流开始作为企业经营战略重要一环的过程中，客户服务有随市场机制和价格机制变化而变化的倾向。因而，制定合理的企业预期的客户服务水准是企业决策活动的重要内容之一。

3. 客户服务方式的选择对降低物流成本具有较大作用

除了原材料、零部件、人力成本等各种有形影响因素外，客户服务方式的选择对降低成本有很大的作用。

4. 客户服务是有效联结供应商、厂商、批发商和零售商的重要手段

客户服务作为一种特有的服务方式，使整个流通过程不断协调地适应市场变化，进而创造出一种超越单个企业的价值效益。

二、配送管理中客户服务的因素和表现的量度

(一)配送管理中客户服务的因素

客户服务涉及公司的许多部门。从物流的角度看，客户服务有四个传统要素：时间、可靠性、沟通与方便。下面探讨这些要素对物流服务的买卖双方的影响。

1. 时间

当今成功的配送管理具有对备货时间的基本变量高度控制的能力，包括订单处理、订单准备、货物发送，通过对这些活动的有效管理，为了保证合适的订单周期及一致性，卖方公司对买方的客户服务水平进行了改进。

从买方的角度，时间因素通常以订单周期表示；而从卖方的角度，则是备货时间或补货时间。不管是从什么角度及采用什么术语，影响时间因素有几个基本变量。

(1)订单传送。

订单传送包括订单从买方到卖方传递所花费时间，少则用电话只需几秒，多则通过信

函需时几天。卖方若能增加订单传送速度就可以减少备货时间，但可能会增加订单传送成本。

计算机与因特网使订单传送发生了革命性变化，通过买卖双方的计算机联结，卖方可以登录到买方的计算机，在实时系统中，买方可以知道有关产品的供货的可能性以及可能的装运日期等信息。买方也可以通计算机来挑选所需要的商品，并通过电子信息交换传送给卖方。EDI自动订货系统已广泛地用于买卖双方。

(2)订单处理。

卖方需要时间来处理客户的订单，使订单准备就绪和发运。这一功能一般包括调查客户的信誉、把信息传送到销售部做记录、传送订单到存货区、准备发送的单证。这里的许多功能可以用电子数据处理同时进行。一般来说，卖方的作业成本节约比实施现代技术的资本投资要大，这是因为当今计算机硬件与软件的成本已大大下降了。

(3)订单准备。

订单准备时间包括订单的挑选和包装发运。不同种类的物料搬运系统以不同方式影响着订单准备工作，物料搬运系统可以从简单的靠人力操作的系统到复杂的高度自动化的系统。它们的订单准备时间相差很大。物流经理要根据成本和效益选择不同的系统。

(4)订单发送。

订单发送时间是从卖方把指定货物装上运输工具开始计算至买方卸下货物为止的时间。当卖方雇佣运输公司时，计算和控制订单发送时间是比较困难的。要减少订单发送时间，买方必须雇佣一个能提供快速运输的运输公司，或利用快速的运输方式，这时运输成本会上升。

若对以上所有的四个组成部分进行改进来减少备货时间，其费用可能太高。为此，公司可以在某一项目上进行改进而其他项目仍保持不变，如投资自动化物料投运设备可能在财务上不合算，但为弥补人工操作带来的较长的订单处理时间，公司可以采用以电话订货代替信函订货，及用公路运输代替铁路运输，等等。这将使公司减少备货时间而不用在自动物料搬运设备上投资。

2. 可靠性

对有些客户，可靠性比备货时间更重要。如果备货时间一定，客户可以使存货最小化。也就是说，若客户百分之百地保证备货时间是10天，则可把存货水平在10天中调整到相应的平均需求，并不需要用安全存货来防止由于备货时间而引起的波动所造成的缺货。

(1)周期时间。

因为备货时间的可靠性直接影响客户存货水平和缺货成本，提供可靠的备货时间可以减少客户面临的这种不确定性。卖方若能提供可靠的备货时间，可使买方尽量减少存货与缺货成本，以及订单处理时间和优化生产计划。

(2)安全交货。

可靠性不仅仅是备货时间上的一致性，还是关于规则一致的备货时间，及以在安全和质量的均一性等条件下送达客户所订购的货物。

安全交货是所有物流系统的最终目的，如前所述，物流功能是销售功能的终点。如果货物到达时受损或丢失，客户就不能按期望使用，从而加重客户方面的成本负担，如存货、生产和营销成本。如果所收到的货物是受损的货物，就会破坏客户的销售或生产计划，这会产生缺货成本，导致利润或生产损失。因此，不安全的交货会使买方发生较高的存货成本或利润和生产损失。这种状况对致力于实施一定程度的零库存计划以尽量减少存货的公司是不能接受的。

(3)订单的正确性。

可靠性包括订单的正确性，正在焦急等待紧急货物的客户，可能发现卖方发错了货，没有收到想要的货物的客户可能面对潜在的销售或生产损失。不正确的订单使客户不得不重新订货，或客户会气愤地从此找另一供应商订货。如果客户是营销渠道的中间商，缺货状态也会直接影响卖方。

3. 沟通

对订货供应活动极其重要的两个活动是客户订购信息与订单供应和实际存货、拣货过程的沟通。在订货信息阶段，用 EDI 能减少订单信息传递到仓库接收时的错误，卖方应简化产品标识，如使用条形码，以减少订单挑拣人员的错误。EDI 不仅可以减少订单供应中的错误，它也能增加存货周转率。EDI 与条形码结合，可以改进卖方的服务和减少成本。事实上，EDI 与条形码有助于卖方改进大部分的物流功能。

然而，经常与客户保持接触与采用 EDI 同样重要。与客户的沟通对监控与可靠性相关的客户服务水平是非常重要的。与客户沟通交流对物流服务水平的设计来说是最基本的。交流渠道必须永远畅通，这是卖方对客户物流要求的外部限制条件。没有与客户的接触，物流经理就不能提供最有效和经济的服务，这就等于打球时物流经理并不知道它的比赛规则。

沟通是一个双向的过程，卖方必须能够传达客户重要的物流服务信息，例如，供应商应很好地通知采购方潜在的服务水平下降，使采购方做出必要的操作调整。此外，许多客户通常会要求得到货物的物流状态信息，例如，有关发运时间、承运人或线路等问题，是常被问及的问题，客户还常常需要运输信息以便计划作业。

4. 方便

方便是物流服务水平必须灵活的另一说法。物流服务要求与客户对包装、运输方式和承运人、线路、交货时间的要求等有关。

方便或灵活性是指认识到了客户的不同要求。卖方一般应根据客户大小、生产线等因素来划分客户。这种划分，使物流经理认识到客户的不同需求，并努力以最经济的方式来满足这些需求。

(二)物流中客户服务表现的量度

从物流角度看，四个传统的客户服务因素，即时间、可靠性、方便和信息的沟通，是制订有效的客户服务计划的基本考虑因素。这些客户服务因素也是在物流领域中建立客户服务表现标准的基础。客户服务的供应链环境已经导致更严密的量度标准的产生。现在人们越来越认识到表现量度的需要是从客户角度来进行的，如订单及时率、订单完整率、订单完整无缺的货物比率、订单完成的准确率、账单的准确率等。

如果卖方以传统的度量方法衡量与考虑客户服务，则买方可能并不满意，而且如果问题发生在交货过程中，卖方可能也并不知道。再者，买方以传统的方法也不能了解问题的范围与大小。当前注重交货时间的量度，不仅提供了评价的数据来源，也许更重要的是对将发生的问题能提出早期警告。例如，假如标准的交货率是98%，而某月却下降至95%，调查表明，承运人并没有按指示办理货物运输，或买方在接收货物时未做好准备。

准时交货的量度在当今更为重要，因为在产品物流中，买方经常会与仓库或商店约好送货时间。在当前公司采用的零库存计划使供应商交货时间的"窗口"限时更窄。总之，当今对准时送货要求较高，今后还会越来越高。

三、配送企业的客户关系管理系统

客户关系管理(CRM)系统强调以客户为中心，是一种顾客驱动的模式，通过先进的计算机应用技术和优化的管理方法的结合。它通过对客户进行系统的研究，建立有关老客户、新客户、潜在客户的档案，从中找出有价值的客户，并且不断地挖掘客户的潜力，开拓企业市场。

(一)CRM系统具有的基本功能

CRM系统具有客户管理、联系人管理、时间管理、潜在客户管理、销售管理、电话营销和电话销售、营销管理、客户服务、呼叫中心、合作伙伴关系管理、知识管理、商业智能和电子商务等基本功能。

(二)配送企业建立客户关系管理系统的必要性

配送管理，无论是流通业的配送管理、制造业的配送管理，还是第三方物流，都离不开客户，都存在着客户与企业的关系，都需要对客户关系进行管理。

流通业的配送管理包含了运输、保管、配送、包装、装卸、流通加工各个部分，每个部分都有客户和企业的关系存在。例如，运输中有托运方和承运方，保管中有委托保管方和保管方，而托运方和委托保管方均为客户。

制造业的配送管理包含了销售配送、采购配送、生产配送、回收配送和废弃配送各个部分。其中销售配送与销售系统相配合，共同完成产品的销售工作。市场预测和开拓、制订销售计划和策略、产品推销和服务各项活动都是销售系统的功能，这些活动和客户关系管理系统中的销售自动化、营销自动化和客户服务与支持的活动是一致的。

对于第三方物流企业来说，委托它承担物流配送工作的企业就是它的客户，因为企业购买了第三方物流企业的服务。因此，第三方物流企业及委托方之间存在着客户关系。

配送管理中处处都有客户关系，所以配送企业要重视客户关系管理，建立客户关系管理(CRM)系统。

(三)客户关系管理系统对配送企业发展所起的作用

1. 有助于配送企业拓展市场

通过新的业务模式(电话、网络)扩大企业经营活动范围，及时把握新的市场机会，占领更多的市场份额。

2. 有助于配送企业保留和争取更多的客户，增加收益

配送企业利用先进的CRM系统，能收集和分析每个客户的信息，从而知道他们是谁，正确去分析客户的需求，研究他们需要什么，并把客户想要的送到他们手中，以最快的速

度响应客户的需求，为客户提供最适当的物流服务，从而能在最大范围内抓住客户，提高客户的忠诚度。

3. 有助于配送企业提高核心竞争力

在当今快速发展和高度竞争的市场空间中，产品不断更新换代，新产品层出不穷，单纯依靠产品来作为企业的核心竞争力，已经难以保证竞争优势。客户才是企业竞争的核心，物流配送企业也不能仅关注物流业务的增长而忽略了客户资源的重要性。CRM 的出现，已成为物流配送企业获取竞争优势的重要途径。

4. 有助于配送企业提高工作效率，降低成本

配送企业建立 CRM 系统，采用以客户为中心的业务流程及技术，利用信息技术对客户资源进行集中式管理，把经过分析和处理的客户信息与有关客户的各种业务领域进行无缝接合，让物流配送企业各部门的管理能共享客户资源，提高了物流配送企业的工作效率，降低了物流营运成本。

(四)配送企业实施 CRM 的差距

配送企业实施 CRM 还有一定差距，表现在配送企业的现状和 CRM 软件系统之间还存在着差距，如企业对市场运作规律还没有完全掌握、销售作业不规范、缺乏营销经验、文档资料不完善、销售渠道较单一等。

(五)配送企业建立 CRM 系统的建议

对于配送企业建立 CRM 系统，我们有如下几点建议。

1. 成立 CRM 项目组

配送企业建立 CRM 系统，要成立项目组，由总经理或营销副总担任组长。作为组长首先应在企业上下宣传建立 CRM 的重要性；其次是为 CRM 设定明确的目标；最后是为 CRM 项目的成功提供财力、物力和其他资源的支持。

2. 专注于流程

CRM 系统成功与否的关键在于流程，而不是技术。技术只是促进因素，本身不是解决方案。因此，项目小组开展工作后的第一件事就是花费时间去研究现有的营销、销售和服务策略，并找出改进方法。

3. 灵活运用技术

CRM 项目建立过程中，要根据需改善的特定问题来选择使用各种技术。如果销售管理部门想减少新业务员熟悉业务所需的时间，这个企业应该选择营销百科全书功能。

4. 打造团队能力

CRM 的实施队伍应该具有业务流程重组的能力、对系统进行客户化和集成化的能力。

5. 重视客户意见

在实施的过程中，千方百计地从客户的角度出发，为客户创造便利。在 CRM 项目的各个阶段(需求调查、解决方案的选择、目标流程的设计等)，都要争取最终客户的参与，使客户了解这个系统到底能为 CRM 客户带来什么。

6. 分步实现

对于业务流程重组的一些领域，要确定实施优先级，每次只解决几个最重要的问题。

7. 做好系统的整合

CRM 的效率和有效性的获得有一个过程，它们依次是终端客户效率的提高、终端客户有效性的提高、团队有效性的提高、企业有效性的提高、企业间有效性的提高。系统各个部分的集成对 CRM 的成功很重要，为此要做好系统的整合工作。

本章小结

配送中心的作业管理主要内容包括：进货、装卸搬运作业管理；储存、盘点作业管理；订单管理；拣货与补货作业管理；配货与送货作业管理。配送中心作业管理强调以需求为中心，以市场为导向，以信息技术为平台，运用先进的物流配送设备和科学的现代管理手段进行管理，从而大大降低了物流配送的成本，缩短了物流配送时间，提高了物流配送的经济效益和社会效益。本章着重对进货、订单处理等作业流程做了进一步的说明。通过本章的学习，学生可以掌握配送中心业务的具体操作。

【案例分析】

物流神经中枢——惠普现代物流管理系统解决方案

自 20 世纪 90 年代以来，由于科学技术的不断进步和经济的不断发展，全球化信息网络和全球化市场逐步形成，技术变革日益加速，围绕新产品的市场竞争也日趋激烈。其中，物流管理在企业营运中所起的作用，也越来越受到企业决策层的关注。

当今的物流，不单纯是考虑从生产者到消费者的“货物配送问题”，而是要考虑从供应商到生产者对原材料的采购，以及生产者本身在产品制造过程中的运输、保管和信息等各方面问题，要考虑如何能全面、综合地提高经济效益。现代物流管理解决方案的设计，成为生产制造企业、销售企业及中间商共同关注的问题。

惠普公司是一家从事 IT 技术应用的软件、硬件开发商，因此在现代物流解决方案上具有比较突出的优势，如物流运营、商业资讯、物流信息系统设计及物流培训等。在中国，惠普公司从业务流程整合入手，成功地为中集、深圳港、上海港、中铁快递、香港国际港口码头等大型企业设计制作了物流解决方案。不仅为这些企业提供了现代化的管理手段和方法，提高了企业整体素质和物流服务质量，更是为中国物流企业进入国际大物流圈奠定了基础。

惠普公司设计的现代物流解决方案，以现代物流管理理论为指导，紧密结合优化大型综合作业、现代货运代理作业、面向第三方的仓储管理以及物流配送和运输管理的实际，采用当前国际上最先进的信息技术，以解决中心数据交换、无纸化作业、多模式管理、自动化计费和仓位(堆场)图形动态模拟等关键问题为重点，建立具有世界先进水平、行业一流的管理系统。它包括七个子系统。

1. 货运综合管理系统

是针对船公司和货运代理公司的综合管理系统。它分为预约管理、出口文件管理、进口文件管理、货运代理文件管理、发票管理、收付款管理、货柜管理、统计分析、基本资料管理、系统维护十个功能模块。

2. 陆路运输管理系统

是为单个运输企业和网络运输企业而建立的高效、可靠、安全、分布式的现代物流运输管理信息系统。该系统以计划调度管理为中心，对客户(合同客户、零担客户)匀速化委托下单、车辆计划安排、网上车辆调度、运价管理及其各种账务(运费结算、保险、车价)等进行全方位管理，以提高运输企业的经营管理水平，创造更好的效益与利润。

陆路运输管理系统由合同客户业务管理，零担货运管理，代办托运管理，零担、货运、托运、代管仓库管理，计划、调度、跟踪管理，车辆、安检、业绩考核、事故处理管理，结算(与客户、司机的费用结算)管理，基本资料管理，网上业务管理，系统维护等功能模块组成。

3. 港口作业管理系统

是为港口、码头企业提供的现代化的计算机管理系统，并能使用无线终端设备显著提高效率和工作质量。该系统涉及码头操作的各个方面，包括集装箱堆场管理、驳运装卸管理、集装箱维修管理、集装箱托运管理、基本资料管理、资料查询统计及船公司间数据交换等功能模块组成。

4. 仓储管理系统

是为向第三方仓储企业、物流企业提供的高效、可靠、准确、分布式的现代化仓储管理系统。该系统由货物入仓管理、货物出仓管理、货物转运管理、自动收费管理和手工收费管理等功能模块所组成。

5. 配送管理系统

配送中心有两类，一类是有存储功能的配送中心；另一类是只有配送功能而无存储功能的配送中心。配送管理系统是为第三方物流配送企业建立高效、可靠、安全、分布式的现代物流配送管理信息系统。该系统以经营管理、配送仓库管理为中心，对商品供应商的供货及配送对象的货物配送，进行全方位管理，以提高第三方配送企业的经营管理水平，创造更好的效益与利润。

6. 客户服务中心(Call Center)系统

客户服务中心的目标是建立一个统一面向客户的综合性平台，通过统一的特服号接入，实现业务咨询、投资受理、用户查询、业务受理、售后服务、指挥调度等一体化的处理与管理系统。因此，建立客户服务中心，根本目的是改善客户服务，获得市场领先的客户服务水平，增加自身的竞争力。

客户服务中心可以通过各种渠道如电话、电子邮件、传真、Web，把用户和企业紧密联系起来，起到桥梁和纽带的作用。

7. 无线实时系统

在目前物流解决方案应用中，无线实时系统作为实现数据实时传输不可缺少的一部分，越来越显示出其地位的重要性。惠普公司愿与广大用户共享在设计、安装、实施无线数据传输系统中的成功经验，使物流用户在自动化方面成为业界的领先者。

一个物流管理成功的商家，如果能使企业在货物的可得性、交付的及时性和一贯性等方面，处于行业的领先位置，就会使企业成为有吸引力的供应商和理想的业务伙伴。而物流整个系统的实施，与企业物流管理策略的贯彻，有着极为密切的联系。因此，对一个企业来说，仅仅理解物流管理的重要性是远远不够的，如何根据企业自身的实际情况来设计合适的业务模式并在各个业务部门中贯彻执行，是现代物流解决方案实施的关键。

资料来源：秦英，等. 仓储配送管理[M]. 北京：北京师范大学出版社，2020.

思考：

1. 讨论惠普公司是如何进行配送作业管理的。

2. 分析惠普公司的物流解决方案中的七个子系统中是如何体现客户服务思想的。

练习与思考

一、单项选择题

1. 配送作业的最重要之处是(　　)。

A. 降低成本　　B. 方便快捷

C. 提高对客户的供应保证能力　　D. 成本与效益均衡

2. 配送的主要经济活动是(　　)。

A. 运输　　B. 现代送货　　C. 订货　　D. 供货

3. (　　)是将分散的或小批量的物品集中起来，以便进行运输、配送的作业活动。

A. 理货　　B. 集货　　C. 分拣　　D. 配送加工

4. 配送中心的核心职能是(　　)。

A. 分拣与理货　　B. 加工　　C. 配货与分货　　D. 送货

5. (　　)是配送的独特的要求。

A. 集装卸、包装、保管和运输于一身　　B. 分拣配货

C. 送货　　D. 物流活动的结束

二、简答题

1. 简述配送中心订单的处理过程。

2. 怎样更合理地进行拣选作业？请比较三种分拣方式。

3. 描述补货时机决策过程。

4. 简述节约里程法的基本思想。

5. 从物流角度分析，客户服务的四个要素是什么？

课后实践

拣货作业实训

1. 实训人员

参照配送中心工作流程，按每6人一组，完成拣货作业工作。

2. 实训任务

某电子商城的配送中心接收到来自三个不同客户的订单，订单的具体内容如表9-8、表9-9、表9-10所示。假设你是该配送中心的分拣人员，请根据这三个客户的订单制作分拣单，为这些客户进行拣货。

表9-8　客户一订单内容

货品代码	货品名称	单位	规格	数量	条码
31031101	滴露除菌香皂	块	200 g	6	6926027711061

续表

货品代码	货品名称	单位	规格	数量	条码
31030708	立白全自动超浓缩洗衣液	瓶	1 000 g	2	6926026526461
03091705	农夫山泉纯净水	瓶	450 mL	12	6926026535261
03010302	康师傅香辣牛肉面	桶	105 g	8	6926026535311
13010380	维达无芯卷纸	提	256 段	2	6925303773038

表 9-9　客户二订单内容

货品代码	货品名称	单位	规格	数量	条码
31030708	立白全自动超浓缩洗衣液	瓶	1 000 g	5	6926026526461
41041101	碧柔防晒霜 SPF50＋	瓶	50 mL	4	6925623107845
03091802	可口可乐	瓶	600 mL	12	69285371 00045
31041004	佳洁士炫白牙膏	支	90 g	4	6926453712130
03010411	统一老坛酸菜牛肉面	袋	110 g	12	6923304348990
13010405	心相印有芯卷纸	提	198 段	3	6924851058909

表 9-10　客户三订单内容

货品代码	货品名称	单位	规格	数量	条码
31031130	超能洗衣粉	袋	1 kg	3	6922343185145
31030708	立白全自动超浓缩洗衣液	瓶	1 000 g	4	6926026526461
31031101	滴露除菌香皂	块	200 g	6	6926027711061
03091705	农夫山泉纯净水	瓶	450 mL	24	6926026535261
13010380	维达无芯卷纸	提	256 段	4	6925303773038

3. 实训步骤

①创设任务情景，做好人员分配。

②根据以上资料，各小组分析、互相讨论，形成各组实施方案。

③安排成员实际演示拣货作业流程。

第十章

仓储与配送经营管理

学习目标

通过本章的学习，了解仓储与配送经营的目标、意义；掌握仓储与配送的多种经营方法；了解仓储合同的种类、条款、订立程序、解除条件；掌握仓储合同当事人的权利、义务和责任；掌握配送合同的种类、条款、履行；掌握仓单的功能、内容及仓单业务。

【案例导入】

某实业有限公司

某实业有限公司拥有28 000平方米的保税仓。公司面向珠三角地区的制造企业，提供保税仓的长租和短租服务，并附带从事流通加工等物流增值服务。

公司的赢利模式是以仓库库位出租为核心的物流服务项目的收费。基本收费项目是仓租费。另外还有装车、卸车、并柜/拼箱，对货品进行贴标、缩膜/打板、换包装、简单加工(如分包、重新组合包装、简单装配等)，以及代客户进行报关、报检等服务项目的收费。主要支出是人工、水电、仓储物和设备折旧带来的维修维护费用等。

公司的问题主要是保税仓的固定资产超过8 000万元，而每年的利润却不到500万元，资产回报率太低。提高保税仓库区工作人员士气，努力增强服务意识，注重品质提升，增大物流增值服务的比例，大幅提高仓租费以外的收入来源，争取到更多利润贡献率高的优质客户，淘汰利润率低的C类客户等都是要势在必行的问题。

思考：你认为该公司的主要经营问题是什么？

第一节　仓储与配送经营概述

仓储与配送经营以经营目标为依据，将仓储配送作业人员与仓储配送作业手段有效地结合起来，履行各个工作环节的工作责任，为商品流通提供良好的仓储配送服务，实现仓储配送经营的高效益。

一、仓储与配送经营的目标

仓储配送经营的目标，是按照仓储与配送活动的客观要求和仓储配送管理上的需要，把与仓储配送有直接关系的部门、环节、人和物尽可能合理地组织搭配起来，使他们的工作协调地、有效地进行，加速商品在仓库中的周转、提高配送效率，合理地使用人力、物力，以取得最大的经济效益。

1. 实现仓储活动的快进和快出

在物资的仓储阶段，通过仓储经营组织，使物资运到港口、车站或企业仓库专用线时，要以最快的速度完成物资的接运、验收和入库作业活动。而在物资出库时，要能及时迅速和高效地完成备料、复核、出库和交货清理作业活动。

2. 多储存，保管好

在物资的仓储阶段，在对仓库进行合理规划的基础上，要通过仓储经营组织，最大限度地利用有效的储存面积和空间，提高单位面积的储存量和面积利用率。要按照物资的性质和储存条件的要求，合理安排储存场所，采取科学的保管方法，使其在保管期间内质量完好、数量准确。

3. 以最低的仓储成本取得最好的经济效果

在物资进出仓库的各业务作业环节中，要通过仓储经营组织，努力节省人力、物力和财务消耗，以最低的仓储成本取得最好的经济效果。

4. 及时准确地完成配送活动

在物资的配送阶段，能够通过合理的计划，及时准确地按照客户的要求进行货物配送，提高配送的服务水平。

二、仓储与配送经营的意义

对仓储配送经营主体而言，仓储配送经营管理的过程，是改变传统的仓储配送经营观念，开发全新的仓储配送经营服务方式的过程，也是进行技术创新、组织创新、管理创新和制度创新的过程。因此开展仓储配送经营具有重要的意义。

1. 搞好仓储配送经营是实现社会再生产过程顺利进行的必要条件

商品由生产地向消费地转移直到客户手中，是依靠仓储与配送活动来实现的。可见，仓储配送活动的意义正是由于生产与消费在空间、时间以及品种、数量等方面存在着矛盾而引起的。通过搞好仓储配送经营活动，发挥仓储配送活动连接生产与消费的纽带和桥梁作用，借以克服众多的相互分离又相互联系的生产者与消费者之间在商品生产与消费地理上的分离，衔接商品生产与消费时间上的不一致，以及调节商品生产与消费在方式上的差异，可使社会简单再生产和扩大再生产能在建立一定的商品资源的基础上，保证社会再生产的顺利进行。

2. 搞好仓储配送经营是保持物资原有使用价值和合理地使用物资的重要手段

任何一种物资，当它生产出来以后至消费之前，由于其本身的性质、所处的条件，以及自然的、经济的及技术等因素，都可能使物资使用价值在数量上减少、质量上降低，如果不创造必要的保护条件，就不可避免地使物资造成损害。因此，必须进行科学管理，加强物资的养护，搞好仓储和配送活动，以保护好处于暂时停滞状态和短距离运输状态的物资的使用价值。同时，在仓储与配送经营活动中，要努力做到流向合理，加快物资流转速度，注意物资的合理分配，不断提高工作效率，使有限的物资能及时发挥最大的效用。

3. 搞好仓储配送经营，是加快资金周转、提高经济效益的有效途径

在仓储配送经营活动中，为了保证物资的使用价值在时空上的顺利转移，必然要消耗一定的物化劳动和活劳动。尽管这些合理费用的支出是必要的，但由于它们不能创造使用价值，因而，在保证物资使用价值得到有效的保护，有利于社会再生产顺利进行的前提下，费用支出得越少越好。那么，搞好仓储配送经营活动，就可以减少物资在仓储与配送过程中的物质耗损和劳动消耗，就可以加速物资的流通和资金的周转，从而节省费用支出，降低物流成本，提高企业和社会的经济效益。

第二节　仓储与配送经营类型

随着各企业购、销、存经营活动连续不断地进行，商品的仓储数量和仓储结构、配送数量和配送方式也在不断发生变化，为了保证商品的仓储配送趋向合理化，必须采用一些科学的方法，对商品的仓储与配送经营进行有效的动态控制。如何确定科学的、先进的、有效的仓储配送经营类型是仓储配送企业搞好经营管理的关键。仓储配送企业经营管理的目的是为了使企业的仓储配送资源得以充分利用、在仓储产品交换和配送活动中获得最大收益和最少的成本投入，实现经营的利润最大化。一般情况下，仓储配送企业的经营类型主要有：保管仓储、消费仓储、混藏仓储、仓库租赁经营、流通加工、配送、配载等。

一、保管仓储经营

(一)保管仓储的概念

保管仓储是指保管人储存存货人交付的仓储物，存货人支付仓储费的一种经营方法。

(二)保管仓储的经营特点

保管仓储有如下四个特点。

(1)保管仓储的目的在于保持保管物的原状。存货人交付保管物于保管人，其主要目的在于保管。也就是说，存货人主要是将自己的货物存入仓储企业，仓储企业必须对仓储物实施必要的保管而达到最终维持保管物原状的目的，一定要确保原物形状。仓储企业与存货企业是一种提供劳务的关系，所以在仓储过程中，仓储物的所有权不转移到仓储过程中，仓储企业没有处分仓储物的权力。

(2)仓储管理的物资一般都是数量大、体积大、质量高的大宗货物、物资(粮食、水产

品、工业制品)，仓储物只能是动产，而不可能是不动产。

(3)保管仓储活动是有偿的，保管人为存货人提供仓储服务，存货人必须支付仓储费。仓储费是保管人提供仓储服务的价值表现形式，也是仓储企业盈利的来源。

(4)保管仓储经营的整个仓储过程均由保管人进行操作，仓储经营人需要有一定的投入。

(三)保管仓储的经营方法

在保管仓储中，仓储经营人以获得仓储保管费收入最多为经营目标，仓储保管费来源于仓储物的数量、仓储时间和仓储费率的乘积。即：

$$TR=QTP。$$

式中，TR——总收入；

Q——存货数量；

T——存货时间；

P——仓储费率。

在存在多种类商品、不同费率时，表达式为：

$$TR=\sum Q_i T_i P_i 。$$

在保管仓储经营中，仓储经营人需要尽可能地吸引仓储，获得大量的仓储委托，采取合适的价格决策，并在仓储保管中降低保管成本和支出，才能获得较高的利润。

(四)保管仓储经营的任务

主要是根据商品的性能和特点，提供适宜的保管环境和保管条件，保证仓储商品的数量正确，质量完好，并利用现有的仓储设施，为经济合理地组织物资供应打下良好的基础。

1. 制定仓储规划

商品仓储规划是在现有各类仓储设施条件下，根据仓储任务，对不同种类的商品的储存作业全面规划，如保管场所的选择、布置、保管方式与保管过程，物资的堆码苫垫等。

2. 提供适宜的保管环境

不同种类的商品要用不同的保管环境与保管条件，保管保养的任务之一就是采取相应的、行之有效的措施和方法，为商品提供适宜的保管环境和条件，并防止各种有害因素的影响。例如，仓库湿度控制、金属防锈、防虫、防霉等。

3. 提供仓储物资的信息

仓储管理的任务或功能之一是要提供物资信息。各类物资库存量情况和质量情况，是通过物资的保管取得的。物资保管在负责货物保管的同时，还有负责各类信息管理的任务。包括料账、料卡、各种单据报表，技术证件等的填写、整理、使用、保存、分析与运用、提供等。

4. 进行广泛的市场宣传和市场开发

促使仓储服务被用户广泛接受，塑造企业的良好形象。有效开展市场调查和市场营销，合理地制定服务标准，提供有针对性的服务。

二、消费仓储经营

(一)消费仓储的概念

消费仓储是指存货人不仅将一定数量品质的仓储物交付仓储管理人进行储存，而且在仓储合同中约定，货物的所有权也随之转移给保管人，在合同期届满时，保管人以相同品质、相同种类、相同数量替代品返还的一种仓储方法。

(二)消费仓储的特点

消费仓储有如下三个特点。

(1)消费仓储是一种特殊的仓储形式，其性质与保管仓储基本相同。消费仓储保管以保管货物为目的，出于对存货人利益的考虑，原物虽然可以消耗使用，但其价值得以保存，存货人交付保管物于保管人，只求自己的货物在需要时仍然保持其相同于原样的性质和状态。

(2)消费仓储以种类物作为保管对象，仓储期间转移所有权于保管人。保管人在所接受的保管物于转移之时就拥有货物的所有权，这是消费仓储最为显著的特征。

(3)消费仓储以保管货物的价值为目的，保管人仅以种类、品质、数量相同的替代品进行返还。在消费仓储中不仅转移保管物的所有权，而且保管人还享有使用、收益、处分保管物的权力。保管人无须返还原物，而仅以同种类、品质、数量的替代品返还，使存货人获得相同的价值即可。

(三)消费仓储的经营方法

消费仓储经营人的收益主要来自对仓储物消费的收入，当该消费的收入大于返还仓储物时的购买价格时，仓储经营人也就从中获得收益。反之，消费收入小于返还仓储物时的购买价格时，就不会对仓储物进行消费，而依然将原物交付。在消费仓储中，仓储费收入已经不是主要收入来源，有时甚至采取无收费仓储。

可见，消费仓储是仓储经营人利用仓储物停滞在仓库期间的价值进行经营，追求利用仓储财产经营的收益。消费仓储的开展能充分利用仓储财产价值，提高了社会资源的利用率。消费仓储可以在任何仓储物中开展，但要求经营人有较高的经营水平。现今消费仓储已广泛开展在期货仓储中。

三、混藏仓储经营

(一)混藏仓储的概念

混藏仓储是指存货人将一定品质、数量的货物交付保管人储藏，而在储存保管期届满时，保管人只需以相同品质、相同种类、相同数量的替代物返还的一种仓储经营方法。

(二)混藏仓储的特点

1. 混藏仓储的对象是种类物

混藏仓储的目的并不全都在于原物的保管，有时存货人只要求保存货物的价值，保管人完全可以以相同种类、相同品质、相同数量的替代物返还，并不需要原物返还。因此，当存货人基于保管货物价值的目的而免去保管人对原物的返还义务时，保管人实际上是减轻了负担的义务，也扩大了保管物的范围，种类物成为保管合同中的保管物。保管人以种类物为保管物，则在保存方式上失去各保管物特定化的必要，所以将所有同品质、同种类的保管物混合仓储保存。

2. 混藏仓储的保管物所有权不转移

混藏保管人只需为存货人提供保管服务，而保管物的转移只是物的占有转移，与所有权的转移毫无关系。例如，农民将小麦付给粮站保管，约定粮站可以混藏小麦，在农民需要时即时返还，粮站对小麦等并无所有权。所有的小麦混合储存于粮站，形成一种保管物为混合物状况，各存货人对该混合保管物交付保管时的份额各自享有所有权。

3. 混藏仓储是一种特殊的仓储方式

混藏仓储与保管仓储既有联系也有一定区别。保管仓储的对象是特定物，而混藏仓储的对象是种类物。

混藏仓储在物流活动中有重要作用，在提倡物尽其用、发展高效物流的今天，赋予了混藏仓储更适应社会发展的新功能。在我国农村，农民将自己的余粮交粮食部门保管，当农民需要时，还可以领回自己的粮食，这种仓储行为是受政府鼓励的。这种仓储方式有效地缓解了政府购粮专项资金的压力，也增强了社会的稳定性。

混藏仓储是保管仓储为了降低仓储成本，通过混藏的方式，使仓储设备投入量少，充分利用仓储空间。混藏仓储主要适用于农村、建筑施工、粮食加工等行业，对象是品质无差别、可以准确计量的商品。

仓储保管费依然是混藏仓储经营人的主要收入来源，存量较多、存期较长收益就较大。混藏式仓储是成本最低的仓储方式，但若存货品种增加，则会使仓储成本增加。在混藏仓储经营中尽量开展少品种、大批量的混藏经营。

四、仓库租赁经营

仓库租赁经营是通过出租仓库、场地，出租仓库设备，由存货人自行保管货物的仓库经营方式。进行仓库租赁经营时，签订仓库租赁合同是最主要的一项工作，在法律条款的约束下进行租赁经营，取得经营收入。

经营仓库出租，对于出租人的经营依据是开展仓储保管的收益低于出租的收益，其核心是仓库经营人的保管成本无法降低，或者是仓库经营人不具有保管特殊商品的能力和服务水平。即：

$$仓储保管费-保管成本-服务成本<租金收入。$$

而对于租用仓库者而言，因具有特殊的保管能力、作业能力或者为了内部的需要，通过租用仓库开展仓库保管。

仓库租赁经营中，租赁双方不是一般意义上的买主和卖主，而是两个关系人之间的约束，一个是出租人，另一个是租用人，两者关系用租赁合同明确规定。

租用人的权利是享有仓库及其设备的使用权(不是所有权)，并有保护设备、按约定支付租金的义务。

出租人依然享有对仓库及设备的所有权，并享有收回租金的权利。同时必须承认租用人对租用仓库及仓库设备的按约定的使用权，并保证仓库及仓库设备的完好性能。

仓库出租经营既可以是整体性的出租，也可以采用部分出租、货位出租等分散方式进行。在分散方式下，仓库所有人需要承担较多的仓库管理工作，如环境管理、保安管理等。

目前，许多国家有一种叫箱柜委托租赁的保管业务发展较快。在日本，从事箱柜委托租赁保管业务的企业数目和仓库营业面积的上升速度非常快。

箱柜委托租赁保管业务是仓库业务者以一般城市居民和企业为服务对象，向他们出租体积较小的箱柜来进行非交易物品的保管的一种仓库业务。对一般居民家庭的贵重物品，如金银首饰、高级皮毛制品、高级衣料、艺术品、古董等，提供保管服务；对企业以法律或规章制度等规定必须保存一定时间的文书资料、磁带记录资料等物品，提供保管服务。箱柜委托租赁保管业务强调安全性和保密性。它为受限制于较小居住面积的居民和较窄办公面积的企业提供了一种便利的保管服务。箱柜委托租赁保管业务是一种城市型的仓库保管业务。许多从事箱柜委托租赁保管业务的仓库经营人专门为企业提供这种服务。他们根据保管物品、文书资料和磁带记录资料的特点建立专门的仓库。这种仓库一般有三个特点：一是对于物品的保密性非常关注，因为保管的企业资料中许多涉及企业商业秘密，所以仓库有责任保护企业秘密，防止被保管的企业资料流失到社会上去。二是对于物品的安全性非常注重，防止发生保管物品损坏变质。因为企业的这些资料如账目发票、交易合同、产品设计资料、会议记录、个人档案等需要保管比较长的时间，在长时间的保管过程中必须防止发生保管物品损坏变质的情况。三是注重快速服务反应。当企业需要调用或调查保管资料时，仓库经营人能迅速、准确地调出所需资料并及时地送达企业。

箱柜委托租赁保管业务作为一种城市型的保管业务具有较大的发展潜力。

五、流通加工经营

(一)流通加工的概念

流通加工是指物品从生产地到使用地的过程中，根据需要施加包装、计量、分割、刷标志、分拣、拴标签、组装等简单作业的总称。流通加工是目前仓储企业的一项非常有发展前景的业务项目，它必将给流通领域等带来很大的经济和社会效益。

(二)流通加工产生的原因

流通加工是物流服务业与现代化生产发展相结合的产物，它弥补了大量生产与消费者需要之间的不足。例如，某生产企业需要钢铁厂的钢材，除了规格型号、标号上的要求外，在宽度、长度等方面也有特殊的要求。但是生产企业面对的市场中的广大用户，在生产过程中对这一要求是很难实现的，而惟有在流通过程中通过流通加工来满足不同客户的需求。企业为了提高物流效率、降低物流成本，可以实施对在物流过程中的商品进行加工。

(三)开展流通加工的经济效益

1. 直接经济效益

(1)流通加工的劳动生产率高。流通加工属于集中加工，其加工效率与分散加工相比要高得多。

(2)可提高原材料的利用率。集中下料，合理套裁，可以明显提高材料利用率。

(3)可以提高加工设备的利用率。在分散加工的情况下，由于生产周期和生产节奏的限制，不能持续使用设备，从而导致设备的加工能力不能得到充分发挥。而在流通领域的加工是面向社会的，加工对象、加工的数量和范围都得到大幅度提升，从而提高设备的利用率。

(4)流通加工使商品增值。

(5)由委托人交付加工费用。

(6)经过流通加工使商品物流成本降低，仓储经营人直接享受利润。

2. 间接经济效益

(1)能缩短时间，使许多生产厂家可以腾出更多的时间来进行创造性生产。

(2)能为多个生产和消费部门服务。

(3)对生产的分工和专业化起中介作用。

(4)可以使加工活动中更为集中，有效地使用物力、人力，与生产企业相比能带来更多的加工收益。

(5)吸引更多的仓储配送货源。

(6)提高仓储配送服务水平的回报。

总之，流通加工在物流活动中具有广阔的发展前景。流通加工的重要性不仅在于为物流合理化提供了条件，更重要的是开辟了一条提高收益的新途径，流通加工在我国的仓储配送中发挥着越来越大的作用。但仓储配送企业的流通加工业务的开展或多或少的都要有一定的资源投入，需要一定成本投入，因而需要选择仓储配送企业具有能力开展的流通加工业务，具有成本优势的业务，才能给加工经营带来更大收益。

(四)流通加工的作用

流通加工有如下五个方面作用。

(1)流通加工有利于生产者提高生产率，提高产品质量和经济效益，使企业生产模式向现代化生产模式过渡，以流通加工这一方式来弥补大量生产的不足。

(2)流通加工可以提高物流效率与服务质量，可以使产品更具有个性化、多样化，从而满足市场需求，使物流功能得以完善和提高。

(3)流通加工可提高仓储业加工设备的劳动生产率和利用率。将加工对象集中起来进行流通加工，可以实现低成本、高质量的加工效果，可以满足客户的特殊需求。

(4)流通加工可以提高各种运输手段的运用效率。流通加工能使运输工具、装卸设备充分发挥作用，从而提高货物的运输效率，降低运输费用。

(5)流通加工可以完善商品功能，提高经济效益。流通加工可以适当改变商品特性，使其有更广的适应面，从而提高商品销售量和销售额，满足市场的需要。

(五)典型的流通加工方法

1. 钢材流通加工

可采用集中剪板、集中下料方式，避免单独剪板下料的不足之处，提高材料利用率。

2. 木材流通加工

可依据木材种类在木材产区对原木进行流通加工，使之成为便于装载，易于运输的形状，以后还可以根据需要进一步对其进行加工。这样可以同时提高木材的运输效率与出材率。

3. 平板玻璃流通加工

主要方式是集中套裁，分片供应，可提高平板玻璃的利用率，简化玻璃生产厂家的规格，从而为批量生产提供保证，提高生产效率。

4. 食品流通加工

食品流通加工的项目很多，如分选加工、冷冻加工、分装加工、精致加工等。

5. 煤炭流通加工

煤炭流通加工有多种形式，如煤炭加工、除矸加工等。除矸加工可增加煤炭运输方面的收益，减少运输能力消费。煤炭加工可采用管道运输方式运输煤炭，减少煤炭消耗，提高煤炭使用率。

6. 水泥流通加工

此类加工的方法很多，集中搅拌混凝土是其中一种主要加工方法。

7. 组装产品的流通加工

有些产品如果在生产的时候完全组装，不但成本高，且运输及装卸效率都会下降，所以对于一些组装技术不高的产品(自行车、家具)适合由流通加工完成。

8. 生产延续的流通加工

一些产品因本身特殊性的要求，需要较宽阔的仓储场地或设施，而在生产场地建设这些设施又不经济，则可将部分生产环节转移到仓储环节中去完成，如对时装的分类、检验等。

六、配送经营

(一)配送的含义

配送是在经济合理的区域范围内，根据用户的要求，对物品进行拣选、加工、包装、分割、组配等作业，并按时送达指定地点的物流活动。

(二)配送经营的方法

仓储配送经营人利用商品大量储藏在仓库内等待向消费者送货的条件，向存货人提供分批、分时的送货业务，并进行商品组合、分类等处理，具有极其便利的条件。

影响仓储配送开展配送业务的原因只能是仓储配送经营人进行配送的收益能否超过开展配送的成本。仓储配送企业开展配送的收益有如下方面。

(1)配送中的直接收益。接受配送的委托人因配送业务支付的费用，通常该费用比较低廉。仓储配送经营人如果只获得该收入，往往无法维持配送业务。

(2)配送组合、加工的收益。该收益是开展配送活动的另一项劳务收益，能够充分利用仓储配送企业的劳动力和场地、设备的已有投入，有利于有效利用仓储配送资源。

(3)吸引更多的仓储配送业务。因业务比较全面，提供的服务多样化，能满足更多客户的需要，使客户市场扩展。

七、配载经营

配载是指向运输线路和运输工具安排货载的运输业务。交通运输工具的大型化和运输线路的细分是现代运输业的特征。大型化的运输工具需要大量的货载支持，需要经仓储集货。大量聚集在仓储中的货物需要高效的配载安排，保证运输工具的满载和需要运输货物的及时出运。在配送中同样把需要的商品进行分拣和配货之后，要进行车辆的配载。由于配送的每种商品数量都不大，而总数量较大，常常需要安排许多车辆才能满足对用户的配送。

配载问题也是配送活动的一项重要内容，合理的配载可充分利用运输工具，把所送的商品以最合理的方式安排在运输车辆上，以最少的运力来满足配送的需要，并且充分利用车辆的容积和载重量，做到满载满装，以降低运输成本。

在进行车辆配载时，要坚持方便装卸，充分利用运输工具，保证商品安全，满足用户需求的原则。

简单的配载一般通过经验和手工计算来完成。在装载商品种类较多，车辆种类也较多的情况下，可采用计算机进行管理。编制设计相应的运输组织软件，并将经常运送的商品数据和车辆的数据输入内存，以后每次只需输入需要运送的各种商品量及运送地点，即可找到最佳的配载效果。

八、其他多种增值服务

物流服务是保证企业能有效提供优质服务的基础，面对日益激烈的竞争和消费者价值取向多重化，仓储配送经营者已发现加强多种经营，改进服务方式是创造持久的竞争优势的有效手段。因此，仓储配送企业都在向多功能的物流服务中心方向发展，除开展仓储、加工、配送等业务活动外，还可提供包装、贴标签等多项增值服务，从而提高仓储配送企业在市场经济中的竞争能力，增加企业利润的来源，提高自身的经济效益。

为了能最经济地满足来自市场的需求和挑战，仓储配送企业通过扩大自己的业务范围，提供更多的增值服务项目，以便能在激烈的市场竞争中获得更多的利益。仓储配送企业可提供的增值服务项目如下。

1. 托盘化

这是指将产品转化成一个独立托盘的作业过程。

2. 包装

产品的包装环节由仓储配送企业或者仓储配送部门来完成，并且把仓储配送中心的规划与相关的包装业务结合起来综合考虑，有利于整个物流效益的提高。

3. 贴标签

在仓储配送过程中完成在商品上或包装上贴标签的工序。

4. 产品配套、组装

当某产品需要由一些组件或配件组装配套而成时，就有可能通过仓储配送企业或部门的配套组装增值服务来提高整个供应链的效率。在仓储配送过程中，这些配件不出仓库就直接由装配工人完成配装，提高了物流效率，节约了供应链成本，不但使得仓储配送企业的竞争力增强、效率提高，同时也使得生产部门和企业的压力减轻。

5. 涂油漆

把对商品的涂油漆过程放到仓储环节来进行，同样可以达到缩短物流流程、节约物流成本、提高仓储配送企业效率的效果。

6. 简单的加工生产

一些简单的加工生产业务，本来是在生产过程中作为一道单独的工序来完成的。把这些简单加工过程放到配送环节之前来进行，可以从整体上节约物流流程，降低加工成本，并使生产企业能够专心于主要的生产经营业务活动。

7. 退货和调换服务

当产品销售之后，出现质量问题或出现纠纷，需要实施退货或货物调换业务时，由仓储配送企业来帮助办理有关事项。

8. 订货决策支持

由于仓储配送过程中掌握了每种货物的消耗过程和库存变化情况，这就有可能对每种货物的需求情况进行统计分析，从而为客户提供订货及库存控制的决策支持，甚至帮助客户做出相关的决策。

9. 运输中介

运输中介即运输服务中间商，他们通常不拥有运输设备，但向其他厂商提供间接服务。他们的职能类似于营销渠道中的批发商。典型的中间商开始从各种托运人手中汇集一定数量的货源，然后购买运输。中间商通常向托运人提供服务的费率低于承运人直接的费率，但中间商通常可以从承运人处得到较低的费率。中间商的利润率是向托运人收取的费率和向承运人购买的运输服务成本的差额。中间商可以免除承运人在大城市内承担的收取货物和交付货物的服务。

中间商主要有货运代理人、经纪人。

(1)货运代理人。

货运代理人以营利为目的提供运输中介服务。他们把来自各种顾客手中的小批量装运整合成大批量配载，然后利用专业承运人进行运输。在目的地，货代把大批量装载拆成原来的装运量，向收货人交付。货运代理人的主要优势在于大批量的装运可以获得较低的费率，而且在很多时候可以使小批量装运的速度快于个别托运人直接交付专业承运人托运的速度。

货运代理人是社会分工的产物，有以下优点：第一，使专业承运人的规模经济效益提高，货代使小批量货物可以集中到发运地，便于整合运输。第二，缩短专业承运人发出货物的时间，减少货物在专业承运人处的储存时间，增加作业效率。第三，使托运人的发货时间缩短，货代收集的大量货物可以让专业承运人快速发货而不必等待集货发运。许多时候，托运人自己的小批量货物暂时没有同样目的地的货物无法发货，只能等达到一定数量后才可发运。第四，货代收集的大量货物可以集中一次发运到目的地，不用中途重新装运，减少工作量，减少货物二次装运的破损率。第五，货运代理人具有熟练的运输专业技能，充分掌握运输市场的信息，且与众多的实际承运人有着密切的关系和简单而有效的业务流程。

(2)经纪人。

经纪人实际上是运输代办，为委托人进行市场搜寻和交易磋商，使委托人和交易对象发生运输交易。经纪人以收取服务费为目的。

货运中间商对整个物流活动来说相当于润滑油，使托运人和承运人有机结合起来，并且方便了少货量托运人的托运活动，因为少货量托运人无法得到承运人较好的服务。货运中间商同时也简化承运人的作业行为，中间商使众多的少货量不再涌到承运人处办理托运。货运中间商还可以避免物流浪费，出于对利润的追求，其承接的运输会以最经济最合理的方式运出。一些托运人因不明托运常识，会把货物以成本较高的方式运出，而货运中间商却会根据托运人的要求，最合理地安排运输方式，节约费用。

第三节 仓储与配送合同管理

党的二十大报告中强调要推进多层次多领域依法治理，实现加快建设法治社会的目标。因此，为了构建公平、公正、合法的经营环境，仓储和配送活动必须依照相应的合同要求来进行，本节重点介绍仓储合同和配送合同的相关内容。

一、仓储合同

(一)仓储合同的定义

仓储合同也称为仓储保管合同，是指仓储保管人接受存货人交付的仓储物，并进行妥善保管，在仓储期满将仓储物完好地交还，保管人收取保管费的协议。我国《中华人民共和国合同法》第三百八十一条将仓储合同规定为：“仓储合同是保管人储存存货人交付的仓储物，存货人支付仓储费的合同。”在仓储合同关系中，存入货物的一方是存货人，保管货物的一方是保管人。交付保管的货物为仓储物。

(二)仓储合同的种类

作为一种商业行为，仓储营业形式多样，仓储关系纷繁复杂，因此，反映这种关系的仓储合同也可以依据不同的标准，做出种种分类。不同种类的仓储合同具有不同的种类特征，也更具有不同的法律效力。

1. 一般仓储合同与指令性仓储合同

这是依据仓储合同发生的原因而做出的划分。所谓一般仓储合同，即存货人与保管人之间，根据存货人提出的存储计划和保管人的仓储能力，基于双方的意思表示一致而达成的由保管人保管存货人的货物，存货人给付保管人一定数额保管费用的协议。一般仓储合同成立，完全是出于存货人与保管人的意思表示一致，是双方自愿协商签订的。所谓指令性仓储合同，是指存货人与保管人基于国家指令性计划，遵守平等、自愿、等价有偿、诚信的原则而协商达成的仓储合同。我们知道，保持必要的物资储备是任何国家都不能忽略的战略基础，在任何条件下，国家都应保存一定的储备物资。国家依据必要的物资存储计划而授权有关部门与保管人进行协商，遵循市场经济条件下价值规律的客观要求，达成等价有偿的仓储协议，从而完成指令性计划物资的储备。

2. 工业仓储合同、农业仓储合同、商业仓储合同与其他仓储合同

这是依据仓储合同标的物的性质而作的划分。所谓工业仓储合同，是指从事工业生产的法人或其他组织在组织工业生产的过程中储存保管原材料、机器、工具、燃料等而订立的合同。所谓农业仓储合同，是指保管人为农业领域内的公民、法人及其他组织提供农产品保管服务的合同。农业仓储合同中的当事人，特别是保管人，不仅受《中华人民共和国合同法》及相关实施细则的约束，而且还应遵守有关仓储营业管理办法，如《国家粮油仓库管理管理办法(修订)》等。所谓商业仓储合同，是指保管人与从事商业活动的存货人之间所订立的为存货人保管商业流通物的合同。例如，某冷库为渔业经销商存储冷冻带鱼一百吨，期限三个月，保管费若干。该合同即成为商业仓储合同。由于仓储物的性质的多样性和特殊性，仓储合同还可以有其他种类，如化学危险品、特殊物资仓储合同等。

3. 一般仓储合同、消费仓储合同与混藏仓储合同

这是依据仓储标的物是否为特定物或特定化了的种类物以及仓储是否转移所有权而作的划分。一般仓储合同以特定物或特定化的种类物为标的物，合同期届满时，保管人将原物返还于存货人。混藏仓储合同是指存货人将一定品质数量的种类物交付保管人储藏，而在储存保管期届满时，保管人只需以相同种类、相同品质相同数量的替代物返还的仓储合同。消费仓储合同是指存货人不仅将一定数量品质的种类物交付仓储保管人储存保管，而且与保管人相互约定，将储存物的所有权也转移于保管人处，在合同期届满时，保管人以相同种类、相同品质、相同数量的替代品返还的仓储合同。

(三)仓储合同的当事人

仓储合同的当事人双方分别为存货人和保管人。

存货人是指将仓储物交付仓储的一方。存货人必须是具有将仓储物交付仓储的处分权的人，可以是仓储物所有人，也可以是只有仓储权利的占有人(如承运人)，或者是受让仓储物但未实际占有仓储物的拟似所有人，或者有权处分人(如法院、行政机关)等，可以是法人、非法人单位、事业单位、个体经营户、国家机关、公民等。

保管人为仓储货物的保管一方。根据我国合同法的规定，保管人必须有仓储设备和具备专门从事仓储保管业务的资格。也就是说，保管人必须拥有仓储保管设备和设施，具有仓库、场地、装卸搬运设施、消防设备等基本条件。从事特殊保管的，还要有特殊保管的条件要求。设施和设备无论是保管人自有的，还是租赁的，保管人必须具有有效的经营使用权。同时，保管人从事仓储经营必须具有经营资格，进行工商登记，获得工商营业执照。保管人可以是独立的企业法人、企业的分支机构，或者个体工商户、合伙经营者、其他组织等，可以是专门从事仓储业务的仓储经营者，也可以是贸易货栈、车站、码头的兼营机构，从事配送经营的配送机构等。

仓储合同一经成立，即发生法律效力。存货人和保管人都应严格按照合同的约定履行自己的法律义务，行使自己的权利。

1. 存货人的权利和义务

(1)按照合同的约定交存货物入库。

存货人应当按照合同约定的品种、数量、质量、包装等将货物交付给保管人入库，并在验收期间向保管人提供验收资料。存货人不能全部或部分按照约定入库储存货物的，应当承担违约责任。因存货人未提供验收资料，或者提供的资料不齐全、不及时而造成验收差错及其他损失的，由存货人负责。

存货人应按照合同的约定负责货物的包装。因包装不合要求而造成货物损坏的，由存货人负责。

储存易燃、易爆、有毒、有放射性等危险物品或者易腐等特殊货物的，存货人应当向保管人说明货物的发生和预防危险、腐烂的方法，提供有关的保管、运输等技术资料，并采取相应的防范措施。保管人因存货人未将危险物品情况告知自己，而接受该货物造成损害的，存货人应承担损害赔偿责任。

(2)支付仓储费。

仓储费又称保管费，是保管人因其保管行为所应取得的报酬。一般而言，仓储费应在存货人交付仓储物时提前支付，而并非提取货物时再支付。所以，存货人应依据仓储合同或仓单所规定的仓储费，按时缴纳给保管人。如果存货人提前领取仓储物，保管人不减收仓储费用。如果存货人逾期提取的，应当加收仓储费。

(3)偿付必要的费用。

存货人应支付保管人因堆藏、保管货物、货物腐烂、变质后的处置等所支出的一切必要费用。这一切必要费用包括运费、修缮费、保险费、转仓费等。请求存货人支付上述费用时，保管人应当出示有关清单和登记簿。如果仓储合同中所规定的仓储费包括必要费用时，存货人不再交付。

(4)按照合同的约定及时提取货物。

存货人对于在正常储存期间仓储物发生变质或其他损坏的，应当及时做出必要处置。在仓储合同约定的储存期限届满时，存货人应及时办理货物的提取，存货人应当凭借仓单提取仓储物，提取仓储物后应缴回仓单。

(5)存货人对仓储物的检查权。

在仓储合同中，保管人是负责保管存货人仓储物的当事人，对仓储物享有占有权，并负有保管的义务。保管人在仓储物的占有期间，仓储物的所有权仍然归属于存货人。存货人为了防止货物在储存期间变质或有其他损坏，有权利随时检查仓储物或者提取样品，但检查仓储物或提取样品的行为，不得妨碍保管人的正常工作。如果保管人无正当理由拒绝存货人检查仓储物并提取样品，仓储物发生变质或有其他损害的，保管人应承担赔偿责任。

2. 保管人的权利和义务

(1)仓单交付义务。

《中华人民共和国合同法》第 385 条规定："存货人交付仓储物的，保管人应当给付仓单。"仓单既是存货人已经交付仓储物的凭证，又是存货人或者仓单持有人提取仓储物的凭证，因此，保管人在存货人交付仓储物时给付仓单就成为一项至关重要的义务。存货人或者仓单持有人将以仓单上所记载的内容而向保管人主张权利，保管人也将以仓单上所记载的内容而向仓单持有人履行义务。仓单所载明的权利与仓单不可分离。

(2)接受和验收存货人的货物入库的义务。

保管人应该在接受仓储物时对货物进行理货、计数、查验，在合同约定的期限内检验货物质量，并签发验货单证。验收货物按照合同约定的标准和方法，或者按照习惯的、合理的方法进行。保管人未验收货物推定为存货人所交存的货物完好，保管人也要返还完好无损的货物。保管人在验收中发现货物溢短，对溢出部分可以拒收，对于短少的有权向存货人主张违约责任。对于货物存在的不良状况，有权要求存货人更换、修理或拒绝接受，否则需如实编制纪录，以明确责任。

(3)妥善保管仓储物的义务。

保管人应当按照合同约定的保管条件和保管要求，妥善保管仓储物。保管人储存易燃、易爆、有毒、有腐蚀性、有放射性等危险物品的，应当具备相应的保管条件。保管人对危险品和易腐物品保管时，应当按照国家的规定和合同约定的要求操作或储存。当保管人条件不具备时，不得接收危险物品或易腐物品作为仓储合同的仓储物。

(4)危险通知义务。

当仓储物出现危险时，保管人应当及时通知存货人或者仓单持有人。包括在货物验收时发现不良情况、发生不可抗力损害、仓储物的变质、仓储事故的损坏等事故，以及其他涉及仓储物所有权的情况。存货人掌握仓储物的状态是存货人具有所有权的权利体现，对于仓储物的危险涉及仓储物的交易、保险，以及可能造成的进一步损害，存货人及时掌握和采取措施处理，有利于减少损失。

当然在发生或发现危险时，保管人有义务采取紧急措施处置，防止危害扩大。

(5)返还仓储物的义务。

保管人应在约定的时间和地点向存货人或仓单持有人交还约定的仓储物。仓储合同没有明确存期和交还地点的，存货人或仓单持有人可以随时要求提取，保管人应在合理的时间内交还仓储物。同样保管人也可以随时要求存货人提取仓储物。

作为一般仓储合同，保管人在交还仓储物时，应将原物及其孳息、残余物一同交还。

(6)保管人对仓储物的提存权。

《中华人民共和国合同法》第 393 条规定："储存期间届满，存货人或者仓单持有人不提取仓储物的，保管人可以催告其在合同期限内提取，逾期不提取的，保管人可以提存仓储物。"因此，保管人具有对仓储物的提存权。

3. 违约责任和免责规定

违约责任和免责规定主要包括如下内容。

(1)仓储合同违约责任的承担方式。

违约是指存货人或保管人不能履行合同约定的义务或者履行合同义务不符合合同约定的不为或行为。为了限制违约行为，以及为了避免一方的违约造成另一方的损失，由违约方承担违约责任不仅是合同法律制度的规范，也是当事人协议合同的必要事项。

①违约金。违约金是指合同约定当一方违反合同约定时须向另一方支付的金额。《中华人民共和国合同法》第 114 条规定："当事人可以约定一方违约时应当根据违约情况向对方交付一定数额的违约金，也可以约定因违约产生的损失赔偿额的计算方法。"从性质上而言，违约金是"损失赔偿额的预先约定"，具有赔偿性，同时，又是对违约行为的惩罚，具

有惩罚性。

在仓储合同中，赔偿性违约金是指存货人与保管人对违反仓储合同可能造成的损失而做出的预先约定的赔偿金额。当一方当事人违约给对方当事人造成某种程度的损失，而且这种数额超过违约金数额时，违约的一方当事人应当依照法律规定还应实行赔偿，以补足违约金不足部分。

惩罚性违约金，是指仓储合同的一方当事人违约后，不论其是否给对方造成经济损失，都必须支付的违约金。这就是说，即使仓储合同的一方当事人没有因为对方当事人的违约而造成任何损失，则违约当事人也必须如数交付违约金。

②损害赔偿。损害赔偿是指合同的一方当事人在不履行合同义务或履行合同义务不符合约定的情形下，在违约方履行义务或者采取其他补救措施后，在对方还有其他损失时，违约方承担赔偿损失的责任。作为承担违反合同责任的形式之一，损害赔偿最显著的性质特征即为补偿性。在合同约定有违约金的情况，损害赔偿的赔偿金是用来补偿违约金的不足部分，如果违约金已能补偿经济损失，就不再支付赔偿金。但是如果合同没有约定违约金，只要造成了损失，就应向对方支付赔偿金。由此可见，赔偿金是对受害方实际损失的补偿，是以弥补损失为原则的。

③继续履行。继续履行是指一方当事人在不履行合同时，对方有权要求违约方按照合同规定的标的履行义务，或者向法院请求强制违约方按照合同规定的标的履行义务，而不论违约方是否支付了违约金和承担了对方的损失赔偿。通常来说，继续履行有下列构成要件：a. 仓储合同的一方当事人有违约行为；b. 被违约一方的仓储合同当事人要求继续履行；c. 继续履行不违背合同本身的性质；d. 违约方能够继续履行。在仓储合同中，要求继续履行作为非违约方的一项权利，强调的是违约方应按合同的标的履行义务，相比较于损害赔偿、违约金，往往更有利于实现当事人订约的目的。

④采取补救措施。发生违约后，被违约方有权要求违约方采取合理的补救措施，弥补违约的损失，并减少进一步损失的发生。如对损坏的仓储物进行修理、将仓储物转移到良好的仓库存放、修复仓储设备，或者支付保养费、维修费、运杂费。

⑤定金惩罚。定金是《中华人民共和国担保法》规定的一种担保方式。在订立合同时，当事人可以约定采用定金来担保合同的履行。在履行前，由一方向另一方先行支付定金，在合同履行完毕，收取定金的一方退还定金或者抵作价款。当合同未履行时，支付定金一方违约的，定金不退还；收取定金一方违约的，双倍退还定金。

定金不得超过合同总金额的20%。同时有定金和违约金约定的，当事人只能选择其中一种履行。

(2)仓储合同违约责任的免除。

免除民事责任，是指不履行合同或法律规定的义务，致使他人财产受到损害时，由于有不可归责于违约方的事由，法律规定违约方可以不承担民事责任的情况。

①不可抗力。不可抗力是指当事人不能预见、不能避免并且不能克服的客观情况的发生，包括自然灾害和某些社会现象。如火山爆发、地震、台风、冰雹、洪涝等自然灾害，战争、罢工、国家行为等社会现象。

不可抗力的免责必须是实际发生的不可抗力，且直接由于不可抗力造成的损失和不可抗力致使当事人不能履行合同或者不能完全履行合同的损失赔偿责任和违约责任。

不可抗力免责的范围仅限在不可抗力的直接影响，当事人未采取有效措施防范、救急所造成的损失扩大部分不能免责。对于延迟履行合同中所遇到的不可抗力不能免责。在发生不可抗力事件后所订立的合同不得引用不可抗力免责。

②仓储物自然特性。因仓储物的性质、超过有效储存期造成仓储物变质、损坏的损失，保管人不承担赔偿责任。

③存货人的过失。由于存货人的原因造成仓储物的损害，如包装不符合约定、未提供准确的验收资料、隐瞒和夹带、存货人的错误指示和说明等，保管人不承担责任。

④合同约定的免责。基于当事人的利益，双方在合同中约定免责事项，对免责事项造成的损失，不承担互相赔偿责任。如约定货物入库时不验收重量，则保管人不承担重量短少的赔偿责任；约定不检验货物内容质量的，保管人不承担非作业保管不当的内容变质损坏责任。

(四)仓储合同的标的和标的物

合同标的是指合同关系指向的对象，也就是当事人权利和义务指向的对象。仓储合同虽然约定的是仓储物的保管事项，但合同的标的却是仓储保管行为，包括仓储空间和仓储时间。保管人提供保管的空间和时间保管仓储物，存货人为使用保管人的仓储行为支付仓储费。因此，仓储合同的标的是仓储保管行为。

标的物是标的的载体和表现，仓储合同的标的物就是存货人交存的仓储物。仓储物可以是生产资料，也可以是生活资料，但必须是实物动产。

(五)仓储合同的订立

1. 订立的原则

仓储合同的订立，是存货人与保管人之间依意思表示而实施的能够引起权利与义务关系发生的民事法律行为。

(1)平等原则。

即作为仓储合同的当事人双方的法律地位一律平等。无论谁为存货人，也不论保管人是谁，双方均享有独立的法律人格，独立地表达自己的意思，双方是在平等基础上的利益互换。

(2)公平及等价有偿原则。

即要求仓储合同的双方当事人依价值规律来进行利益选择，禁止无偿划拨、调拨仓储物，也禁止强迫保管人或存货人接受不平等的利益交换。

(3)自愿与协商一致的原则。

自愿意味着让存货人与保管人完全地依照自己的知识、判断去追求自己最大的利益。协商一致是在自愿基础上寻求意思表示一致，寻求利益的结合点。存货人与保管人协商一致的约定，具有与法律同等的约束力。仓储合同的订立只有在协商一致的基础上，才能充分地体现出双方的利益，从而保证双方能依约定履行合同。

2. 仓储合同中的要约与承诺

根据《中华人民共和国合同法》的规定，只要存货人与保管人之间依法就仓储合同的有关内容经过要约与承诺的方式达成意思表示一致，仓储合同即告成立。

(1)仓储合同中的要约。

所谓要约，就是一方当事人向另一方发出的以订立合同为目的而提出的合同条件。要约是特定的合同当事人所为的意思表示，它以具体的、足以使合同成立的主要条件为内容，向要约人希望与之缔结合同的相对人发出，且表明对方一经承诺即受约束。在仓储合同中，一般来说，要约的内容至少应当包括以下内容：标的物数量、质量、仓储费用。

(2)预约仓储合同。

当一方当事人向另一方发出愿意订立仓储合同的要约，但没有明确合同的主要事项，这种要约构成了双方订立预约合同的要件。保管人的承诺表明双方成立了预约合同。预约合同并不是仓储合同本身，仅仅是双方达成了将要订立仓储合同的协议。生效的预约仓储合同也是有效的合同，双方承担将要订立仓储主合同的义务，否则需承担违反预约合同的责任。

(3)承诺。

承诺是受要约人完全同意要约内容的意思表示。承诺必须是在要约的有效期限内作为，并与要约的内容完全一致。除受要约人之外的任何第三人所作的承诺不是法律上的承诺，而仅仅是一项要约，就像迟到的承诺只是要约一样。受要约人对要约内容的任何扩充、限制或者其他变更，都只能构成一项新要约，而非有效的承诺。

在仓储合同中，承诺最具法律意义之处在于：保管人一经承诺，仓储合同即告成立，且同时生效。

(六)仓储合同的条款

仓储合同的主要条款，是存货人与保管人双方协商一致而订立的，规定双方所享有的主要权利和承担的主要义务的条款，是合同的内容。仓储合同的主要条款是检验合同的合法性、有效性的重要依据。仓储合同的条款包括如下方面。

(1)双方当事人名称、地址。

(2)仓储物的品名、品种、规格。

(3)仓储物的数量、质量和包装。

(4)仓储物验收的内容、标准、方法、时间、资料。

(5)仓储物保管条件和要求。

(6)仓储物入库和出库的手续、时间、地点、运输方式。

(7)仓储物的损耗标准和损耗处理。

(8)计费项目、标准和结算方式。

(9)保管期限。

(10)合同变更解除的条件。

(11)争议的解决方式。

(12)违约责任。

下面介绍一些主要条款的内容。

1. 仓储物的品名或品类、数量、质量、包装

一般来说，仓储合同的标的物是特定物或者是特定化了的种类物。存货人将仓储物交付与保管人，而在合同期届满时，保管人须以保管之原物返还于存货人。因此，在仓储合

同中，明确地标明仓储物的品名或品类十分必要。仓储物的数量、质量及包装，其法律意义也是十分明确的。因此，准确地在仓储合同中表述这些内容也是非常重要的。货物的数量应使用标准的计量单位，而且计量单位应精确到最小的计量单位，比如，以包、扎、捆、把等计算的，就必须明确每包、扎、捆、把有多重或多少根、块。总之，对计量单位要防止有不同理解，产生歧义。仓储物的质量应当使用国家或有关部门规定的质量标准，也可以使用经过批准的企业标准，还可以使用行业标准。上述质量标准均可以由存货人与保管人在仓储合同中约定，而在没有质量标准时，双方当事人可自行约定质量标准。

2. 仓储物验收的内容、标准、方法、时间

仓储合同需要由存货人将所存的货物交付保管人，为了防止将来发生纠纷，保管人应当对仓储物进行验收。保管人正常的验收项目为：仓储物的品种、规格、数量、外包装状况，以及无须开箱、拆开而直观可见可辨的质量情况。包装内的货物品名、规格、数量，以外包装或货物上的标记为准；外包装或货物上无标记的，以供货方提供的验收资料为准。散装货物按国家有关规定或合同规定验收。

货物验收期限，是指自货物和验收资料全部送达保管人之日起，至验收报告送出之日止。货物验收期限的日期均以运输或邮政部门的戳记或送达的签收日期为准。超过验收期限所造成的实际损失，由保管人负责。如果保管人未能按照合同约定或者法律法规规定的项目、方法和期限验收仓储物或验收仓储物不准确，应当负责因此造成的损失。存货人未能提供验收资料或提供资料不齐全、不及时，所造成的验收差错及贻误索赔期由存货人负责。

3. 仓储条件和要求

仓储物在仓库储存期间，由于各种货物的自然属性不同，对仓库的外界条件和内部环境的要求也不尽相同。因此，合同双方当事人应根据货物性质、要求的不同，在合同中明确规定保管条件。保管人如因仓库条件所限，不能达到存货人要求，则不能接受。对某些比较特殊的货物，如易燃、易渗漏、有毒等危险货物，保管人保管时，应当有专门的仓库、设备，并配备有专业技术知识的人负责管理。必要时，存货人应向保管人提供货物储存、保管、运输等方面的技术资料，防止发生货物毁损、仓库毁损和人身伤亡事故。存货人在交存特殊货物时，应当明确告知保管人货物的有关保管条件、保管要求。否则，保管人可以拒绝接收存货人所交付的危险货物。

4. 仓储物的损耗标准

仓储物的损耗标准是指货物在储存过程中，由于自然原因(如干燥、风化、散失、挥发、黏结等)和货物本身的性质等原因，不可避免地要发生一定数量的减少、破损。因此，合同当事人双方应事先商定一定的货物自然减量标准和破损率等，并在合同中订明。损耗标准应当根据储存时间的长短来确定。特别要注意易腐货物的损耗标准应该高于一般货物的损耗标准。

5. 仓储物进出库手续、时间、地点、运输方式

仓储物入库是指货物运进仓库时所进行的清点、检验等接收工作。货物入库的方式多种多样，既可以由存货人送货到库，也可以由供货单位或运输部门送货到库，保管人也可以到供货单位、车站、码头等处接货入库。因此，当事人双方应在合同中约定仓储物的入库方式。一般来说，在仓储合同没有特别约定的情况下，由存货人自己送货入库。

仓储合同的当事人双方还应在合同中约定出库时间。当事人对储存期间没有约定或约定不明确的，存货人可以随时提取仓储物；保管人也可以随时要求存货人提取仓储物，但应给予必要的时间准备。

6. 计费项目、标准和结算方式

计费项目包括保管费、转仓费、出入库装卸搬运费、车皮、站台、专用线占有、包装整理、商品养护等费用。此条款除应明确上述费用由哪一方承担外，还应明确各种费用的计算标准、支付方式、支付时间、地点、开户银行、账号等。

7. 违约责任

仓储合同中可以从货物入库、货物验收、货物保管、货物包装、货物出库等方面明确双方当事人的责任，同时应规定违反合同时应承担的违约责任。承担的违约责任有支付违约金、损害赔偿以及采取其他补救措施。

(七)仓储合同的生效和无效

仓储合同为诺成性合同，在合同成立时就生效。仓储合同生效的条件为合同成立，具体表现为：双方签署合同书；合同确认书送达对方；受要约方的承诺送达对方；公共保管人签发格式合同或仓单；存货人将仓储物交付保管人，保管人接收。

无论仓储物是否交付存储，仓储合同自成立时生效。在仓储合同生效后，发生的存货人未交付仓储物、保管人不能接受仓储物都是仓储合同的未履行，由责任人承担违约责任。

无效合同是指已订立的合同由于违反了法律规定，而被认定为无效。合同无效由人民法院或者仲裁机构、工商行政机关认定，可以认定为合同整体无效或者部分无效，可以采取变更或者撤销的方式处理。合同无效可以在合同订立之后、履行之前，履行之中或者履行之后认定。

产生无效合同的形式：一方以欺诈、胁迫手段订立合同，损害国家利益的仓储合同；恶意串通，损害国家、集体或第三人利益的仓储合同；以合法形式掩盖非法目的的仓储合同；损害社会公共利益的仓储合同；违反法律、行政法规强制性规定的仓储合同；无效代理的合同。对于因重大误解订立的合同，在订立合同中显失公平的合同一方当事人有权请求人民法院或者仲裁机构给予变更或者撤销。

无论无效合同在什么时候被认定，都是自始无效，也就是说因无效合同所产生的民事关系无效。依法采取返还财产、折价赔偿等方式使因无效合同所产生的利益消亡，并通过违法一方退回所得财产，或没收双方违法所得，对造成合同无效方给予处罚。

(八)仓储合同格式

仓储合同是不要式合同，当事人可以协议采用任何合同格式。

1. 合同书

合同书是仓储合同的最常用格式。合同书由合同名称、合同编号、合同条款、当事人签署四个部分组成。合同书必须形式完整，内容全面，有利于合同的履行及争议的处理。

2. 确认书

在采取口头、传真、电文等形式商定合同时，为了明确合同条款和表达合同订立，常常采用一方向另一方签发确认书的方法确定合同。由于确认书仅由发出确认的一方签署，因此，确认书与完整的合同书不同，一般双方还要签订正式合同书。

3. 格式合同

一些公共仓储单位(如车站、码头)一般采用格式仓储合同。格式合同是由一方事先拟定，并在工商管理部门备案的单方确定的合同，在订立合同时只是由保管人填写仓储物、保管期、仓储费等变动事项后直接签发给存货人签订，不进行条款协商。

仓储合同范例

保管人：______________________________

存货人：______________________________

第一条 仓储物

名称	规格	数量	质量	包装	件数	仓储费

合计人民币金额(大写)

第二条 储存场所、储存物占用仓库位置及面积：

____

第三条 仓储物(是/否)有瑕疵。瑕疵是：

____

第四条 仓储物(是/否)需要采取特殊保管措施。特殊保管措施是：

____

第五条 仓储物入库检验的方法、时间与地点：

____

第六条 存货人交付仓储物后，保管人当给付仓单。

第七条 储存期限：从________年____月____日至________年____月____日。

第八条 仓储物的损耗标准及计算方法：

____

第九条 保管人发现仓储物有变质或损坏的，应及时通知存货人或仓单持有人。

第十条 仓储物(是/否)已办理保险，险种名称：______________ 保险金额：________

保险期限：________ 保险人名称：______________

第十一条 仓储物出库检验的方法与时间：

____

第十二条 结算方式与时间及期限：

____

第十三条 储存期间届满，存货人或者仓单持有人应当凭仓单提取仓储物。存货人或者仓单持有人逾期提取的，应当加收仓储费具体如下：

____

提前提取的，不减收仓储费。

第十四条 存货人未向保管人支付仓储费的，保管人(是/否)可以留置仓储物。

第十五条　违约责任：

____

违约损失赔偿额的计算方法：

____

第十六条　本合同解除的条件：

(一)

(二)

第十七条　合同争议的解决方式：本合同项下发生的争议，由双方当事人协商解决；协商不成的，提交＿＿＿＿＿＿＿＿仲裁委员会仲裁。

第十八条　其他约定事项：

____

存货人(章)：	保管人(章)：
住所：	住所：
邮政编码：	邮政编码：
法定代表人：	法定代表人：
委托代理人：	委托代理人：
电话：　　　　　传真：	电话：　　　　　传真：

(九)仓储合同的变更和解除

1. 仓储合同的变更

签订任何一种合同，都是严肃的法律行为。合同依法成立后，任何一方不得擅自变更。仓储合同也不例外。但是，仓储经营是一种十分复杂的商业行为，仓储业务的开展会随着主客观情况的变化而变化，许多时候会使仓储合同的部分履行成为不必要或不可能，这就需要对仓储合同的内容进行修改、补充，以减少不必要的利益损失。

(1)仓储合同变更程序。

仓储合同的变更，其实是一个意思表示达成一致的过程，因此，一般的变更程序类同于通常合同订立程序，即先由一方发出要约，提出变更之请求，另一方做出承诺，双方意思表示一致，变更成立。但是，需要注意的一点是，受变更要约的一方必须在规定的期限答复，此点不同于普通的要约，如另一方在期限内未作答复，合同也发生变更。

(2)仓储合同变更的法律效力。

仓储合同变更后，被变更的内容即失去效力，存货人与保管人应按变更后的合同来履行义务，变更对于已按原合同所作的履行无溯及力，效力只及于未履行的部分。任何一方当事人不得因仓储合同的变更而要求另一方返还在此之前所作的履行。仓储合同变更后，因变更而造成对方损失的，责任方应承担损害赔偿责任。

2. 仓储合同的解除

仓储合同的解除是指仓储合同订立后，在合同尚未履行或者尚未全部履行时，一方当事人提前终止合同，从而使原合同设定的双方当事人的权利义务归于消灭。

(1)仓储合同解除的方式。

①存货人与保管人协议解除合同。协议解除合同和协议订立合同一样，是双方意见一

致的结果，具有至高的效力。解除合同协议可以在合同生效之后、履行完毕之前由双方协商达成；也可以在订立合同时订立解除合同的条款，当约定的解除合同的条件出现时，一方通知另一方解除合同。

②仓储合同依法律的规定而解除。这是当事人一方依照《中华人民共和国合同法》规定的有权采取解除合同的法律规定的行为。《中华人民共和国合同法》规定：因不可抗力致使合同的目的不能实现，任何一方可通知对方解除合同；一方当事人将发生预期违约，另一方可以行使合同解除权；仓储合同的一方当事人延迟履行合同义务，经催告后在合理期限内仍未履行，另一方可以解除合同；仓储合同一方当事人延迟履行义务或者有其他违约行为，致使合同目的不能实现，另一方可以解除合同。

(2)仓储合同解除的程序。

仓储合同中享有解除权的一方当事人在主张解除合同时，必须以通知的形式告知对方当事人。只要解除权人将解除合同的意思表示通知对方当事人，就可以发生仓储合同即时解除的效力，无须对方当事人答复，更无须其同意。对方有异议的，可以请求法院或者仲裁机构确认解除合同的效力，即确认行使解除权的当事人是否享有合同解除权。

(3)仓储合同解除的法律后果。

合同解除后，因为仓储合同所产生的存货人和保管人的权利义务关系消亡，对于未履行的合同当然终止履行。合同解除并不影响合同的清算条款的效力，双方仍需要按照清算条款的约定承担责任和赔偿损失，需承担违约责任的一方仍要依据合同约定承担违约责任、采取补救措施和赔偿损失的责任。如违约的存货人仍需要对仓库空置给予补偿，造成合同解除的保管人要承担运输费、转仓费、仓储费差额等损失赔偿。

二、配送服务合同

(一)配送服务合同的概念

配送服务合同是指配送经营人与配送委托人签订的有关确定配送服务权利和义务的协议。或者说，是配送服务经营人收取费用，将委托人委托的配送物品，在约定的时间和地点交付给收货人而订立的合同。委托人可以是收货、发货、贸易经营、商品出售、商品购买、物流经营、生产企业等配送物的所有人或占有人，可以是企业、组织或者个人。

(二)配送服务合同的性质

1. 有偿合同

配送服务是一种产品，配送服务经营人需要投入相应的物化成本和劳动才能实现产品的生产。独立的配送经营是为了营利的经营，需要在配送经营中获得利益回报。配送经营的营利性决定了配送服务合同为有偿合同。委托人需要对接受的配送服务产品支付报酬，配送服务经营人收取报酬是其合同的权利。

2. 诺成合同

诺成合同表示合同成立即可生效。当事人对配送服务关系达成一致意见时配送服务合同就成立，合同也即生效。配送服务合同生效后，配送服务方需为履行合同组织力量，安排人力、物力，甚至要投入较多资源，如购置设备，聘请人员。如果说合同还不能生效，显然对配送服务经营人极不公平，因而配送服务合同必须是诺成合同。当事人在合同订立后没有依据合同履行义务，就构成违约。当然，当事人可在合同中确定合同开始履行的时间或条件，时间未到或条件未达到时虽然合同未开始履行，但并不构成合同未生效。

3. 长期性

配送服务活动具有相对长期性的特性，配送过程都需要持续一段时期，以便开展有计划、小批量、不间断的配送，实现配送的经济目的。如果只是一次性的送货，则成为了运输关系而非配送关系。因而配送合同一般是期限合同，确定一段时期的配送关系；或者是一定数量产品的配送，需要持续较长的时间。

（三）配送服务合同的种类

配送服务合同一般有如下三类。

1. 独立配送服务合同

由独立经营配送业务的配送企业或个人或兼营配送业务的组织与配送委托人订立的仅涉及配送服务的独立合同。该合同仅仅用于调整双方在配送服务过程中的权利和义务关系，以配送行为为合同标的。

2. 附属配送服务合同

附属配送服务合同是指在加工、贸易、运输、仓储或其他物资经营活动的合同中，附带地订立配送服务活动的权利和义务关系，配送服务活动没有独立订立合同。附属配送服务合同主要由仓储经营人与保管人在仓储合同中附带配送协议、运输合同中附带配送协议、销售合同中附带配送协议、物流合同中附带配送协议、生产加工合同中附带配送协议等。

3. 配送服务合同的其他分类

配送服务合同依据合同履行的期限还可分为定期配送服务合同和定量配送服务合同。定期配送服务合同是指双方约定在某一期间，由配送人为委托人承担的某些配送业务而订立的合同。定量配送服务合同则是配送人按照委托人的要求，按一定量的物品进行配送，直到该数量的物品配送完毕，则合同终止。

配送服务合同按照配送委托人身份的不同还可分为批发配送、零售配送、工厂配送等合同；依据配送物的不同可分为普通商品配送、食品配送、水果蔬菜配送、电器配送、原材料配送、零部件配送等合同；按照配送服务地理范围的不同可分为市内配送、地区配送、全国配送、跨国配送、全球配送等合同。

（四）配送服务合同的主要条款

无论是独立的配送服务合同还是附属配送服务合同都需要对配送服务活动当事人的权利和义务协商达到意见一致，并通过合同条款准确地表述。配送服务合同的主要条款包括以下几个方面。

1. 合同当事人

合同当事人是合同的责任主体，是所有合同都须明确表达的项目。

2. 配送服务合同的标的

配送服务合同的标的就是将配送物品有计划地在确定时间和确定地点交付收货人。配送服务合同的标的是一种行为，因而配送服务合同是行为合同。

3. 配送方法

配送方法即配送要求，是合同双方协商同意配送所要达到的标准，是合同标的完整细致的表述，根据委托方的需要和配送方的能力协商确定。配送方法有定量配送、定时配送、定时定量配送、即时配送、多点配送等多种方法。需要在合同申明明确时间及其间隔、发货地点或送达地点、数量等配送资料。配送方法还包括配送人对配送物处理的行为约定，如配装、分类、装箱等。配送方法变更的方法，如订单调整等。

4. 标的物

标的物即被配送的对象，可以为生产资料或生活资料，但必须是动产、有形的财产。配送物的种类、品名、包装、单重、尺度体积、性质等决定了配送的操作方法和难易程度，需要在合同中明确。

5. 当事人权利与义务

在合同中明确双方当事人需要履行的行为或者不作为的约定。

6. 违约责任

约定任何一方违反合同约定时需向对方承担的责任。违约责任约定有违约行为需支付的违约金的数量，违约造成对方损失的赔偿责任及赔偿方法，违约方继续履行合同的条件等。

7. 补救措施

补救措施本身是违约责任的一种，但由于配送合同的未履行可能产生极其严重的后果，为避免损失的扩大，合同约定发生一些可能产生严重后果的违约补救方法，如紧急送货、就地采购等措施的采用条件和责任承担等。

8. 配送费和价格调整

配送费是配送经营人订立配送合同的目的。配送人的配送费应该弥补其开展配送业务的成本支出和获取可能得到的收益。合同中需要明确配送费的计费标准和计费方法，或者总费用，以及费用支付的方法。

由于配送合同持续时间长，在合同期间因为构成价格的成本要素发生变化，如劳动力价格、保险价格、燃料电力价格、路桥费等变化，为了使配送方不至于亏损，或者委托方也能分享成本降低的利益，允许对配送价格进行适当调整，在合同中订立价格调整条件和调整幅度的约定。

9. 合同期限和合同延续条款

对于按时间履行的配送合同，必须在合同中明确合同的起止时间，起止时间用明确的日期方式表达。由于大多数情况下配送关系建立后，都会保持很长的时间，这就会出现合同不断延续的情况。为了使延续合同不会发生较大的变化，简化延续合同的合同订立程序，往往在合同中确定延续合同的订立方法和基本条件要求。如提出续约的时间、没有异议时自然续约等约定。

10. 合同解除的条件

配送合同都需要持续较长时间，为了使在履约中一方不因另一方能力的不足或没有履约诚意而招致损害，或者出现合同没有履行必要和履行可能时，又不至于发生违约，在合同中约定解除合同条款，包括解除合同的条件、解除合同的程序等。

11. 不可抗力和免责

不可抗力是指由于自然灾害、当事人不可抗拒的外来力量所造成的危害，如风暴、雨雪、地震、雾、山崩、洪水等自然灾害，还包括政府限制、战争、罢工等社会现象。不可抗力是合同法规定的免责条件，但合同法没有限定不可抗力的具体现象，对于一般认可的不可抗力虽已形成共识，但仅对配送行为影响的特殊不可抗力的具体情况，如道路塞车等，以及需要在合同中陈述的当事人认为必要的免责事项需要在合同中明确。不可抗力条款还包括发生不可抗力的通知、协调方法等约定。

12. 其他约定事项

配送物种类繁多，配送方法多样，当事人在订立合同时需充分考虑到可能发生的事件和合同履行的需要，并达成一致意见，是避免发生合同争议的最彻底的方法。特别是涉及成本、行为的事项，更需事先明确。如以下几个方面。

(1)配送容器的使用。合同中约定在配送过程中需要使用的容器或送料厢等的尺度、材料质地、配送容器的提供者，是免费使用还是有偿使用，如何使用，合同期满时的处理方法等。

(2)损耗约定。在配送中发生损失的允许耗损程度和耗损的赔偿责任，配送物超过耗损率时对收货人的补救措施等。

(3)退货发生时收货人退货的处理方法。一般约定由配送人先行接受和安置，然后向委托人汇报和约定委托人进行处理的要求与费用承担。与退货相类似的还可能约定配送废弃物、回收旧货等的处理方法，配送溢货的处理方法。

(4)信息传递方法。约定双方使用的信息传递系统、传递方法、报表格式等。如采用生产企业的信息网络、每天传送存货报表等约定。

13. 争议处理

合同约定发生争议的处理方法，主要是约定仲裁、仲裁机构，或者约定管辖的法院。

14. 合同签署

合同由双方的法定代表人签署，并加盖企业合同专用章。私人订立合同的由其本人签署。合同签署的时间为合同订立时间，若两方签署的时间不同，后签时间为订立时间。

(五)配送服务合同的订立

配送服务合同是双方对委托配送经协商达成一致意见的结果。经过要约和承诺的过程，承诺生效合同成立。在现阶段我国的配送合同订立往往需要配送经营人首先要约，向客户提出配送服务的整体方案，指明配送业务对客户产生的利益和配送实施的方法，以便客户选择接受配送服务并订立合同。

配送服务合同的要约和承诺可用口头形式、书面形式或其他形式。同样的，配送服务合同也可采用口头形式、书面形式或其他形式，为非要式合同。但由于配送时间延续较长，配送服务所涉及的计划管理性强；非及时性配送所产生的后果可大可小，甚至会发生如生产线停工，客户流失等重大损失；配送服务过程受环境因素的影响较大，如交通事故等，为了便于双方履行合同、利用合同解决争议，采用完整的书面合同最为合适。

(六)配送服务合同的履行

配送服务合同双方应按照合同约定严格履行合同，任意一方不得擅自改变合同的约定，是双方的基本合同义务。此外依据合同的目的对可以推断出双方当事人还需要分别承担的一些责任也应予以重视，尽管合同没有约定。

1. 配送委托人保证配送物适宜配送

配送委托人需要保证由其本人或者其他人提交的配送物适宜于配送和配送作业。对配送物进行必要的包装或定型；标注明显的标识并保证能与其他商品相区别；保证配送物可按配送要求进行分拆、组合；配送物能用约定的或者常规的作业方法进行装卸、搬运等作业；配送物不是法规禁止运输和仓储的禁品；对于限制运输的物品，需提供准予运输的证明文件等。

2. 配送经营人采取合适的方法履行配送的义务

配送经营人所使用的配送中心具有合适的库场，适宜于配送物的仓储、保管、分拣等作业；采用合适的运输工具、搬运工具、作业工具(如干杂货使用厢式车运输)，使用避免损害货物的装卸方法，大件重货使用吊机、拖车作业；对运输工具进行妥善积载，使用必要的装载衬垫、捆扎、遮盖；采取合理的配送运输线路；使用公认的或者习惯的理货计量方法，保证理货计量准确。

3. 配送人提供配送单证

配送经营人在送货时须向收货人提供配送单证、配送货物清单。配送清单为一式两联，详细列明配送物的品名、等级、数量等配送物信息，经收货人签署后收货人和配送人各持一联，以备核查和汇总。配送人需在一定期间间隔向收货人提供配送汇总表。

4. 收货人收受货物

委托人保证所要求配送的收货人正常地接受货物，不会出现无故拒收；收货人提供合适的收货场所和作业条件。收货人对接受的配送物有义务进行理算查验，并签收配送单和注明收货时间。

5. 配送人向委托人提供存货信息和配送报表

配送人需在约定的期间(如每天)向委托人提供存货信息，并随时接受委托人的存货查询，定期向委托人提交配送报表、分收货人报表、残损报表等汇总材料。

6. 配送人接受配送物并承担仓储和保管义务

配送经营人需按配送合同的约定接受委托人送达的配送物，承担查验、清点、交接、入库登记、编制报表的义务，安排合适的地点存放货物，妥善堆积或上架；对库存货物进行妥善的保管、照料，防止存货受损。

7. 配送人返还配送剩余物，委托人处理残料

配送期满或者配送合同履行完毕，配送经营人需要将剩余的物品返还给委托人，或者按委托人的要求交付给其指定的其他人。配送人不得无偿占有配送剩余物，同样，委托人有义务处理配送残余物或残损废品、回收物品、加工废料等。

(七)配送服务合同的格式

货物配送合同书

甲方：____________________

地址：____________________

乙方：____________________

地址：____________________

根据《中华人民共和国合同法》，本着互利互惠的原则，就甲方委托乙方配送货物事宜，为了明确双方的责任，经双方协商，特签订本合同。

第一条 运输货物(名称、规格、数量)严禁运输国家禁运易燃易爆物品

编号	品名	规格	单位	单价	数量

第二条 包装要求

甲方必须按照国家主管机关规定的标准包装货物，没有统一规定包装标准的，应根据保证货物运输安全的原则进行包装，否则乙方有权拒绝承运。

第三条 配送区域

________________地区及省内各市县城。

第四条 合同期限

一年，从______年____月____日至______年____月____日，合同期满后，经双方就合同约定价格再行协商，在同等条件下优先续签。

第五条 运输质量及安全要求

乙方必须用符合甲方配送货的车辆，为甲方实行优质、快捷、安全的b2b配送货服务。保证甲方的货物按规定、要求、时间保质保量地配送至目的地。每天运输前双方议定运输重量，超重时价格另定。

第六条 货物装卸责任

货物的装车工作由乙方负责，卸车工作由收货人负责，在装卸过程中发生的一切责任由装、卸方承担。

第七条 收货人领取货物及验收办法

收货人凭有效证件、单据(或凭据)与乙方对证验收、领取货物。

第八条 收费标准与费用结算方式

甲方收到乙方所提供的符合本合同约定的单据后，每两个月15日结算第一个月的费用。

第九条 双方的权利和义务

(一)甲方的权利与义务

1. 甲方的权利

(1)负责将货物配齐，要求乙方按照约定的时间、地点、收货人，把货物配送到目的地。配送通知发乙方后，甲方需变更到货地点或收货人，或者取消通知，有权向乙方提出，但必须在货物未运到目的地之前，并应按有关规定付给乙方费用。

(2)有权对乙方的配送货过程进行监督、指导。

(3)委托的货物应遵守国家有关法律规定，并符合包装标准。

2. 甲方的义务

(1)按约定按时向乙方交付配送费用。

(2)应向乙方提供有关配送货物的相应单据文件(产品、型号、数量、客户准确地址及电话号码、联系人等)。

(3)指派专人负责与乙方联系并协调配送货过程中有关事宜。

(4)合同期内，乙方是甲方省内区域(包括市郊)的唯一配送商，未经乙方同意，甲方不得另寻配送商，否则，乙方可解除合同。

(二)乙方的权利和义务

1. 乙方的权利

向甲方收取配送费用。查不到收货人或收货人拒绝领取货物，乙方就及时与甲方联系，在规定期限内负责保管并有权向甲方收取保管费用。

2. 乙方的义务

(1)根据甲方的业务需要与发展，提供相应的运输能力，即提供不同的厢车。

(2)在约定的时限内(见下表)，将货物运到指定的地点，按时向收货人发出货物到达的通知。对托运的货物要负责安全，保证货物无短缺、无损坏。在货物到达以后，按规定的期限，负责保管。到达时间标准表(当天配送货物都按当天18:00开始计算)：

地区	标准时间/小时
地区	6
省内各市县城	24

(3)乙方应在甲方指定的地点提取货物，在装货过程中，乙方的驾驶员应负责进行监装，对装货过程中的不当操作有责任指出并纠正，乙方将货物送往甲方指定的目的地和接收人，由收货人、乙方司机双方签字盖章确认。交货时如发现产品损坏或产品、数量、型号、规格不符等问题，乙方应要求接收人注明，接收人所盖印章应为商家签定的配送委托书规定的公章或收货专用章，乙方凭甲方认可的配送反馈单与甲方进行结算。

第十条 违约责任

(一)甲方责任

1. 不按时与乙方结算配送费用，每超一天偿付给乙方当月结算费用1%的违约金，但由于乙方提供的结算单据不及时除外。

2. 因甲方原因，造成乙方的承运车不能及时返回，甲方应根据当次加付运费10%作为补偿金。(规定卸货时间为2小时)

3. 甲方有责任为乙方营造良好的服务环境，如甲方员工在货物配送过程中发生以下现象之一的，甲方应向乙方支付违约金________元/次。

(1)不按预约时间装卸货物。

(2)装卸货物当中有野蛮装卸行为，乙方指出，甲方工作人员不及时更改。

(3)甲方协调不到位，造成乙方被投诉。

(4)甲方发错货，造成乙方承运货物到达商场后，商场拒收，返程运费由甲方支付。

4. 由于在货物中夹带、匿报危险货物，而招致货物破损、爆炸，造成人身伤亡的，甲方应承担由此造成的一切责任。

(二)乙方责任

1. 乙方如送货到达时间每晚于规定时间一天，应向甲方支付当次运输费10%的违约金(阻车、修路、交通管制除外)，若乙方送达目的地错误，应自费将货物送达甲方要求的目的地，因此给甲方造成的损失由乙方负责赔偿。

2. 经双方确认，货物在运输途中造成的破损、遗失、短缺等任何损失，由乙方负责赔偿，赔偿价值按批发价计算，且乙方不得擅自拆除货物并重新包装，因以上原因造成甲方违约或其他损失后，由乙方负责赔偿。

3. 乙方有责任为甲方提供优质服务，如乙方员工在货物配送过程中发生以下现象之一的(属于乙方责任造成的)，乙方应向甲方支付违约金200元/次，同时乙方应按本合同继续履行合同。

(1)不按时运送货物，造成用户投诉。

(2)在运输过程中，损坏货物并强行留给用户，造成用户投诉。

(3)在装卸货物中，司机刁难用户，造成用户投诉。

4. 在符合法律和合同规定条件下的运输，由于下列原因造成货物灭失、短少、损坏的违约责任。

(1)不可抗力。

(2)货物本身的自然属性。

(3)甲方或收货人本身的过错。

(4)在运送过程中，送错货物，造成用户投诉。

(三)其他________________

1. 甲方仅支付乙方运费。在运输途中发生的其他一切费用(如过路、过桥费等)全部由乙方负责，具体支付标准(详见合同附件《价格表》)。

2. 双方不能以任何形式向公众透露对方的商业机密，否则，由此引起的任何损失(如名誉受损、经济受损等)均由泄密方负责赔偿。

3. 不可抗力的原因，影响本合同不能履行或者部分不能履行或延期履行时，遇有不可抗力事故的一方，应立即将事故情况通知对方，并详细提供事故详情及造成合同不能履行，或者部分不能履行，或者延期履行的理由及所有的相关文件资料。

4. 一方违约，另一方有权以书面形式通知对方解除本合同或双方签订的其他合同、协议，合同自发出通知之日起30天后解除，由违约方承担违约责任。

5. 自本合同生效之日起，甲乙双方原先签定的产品配送合同自动作废。

6. 本合同如有未尽事宜，应由双方协商解决；协商不成时，按下列第________种方式解决：

(1)向________仲裁委员会申请仲裁；

(2)向人民法院起诉。

7. 本合同一式二份，合同双方各执一份。

甲方(盖章)：________________	乙方(盖章)：________________
签约代表：________________	签约代表：________________
开户行：________________	开户行：________________
银行账号：________________	银行账号：________________
电话：________________	电话：________________
________年____月____日	________年____月____日
签订地点：________________	签订地点：________________

第四节 仓单

一、仓单概述

(一)仓单的概念

仓储合同成立后，在一般仓储合同中，存货人依据合同的约定将仓储物交付保管人。仓储物的转移并不发生所有权的转移，因此，为了标明存货人对仓储物的所有权，保管人应当给付存货人必要的权利证明凭证。凭此证明，存货人可以表明自己是仓储物的所有人，保管人必须返还仓储物给存货人。该凭证即为仓单。简言之，所谓仓单，就是指仓储保管人在收到仓储物时向存货人签发的表明已经收到一定数量的仓储物，并以此来代表相应的财产所有权利的法律文书。《中华人民共和国合同法》第 385 条规定：“存货人交付仓储物时，保管人应当给付仓单。”

(二)仓单的性质

仓单的性质主要包括如下四个方面。

1. 仓单是代表一定的财产所有权利的法律文书

保管人收到存货人交付的仓储物，验收之后即出仓单，如果存货人并没有依据仓储合同的约定交付仓储物，保管人是不会给付仓单的。存货人持有仓单所证明的应当是：虽然货物已经交付给了保管人，但这种交付并不涉及财产权利的转移，交付只是为了求得妥善的储存与保管，仓储物的所有权依然掌握在自己的手中，自己可以所有权人的身份自由处分仓储物。因此，在仓储期限届满时，存货人或者仓单持有人也就当然可以此为凭证提取仓储物。正是因为在仓单上记载了存货人对仓储物的所有者权利，存货人才可以要求提取自己特定的与自己存入时完全一致的原物。

2. 仓单是提货凭证

仓单既是存货人已经交付仓储物的凭证，又是存货人或者仓单持有人提取仓储物的凭证。保管人一旦签发仓单，不管仓单是否由存货人持有，持单人都可以凭借仓单而请求保管人给付仓储物，保管人不能以仓单持有人不是存货人本人为由拒绝给付仓储物。仓单持有人向保管人出示仓单后，有权受领仓储物。仓单持有人在领取仓储物后，应当将仓单交回保管人。

3. 仓单是有价证券

仓单在经过存货人的背书和保管人的签署后可以转让，任何持有仓单的人都可以依据仓单上所记载的权利而要求仓储保管人给付仓储物。因此，仓单实际上又是一种以给付仓储物为标的的有价证券。仓单上所记载的事项，实际上就是当事人权利义务关系的反映。保管人只以仓单为准，决定当事人的权利义务，而不管持单人是否为存货人，仓单的转移随之而发生仓储物的所有权转移。

4. 仓单是仓储合同的证明

仓单本身并不是仓储合同，当双方没有订立仓储合同时，仓单作为仓储合同的书面证明，证明合同关系的存在，存货人和保管人按照仓单的记载承担合同责任。

二、仓单的形式和内容

仓单包括下列事项：

(1)存货人的名称或者姓名和住所；

(2)仓储物的品种、数量、质量、包装、件数和标记；

(3)仓储物的损耗标准；

(4)储存场所；

(5)储存时间；

(6)仓储费；

(7)保险金额、期间以及保险人名称；

(8)填发人、填发地和填发日期。

(一)存货人的名称或者姓名和住所

这是仓单的首项载明事项。名称或者姓名是确定合同权利义务承受主体的重要依据。仓单作为一种法律凭证，它所载明的名称或者姓名，应当是存货人的标准名称或者姓名，即存货人应当以其在工商行政管理机关登记注册的名称或者以由国家机关颁发的有效身份证件上所确定的名称作为其在仓单上的记载的名称或姓名。因此，这也客观地要求存货人在与保管人订立仓储合同时，一定要使用自己的标准名称或姓名，杜绝使用简称或别名，以免造成仓储合同所载名称或姓名与仓单所载之名称或姓名不相一致，引起不必要的纠纷。在民法上，住所也有着重要的法律意义，它是确定诉讼管辖、债务履行以及法律文书送达等方面的重要依据。如果存货人是法人或者其他经济组织，仓单应当以其在工商行政管理机关登记注册的住所为记载之住所；如果存货人是公民个人，则仓单应当以其户籍所在地或者经常居住地为记载之依据。准确载明存货人的住所，对于保管人履行合同义务也非常重要，保管人得依此住所而履行有关义务。

(二)仓储物的品种、数量、质量、包装、件数和标记

仓储物的品种、数量、质量、包装、件数和标记，构成了对仓储物的特定化，是保管人保证原物返还的基础。因此，有关仓储物的上述事项记载，必须是绝对准确的。保管人在接收存货人交付的仓储物时，应当认真验收，详细准确地将上述事项记载在仓单上。仓储物的名称应当使用准确名称，避免因使用简称或者别名而可能产生的歧义理解，造成理解上的困难，仓储物的质量、包装等也要明确表明。仓储物的数量应当使用法定标准计量单位，件数要核准，标记要清晰明了。总之，上述记载事项应当能够表明持单人收取的仓储物与存货人交付的仓储物具有同一性。

(三)仓储物的损耗标准

仓储物损耗标准是指货物在储存运输过程中，由于其本身的自然性质和自然因素(如干燥、风化、散失、挥发、黏结等)，或由于度量衡的误差等原因，不可避免地要发生的一定数量的货物之减少、破损或计量误差。仓单应当明确表明仓储物的损耗标准，依主管

部门的规定或者双方的合理约定，确定必要的仓储物自然减量标准和合理磅差，以免在日后仓储物交还之时发生不必要的纠纷。

(四)储存场所

所谓储存场所，是指保管人储存仓储物的地方。仓单上应当明确载明储存场所，以便存货人或者仓单持有人能够及时、准确地在储存期限届满时提取仓储物。仓储物的储存场所往往即为仓储物的交付地点，因而，它又与交付时间的确定等有着紧密联系。而一旦纠纷成讼，则在确定诉讼管辖等方面有重要作用。所以，储存场所应当是仓单中的必要条款。

(五)储存期间

储存期间由保管人与存货人在签订合同时就做出约定。一方面，储存期间是保管人履行保管义务的起止时间；另一方面，储存期间又是存货人或者仓单持有人是否按时提取仓储物的一个界限。根据《中华人民共和国合同法》规定，如果存货人或者仓单持有人逾期提取仓储物，保管人得加收仓储费。因此，仓单上应明确记载储存期间。

(六)仓储费

所谓仓储费，是指保管人因其保管行为而获得的报酬。仓储业作为一种商业经营业务，保管人为存货人储存仓储物，提供储存、保管服务，其目的就是为了收取仓储费。同样，存货人想获得保管人提供的储存、保管服务，必须支付相应的仓储费。仓储费的数额、支付方式、支付地点、支付时间等，显然应当在仓单上给予明确记载。

(七)仓储物的保险事项记载

仓储业务是商业行为，存货人进行的往往是营利性经营，各种风险均应仔细考虑。如果存货人在交付仓储物时，已经就仓储物投了财产保险，那么，存货人应当将保险金额、保险期间以及保险人的名称告知保管人，由保管人将有关情况记载于仓单之上。

(八)填发人、填发地和填发日期

仓单由保管人签发，保管人在签发仓单时，应当将自己的名称或者姓名记载在仓单上，这是确定保管人承担义务的重要依据之一。一般而言，仓单的填发地则为存货人交付仓储物的地点，对确定诉讼管辖同样具有重要的法律意义。仓单的填发日期实际上就是储存期间的开始时间，对确定保管人履行储存保管义务期限甚为关键。因此，保管人填发仓单时，理应载明是谁填发的仓单，在什么地方，于何时填发。

三、仓单业务

仓单常见业务是发生在保管人与存货人之间的业务，是仓储业的日常管理工作，是保管人对存货人是否予以提货、向谁提货的核准。

1. 仓单的签发

当存货人将仓储物交给保管人，并要求保管人签仓单时，保管人需对仓储物进行检查

和理数，确认仓储物的状态，在全部仓储物收妥后，将所接受的仓储物的实际情况如实记录在仓单上，特别是对仓储物的不良状况更是要准确批注，如果存货人不同意批注且仓储物的瑕疵不影响仓储物的价值或质量等级时，保管人可以接受存货人的担保而不批注，否则就必须批注，或者拒绝签发仓单。

2. 仓单的份数

仓单一式两份，一份是正式仓单，交给存货人；另一份为存底单，由保管人保管。仓单可以有副本，可以根据业务需要复制相应的份数，但需要注明"副本"字样。

3. 仓单的分割

存货人将一批仓储物交给保管人时，因为转让的需要，要求保管人签发分为几份的仓单，或者仓单持有人要求保管人将原先的一份仓单分拆成多份仓单以便向不同人转让，这就遇到仓单的分割业务。仓单的分割不仅只是单证的处理，还意味着保管人需要对仓储物进行分劈，应该说是仓储保管人提供额外的服务。仓单分割的条件是仓储物必须能够被分劈，且达成对残损、地脚货的分配协议并对分割后的仓单持有人有约束力，分割后仓单的仓储物总和数与仓储物总数相同。保管人对已签发出的仓单进行分割后，必须将原仓单收回。

4. 仓单的转让

仓单持有人需要转让仓储物时，可以通过背书转让的方式进行仓储物的转让。背书过程填写完整后，要由保管人签署，受让人方可凭单提取仓储物。

(1)仓单背书转让方法：作为记名单证，仓单的转让采取背书转让的方式进行。背书转让的出让人为背书人，受让人为被背书人。背书格式为：

兹将本仓单转让给×××(被背书人的完整名称)

×××(背书人的完整名称)

背书经办人签名、日期

仓单可以进行多次背书转让，第一次背书的存货人为第一背书人。在第二次转让时，第一次被背书人就成为第二背书人。因而背书过程是衔接的完整过程，任何参与该仓单转让的人都在仓单的背书过程中记载。

(2)保管人签署：存货人将仓单转让，意味着保管人需要对其他人履行仓储义务，保管人与存货人订立仓储合同的意境和氛围都因仓单的转让发生了改变，保管人对仓单受让人履行仓单义务需要了解义务对象的变化，对仓单受让人行使仓单权利也需要对债务人有足够的信任，因而需要对仓单的转让给予认可。所以仓单的转让需要保管人签署，受让人方可凭单提取仓储物。

5. 凭单提货

在保管期满或者经保管人同意的提货时间内，仓单持有人将出示身份证明向保管人提货，具体工作如下：

(1)核对仓单。保管人核对提货人所提交的仓单和存底仓单，确定仓单的真实性；对于转让的仓单需要核查仓单的背书是否完整，过程衔接是否明白；核对仓单上存货人或者被背书人与其所出示的身份证明是否一致。

(2)提货人缴纳费用。如果仓单记载由提货人缴纳仓储费用，保管人根据仓储合同约定以及仓单上的记载，在对仓储物在仓储期间发生的仓储人的垫费、为仓储物所有人利益的支出、对仓储人或其他人所造成的损害赔偿等费用核算准确后，要求提货人按约定缴纳费用。

(3)保管人签发提货单证并安排提货。保管人收取费用、收回仓单后，签发提货单证，安排货物出库准备。

(4)提货人验收仓储物。提货人根据仓单的记载与保管人共同查验仓储物，签收提货单证，收取仓储物。如果查验时发现仓储物状态不良，现场编制记录，并要求保管人签署，必要时申请商品检验，以备事后索赔。

6. 仓单灭失的提货

仓单因故毁损或灭失，将会出现无单提货的现象。原则上提货人不能提交仓单，保管人不能交付货物，无论对方是合同订立人还是其他人。因为保管人签发出仓单就意味着承认只能对仓单承担交货的责任，不能向仓单持有人交付仓储物就需要给予赔偿。仓单灭失的提货方法为：

(1)通过人民法院的公示催告使仓单失效。根据民事诉讼法，原仓单持有人或者仓储合同人可以申请人民法院对仓单进行公示催告。当60天公示期满无人争议，人民法院可以判决仓单无效，申请人可以向保管人要求提取仓储物。在公示期内有人争议，则由法院审理判决，确定有权提货人，并凭法院判决书提货。

(2)提供担保提货。提货人向保管人提供仓储标的物的担保后提货，由保管人掌握担保财产，将来另有人出示仓单而不能交货需要赔偿时，保管人使用担保财产进行赔偿。该担保在可能存在的仓单失效后，方解除担保。

7. 不记名仓单

如果保管人和存货人达成协议，由保管人签发不记名仓单，则所签发的仓单的存货人项就可以为空白。不记名仓单在转让时无须背书，存期届满由持有人签署，并出示同样的身份证明就能提货。不记名仓单不能提前提货。使用不记名仓单的存货人和保管人双方都存在一定的风险，仓储保管人不能控制仓单的转让，也不知道将来要向谁交货，仓单持有人遗失仓单就等于遗失仓储物。

在仓单的存货人项不填写真正的存货人或所有人，而只填写通知人或者经手人等非实际仓储物的所有人的仓单也属于不记名仓单。

本章小结

本章内容主要介绍了几种基本的仓储与配送经营方法、仓储合同业务、配送合同业务和仓单业务。通过对本章的学习，可以使学生掌握仓储与配送经营的项目以及如何进行良好的经营；熟练掌握仓储合同的相关内容以及当事人的权利和义务；掌握配送合同的种类、条款及履行条件；同时熟练掌握仓单的功能、内容及主要业务。

【案例分析】

仓储合同纠纷案例

案情简介：

原告李某诉称，20××年原告承包了冷库，20××年9月5日翟某与李某签订仓储合同，约定储存苹果为 160 吨，每吨 360 元。合同签订后，翟某说资金紧张，暂时不能支付 2 万元的定金，写下欠条一张。合同约定，自 20××年 9 月 5 日后开始入库，可被告迟迟不见行动，过一段时间后，原告问被告，被告说这个库我一定包，等一段时间再入库。直到最后，被告也未储存苹果，造成原告的冷库闲置一季。减去各种费用，被告应支付原告因其违约而造成的各种损失 48 000 元。法院判决如下：被告翟某于本判决生效后七日内赔偿原告损失 30 000 元。判决生效后，翟某不服，向检察机关申诉。检察院抗诉，原法院再审判决如下：一是撤销原判决。二是驳回李某的诉讼请求。案件受理费由李某承担。李某不服再审判决，判决生效后，向中级法院申请再审，中级法院决定提审。

办案过程：

律所接受再审申请人李某委托，指派某律师承办该案，律师认真研究案情后，认为该案涉及的法律问题有以下几点：①原再审判决是否正确。②仓储合同是诺成性合同还是实践性合同。③仓储合同是否解除。某律师及时到法院阅卷，并认真分析。某律师提出以下代理意见。

一、李某与翟某签订的仓储合同是双务、有偿、诺成性合同

《中华人民共和国合同法》第 381 条规定："仓储合同是保管人储存存货人交付的仓储物，存货人支付仓储费的合同。"双务、有偿性显而易见。《中华人民共和国合同法》第 382 条"仓储合同自成立时生效"之规定，确认了仓储合同为诺成性合同，而不是等到仓储物交付才生效。仓储合同为诺成性合同，这一点显著区别于实践性的保管性合同，即合同从成立时即生效，而不是等到仓储物交付才生效，这一点在合同法上明确定义具有重要的实践意义。在仓储合同中，保管人是具有专业性和营利性的从事仓储营业服务的民事主体，合同一旦成立，在仓储物交付之前其必然要耗费一定的人力、物力、财力为履行合同做必要准备，若存货人此时反悔不交付货物，必然给对方带来损失，若仓储合同作为实践性合同，则合同从交付之日才成立，从订立合同到交付之间的这种损失只能依缔约过失责任而不是违约责任请求赔偿。诺成性合同则不同，只要双方达成一致协议、合同成立，则合同立即生效，双方当事人必须受合同效力的约束，上述损失就可依违约损失获得赔偿。显然法律的用意在于强调仓储合同的严肃性、稳定性，任何一方在仓储行为中都要做出慎重的、负责的意思表示，不可随意为之。《中华人民共和国合同法》第 32 条规定："当事人采用合同书形式订立合同的，自双方当事人签字或者盖章时合同成立。"本案双方签订仓储合同时就成立生效，合同内容明确具体，双方都要受合同约束。

二、本案仓储合同未解除

仓储合同的当事人如果需要变更或解除合同，必须事先通知另一方，双方协商一致才可变更或解除合同。变更或解除合同的建议和答复，必须在法律规定或者合同约定的期限内采用适当的形式提出。本案采用书面形式签订，也应采用书面形式解除才比较妥当。如果发生了法律或合同中规定的可以单方变更或解除合同的情形，那么拥有权利的一方可以变更或解除合同，但本案不具有这种情形。

三、因被告翟某违约，造成原告李某损失 57 600 元

仓储合同约定李某为翟某储存苹果 160 吨，储存费每吨 360 元，储存期从 20××年 9 月 5 日至次年 3 月 1 日。合同签订后，李某信守约定，将其一个库容为 350 吨的库洞为翟某保留库位。李某数次催促翟某前来入库，但翟某说再等等，由证人常某、荆某证实。次年1月中旬李某联系不上翟某，但合同一直未解除，根据仓储合同的特殊性，李某不能确定翟某能不能履行合同，李某仍为翟某保留库位，直到次年3月1日。翟某何时入库，入库多少，只要不超过约定吨数，这是翟某的权利，翟某合同期满有支付仓储费的义务，这时不支付仓储费才构成违约，应赔偿李某的损失。《中华人民共和国合同法》第392条规定："储存期间届满，存货人或者仓单持有人应当凭仓单提取仓储物。存货人或者仓单持有人逾期提取的，应当加收仓储费；提前提取的，不减收仓储费。"本案是诺成性合同，不存在李某未采取措施防止损失扩大的问题。其他证据也证实李某的损失是57 600元(360元/吨×160吨=57 600元)。

综上所述，法院的再审判决是错误的，应予以撤销。

法院采纳了该律师的代理意见。中级法院再审认为，仓储合同为诺成性合同，合同自成立时生效，本案中李某与翟某签订的仓储合同已经成立生效。主张法定解除合同自通知到达对方时解除。翟某称双方已口头解除合同，但李某并不认可已接到解除合同的通知。翟某未按约定储存苹果，已经构成违约。双方虽未约定违约责任的问题，但约定了定库时缴纳定金20 000元，定金合同从实际交付定金之日起生效，本案中翟某仅书写了欠定金20 000元的证明，故不能认为定金合同成立。但20 000元可以作为违约金的约定，翟某应该承担违约责任。李某在翟某违约的情况下，不及时解除合同，也未采取适当措施防止自身仓储费损失的扩大，应当减轻翟某的责任。综上，再审判决认定合同已经口头解除，属认定事实不清，证据不足，适用法律错误，应予以撤销。原审判决认定事实清楚，判决翟某赔偿李某30 000元，属法官行使自由裁量权的范围，应当予以维持。

最终法院判决：一是撤销再审民事判决。二是维持原审民事判决。

思考：

本案例涉及哪些知识点？通过本案例，你学习到了什么？

练习与思考

一、单项选择题

1. 货物所有权随货物交付而转移的仓储是(　　)。

A. 保管式仓储　　B. 混藏式仓储

C. 消费式仓储　　D. 加工式仓储

2. 运输中介的货运代理主要是通过(　　)来赢利的。

A. 运输费　　B. 佣金

C. 运费差价　　D. 租金

3. 仓库租赁经营的收益主要来自于(　　)。

A. 租金　　B. 仓储费

C. 消费收入　　D. 流通加工收入

4. 下列(　　)不属于流通加工。

A. 钢材的集中剪切　　B. 木材的集中开木

C. 玻璃的集中套裁　　D. 电视机的制造过程

5. 仓单灭失后，存货人可通过人民法院的公示催告使仓单失效来提取货物，其公示期一般是(　　)。

A. 60 天　　B. 50 天　　C. 70 天　　D. 80 天

6. 下列不能作为仓储合同的标的物的是(　　)。

A. 电视机　　B. 知识产权

C. 桌子　　D. 图书

7. 仓储合同最常用的格式是(　　)。

A. 确认书　　B. 计划表

C. 合同书　　D. 格式合同

8. 定金不得超过合同总金额的(　　)。

A. 10%　　B. 20%　　C. 30%　　D. 40%

9. 下列属于配送合同的性质的是(　　)。

A. 有偿合同　　B. 无偿合同

C. 实践性合同　　D. 一次性合同

10. 根据《中华人民共和国合同法》规定，仓储保管人只签发一式(　　)仓单。

A. 两份　　B. 三份　　C. 四份　　D. 一份

二、多项选择题

1. 保管仓储经营的特点是(　　)。

A. 所有权不转移　　B. 所有权转移

C. 原物返还　　D. 替代物返还

2. 混藏仓储的特点是(　　)。

A. 保管对象是种类物　　B. 保管对象是特定物

C. 原物返还，所有权不转移　　D. 替代物返还，所有权不转移

3. 仓储合同是(　　)。

A. 诺成性合同　　B. 实践性合同

C. 要式合同　　D. 不要式合同

4. 下列(　　)是存货人的义务。

A. 支付仓储费　　B. 及时提货

C. 交存仓储物　　D. 合理仓储

5. 下列(　　)是仓单的性质。

A. 提货凭证　　B. 物权凭证

C. 有价证券　　D. 仓储合同的证明

三、判断题

1. 运输中介中的货运代理人和经纪人都是以收取佣金为目的的。(　　)

2. 保管期届满时，保管人严格承担归还仓储物的责任，但仓储物在仓储期间自然增加的孳息，可自行留存，不用归还。(　　)

3. 仓储合同的标的是仓储保管行为，但标的物是仓储物。(　　)

4. 预约合同并不是仓储合同本身，仅仅是双方达成了将要订立仓储合同的协议，因此，它不是有效的合同。(　　)

5. 如果存货人提前提取仓储物，保管人可适当减少仓储费用。(　　)

6. 仓单转让时，由出让人进行背书，则仓单受让人就可获得提取仓储物的权利。（　　）

7. 保管人对已签发出的仓单进行分割后，原有仓单自动失效，不用收回。（　　）

8. 仓储合同变更后，对变更前已履行部分无追溯力。（　　）

9. 仓单是有价证券，这种价值是固定不变的。（　　）

10. 仓储合同在合同成立之时生效。（　　）

四、简答题

1. 仓储与配送经营的目标是什么？
2. 仓储与配送经营的意义是什么？
3. 仓储与配送经营的方法有哪些？
4. 仓储合同有哪些种类？
5. 存货人有什么合同权利和义务？
6. 保管人有什么合同权利和义务？
7. 订立仓储合同要遵循哪些原则？合同何时生效？
8. 仓储合同有什么条款？
9. 配送合同有什么条款？
10. 仓单灭失时如何提货？

课后实践

1. 请小组成员 A 扮演存货人角色，小组成员 B 扮演保管人角色，自拟存货种类和仓储公司名称，双方针对拟储存物品模拟签订书面仓储合同。

2. 请小组成员 C 扮演配送委托人角色，小组成员 D 扮演配送经营人角色，自拟配送货物种类和配送公司名称，双方针对拟配送物品模拟签订书面配送合同。

要求：请分组完成上述实践作业，每组 4 人，以组为单位提交两份书面合同，要求合同条款完整、内容填写详细准确。

第十一章
仓储与配送中心绩效管理

学习目标

本章主要介绍了仓储与配送中心管理部门及其职能、仓储与配送中心绩效考核指标体系、仓储与配送中心绩效考核的分析与改进。要求通过本章的学习了解仓储与配送中心管理部门的设置及其职能，知晓绩效考核的重要性和评价原则，掌握仓储与配送中心绩效考核的评价指标，并能对评价指标进行分析，进而找到改进的方法。

【案例导入】

德邦借力咨询：打造客户导向的高绩效文化

德邦从1996年成立至今，致力于构建完善的人才培养体系，以及富有激情的企业文化，用完善的人才管理战略打造物流行业的“黄埔军校”。

目前德邦全体管理人员99%以上都是通过内部培养和提拔的。德邦通过精细化管理，不断降低劳动强度、提升员工的福利与待遇，完善自荐、推荐体系，促进了德邦人才梯队的不断优化升级。德邦为了让员工迅速成长，成立了专业的培训部门、建立了标准的培训体系。从员工入职到每一次晋升，都需要经过专业的学习和培训。在德邦的管理层看来，员工是德邦长远发展的宝贵财富，也是维系公司与合作伙伴、消费者情感的纽带。德邦为员工提供的不仅是工作，更是可以实现职业梦想的通道。

正是这种人才优势，使得德邦从一家货运公司跻身为国内物流行业的领军企业，截止到2016年4月，德邦已开设6 400多家标准化的门店，服务网络遍及全国，自有营运车辆9 900余台，全国转运中心总面积超过124万平方米。2020年，德邦入选“中国十佳物流企业”榜单。

在德邦，员工敬业度普遍很高，这与德邦内部浓厚的培养发展人才的文化息息相关。德邦通过完善的人才培养体系以及富有激情的企业文化，充分调动员工的积极性。

找到合适的人才，充分发挥员工的才能，为其提供完善的人才培养体系，这就是德邦人才管理的精髓。对于很多人而言，物流行业给人印象还是较为低端的行业。对此，德邦选人时注重二线城市的一流院校的学生干部，吃苦耐劳型。

德邦充分发挥员工的聪明才智，对所有员工一视同仁，不论年龄，不看性别，不唯学历，在内部打造公平透明的储备人才晋升机制，对所有员工设立了同 等无差别的晋升通道。在德邦，有许多基层的蓝领工人，虽然从事的是体力重活，但是依然可以与其他文职人员一样，步入管理层的行列。

在德邦，管理人员会频繁轮岗，在进行轮岗规划安排时，首先根据管理人员实际的绩效表现进行评价；其次，结合管理人员个人的意愿，对其轮岗进行规划和安排。德邦对总监层级以上的管理人员进行逐一盘点，遵循以业绩为导向的人员流动的原则，对于高管而言，每年根据绩效进行复盘，奖励和淘汰分明。

思考：绩效管理对德邦企业发展的作用？

第一节 仓储与配送中心管理部门与职能

仓储与配送中心要想最大限度地发挥作用，首要条件就是建立一个高效的管理部门。明确每一个岗位的任务、权力、责任和相互关系以及信息沟通渠道，使机构在实现目标的过程中，能够发挥更大的力量和创造更高的效率。

一、仓储与配送中心管理部门的建立原则

(1)结构合理。减少冗余人员，提高工作效率；各级组织机构要有明确的职责范围、权限以及相互间的协作关系；具有健全和完善的信息沟通渠道；制定合理的奖惩制度；有利于发挥职工的主动性和积极性。

(2)责权分明。每个人在职责范围内执行职责，不得越级指挥和管理。

(3)有效沟通。便于企业内部的各部门之间的沟通，便于与企业外部、客户之间的有效沟通。

(4)协调一致。协调各职能部门之间的关系，平衡工作进程，提高生产绩效，使其成为一个有机的整体。

(5)客户至上，效率优先。提高服务质量，完成客户要求，追求管理运作上的高效率和经营运作上的高效率。

二、仓储与配送中心管理部门的业务职能机构

仓储与配送中心不论规模的大小，也不论是自用仓库还是营业仓库，都应设置包括综合计划、运输调运、作业管理、库房管理、技术管理、设备管理和财务管理在内的机构或岗位，具体业务分工如下。

1. 综合计划

根据客户的业务计划，编制仓储和配送中心总的生产计划，如年度吞吐量、库存量、劳动生产率、成本、盈利等计划和各项主要绩效管理指标；平衡各职能机构(岗位)之间的工作进度，根据月份计划规定、调度指令各职能机构(岗位)的日常工作。

2. 运输调度

根据年度、月度和日进出库计划，负责安排库外运输，如选择适当的运输方式，编制月、日运输计划，办理委托运输和接受物品等事项。预报物品到、发的具体时间，并向综合计划机构报告，以便通知和协调其他机构。

3. 作业管理

根据日进出库计划和预报，准备劳动力和设备，并负责库内的装卸搬运和码垛等一系列作业，这方面的管理工作计划性很强，必须按照计划进度和作业定额准时完成。在整个作业过程中，必须密切配合运输调运、库房管理等各个职能机构工作，降低货损货差率，降低作业成本。

4. 库房管理

负责对库存物的数量和质量的保管保养，其具体活动是通过保管员实现的。保管小组的设置和劳动分工是配送中心劳动组织分工的核心，应根据仓储和配送中心库存物的类别和性质、技术设备条件以及工作量等因素来确定。

5. 技术管理

负责制定仓储和配送中心长远技术措施规划，提高作业机械化水平，提高技术保管保养水平；制订职工技术培训计划，有计划地提高各项业务技能；制订物品验收的技术方案，完善验收设备和工具，加强质量验收，为保管创造有利条件；做好物品出库的复核检验工作，杜绝差错；代表存货单位(用户)出证、交涉有关物品质量事故的赔偿问题。

6. 设备管理

负责仓储设备、设施的管理。如装卸搬运设备的维修与更新。

7. 财务管理

负责监督管理仓储部门或企业资金的运作过程。物流中心还可以代客户支付或托收货款。

不同类型的配送中心在服务范围和内容上有着较大的差别，因此在职能机构的设置上也有着各自的特点。对于营业型的仓储和配送中心来说，市场营销和客户关系维护部成为这类型仓储与配送中心的重要职能机构。

三、仓储与配送中心一般岗位及职能

仓储与配送中心的岗位设置应根据其作业流程的需要来确定。一般可以按职责或功能来设置岗位。

(一)按职责设置岗位

1. 配送中心主任

(1)负责配送中心商品的存放、出入库及索赔各区域的划分；

(2)监督检查、组织制定、编写、修改配送中心工作流程及相关管理制度；

(3)负责培训和规范所有进出配送中心的商品验收、入库、调出、调入、退换、索赔、配送等工作；

(4)负责仓储与配送中心各项单据流转及审核工作；

(5)负责仓储与配送中心与各门店、各部门的沟通与协调工作；

(6)解决分部主管所不能解决的难点问题。

2. 配送中心主管

(1)负责把各门店所需商品及时、安全、准确地配送到位；将各门店需要退换商品安全、准确地运回配送中心，并标注清楚原因，及时与相关部门联系处理；

(2)确保各库商品运送的准确性和及时性；

(3)做好定期、不定期存货盘点工作，保证商品的安全、数据准确；

(4)合理安排运输车辆，降低配送成本。

3. 配送人员

(1)做好商品配送的所有相关工作，包括配货商品的摆放、做好配货记录、熟悉配货流程；

(2)熟练业务，熟悉货架商品布局；

(3)负责配货单据的签收、签字、审核及回收登记工作；

(4)熟知装车的基本原则：上轻下重、上小下大、上虚下实。

4. 仓储人员

(1)负责在货物入库前，组织相关人员整理货位，安排装卸工准备装卸作业；

(2)在货物入仓时，负责按有关凭证清单实物，进行货物验收，并负责指导、监督装卸人员按标准进行堆放。

(3)负责货物入库后，及时更新库存记录；

(4)负责组织相关人员在货物出库完毕后，对货位进行重新调整，保证货位整齐、美观。

5. 司机

(1)做好商品运送工作，熟悉本岗位作业流程；

(2)运送货物必须按指定路线行驶，未经许可不准中途卸货，完成任务后应立即返回部门；

(3)按要求运送商品，及时做好记录；

(4)不私自出车，不私自调换车辆。

6. 数据处理员

(1)熟悉本部门的工作流程，确保单据准确、有效；

(2)单据审核要认真核对，及时、准确地输出配货单，确保工作人员配货不受影响；

(3)做好仓库查询商品信息(库存数量除外)；

(4)定期提供报表及其他决策需要的资料，做好数据信息的安全保存及保密工作；

(5)负责所有单据的录入、打印、分发工作。

（二）按功能设置岗位

按功能设置的岗位，主要包括如下几类。

1. 采购或进货部

主要负责订货、采购、进货等安排及相应的事务处理，同时负责对货物的验收工作。

2. 储存保管部

负责货物安排、堆码指挥，货物的保管、捡取、养护等作业环节与管理。

3. 装卸搬运部

承担车辆装卸、货物搬运、堆码等作业。

4. 流通加工部

负责按照客户的要求对货物进行包装、加工。

5. 运输部

负责按照客户的要求制定合理的运输方案，将货物送交客户，同时对配送进行确认。

6. 配货部

负责对出库货物进行拣选及组配（按客户的要求或方便运输的要求）作业进行管理。

7. 营业部

负责接收和传递客户的订货信息、送达货物的信息，处理客户的投诉，受理客户的退货要求。

8. 财务部

负责核对配送完成表单、出货表单、进货表单、库存管理表单，协调、控制、监督整个配送中心的货物流动，同时负责管理各种收费和物流收费统计、配送费用结算等工作。

9. 商务事故处理部

在接到营业部处理的退货信息后，负责安排车辆回收退货，再集中到仓库的提、退货区，重新清点整理并根据事故原因妥善处理。

以上岗位设置使一般配送中心的主要岗位，由于配送中心的规模不同、配送客户不同，具体设置的岗位也不尽相同。

第二节　仓储与配送中心绩效考核

传统、粗放式的经营模式已经不适应于现代企业。仓储企业经营的效果如何，怎样才能提高仓储企业与配送中心的效率和效益，都需要通过经营绩效的考核，将考核目标分解落实，提高仓储经营绩效。

一、绩效考核概述

（一）绩效考核的含义

绩效考核强调的是对过程的监控，通过对行动过程中各项指标的观察与评估，保证战略目标的实现。它不是基于目标的管理，而是基于事实的管理。因此绩效管理的出现，使得企业战略已不再是企业决策层少数几个人的任务，而成为从 CEO 到每一位员工所有人的事。

绩效，从语言学的角度来讲，其含义是进行的某种活动或已经完成某种活动而取得的成绩与效益，既可以将其看作一个过程，也可以看作是该过程产生的结果。但若把它引入科学评价范畴，还必须规定它的科学内涵，以反映它的本质属性。从这个角度讲，绩效是指人们从事实践活动过程中所产生的、与劳动耗费没有对比关系的、可以度量的、对人类有益的结果。

它具有如下内涵：第一，客观性。它必须是客观存在的、人们实践活动的结果。第二，效果性。绩效必须是产生了实际作用的结果。第三，主、客体关联性。它必须体现一定主体与客体的关系，是主体作用于客体所表现出来的结果。第四，可对比性。绩效必须体现投入与产出的对比关系。第五，可度量性。绩效的度量是比较复杂的，它虽然不像长度、重量那样可以度量得非常精准，但它必须可以度量，否则，对绩效进行考核管理也就失去了意义。

(二)仓储与配送中心绩效考核的含义

仓储与配送中心绩效考核是指在一定的经营期间内，仓储企业和配送中心利用指标对经营效益和经营业绩以及服务水平进行考核，以加强仓储与配送的管理工作，提高管理的业务和技术水平。

仓储与配送管理活动担负着社会生产所需的各种物品的运输、收发、储存、保管、保养、加工、配送、控制、监督和保证生产需要等多项业务职能，是企业成本的重要来源，与仓储的经济效益密切联系。仓储与配送管理活动的各项考核指标是经营管理成果的集中反映，是衡量管理水平高低的尺度，也是考核评价仓储与配送各方面工作和各作业环节工作成绩的重要手段。因此，利用指标考核管理手段，对加强经营管理工作和提高管理的业务及技术水平是十分有效的。

(三)仓储与配送中心绩效考核的意义

1. 对内可以加强管理，降低仓储成本

仓库可以利用仓储经营绩效分析的指标对内考核仓库各个环节的计划执行情况，纠正运作过程中出现的偏差。具体表现如下。

(1)有利于提高仓储管理水平。

仓储经营绩效分析的指标体系中的每一项指标都反映某部分工作或全部工作的一个侧面。通过对指标的分析，能发现工作中存在的问题。特别是对几个指标的综合分析，能找到彼此间联系和关键问题所在，从而为计划的制订、修改以及仓库生产过程的控制提供依据。

(2)有利于落实岗位责任制。

仓储的各项指标是衡量每一个工作环节作业量、作业质量以及作业效率和效益的尺度，是仓库掌握各岗位计划执行情况，实行按劳分配和各种奖励的依据。

(3)有利于仓库设施设备的现代化改造。

一定数量和水平的设施和设备是保证仓储生产活动高效运行的必要条件，通过对比作业量系数、设备利用等指标，可以及时发现仓库作业流程的薄弱环节，以便仓储企业和配送中心有计划、有步骤地进行技术改造和设备更新。

(4)有利于提高经济效益。

经济效益是衡量仓储企业和配送中心工作的重要标志，通过指标考核与分析，可以对仓储企业和配送中心的各项活动进行全面的检查、比较、分析，确定合理的仓储作业指标，制订优化的仓储作业方案，从而提高仓库利用率，提高客户服务水平、降低仓储成本，以合理的劳动消耗获得理想的经济效益。

2. 对外可以进行市场开发、接受客户的评价

仓储企业和配送中心充分利用生产绩效考核指标可以对外进行市场开发和维护客户关系，给货主企业提供相对应的质量评价指标和参考数据。具体如下。

(1)有利于说服客户和扩大市场占有率。

货主企业在仓储市场中寻找供应商的时候，在同等价格的基础上，服务水平通常是最重要的因素。仓库能够提供令客户信服的服务指标体系和数据，有利于企业在竞争中获得有利地位。

(2)有利于稳定客户关系。

在我国目前的物流市场中，以供应链的方式确定下来的供需关系并不太多，供需双方的合作通常以 1 年为期，到期客户将对物流供应商进行评价，以决定今后是否继续合作，这时如果客户评价指标反映良好，则将使该仓储和配送中心企业继续拥有这一合作伙伴。

【案例 11-1】

某物流公司：打破老快递员的“舒适区”

某物流 2018 年全年亏损超过 23 亿元，如果扣除内部结算，亏损总额超过 28 亿元，核心原因就是外部单量太少，内部成本太高。

只配送不揽件、没有末位淘汰、“五险一金”一直以来是该物流公司配送员的标志。2019 年该公司为了生存取消了旗下快递员底薪，增加快递揽件任务，将揽件数量计入个人绩效，直接与快递员的工资收入挂钩，这一举措激励快递员积极揽件以增加个人收入，许多老快递员仍然对对揽件的积极性并不高，依然靠送件保持收入，一旦绩效考核积分被扣光，实行末位淘汰，便马上失业。

二、仓储与配送中心绩效评价指标的制定和管理

(一)仓储与配送中心绩效评价指标制定应遵循的原则

(1)科学性。科学性原则要求所设计的指标体系能够客观地，如实地反映仓储生产的

所有环节和活动要素。

(2)可行性。可行性原则要求所设计的指标便于工作人员掌握和运用，数据容易获得，便于统计计算，便于分析比较。

(3)协调性。协调性原则要求各项指标之间相互联系，互相制约，但是不能相互矛盾和重复。

(4)可比性。在对指标的分析过程中很重要的是对指标进行比较，如实际完成与计划相比、现在与过去相比、与同行相比等，所以可比性原则要求指标在期间、内容等方面一致，使指标具有可比性。

(5)稳定性。稳定性原则要求指标一旦确定之后，应在一定时期内保持相对稳定，不宜经常变动，频繁修改。在执行一段时间后，经过总结再进行改进和完善。

(二)仓储与配送中心绩效评价指标的管理

在制定出仓储企业和配送中心的绩效评价指标之后，为了充分发挥指标在管理中的作用，仓储企业各级管理者和作业人员应进行指标的归口、分级和考核。

1. 实行指标的归口管理

指标的制定能否实现，与仓储企业和配送中心的每个员工的工作有直接的联系，其中管理者对指标的重视程度和管理方法更为关键。将各项指标按仓储职能机构进行归口管理，分工负责，使每项指标从上到下层层有人负责，可以充分发挥各职能机构的积极作用，形成一个完整的指标管理系统。归口管理和分工负责方法如图 11-1 所示。

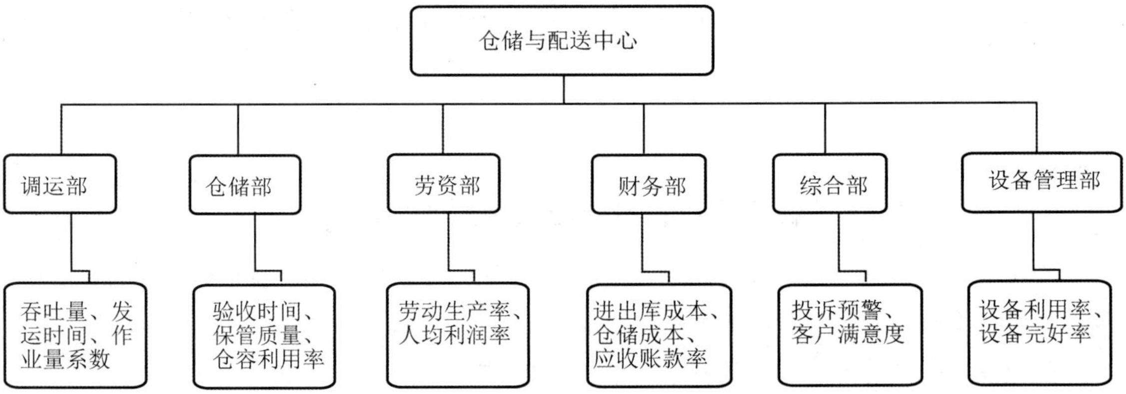

图 11-1 归口管理和分工负责方法

2. 指标分解，落实到人

这一系列的仓储经营指标需要分解、分级落实到仓储企业各个部门、各个班组，直至每个员工，使每级部门、每个班组、每个员工明确自己的责任和目标。

3. 开展指标分析，实施奖惩

定期进行指标执行情况的分析，是改善仓储工作，提高经济效益的重要手段。只有通过指标分析，找出差距，分析原因，才能对仓储企业的生产经营活动做出全面的评价，才能促进仓储企业和配送中心绩效不断提高。

三、仓储和配送中心绩效评价指标考核体系

(一)仓储绩效评价的指标体系

绩效考核指标体系是反映仓储经营状况及能力的各项指标的总和。由于仓库在供应链中所处的位置或仓库的经营性质不同，指标的种类有繁有简。有的企业或部门把指标分为六大类，即反映仓储经营绩效的数量指标、反映仓储经营绩效的质量指标、反映仓储经营中物化劳动和活劳动消耗的指标、反映仓储经营中物化劳动占用的指标、反映仓储经营劳动效率指标和反映仓储经济效益的指标。

1. 反映仓储经营绩效数量的指标

反映仓储经营绩效数量的指标主要是吞吐量、库存量和单位面积储存量。

(1)吞吐量。吞吐量是指计划期内仓库中转供应物品的总量，计量单位通常为“吨”，它不仅能反映仓储的工作量和周转量，还能反映仓库的规模和劳动强度。吞吐量越大，仓库的规模越大、周转量越大、工作量越大、劳动强度越高。计算公式为：

$$吞吐量=入库量+出库量+直拨量$$

入库量是指经仓库验收入库的数量，不包括到货未验收、不具备验收条件、验收发现问题的数量；出库量是指按出库手续已经点交给用户或承运单位的数量，不包括备货待发运的数量；直拨量是指在车站、码头、机场、供货单位等提货点办理完提货手续后，直接将物品从提货点分拨转运给用户的数量。

(2)库存量。库存量通常指计划期内的日平均库存量。该指标同时也是反映仓库平均库存水平和库容利用状况的指标。其计量单位通常为“吨”，计算公式为：

$$月平均库存=\frac{月初库存量+月末库存量}{2},$$

$$年平均库存=\frac{各月平均库存量之和}{12}。$$

库存量指仓库内所有纳入仓库经济技术管理范围的全部本单位和代存单位的物品数量，不包括待处理、待验收的物品数量。月初库存量等于上月末库存量，月末库存量等于月初库存量加上本月入库量再减去本月出库量。

(3)单位面积储存量。单位面积储存量是仓库每平方米使用面积平均每日储存库存物的数量，单位是吨/平方米，这一指标可以综合评价仓库利用程度和经营管理水平。

$$单位面积储存量=\frac{仓库每日平均储存量}{仓库使用面积},$$

$$仓库每日平均储存量=\frac{计算期商品储存总量}{计算期日历天数}。$$

其中，计算期物品储存总量等于计算期每天的库存物品数量之和。

(4)库存周转率。库存周转率是指某时间段内的出库营业额(出库量)与该时间段库存平均库存金额(或库存量)的比，是指在一定期间(一年或半年)内库存周转的速度。提高库存周转率有利于加快资金周转，提高资金收益率，为企业的运作带来较高的投资回报。

$$库存周转率=\frac{使用数量}{平均库存量},$$

$$库存周转率=\frac{使用金额}{平均库存金额}。$$

使用数量并不等于出库数量，出库数量包括一部分备用数量，同理，使用金额并不等于出库金额。

使用金额与库存金额是在一定时期内发生的，因此需选择某一周期计算库存周转率，计算公式为：

$$\begin{aligned}库存周转率&=\frac{该期间的出库总金额}{该期间的平均库存金额}\times100\%\\&=\frac{该期间的出库总金额\times2}{期初库存金额+期末库存金额}\times100\%。\end{aligned}$$

以月平均库存周转率为例，库存周转率计算公式如下：

$$原材料库存周转率=\frac{月内出库的原材料总成本}{原材料平均库存}\times100\%,$$

$$在制品库存周转率=\frac{月内入库的成品物料成本}{在制品平均库存}\times100\%,$$

$$成品库存周转率=\frac{月销售物料成本}{成品在库平均库存}\times100\%。$$

2. 反映仓储经营绩效质量的指标

仓储经营绩效的质量指标是指物品经过仓库储存阶段，其使用价值满足社会生产的程度和仓储服务工作满足货主和用户需要的程度。由于库存物品的性质差别较大，货主所要求的物流服务内容也不尽相同。所以，各仓库反映仓储经营绩效质量的指标体系的繁简程度会有所不同。通常情况下，反映质量的指标主要有：收发差错率(收发正确率)、业务赔偿费率、物品损耗率、账货相符率、缺货率等。

(1)收发差错率(收发正确率)。收发差错率是以收发货所发生差错的累计笔数占收发货总笔数的百分比来计算的，此项指标反映仓库收、发货的准确程度。公式为：

$$收发差错率=\frac{收发差错累计笔数}{收发物品总笔数}\times100\%,$$

$$收发正确率=1-收发差错率。$$

收发差错包括因验收不严、责任心不强而造成的错收、错发、不包括丢失、被盗等因素造成的差错，这是仓库管理的重要质量指标。通常情况下，收发货差错率应控制在0.5%的范围内，而对于一些单位价值高的物品或具有特别意义的物品，客户将会要求仓库的收发正确率是100%，否则将根据合同予以赔偿。

(2)业务赔偿率。业务赔偿率是以仓库在计划内发生的业务赔偿罚款占同期业务总收入的百分比来计算的，此项指标反映仓库履行仓储合同的质量，计算公式为：

$$业务赔偿率=\frac{业务赔罚款总额}{业务总收入}\times100\%。$$

业务赔偿率是指在入库、保管、出库阶段，由于管理不严，措施不当而造成库存物损坏或丢失所支付的赔款和罚款，以及为延误时间等所支付的罚款，意外灾害所造成的损失不计。业务总收入指计划期内仓储部门在入库、储存、出库阶段提供服务所收取的费用之和。

(3)物品损耗率。物品损耗率又称物品自然损耗率，是指在一定的保管条件下某物品在储存保管期中，其自然损耗量与入库物品数量的比率，以百分数或千分数表示。

$$物品自然损耗率=\frac{货物损耗量}{物品库存总量}\times 100\%,$$

也可以表示为：

$$物品自然损耗率=\frac{货物损耗数额(元)}{期内物品保管总额(元)}\times 100\%。$$

物品损耗率指标主要用于那些易干燥、风化、挥发或破碎物品保管工作的考核。为了核定物品在保管过程中损耗是否合理，一般对不同的物品规定相应的损耗率标准，又称为标准损耗率。若仓库的实际物品损耗率低于该标准损耗率，为合理损耗；反之，为不合理损耗。物品损耗率指标是一个逆指标，指标值越小说明物品仓储保管工作做得越好。应力争使物品的损耗率降到最低点。物品损耗率不仅是考核仓储保管工作质量的指标，也是划清仓库与存货单位物品损失责任界限的重要指标。

(4)账货相符率。账货相符率是指在物品盘点时，仓库物品保管账面上的货物仓储数量与相应库存数量的相互符合程度。一般在对仓储物品进行盘点时要求逐笔与保管账面数字相核对，计算公式为：

$$\begin{aligned}账货相符率&=\frac{账货相符金额}{储存物品的总金额}\times 100\%\\&=\frac{账货相符件数(重量)}{储存物品的总件数(重量)}\times 100\%。\end{aligned}$$

通过此项指标的核算，可以衡量仓库账面物品的真实程度、反映保管工作的管理水平，是避免物品遭受损失的重要手段。

(5)缺货率。缺货率是反映仓库保证供应、满足客户需求的指标，是缺货次数与总交货次数的比率。其计算公式为：

$$缺货率=\frac{缺货次数}{总交货次数}\times 100\%。$$

通过本项指标的考核，可以衡量仓库进行库存分析能力和及时组织补货的能力。

3. *反映仓储经营中物化劳动和活劳动消耗的指标*

反映仓储经营中物化劳动和活劳动消耗的指标包括：材料、燃料和动力等库用物资消耗指标；平均验收时间、整车(零担)发运天数、作业量系数等工作时间的劳动消耗指标；进出库成本、仓储成本等综合反映人力、物力、财力消耗水平的成本指标。

(1)库存物资消耗指标。仓库经营的物资消耗指标是指库存材料(如防锈油等)、燃料(如汽油和机油等)、动力(如耗电量)的消耗定额。

(2)平均验收时间。平均验收时间即每批物品的平均验收时间，计算公式为：

$$平均验收时间=\frac{各批验收天数之和}{验收总批数}(天/批)。$$

每批物品验收天数是指从物品具备验收条件的第二天起，至验收完毕单据返回财务部为止的累计天数。当日验收完毕并退单的按半天计算，入库验收批数以一份入库单为一批进行计算。

(3)发运天数。仓库发运的形式主要分为整车、集装箱整箱发运和零担发运，所以发运天数的计算公式也就不同，公式如下：

$$平均验收时间=\frac{各批验收天数之和}{发运车(箱)总数}(天/车)。$$

整车(箱)发运天数是从出库调单到库第二日起，到向承运单位点交完毕止的累计天数，在库内专用线发运的物品，是从调单到库第二日起至车皮挂走止的累计天数。

$$零担平均发运天数=\frac{各批零担发运天数之和}{零担发运总批数}(天/批)。$$

发运天数指标不仅可以反映出仓库在组织出库作业时的管理水平，而且可以反映期初当期的交通运输状况。

(4)作业量系数。作业量系数是反映仓库实际发生作业与任务之间的关系，计算公式为：

$$作业量系数=\frac{装卸作业总量}{进出库物品数量}。$$

作业量系数为 1 是最理想的，表明仓库装卸作业组织合理。

(5)单位进出库成本和单位仓储成本。单位进出库成本和仓储成本综合反映仓库物化劳动和活劳动的消耗。它们的计算公式为：

$$单位进出库成本=\frac{进出库总费用}{进出库物品数量}(元/吨)，$$

$$单位仓储成本=\frac{仓储总费用}{各月平均库存量之和}(元/吨)。$$

4. 反映仓储经营活动中物化劳动占用指标

反映仓储经营中物化劳动占用的指标主要有仓库利用率、仓容利用率、设备利用率等。

(1)仓库利用率。其是衡量仓库利用程度的重要指标，是反映仓库管理工作水平的主要经济指标之一，可用以分析仓库的实际利用效率的高低。它包括仓库面积利用率和仓库容积利用率两个指标。其计算公式为：

$$仓库面积利用率=\frac{计算期商品实际堆放面积}{计算期仓库总面积}\times 100\%。$$

其中，计算期商品实际堆放面积，是指计算期仓库中物品仓储堆放实际占据的有效面积之和。计算期仓库总面积，是指从仓库的围墙线算起，整个围墙所占的面积。

(2)仓容利用率。其计算公式为：

$$仓库容积利用率=\frac{计算期平均每日实际使用的仓库容积}{计算期仓库的有效容积}\times 100\%。$$

其中，计算期平均每日实际使用的仓库容积=(计算期储存商品容积之和/计算期日历天数)×100%。

(3)设备利用率。设备利用率用于反映仓库设备的利用程度，包括设备能力利用率和设备时间利用率两个指标。对于仓库而言，设备利用率主要考核装卸和搬运设备的利用率。它们的计算公式为：

$$设备能力利用率=\frac{计算期设备实际载荷量}{计算期设备额定载荷量}\times 100\%,$$

$$设备时间利用率=\frac{计算期设备实际作业工时数}{计算期设备额定作业工时数}\times 100\%。$$

其中，计算期设备额定载荷量和额定作业工时数可以由设备的性能情况和计算期时间长短计算得出。

5. 反映仓储经营劳动效率的指标

反映仓储经营劳动效率的指标主要是全员劳动生产率。劳动生产率可以用平均每人每天完成的出入库物品量来表示。其计算公式为：

$$全员劳动生产率=\frac{全年物品出入库总量}{仓库全员年工时总数}(吨/工日数)。$$

6. 反映仓储管理经济效率的指标

(1)仓储收入。仓储收入水平的高低直接影响着仓储企业的经济效益，是计算期内仓储各项收入的总和，单位为元。其计算公式为：

仓储收入＝物品进出库装卸收入＋物品仓储保管收入＋物品加工等收入。

(2)平均仓储收入。平均仓储收入是指计算期内仓储保管一吨物品的平均收入，该指标常以月度为时间计算单位。其计算公式为：

$$平均仓储收入=\frac{仓储收入总额}{平均储存量}。$$

其中，平均储存量是指月平均的仓储储存量，它是一个时点数计算的序时平均数。若已知某月每天的物品储存量，可用简单算数平均数的方法求出月平均储存量；若已知某月初及某月末的物品储存量，则可用“(月初储存量＋月末储存量)/2”的方法计算。

(3)平均仓储成本。平均仓储成本指计算期内存储一吨物品所需支出的成本额，常以月度或年度为计算时期，单位是元/吨。其计算公式为：

$$平均仓储成本=\frac{仓储成本总额}{平均储存量}。$$

(4)利润总额。利润总额是仓储企业在一定时期内已实现的全部利润，单位是元。它等于仓库实现的营业收入扣除储存费用、税金，加上其他业务利润，加上营业外收支净额后的总额。所以利润总额又称实现利润。其计算公式为：

利润总额＝仓库总收入－仓库总支出。

也可以表示为：

利润总额＝仓库营业收入＋营业外收入－仓储营业支出－营业外支出－税金＋投资净损益。

其中，投资净损益是仓库用各种资源在企业外投资，取得的收益(＋)、损失(－)。营业外收入是指与仓储配送企业生产无直接联系的收入，如逾期包装物的押金没收收入和罚款的净收入和其他收入等。营业外支出是指与仓储企业生产物之间无关系的一些支出，如企业搬迁费、编外人员的生活费、停工损失、呆账损失、生活困难补助等。

(5)人均实现利润。人均实现利润指计算期仓储企业平均每人实现的利润，它是利润总额与仓库中全员人数之比。该指标通常以年为计算时期，计量单位是元/人。其计算公式为：

$$人均实现利润=\frac{计算期利润总额}{计算期全员平均人数}。$$

【案例 11-2】

某仓储企业经营绩效考核质量指标说明书(表 11-1)

表 11-1　某仓储企业经营绩效考核质量指标说明书

序号	指标名称	指标定义	计算方法		备注
			按票数	按件数	
1	物品破损率	在集货、配送和仓库管理中总的物品破损率		(集货破损率＋配送破损率＋仓库管理中破损率)/总件数×100%	避免同件物品多次记录，收发差错不计在内
2	在途物品破损率	在集货、运输和配送中总的破损率	(集货货损票数＋运输配送货损票数)/总票数×100%		避免同件物品多次记录，收发差错不计在内
3	物品丢失率	物品在仓储部控制期间内丢失的比率			由于含有仓库内丢失的物品，所以不按票数计算
4	物品收发差错率	在收货和发货过程中，错发、少发和错送物品占总物品的比率	(错发物品票数＋少发物品票数＋错送物品票数)/总票数×100%	(错发物品件数＋少发物品件数＋错送物品件数)/总件数×100%	
5	集货延误率	未按照合同指定时间到达指定集货地点的比率	集货延误票数/总票数×100%	集货延误件数/总件数×100%	
6	配送延误率	未按照合同指定时间到达指定配送地点的比率	配送延误票数/总票数×100%	配送延误件数/总件数×100%	
7	签收率	城际运输、市内运输单据签收的比率	(城际运输签收单数＋市内配送签收单数)/总票数×100%		
8	签收单返回率	城际运输、市内运输单据返回的比率	签收单返回票数/总票数×100%		返回但未签收按返回处理

续表

序号	指标名称	指标定义	计算方法		备注
			按票数	按件数	
9	通知及时率	到货、货损、延误等信息及时告知率	(1-所有未通知信息数)/总信息数×100%	所有未通知信息=未通知到货信息次数+未能预先通知延误信息次数+未能预先通知货损信息次数(可重复记录)，总信息次数是应该通知的信息总数	
10	信息准确率	各部门指标的准确及时的比率	(1-信息失误数)/总信息数×100%	信息含集货、发货、运输商发运、到货、配送信息及跟踪中发现的投诉信息	
11	客户满意度	客户对本公司整体满意比率	满意的客户反馈/所有调查个数×100%	每月定期向客户及收货人进行抽查，随机调查或重点检查	

资料来源：蔡改成，李桂娥．仓储管理[M]．2 版．大连：大连理工大学出版社，2018.

(二)配送中心绩效评价指标体系

1．进出库作业效率评价指标

进出库作业指对存货或物品做妥善保管，充分利用仓库空间，注重库存控制，减少资金占用，降低保管成本，减少积压、过期、变质物品的物流活动。

(1)站台利用率。

考核站台的使用情况，是否因数量不足或规划不佳造成拥挤或低效。站台利用率的计算公式为：

$$站台利用率=\frac{进出货车次装卸货停留总时间}{站台泊位数\times工作天数\times每天工作时数}。$$

若采用进出货站台分开的配送中心，则应分别进行计算。进出货站台利用率计算公式为：

$$进货站台利用率=\frac{进货车次装卸货停留总时间}{进货站台泊位数\times工作天数\times每天工作时数}，$$

$$出货站台利用率=\frac{出货车次装卸货停留总时间}{出货站台泊位数\times工作天数\times每天工作时数}。$$

(2)站台高峰率。

站台高峰率计算公式为：

$$站台高峰率=\frac{高峰车数}{站台泊位数}。$$

若站台使用率高，站台高峰率高，表示站台停车泊位数量不足而造成交通拥挤。为避免此种情况的发生，可采取下列措施：

①增加停车泊位数。

②为提高效率，要做好时段管理，让进出配送中心的车辆能有序地行驶、停靠、装卸货作业。

③增加进出货人员，加快作业速度，减少每辆车停留装卸时间。

若站台使用率低，站台高峰率高，表示虽然车辆停靠站台时间平均不高，站台停车泊位数量仍有余量，但在高峰时间进出货仍存在拥挤现象，此种情况主要是没有控制好进出货时间段引起的。关键是要将进出货车辆的到达作业时间岔开。可采取以下措施：

①应要求供应商依照计划准时送货及规划对客户交货的出车时间，尽量降低高峰时间的作业量。

②若无法与供应商或客户达成共识分散高峰期流量，则应特别安排人力在高峰时间以保持商品快速装卸搬运。

(3)人员负担和时间耗用。

考核进出货人员工作分配及作业速度，以及目前的进出货时间是否合理。相关计算公式为：

$$每人每小时处理进货量=\frac{进货量}{进货人员数\times每日进货时间\times工作天数},$$

$$每人每小时处理出货量=\frac{出货量}{进货人员数\times每日出货时间\times工作天数},$$

$$进货时间率=\frac{每日进货时间}{每日工作时数},$$

$$出货时间率=\frac{每日出货时间}{每日工作时数}。$$

若进出货人员共用，则以上指标应将进出货量、时间合并加总，即

$$每人每小时进出货量=\frac{进货量+出货量}{进出货人员数\times每日进出货时间\times工作天数},$$

$$进出货时间率=\frac{每日进货时间+每日出货时间}{每日工作时数}。$$

若每人每小时处理进出货量高，且进出货时间率也高，表示进出货人员平均每天的负担不轻，原因出在配送中心目前的业务量大，可考虑增加进出货人员，以减轻每人的工作量；若每人每小时处理进出货量低，但进出货时间率也高，表示虽然配送中心一日内的进出货时间长，但每位工作人员每天的进出货负担却很轻，原因出在配送中心进出货作业人员过多，商品进出货处理比较复杂，进出货人员作业效率比较低，为避免此种情况，可采取以下措施：

①可考虑减少进出货人员。

②对于工作效率差的问题，应随时督促、培训，同时应尽量想办法减少劳力及装卸次数(如托盘化)。

若每人每小时进出货量高，但进出货时间效率低，表示上游进货和下游出货的时间可能集中于某一时段，以致作业人员必须在此段时间承受较高的作业量。可考虑平衡人员的劳动强度和避免造成车辆太多，站台泊位拥挤，采取分散进出货作业时间的措施。

(4)设备移动率。

该指标是评估每台进出货设备承担的工作量是否合理、达标。相关计算公式为：

$$每台进出货设备每天装卸量=\frac{进货量+出货量}{装卸设备数\times工作天数},$$

$$每台进出货设备每天卸货量=\frac{进货量+出货量}{装卸设备数\times工作天数\times每日进出货时数}。$$

若此指标数值较低，表示设备利用率差，资产过于闲置，应采取措施积极开拓业务，增加进出货量；如果业务工作量不可能扩大，则应考虑将部分装卸设备移至他用(出租等)。

2. 储存作业绩效评价指标

储存作业指对存货或物品做妥善保管，充分利用仓库空间，注重库存控制，减少资金占用，降低保管成本，减少积压、过期、变质物品的物流活动。其考核指标有：

(1)设施空间利用率。

可使用下列指标进行考核。

$$储区面积率=\frac{储区面积}{配送中心建筑面积},$$

$$可使用保管面积率=\frac{可保管面积}{储区面积},$$

$$储位容积使用率=\frac{存货总体积}{储位总容积},$$

$$单位面积保管量=\frac{平均库存量}{可保管面积},$$

$$平均每品项所占储位数=\frac{货架储位数}{总品项数}。$$

平均每品项所占储位数若能规划在0.5～2.0，即使无明确的储位编号，也能迅速存取商品，不至于造成储存、拣货作业人员找寻困难，也不会产生同一品项库存过多的问题。

(2)库存周转率。

这是考核配送中心货品库存量是否适当、经营是否良好的重要指标。库存周转率计算公式为：

$$库存周转率=\frac{出货量}{平均库存量},$$

或

$$库存周转率=\frac{销售额}{平均库存金额}。$$

库存周转率越高，库存周转期越短，表示越能用较少的库存完成同样的工作，使积压、占用在库存上的资金减少。也就是说，资金的使用率高，企业利润也随货品周转率的提高而增加。

通常可采取下列做法来提高库存周转率：①缩减库存量。通过配送中心自行决定采购、补货的时机及存货量；②建立预测系统；③增加出货量。

(3)存货管理费率。

库存管理费率是衡量配送中心每单位存货的库存管理费用的指标。其计算公式为：

$$存货管理费率=\frac{库存管理费用}{平均库存量}。$$

对于库存管理费用的内容应逐一进行检查分析，寻找问题予以改进。一般来说，库存管理费用包括：

①仓库租金；

②仓库管理费用(包括出库验收、盘点等人工费、警卫费、仓库照明费、空调费、温调温控费、建筑物、设备及器具的维修费等)；

③保险费；

④损耗费(变质、破损、盘损等费用)；

⑤货品淘汰费用(流行商品过时、季节性商品换季等造成费用损失)；

⑥资金费用(如货品变价损失、机会成本损失等)。例如，可以采取尽可能少量、频繁的订货，以减少库存。

(4)呆废货品率。

呆废货品率计算公式为：

$$呆废货品率=\frac{呆废货品件数}{平均库存量}，$$

$$呆废货品率=\frac{呆废货品金额}{平均库存金额}。$$

该指标是用来测定配送中心货品损耗影响资金积压的状况。可以采取以下措施降低该指标：

①验收时力求严格把关，防止不合格货品混入。

②检查储存方法、设备与养护条件，防止货品变质，特别是对货品的有效期管理更应重视。

③随时掌握库存水平。特别是滞销品的处置，减少呆废货品积压资金和占用库存。

3. 盘点作业绩效评价指标

盘点的目的是，通过经常定期或不定期的盘点库存，尽早发现问题，以免造成日后出货更大的损失。具体衡量指标包括：

(1)盘点质量。

相关计算公式为：

$$盘点数量误差率=\frac{盘点误差量}{盘点总量}，$$

$$盘点品项误差率=\frac{盘点误差品项数}{盘点实施品项数}。$$

(2)平均盘差商品金额。

平均盘差商品金额计算公式为：

$$平均盘差商品金额=\frac{盘点误差金额}{盘点误差量}。$$

4. 订单处理作业绩效评价指标

订单处理作业是指从接到客户订货开始到准备着手拣货之间的作业阶段，它包括接单、客户的资料确认、存货查询、单据处理等。其评价指标包括：

(1)订单分析。

订单分析是通过对日均受理订单数、每订单平均订货数量和平均订货单价的分析，观察每天订单变化情况，用以拟订客户管理策略及业务发展计划。相关计算公式为：

$$日均受理订单数=\frac{订单数量}{工作天数}，$$

$$订单平均订货数量=\frac{出货量}{订单数量}，$$

$$日均商品单价=\frac{营业额}{订单数量}。$$

(2)订单延迟率。

订单延迟率计算公式为：

$$订单延迟率=\frac{延迟交货订单数}{订单数量}。$$

该指标是衡量交货的延迟状况，降低订单延迟率的主要措施有：

①找出作业瓶颈，加以解决。

②研究物流系统前后作业能否相互支持或同时进行，谋求作业的均衡性。

③掌握库存情况，防止缺货。

④合理安排配送时间。

(3)订单货件延迟率。

订单货件延迟率是衡量配送中心是否应实施客户重点管理，使自己有限的人力、物力做到最有效的利用的重要指标。其计算公式为：

$$订单货件延迟率=\frac{延迟交货量}{出货量}。$$

降低订单货件延迟率应考虑实施顾客 ABC 分析，以确定客户重要性程度，采取重点管理。例如，根据订单资料，按客户的购买量占配送中心营业额的百分比做客户 ABC 分析。尽可能减少重要客户延迟交货的次数，以提高服务水平。

(4)紧急订单响应率。

这是分析配送中心快速订单处理能力及紧急插单业务的需求情况。其计算公式为：

$$紧急订单响应率=\frac{未超过\ 12\ 小时出货订单}{订单总量}。$$

提高紧急订单响应率的措施主要包括制定快速作业处理流程及操作规程，制定快速送货计费标准。

(5)缺货率。

缺货率计算公式为：

$$缺货率=\frac{接单缺货数}{出货量}。$$

该指标是衡量存货控制决策是否合理，是否应该调整订购点及订购量基准的指标。可以采取加强库存管理，登录并分析存货异动情况，掌握采购、补货时机，督促供应商送货的准时性等措施来降低该比率。

(6)短缺率。

短缺率计算公式为：

$$短缺率=\frac{出货缺货数}{出货量}。$$

可以采取如下措施降低短缺率：

①注重每位员工、每次作业的质量。

②做好每一作业环节的复核工作。

5. 拣货作业绩效评价指标

拣货作业是配送作业的中心环节，是依据顾客的订货要求或配送中心的作业计划，准确、迅速地将商品从其储位或其他区域拣取出来的作业过程，拣货时间、拣货策略及拣货的精确度影响出货品质。除极少自动化程度较高的配送中心外，大多是靠人工配合简单机械化设备的劳动力密集型作业，耗费成本较多。

拣货作业绩效评价指标包括：

(1)人均作业能力。

相关计算公式为：

$$人均每小时拣货品项数=\frac{订单总笔数}{拣货人员数\times每天拣货时间\times工作天数}。$$

人均作业能力是衡量拣货的作业效率，以便找出在作业方法及管理方式上存在的问题。

提升拣货作业效率的主要方法有：

①合理规划拣货路径。

②合理配置储位。

③确定高效的拣货方式。

④合理安排拣货人员数量及合理分工。

⑤拣货的机械化、电子化。

(2)批量拣货时间。

批量拣货时间是衡量每批次平均拣货所需时间，可供日后分批策略参考。其计算公式为：

$$批量拣货时间=\frac{每日拣货时数\times工作天数}{拣货分批次数}。$$

批量拣货时间短，表示拣货的反应时间很快，即订单进入拣货作业系统乃至完成拣取所费的时间很短。它特别有利于处理紧急订货。

(3)每订单投入拣货成本。

相关计算公式为：

$$每订单投入拣货成本=\frac{拣货投入成本}{订单数量},$$

$$每件商品投入拣货成本=\frac{拣货投入成本}{拣货单位累积量件数}。$$

(4)误拣率。

误拣率是衡量拣货作业质量的指标。其计算公式为：

$$误拣率=\frac{拣货错误笔数}{订单总笔数}。$$

降低误拣率的主要措施有：

①选择最合理的拣货方式。

②加强拣货人员的培训。

③引进条形码、拣货标签或电脑辅助拣货系统等自动化技术，以提升拣货精确度。

④改善现场照明度。

⑤检查拣货的速度。

6. 配送作业绩效评价指标

(1)人均作业量。

人均作业量是评估配送人员工作能力及作业绩效的指标。其计算公式为：

$$人均作业量=\frac{出货量}{配送人员数}。$$

(2)车辆平均作业量。

车辆平均作业量是衡量车辆利用率的指标。其计算公式为：

$$车辆平均作业量=\frac{配送总件数}{自有车辆数+外车数}。$$

(3)空驶率。

该指标可衡量车辆的利用率。其计算公式为：

$$空驶率=\frac{空车行驶距离}{配送总距离}。$$

要减少空驶率，关键是做好回程顺载工作，该工作可从“回收物流”着手，例如容器(玻璃瓶等)的回收；托盘、笼车、拣货周转箱的回收；原材料的再生利用(如废纸箱)以及退货处理等。

(4)外车比率。

外车比率是衡量外车使用是否合理的指标。其计算公式为：

$$外车比率=\frac{外车数量}{自有车数量+外车数量}。$$

一般使用外车的原因是为了应付季节性商品、节假日商品与平日形成的淡旺季供货状况的需求。若季节性商品比例较高，表示配送中心淡旺季出货量的差别很大，应尽量考虑多雇用外车，减少自有车辆数量；若季节性商品的比例很低，表示配送中心的淡旺季出货量差别不大，应选择使用自有车辆来提高配送效率。

(5)配送延误率。

配送延误率是考核配送准点率的指标。其计算公式为：

$$配送延误率=\frac{配送延误车次}{配送总车次}。$$

造成配送延误率过高的原因往往是车辆、设备故障，路况不佳，供应商供货延迟、缺货以及拣货作业延迟等。

7. 服务质量评价指标

(1)服务水平。

其计算公式为：

$$服务水平=\frac{满足要求次数}{用户要求次数}，$$

或用缺货率表示，即

$$缺货率=\frac{缺货次数}{用户要求次数}。$$

(2)交货水平。

其计算公式为：

$$交货水平=\frac{按交货期交货次数}{总交货次数}。$$

(3)交货期质量。

其计算公式为：

交货期质量=规定交货期(天)－实际交货期(天)。

计算结果为正表示提前交货，为负表示延迟交货。

(4)商品完好率。

其计算公式为：

$$商品完好率=\frac{交货时商品完好量}{物流商品总量}。$$

(5)缺损率。

其计算公式为：

$$缺损率=\frac{缺损商品量}{物流商品总量}。$$

(6)货损货差赔偿率。

其计算公式为：

$$货损货差赔偿率=\frac{货损货差赔偿费总额}{同期业务收入总额}。$$

8. 配送中心经营管理综合评价指标

(1)配送中心坪效。

衡量配送中心单位面积(每平方米)的营业收入(产值)的指标。其计算公式为：

$$配送中心坪效=\frac{配送中心产值}{总建筑面积}。$$

(2)配送中心生产率。

配送中心生产率是配送中心实际产出与实际收入的比率，用以衡量配送中心生产过程满足需求的效率，其计算方法如下：

$$配送中心生产率=\frac{同时期装运的订单数}{某时期接受的订单数},$$

或

$$配送中心生产率=\frac{某时期装运的订单数}{每时期装运的平均订单数}。$$

(3)人员作业能力。

人员作业能力是衡量配送中心人员单产水平的指标。其计算公式为：

$$人员作业量=\frac{出货量}{配送中心总人数},$$

$$人员作业能力=\frac{营业额}{配送中心总人数}。$$

(4)直间工比率。

直间工比率是衡量配送中心作业人员及管理人员的比率是否合理的指标。其计算公式为：

$$直间工比率=\frac{直接作业人数}{配送中心总人数-直接作业人数}。$$

当直间工比率不高时，可以采取以下措施进行改善：

①有效地利用自动化物流机械设备。

②减少配送中心从业人员，首先考虑削减间接人员，尤其是当直间工比率不高时。

(5)固定资产周转率。

衡量配送中心固定资产的运行绩效，评估所投资的资产是否充分发挥效用的主要指标。其计算公式为：

$$固定资产周转率=\frac{配送中心产值}{配送中心固定资产总额}。$$

(6)产出与投入平衡率。

产出与投入平衡率可以用于判断是否维持低库存量，与零库存的差距有多大。其计算公式为：

$$产出与投入平衡率=\frac{出货量}{进货量}。$$

产出与投入平衡率是指进出货件数比率。而如果想以低库存作为最终目标，且不会发生缺货现象，则产出与投入平衡比率最好控制在1左右，而实现整改目标的关键是要切实做好销售预测。

四、仓储与配送中心绩效评价指标考核

仓储与配送中心绩效评价指标的考核是对仓储和配送中心经营活动的物化劳动与经营成果进行考核。通过经济核算和对比分析，力求以较少的经营开支取得较大的经济效益。

仓储与配送管理绩效评价指标的考核主要包括以下评价内容：

(1)仓储与配送中心经营成果的指标评价。以仓储来说，仓储的基本职能是保管物品。在同等的条件下，如果保管的物品越多，保管质量越好，劳动消耗与财产消耗越少，则经

营成果就越大。

(2)仓储与配送中心劳动消耗的指标评价。仓储与配送中心劳动包括活劳动消耗和物化劳动消耗。仓储与配送中心的劳动消耗是以成本来核算的，因此，成本核算是仓储与配送中心指标评价的一项重要内容。

(3)资金的指标评价。为了使仓储与配送业务正常运转。企业需要备有流动资金，用于支付日常的易耗材料的费用。资金核算就是要在完成同样的业务量，并保证配送质量的情况下，使企业被占用的资金很少。

(4)盈利的指标评价。企业所追求的目标就是获取最大的利润，为了了解仓储和配送中心的盈利状况，必须对一些盈利指标进行考核。

第三节　仓储与配送中心绩效分析与改进

对仓储与配送中心绩效指标进行分析，是非常重要的，通过分析可以了解仓储与配送中心各项任务的完成情况和取得的成绩，及时总结经验；有助于发现工作中存在的问题及薄弱环节，以便查明原因并加以解决；弄清仓储设施的利用程度和潜力，进一步提高作业能力；考核各项作业的执行情况，对作业质量、效率、安全、经济等做出全面的评价，为今后的发展提供依据，指明方向。

一、仓储与配送中心绩效分析的方法

(一)指标分析

利用绩效考核指标体系的统计数据对指标因素的变动趋势、原因等进行分析是一种比较传统的分析方法，在使用这类方法时，应注意以下问题：

第一，指标本身必须是正确的，也就是说统计数据必须准确、可靠，指标计算方法要正确；

第二，在进行指标比较时，必须注意指标的可比性；

第三，对指标应进行全面的分析，不能以偏概全；

第四，在分析差距、查找原因的过程中，将影响指标变动的因素分类，并在生产技术因素、生产组织因素和经营管理因素中找出主要因素；

第五，一定要正确运用每项指标的计算公式。

1. 对比分析法

对比分析法是将两个或两个以上有内在联系的、可比的指标(或数量)进行对比，从对比中寻求差距、查找原因。对比分析法是指标分析法中使用最普遍、最简单和最有效的方法。

根据分析问题的需要，主要有以下几种对比方法：

(1)计划完成情况的对比分析。计划完成情况的对比分析是将同类指标的实际完成数或预计完成数与计划数进行对比分析，从而反映计划完成的绝对数和程度，然后可以通过帕累托图法、工序图法等进一步分析计划完成或未完成的具体原因。

(2)纵向动态对比分析。纵向动态对比分析，是从时间层面上来讲的，它指的是同一

个指标在不同时间轴上进行对比，反映的是变化、速度、趋势。比如，本期与基期的比较、与历史平均水平的比较、与历史最高水平比较等。它可以展现事物的发展方向和速度，表明是增长或是降低，然后再进一步分析产生这样结果的原因，提出改进的措施。

(3)横向类比分析。它是将有关指标在同一时期相同类型的不同空间条件下的对比分析。类比单位的选择一般是同类企业中的先进企业，可以是国内的，也可以是国外的。

(4)结构对比分析。结构对比分析是将总体分为不同性质的各部分，然后以部分数值与总体数值之比来反映事物内部构成的情况，一般用百分数(%)来表示。如，我们可以计算分析因人工操作不当所造成的收发差错、业务赔偿等占有的比例为多少。

应用对比分析法进行对比分析时，需要注意以下问题：

第一，要注意对比指标之间的可比性，这是用好比较分析法的必要条件，否则就不能正确地说明问题，甚至得出错误的结论。所谓对比指标之间的可比性是指相互比较的指标，必须在指标内容、计价基础、计算口径、时间长度等方面保持高度一致性。比如，在进行纵向对比时，主要考虑指标所包括的范围、内容、计算方法、计量单位、所属时间等相互适应彼此协调；在进行横向比较时，要注意企业之间的可比性，如在经济职能或经济性质、经营规模上基本相同，否则就失去了可比性。

第二，要结合使用各种对比分析方法。每个对比指标只能从一个侧面来反映情况，只做单项指标的对比分析会出现片面，有时甚至是出现误导性的分析结果。把有联系的对比指标结合运用，有利于全面、深入地研究分析问题。

第三，正确选择对比的技术。对比技术的选择，应根据不同的分析和目的进行，一般应选择具有代表性的作为基数，这样的对比分析才更具有现实意义，否则与过高或过低的年份所作的比较，都达不到预期的目标和效果。

2. 因素分析法

因素分析法是用来分析影响指标变化的各个因素以及它们对指标各自的影响程度。因素分析法的基本做法是，在影响指标变化的诸因素中分析某一因素变动对总指标变动的影响，假定只有这一因素在变动，而其余因素都必须是同度量因素(固定因素)，然后逐个进行替代，使某一因素单独变化，从而得到每项因素对该指标的影响程度。在采用因素分析法时，应注意各因素按合理的顺序排列，并注意前后因素按合乎逻辑的衔接原则处理。如果顺序改变，各因素变动影响程度之积(或之和)虽仍等于总指标的变动数，但各因素的影响值就会发生变化，从而得出不同的答案。

3. 平衡分析法

平衡分析法是分析事物之间相互关系的一种方法。它分析事物之间发展是否平衡，揭示出事物间出现的不平衡状态、性质和原因，指引人们去研究积极平衡的方法，促进事物的发展。如表 11-2 中，显示的是某仓储和配送中心 2018 年进、出、存情况分析。

表 11-2　2018 年某仓储和配送中心库存总量及进出库总量情况分析表

单位：吨

指标	计划	实际	差额(±)
年初库存	1 500	2 000	+500
全年进库	20 000	23 000	+3 000

续表

指标	计划	实际	差额(±)
全年出库	22 500	26 700	+4 200
年末库存	3 000	1 800	−1 200

在此平衡分析表的基础上，进一步分析各项差额产生的原因和在该年度内产生的影响(正反两方面都有)。

4. 帕累托图法

帕累托图法是将出现的质量问题和质量改进项目按照重要程度依次排列而采用的一种图表。以意大利经济学家帕累托(V. Pareto)的名字而命名的。帕累托图又叫排列图、主次图，是按照发生频率大小顺序绘制的直方图，表示有多少结果是由已确认类型或范畴的原因所造成。帕累托图法虽然简单，但却能比较直观地找到问题，并发现解决问题的途径。

【案例 11-3】

配送延迟原因的帕累托图分析

某配送中心全年共发生 40 次配送延迟，其中配送车辆不足造成 27 次，备货人员不熟练造成 7 次，货主单据传输有误造成 4 次，卡车司机私自改变路线造成 2 次。用帕累托图法进行分析，见图 11-2。

显而易见，车辆配送不足造成的延迟占比 67. 5%，是最主要的原因。因此，该配送中心重点是要加强与配送部门的协调工作，其次根据其他延迟原因，采取加强职工的业务培训，与货主建立更快捷的通信联系，加强对卡车司机的监督和奖励的措施。

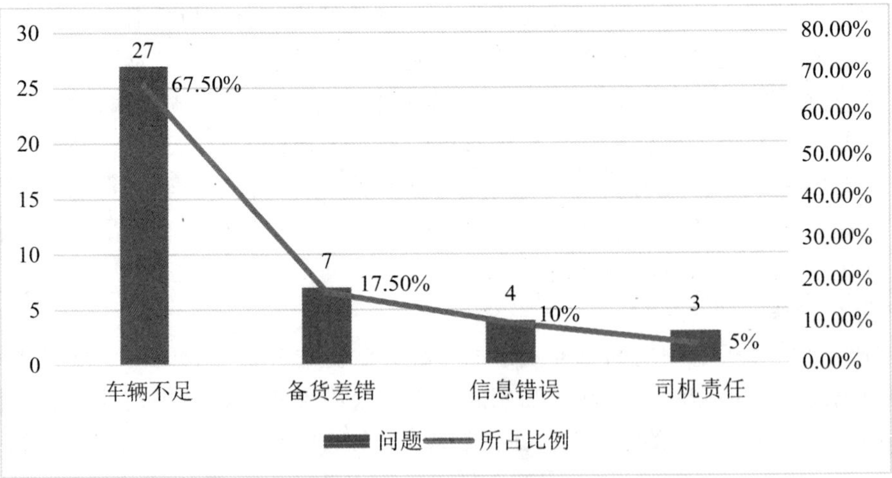

图 11-2　配送延迟原因分析

资料来源：刘俐. 现代仓储管理与配送中心报告[M]. 北京：北京大学出版社，2013.

(二)程序分析

程序分析使人们懂得流程如何开展工作以便找出改进的方法。仓储与配送中心就是一个比较典型的流程控制过程。

1. 工序图法

工序图法是一种通过一件产品或服务的形成过程来帮助理解工序的分析方法，用工序流程图标示出各步骤以及各步骤之间的关系。

仓库可以在指标对比分析的基础上，运用这种方法进行整个仓储流程或某个作业环节的分析，将其中主要问题分离出来，并进行进一步分析。例如，经过对比分析发现物品验收时间出现增加的情况，那么就可以运用工序图法，对验收流程，即验收准备——核对凭证——实物检验——入库堆码——上架登账进行分析，以确定导致验收时间增加的主要问题出现在哪一个环节上，然后采取相应的措施。工序图分析可以应用标准的图示符号 ASME 来进行，美国机械工程师学会对有关物料操作制定了一套标准符号，如表 11-3 所示。

表 11-3　ASME 物料操作标准符号

符　号	名称	说　　明
○	操作	表示工艺过程中主要步骤，操作中要对物料作物理或化学变革
□	检查	表示对物料品质或数量的检查
→	运输	表示物料由一处移向另一处
D	停留	表示在事件顺序中的等待，如工序间的在制品积压
▽	储存	表示受控制的储存，如保持生产连续性的库存

2. 因果分析图法

因果分析图法又叫鱼刺图法，每根鱼刺代表一个可能的差错原因，一张鱼刺图可以反映企业或仓储部质量管理中的所有问题。因果分析图可以从物料、机器设备、人员和方法 4 个方面进行，这 4 个“一”即为原因。4 个“一”为开始分析提供了一个好的框架，当系统地将此分析深入进行下去时，很容易找出可能的质量问题并设立相应的检验点进行重点管理。例如，一些客户对仓库服务的满意度下降，仓库管理部门可以在以上 4 个方面分析原因，以便改进服务体系，如图 11-3 所示。

【案例 11-4】

因果分析使关键因素“浮出水面”

某物流公司与某客户签订了仓储和配送合同，合同中规定仓库有责任为客户的市场推广策略提供支持。某日，仓库向外埠配送，将货主计划近期只在 B 地区销售的品种发送至异地，从而打乱了货主的整个营销策略，使货主不得已临时改变营销计划，致使预期利润目标不能实现。根据合同中的有关条款，该物流公司将赔付高达 10 万元的罚款，后经与货主进行交涉，货主做出较大让步。该物流公司仓储部由此对曾经发生过的类似出库错误

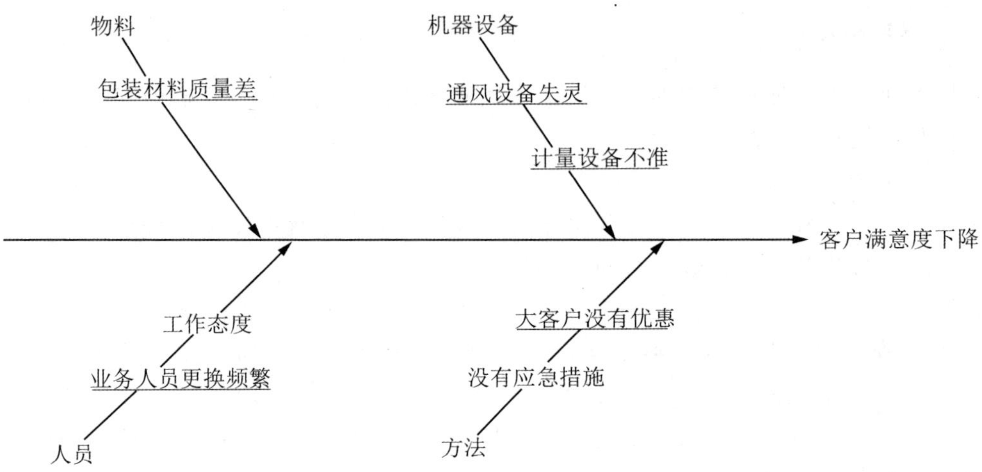

图 11-3 客户满意度因果分析图

和产生的影响进行分析，结果显示人员素质低和进出库复核制度不健全是导致发生错误的主要原因，需要加强岗位培训，健全复核制度。

资料来源：刘俐．现代仓储管理与配送中心运营[M]．北京：北京大学出版社，2018.

（三）成本分析

1．传统的成本分析

在传统的成本分析中，经常采用的方法是把成本总金额分摊到客户或渠道的重量数上，但是，实际上客户或渠道上库存的物品通常并不按金额或重量数的比例消耗仓储和配送资源。例如，仓库中经常有从低价值到高价值的物品混存的情况，仓库接收、存储和发送物品时不仅有价值方面的差别，还会出现单个物品、托盘货物到大宗货物的差别，因此，传统成本计算系统会扭曲真实的成本。

2．以活动为基准的成本分析

以活动为基准的成本计算法(Activity-based costing)也被称为作业成本法，是一种相对较新的方法。这种方法将正常成本之外的成本直接分摊在产品或服务上，资源被分摊到活动中，活动又被分摊到成本对象上。这种分摊分两步进行，第一步是确定仓库等组织内的成本活动，第二步是将活动成本追溯到对服务所做的工作上，图 11-4 表示的这种方法能够提高对间接费用的管理和控制。

但是，成本分摊中依然存在许多问题，因为客户需求和市场竞争会使物流资源的供求矛盾不断发生变化，所以使用任何成本分析法都要注意那些成本分摊中的潜在问题。

二、绩效管理的突破点

从物流服务质量、生产效率和程序效率等方面的测定考核入手，可以有效地促进仓储和配送中心绩效的提高。

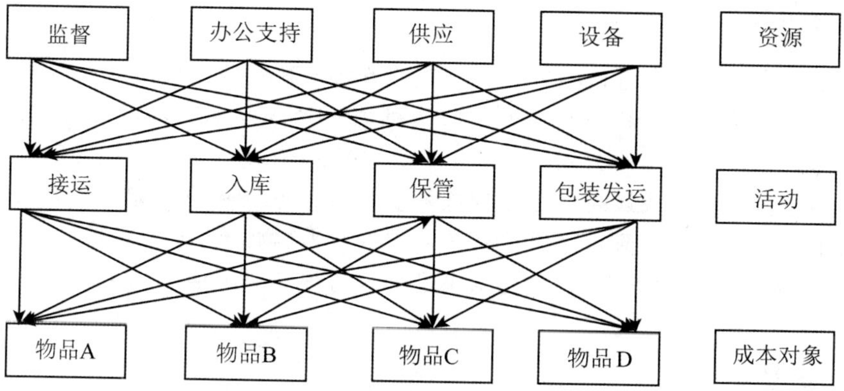

图 11-4 基于仓库生产活动的成本分摊

(一)服务质量

服务质量的测定考核可以通过识别、追踪、消除仓库作业流程中不稳定、不合理的问题和环节，整合流程以降低不确定因素的干扰和影响来实现。

要测定考核仓储与配送中心的服务质量，提高服务水平，可以采用以下方式来进行：

第一，通过结果观察现有的服务质量，要回答“目前服务质量怎么样?”等问题；

第二，通过诊断进一步观察服务低于(或高于)目标的原因；

第三，通过产生的影响追溯服务质量的直接成本和间接成本。

(二)生产效率

生产效率是实际产出与实际投入的比率，以此可以测定仓储或配送中心生产过程满足需求的效率。

提高生产效率可以采取以下途径：

1. 重新设计程序

程序的选择在很大程度上决定了生产率水平，仓储或配送中心库房可以在现有设计内进行某些调整，例如，重新分配库房的空间。但是，重新设计会导致用于改装设备和重新分配或培训人员的支出增大。

2. 更好地利用现有资源

许多仓储和配送中心的库房设计都远远大于需求，当一个设计存储 20 000 个托盘的库房中，实际只能最多存放 10 000 个托盘时，多余空间的成本必须分摊到这些物品上去，从而使每一个通过库房的物品的成本增加。因此，要使库容量更好地得到利用，计划非常关键，库房空间管理追求的是满库存的目标。

3. 致力改进问题突出的工作环节

在一些仓库或配送中心里，某些工作环节的绩效常常是与目标相去甚远，例如，分拣差错、包装破损等情况，管理者就需要致力于分析这些情况出现的原因，以提高执行者的生产率。

(三)程序效率

程序效率也是一种测定考核内部顾客服务的方法，在仓储与配送中心绩效管理中运用广泛。只要有形产品或信息从一个人或部门传到另一个人或部门，接受者就是内部顾客。这种供应商与内部顾客之间的关系很重要，它会直接影响公司对最终顾客的服务。内部服务失败发生的越多，外部或最终顾客看到这种绩效为劣质服务的可能性就越大。因此，运用程序分析工具既能巩固物流程序满足顾客需求的效力(物流的服务质量方面)，又能提高程序的效率(物流的生产率方面)，最终结果是顾客将得到更超值的服务。

●●●● 本章小结

本章介绍了仓储与配送中心的部门与职能，结构合理、责权分明、有效沟通、协调一致、客户至上是设置的原则。不论仓储与配送中心的规模大小，也不论是自用还是营业，都应设置包括综合计划、运输调运、作业管理、库房管理、技术管理、设备管理和财务管理在内的机构或岗位，在岗位的设置上可以按照职能也可以按照功能。

仓储与配送中心绩效考核指标体系要以科学性、可行性、协调性、可比性、稳定性为制定和管理的原则。仓储绩效的指标体系主要包含：反映仓储生产成果数量的指标；反映仓储生产作业质量的指标；反映仓储生产物化劳动和活劳动消耗的指标；反映仓储生产作业物化劳动占用的指标；反映仓储生产劳动效率的指标；反映仓储生产的经济效益的指标。配送中心的指标考核体系主要有：进出库作业效率评价指标、储存作业评价指标、盘点作业评价指标、订单处理作业评价指标、拣货作业评价指标、配送作业评价指标、服务质量评价指标和经营管理综合评价指标。

可以采用对比分析法、因素分析法和平衡分析法对仓储与配送中心指标体系进行分析，以此找到绩效管理的突破点。

【案例分析】

沟通——绩效评估的核心

A 公司是广东一家著名的乡镇物流企业。2017 年 10 月，该公司在某顾问公司和人力资源部的共同努力下，设计和引进一套科学高效的绩效评估系统。该系统包括职务说明书、绩效目标管理卡、绩效考核体系、薪酬和发展系统四部分。然而该系统在实施过程当中，人力资源总监却遇到以下五个问题。

第一，虽然整个系统非常科学和实用，但管理者仍然反映不知道如何对部属进行迅速、合理和真实的评估；

第二，每当考核完毕，被考核人经常以结果不公平为由，直接向人力资源部申诉，要求公平和公正，搞得人力资源总监疲于应付而影响了其他工作；

第三，一部分员工对绩效评估提出质疑：绩效评估是不是就是烦琐的填表和交表？是不是就是为了找员工的不足与缺陷？

第四，管理者对评估结果的描述和运用简单而且缺少变化，让部属感到无所适从或不被重视；

第五，管理者认为考核过程太烦琐，耽误很多时间。

诊断

绩效评估是一种防止绩效不佳和提高绩效的工具，这是由上级和员工以共同合作的方式来完成的。这就需要上级和员工之间进行持续不断的双向沟通。通过沟通，使员工对既定的工作职责、员工的工作对公司实现目标影响、员工和上级之间应如何共同努力达成共识。所以整个绩效评估的核心工作就是沟通。所以企业一旦引进绩效评估系统，则意味着对管理进行了一次革命，即由管理者对部属单向的领导和控制工作转向双方真正的合作，这是有效实施绩效评估的前提。

A公司应该从以下五个方面着手解决绩效评估系统实施过程当中的问题。

1. 改变管理者和员工的观念

第一，绩效评估系统的运行效果如何，除了与系统本身有关外，更重要的还在于实施过程和执行的力度。第二，许多管理者和员工认为评估就是在月末、季末和年末针对过去的表现和业绩进行的管理行为，而实际上通过评估，对被评估者的能力提升和职业生涯规划会起到更有效的推动作用，并进一步促进管理规范和提高组织绩效。这是实施绩效评估系统的真正目的和意义所在。所以管理者和员工不应把实施绩效评估系统看作一种负担，而应当看作一种先进的管理方式。

2. 设计三级评估体系

即被考核人进行自我考核和由直接领导进行评估的同时，又受到绩效评估委员会的审核和监督，并且整个执行过程是一个被考核人始终与上级领导相互沟通，上下级之间相互交换意见的过程。这保证了评估过程和结果的公平性和公正性。例如，如果直接领导的评估结果欠公平或偏离事实时，绩效评估委员会可通过审核监督来进行调整。

3. 建立绩效评估投诉制度

一般来讲，由总经理、HR经理和外聘的HR顾问共同成立绩效评估委员会，由公司总经理直接领导，主要职责是领导和指导绩效考评工作，听取各部门管理者的初步评估意见和汇报，纠正评估中的偏差，有效控制评估尺度等。这为绩效评估的客观公正提供了进一步的保障。绩效评估结果对员工的薪酬和发展问题将会产生重大影响。如果部门的经理或直接主管在评估时对部属的打分程度有偏差，可退回重新评估；当员工对评估结果有争议时，可提出申诉由委员会调解仲裁，以达到客观公正。有了严格的投诉制度和委员会的存在，人力资源总监也可以避免疲于应付的局面。

4. 实施大规模的绩效评估培训

这通常由人力资源部负责，管理者和员工共同参与来完成。一般从4个方面实施培训：

(1)使管理者和员工认识绩效评估系统本身。对管理者而言，通过评估，可以不必介入所有的具体事物中；通过赋予员工必要的知识来帮助他们进行合理的自我决策，从而节省管理者的时间；减少员工之间因职责不明而产生的误解。对员工而言，通过评估，可以得到有关他们工作业绩情况和工作现状的反馈；帮助员工搞清楚他们应该做什么和为什么要这样做；使员工具有进行日常决策的能力。

(2)培养责任感。绩效评估是一项从公司总体战略着眼，本着提高公司整体业绩为目的，从员工个人业绩出发，对员工和整体进行考核的业绩管理制度。培养管理者和员工的责任感是有效实施的必要条件。

(3)掌握绩效评估的技巧和方法。一个完整的绩效评估系统，会涉及许多种评估方法，以及相应的评估技巧。通过培训，使管理者能制定出部属的工作要项和工作目标；了解绩效评估方法、程序和评估标准；如何做绩效评估面谈及相应的技巧；如何制订绩效改进计划；如何实施对部属的辅导。

5. 做好管理者和员工的工作，使其认识到绩效评估规范管理和提高绩效的最佳方法

绩效评估是一件复杂和细化的工作，所以许多管理者和员工认为评估过于烦琐，耽误工作时间。而事实上，如果绩效评估系统运行了2～3个周期以后，考评双方会发现通过上下级之间的业绩目标合作，可以实现更有效的工作授权；通过考核中的监督和指导，可实现管理者对部属的工作指导；通过沟通，可以找出工作中的优点、差距，有效确定改进方向和措施。绩效评估使管理工作变得简单和高效。这需要通过外聘HR顾问和内部人员的大量沟通来实现。绩效评估实践对管理者和员工也会产生重大影响。

A公司在上述思路和方法的指导下，顺利实施了该绩效评估系统，实现了预期的效果。相信对大多数企业具有借鉴意义。

思考：

从该公司实施绩效评估的系统看，在仓储作业管理中实施绩效评估，应该注意哪些问题。

练习与思考

一、单项选择题

1.(　　)是指计划内仓库中转供应物品的总量，计量单位通常为“吨”。

A. 库存量　　B. 库存周转量　　C. 出库量　　D. 吞吐量

2.(　　) 是指同一个指标在不同时间上的对比，如本期与基期的比较、与历史平均水平的比较、与历史最高水平比较等。

A. 纵向动态对比分析　　B. 横向动态对比分析

C. 计划完成情况的对比分析　　D. 结构对比分析

3. 在车站、码头、机场供货单位等提货点办理完提货手续后，直接将物品从提货点分拨转运给用户的货物数量称为(　　)。

A. 吞吐量　　B. 入库量　　C. 出库量　　D. 直拨量

4. 在反映仓库生产成果数量的指标中，(　　)更能体现仓库空间的利用程度和流动资金的周转速度。

A. 存货周转率　　B. 吞吐量　　C. 库存量　　D. 库存品种

5.(　　)反映了仓库实际发生作业与任务之间的关系，其理想数值为1。

A. 仓容利用率　　B. 作业量系数　　C. 账实相符率　　D. 收发正确率

6. 绩效管理指标分析法中使用最普遍、最简单、最有效的方法是(　　)。

A. 因素分析法　　B. 平衡分析法　　C. 对比分析法　　D. 帕累托图法

7. 将总体分为不同性质的各部分，而后以部分数值与总体数值之比来反映事物内部构成情况的方法是(　　)。

A. 计划完成情况的对比分析　　B. 结构对比分析
C. 横向对比分析　　D. 纵向对比分析

8. 仓库绩效管理的突破点主要包括服务质量、仓库生产率和(　　)。

A. 程序效率　　B. 仓库利用率　　C. 吞吐量　　D. 收发正确率

9. 主要反映仓库保管和维护质量和水平的指标是(　　)。

A. 收发正确率　　B. 业务赔偿费率　　C. 物品损耗率　　D. 账实相符率

10. 主要反映仓库组织出库时的作业管理水平以及当期的交通运输状况的指标是(　　)。

A. 平均验收时间　　B. 库用物资消耗指标
C. 作业量系数　　D. 发运天数

二、多项选择题

1. 仓储经营绩效分析的指标指定应遵循的原则是(　　)。

A. 科学性　　B. 协调性　　C. 可比性　　D. 可行性

2. 仓库生产绩效考核对仓库内部的意义在于(　　)。

A. 有利于提高仓库管理水平　　B. 有利于落实岗位责任制
C. 有利于仓库设施设备的现代化改造　　D. 有利于提高仓储经济效益

3. 仓库生产绩效考核对仓库外部的意义在于(　　)。

A. 提高仓库的管理水平　　B. 有利于说服客户和扩大市场占有率
C. 有利于仓库设施设备的现代化改造　　D. 有利于稳定客户关系

4. 仓储和配送中心生产绩效考核指标的管理包括(　　)。

A. 编制业务计划　　B. 实行指标的归口管理
C. 分解指标、落实到人　　D. 开展指标分析、实施奖惩

5. 配送中心考核订单处理作业绩效评价指标的有(　　)。

A. 订单延迟率　　B. 订单货件延迟率
C. 客户满意率　　D. 紧急订单响应率

6. 反映仓库生产物化劳动和活化劳动的指标主要有(　　)。

A. 库用物资消耗指标　　B. 平均验收时间
C. 发运天数　　D. 作业量系数

7. 考核配送中心经营管理综合评价指标主要有(　　)。

A. 配送中心坪效　　B. 配送中心生产率
C. 人员作业能力　　D. 直间工比率

8. 反映仓库生产物化劳动占用的指标主要是(　　)。

A. 仓库面积利用率　　B. 全员劳动生产率
C. 仓容利用率　　D. 设备利用率

9. 绩效管理工具中经常采用的对比分析法包括(　　)。

A. 计划完成情况的对比分析　　B. 纵向动态对比分析
C. 结构对比分析　　D. 横向类比分析

10. 绩效管理工具中经常采用的程序分析法包括(　　)。

A. 帕累托图法　　B. 工序图法

C. 因果分析图法　　　　　　　　　　D. PDCA 周期分析法

三、判断题

1. 通常情况下，不论配送中心规模大小，也不论是自用还是经营仓库，都应设置包括综合计划、运输调运、作业管理、库房管理、技术管理、设备管理和财务管理在内的机构或岗位。（　　）

2. 仓储和配送中心生产绩效考核的意义在于对内加强管理、降低仓储成本，对外接受货主定期评价。（　　）

3. 库存量指仓库内所有纳入仓库经济技术管理范围的全部本单位和代存单位的物品数量，也包括待处理、待验收的物品数量。（　　）

4. 吞吐量是指计划期内仓库中周转供应物品的总量，包括入库量和出库量两部分。（　　）

5. 收发差错率是仓库管理的重要质量指标，通常应控制在5%的范围内。（　　）

6. 提高紧急订单响应率的措施主要有：制定快速作业处理流程及操作规程；制定快速送货计费标准。（　　）

7. 反映仓库生产作业物化劳动占用的指标是库用物资消耗指标。（　　）

8. 外车比率可以评估外车使用数量是否合理。（　　）

9. 帕累托图法过于简单，通常不能找到问题及其解决的途径。（　　）

10. 仓储和配送中心的生产是一个典型的流程控制过程，所以程序分析法很适合应用于仓库绩效管理中。（　　）

四、简答题

1. 考核仓储生产绩效的指标都有哪些？

2. 考核配送中心绩效的指标都有哪些？

3. 举例说明配送中心常见的工作岗位。

4. 对仓储与配送中心绩效指标的分析方法有哪些？

课后实践

请对当地某仓储或配送中心的绩效考核情况进行调研，并结合所学知识对该企业的绩效考核提出合理化建议，找到改进企业绩效管理的突破点。

参考文献

[1]梁军. 仓储与配送管理[M]. 南京：南京大学出版社，2019.

[2]孔继利. 物流配送中心规划与设计[M]. 2版. 北京：北京大学出版社，2019.

[3]申纲领. 仓储管理实务[M]. 北京：北京理工大学出版社，2019.

[4]蔡改成，李桂娥. 仓储管理[M]. 2版. 大连：大连理工大学出版社，2018.

[5]中国仓储与配送协会. 中国仓储业蓝皮书2018[M]. 北京：机械工业出版社，2018.

[6]卢桂芬，王海兰. 仓储与配送实务[M]. 北京：中国人民大学出版社，2018.

[7]孙宏英. 仓储与配送管理：理论、实务、案例、实训[M]. 大连：东北财经大学出版社，2017.

[8]周兴建，蔡丽华. 现代仓储管理与实物[M]. 2版. 北京：北京大学出版社，2017.

[9]秦英，包红霞. 仓储配送管理[M]. 3版. 北京：北京师范大学出版社，2017.

[10]陈明星. 仓储主管实操范例[M]. 北京：中国经济出版社，2017.

[11]付莉萍. 仓储与配送管理[M]. 广州：广东高等教育出版社，2017.

[12]邓春姊，卢改红. 仓储管理[M]. 南京：南京大学出版社，2016.

[13]孙家庆，杨永志. 仓储与配送管理[M]. 北京：中国人民大学出版社，2016.

[14]陈胜利，李楠. 仓储管理与库存控制[M]. 北京：经济科学出版社，2015.

[15]田源. 仓储管理[M]. 北京：机械工业出版社，2015.

[16]汪佑民. 配送中心规划与管理[M]. 北京：经济科学出版社，2014.

[17]刘俐. 现代仓储管理与配送中心运营[M]. 5版. 北京：北京大学出版社，2013.

[18]汪晔，胡大成. 配送中心运营与管理[M]. 西安：西安电子科技大学出版社，2013.

[19]卢园，卢改红. 仓储管理实务[M]. 北京：北京师范大学出版社，2013.

[20]周兴建. 物流案例分析与方案设计[M]. 北京：电子工业出版社，2013.

[21]蒋长兵. 物流概论[M]. 2版. 北京：电子工业出版社，2012.

[22]郑志军，阮清方. 物流配送业务与管理[M]. 北京：中国劳动社会保障出版社，2012.

[23]白世贞，刘莉. 现代仓储管理[M]. 北京：科学出版社，2010.

[24]宋华. 物流与供应链管理[M]. 北京：经济管理出版社，2010.

[25]蒋长兵，白丽君，吴承健. 仓储管理战略规划与运营[M]. 北京：中国财富出版社，2010.

[26]金汉信，王亮，霍焱. 仓储与库存管理[M]. 重庆：重庆大学出版社，2008.

[27]魏开梅. 浅谈仓储管理的地位与作用[J]. 物流工程与管理，2008(1).

[28]刘彦平. 仓储和配送管理[M]. 北京：电子工业出版社，2006.

[29]商业技能鉴定中心. 国际物流师培训教程[M]. 北京：中国经济出版社，2006.
[30]张远昌. 仓储管理与库存控制[M]. 北京：中国纺织出版社，2004.
[31]丁立言，张铎. 仓储规划与技术[M]. 北京：清华大学出版社，2002.